Edition Maritim

MICHAEL BRANDENBURG

Küstenhandbuch Mecklenburg-Vorpommern

Travemünde bis Ueckermünde
Mit Rügen und den Boddengewässern

Edition Maritim

Alle in diesem Buch enthaltenen Angaben und Daten wurden von dem Autor nach bestem Wissen erstellt und von ihm sowie vom Verlag mit größtmöglicher Sorgfalt überprüft. Gleichwohl können wir keinerlei Gewähr oder Haftung für die Richtigkeit, Vollständigkeit und Aktualität der bereitgestellten Informationen übernehmen. Die hier zur Verfügung gestellten Pläne dienen lediglich zur Orientierung und nicht zur Navigation; sie ersetzen also keine See- bzw. Sportbootkarten oder andere offizielle nautische Unterlagen, deren Mitführung in aktueller Fassung wir dringend empfehlen.

Wir hoffen, dass Ihnen dieses Buch viel Freude bereitet. Falls Sie Anregungen haben sollten, was wir in Zukunft noch besser machen können, schreiben Sie uns bitte an *reiselektorat@delius-klasing.de*. Korrekturen veröffentlichen wir im Interesse aller Leser unter *www.delius-klasing.de* auf der jeweiligen Produktseite.

Das Titelmotiv zeigt die Citymarina Stralsund, und auf der Buchrückseite ist der Große Jasmunder Bodden bei Glowe zu sehen.

Bibliografische Information der Deutschen Nationalbibliothek
Die Deutsche Nationalbibliothek verzeichnet diese Publikation in der Deutschen Nationalbibliografie; detaillierte bibliografische Daten sind im Internet über http://dnb.dnb.de abrufbar.

8., aktualisierte und vollständig überarbeitete Auflage
ISBN 978-3-667-11226-2
© Edition Maritim im Verlag Delius Klasing & Co. KG, Bielefeld

Bearbeitung: Felix Keßler
Lektorat: René Stein
Fotos: Michael Brandenburg außer
   Im Jaich Wasserferienwelt, Putbus/Rügen: S. 168 u.; Mauritius Images: McPHOTO/ Peter Widmann: Cover; Mauritius Images/Jürgen Humbert: S. 145; Mauritius Images/ Torsten Krüger: S. 49; Mauritius Images/Peter Lehner: S. 72, 79; Mauritius Images/ Manfred Mehlig: S. 27; Mauritius Images/Andreas Vitting: S. 109; Heike Stavginski, Wiek/Rügen: S. 144, 147 o., 154, 155, 161, 167, 176, 179, 191; Yachthafenresidenz Hohe Düne, Rostock-Warnemünde/www.hohe-duene.de: S. 53; Felix Keßler: S. 33, 37, 40, 41, 56, 66, 77, 86, 89, 92 (u.), 95, 97 (o.), 103, 130, 133, 139, 142, 152, 162 (o.), 163 (u. r.), 170, 173, 175, 182, 188, 190, 192, 198, 202, 208, 216, 220, 221, 225 (o.), 235, 237 (u.), 247, 252; S. 47: Touristik Service Kühlungsborn, Raiko Grawert
Karten und Pläne: Arne Wittkugel
Umschlaggestaltung: Buchholz.Graphiker, Hamburg
Lithografie: scanlitho.teams, Bielefeld
Druck: Himmer GmbH Druckerei, Augsburg
Printed in Germany 2018

Alle Rechte vorbehalten! Ohne ausdrückliche Erlaubnis des Verlages darf das Werk weder komplett noch teilweise reproduziert, übertragen oder kopiert werden, wie z. B. manuell oder mithilfe elektronischer und mechanischer Systeme inklusive Fotokopieren, Bandaufzeichnung und Datenspeicherung.

Delius Klasing Verlag, Siekerwall 21, D - 33602 Bielefeld
Tel.: 0521/559-0, Fax: 0521/559-115
E-Mail: info@delius-klasing.de
www.delius-klasing.de

INHALT

Vorwort 7

Einführung 9
Entfernungstabelle 23

Von Travemünde nach Wismar . . . 25

Wismarbucht und Salzhaff 27
Ankerplätze in der Wismarbucht
   und im Salzhaff 44

Warnemünde und Rostock 49
Von Warnemünde nach Rostock 56

**Von Warnemünde nach Rügen
   und Stralsund** 72
Von Darßer Ort nach Hiddensee 76
Ankerplätze und Reede vor
   Barhöft/Bock 78

Fischland – Darß – Zingst 79
Von Barhöft nach Barth und Zingst . . . 81
Ankerplätze zwischen Barhöft und
   Barth 82
Die Häfen am Bodstedter Bodden . . . 90
Vom Bodstedter zum Saaler Bodden . . 95
Durch die Bülten zum Saaler Bodden . . 97
Der Saaler Bodden 100
Ankerplätze im Saaler Bodden 100

Nördliche Rügensche Bodden . . . 109
Vom Strelasund zu den Häfen auf
   Hiddensee und an der Westküste
   Rügens 110
Die Insel Hiddensee 115

Ankerplätze um Hiddensee 122
Von Hiddensee in die nordrügenschen
   Bodden 124
Großer Jasmunder Bodden 135
Ankerplätze im Großen Jasmunder
   Bodden 143

Die Außenküste von Rügen 145
Von Sassnitz zum Greifswalder
   Bodden 154
Ankerplätze an der Außenküste
   Rügens 157
Ankerplätze an der Ostküste
   Rügens 158

Der Strelasund 161
Ankerplätze im Strelasund 177

Der Greifswalder Bodden 179
Nördlicher Greifswalder Bodden . . . 180
Ankerplätze zwischen Lauterbach
   und Thiessow 193
Vom Strelasund nach Greifswald . . . 196
Über den Greifswalder Bodden
   zur Peenemündung 200

**Peenestrom, Achterwasser und
   Kleines Haff** 205
Die Peenemündung 206
Ankerplätze in der Krumminer Wiek
   und am Weißen Berg 228
Ankerplätze im Achterwasser 230
Polnische Häfen am Stettiner Haff . . 246

Register 254

VORWORT

Seit der 7. Auflage hat sich der Wassersport in Mecklenburg-Vorpommern, insbesondere aber die Häfen an der Küste, nochmals weiterentwickelt. In der Saison sind Boote aus den westlichen Bundesländern, aus Dänemark und Schweden auch in den Clubhäfen häufig zu Gast.

Die damals noch brandneuen Häfen in Boltenhagen, Lubmin und Gustow (Strelasund) sind längst fixe Anlaufpunkte geworden. Der Nothafen Darßer Ort konnte erhalten werden, versandet aber noch immer in regelmäßigen Abständen. Hoffnung machen die Pläne für eine neue Hafenanlage vor Zingst. Und während am idyllischen Selliner See auf Rügen und in Usedom (Stadt) neue Anlagen gebaut werden, ist der Wasserwanderrastplatz in Fuhlendorf am Bodstedter Bodden nicht mehr nutzbar. Verbesserungen ergeben sich durch die Fachabteilungen Schiffsbedarf in den Baumärkten. Die Zahl der Servicebetriebe für Motoren und Schiffselektronik sowie Segelmacher und Tankstellen hat zugenommen. Inzwischen sind auch Charterfirmen mit Motorbooten im Revier tätig, und in den Marinas liegen immer öfter auch Hausboote.

Neben dem Problem der Zufahrt zum Hafen Darßer Ort beklagen auch viele Kommunen fehlende Baggerungen ihrer Häfen. Gute Sanitäranlagen existieren dagegen in fast allen Häfen. In den folgenden Jahren werden die Installation und der Betrieb der Windkraftparks und die Verlegung der Gasleitung zum Greifswalder Bodden eine erhöhte Aufmerksamkeit der Bootsführer beanspruchen.

Die Struktur dieser vollständig überarbeiteten Auflage folgt dem bewährten Prinzip: In jedem Kapitel wird zunächst das Revier vorgestellt und über die Häfen informiert. Danach folgen Tipps zu den Sehenswürdigkeiten. Sämtliche Hafenpläne und unzählige Fotos sind erneuert worden.

Verlag, Autor und Bearbeiter wollen weiterhin mit dem Handbuch zum sicheren Befahren der Küstenregion beitragen und Anregungen zum Besuch der Sehenswürdigkeiten geben.

*Michael Brandenburg und Felix Keßler,
im November 2017*

Der neue Hafen von Glowe an der Außenküste Rügens

8　Küstenhandbuch Mecklenburg-Vorpommern

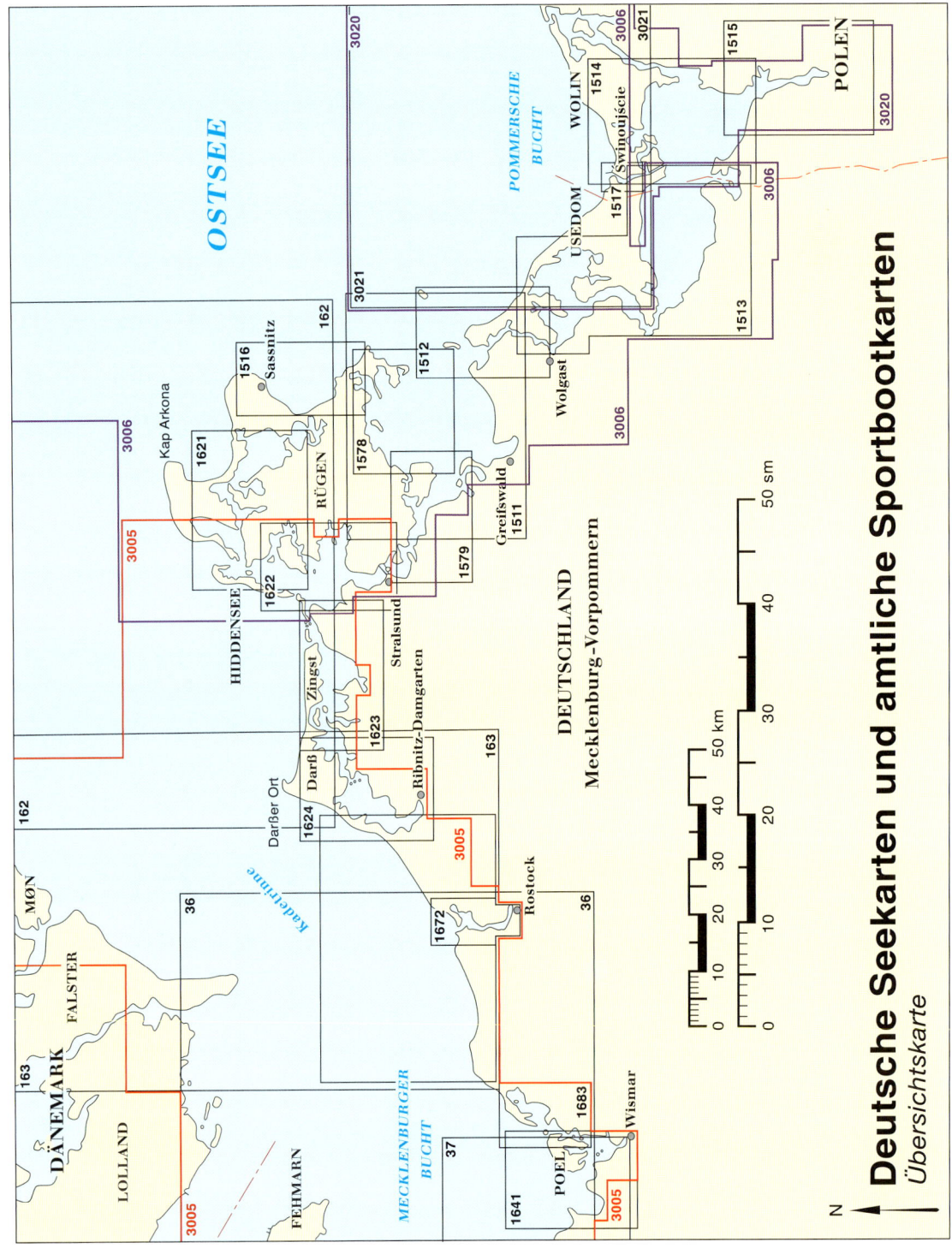

Deutsche Seekarten und amtliche Sportbootkarten
Übersichtskarte

EINFÜHRUNG

NAVIGATION

Aufgrund der zahlreichen Landmarken, betonnten Fahrwasser und Leuchtfeuer ist die Navigation an der Küste Mecklenburg-Vorpommerns ohne größere Probleme möglich. Auch mit dem Radar werden durch die spezifische Küstenstruktur gute Ergebnisse erzielt. Der Empfang bei GPS-Geräten ist normal, es sind keine Gebiete mit Ausfällen oder Störungen bekannt. Besonders in den von der Berufsschifffahrt stark genutzten Seegebieten, etwa zwischen Travemünde, Rostock und Gedser (DK), kann die Nutzung des Automatischen Identifikationssystems AIS zusätzliche Sicherheit bringen. Revierbezogene Lagemeldungen im Schiffsverkehrsdienst werden von den Küstenfunkstellen im UKW-Sprechfunkdienst, zur gesetzlichen Landeszeit (GZ), wie folgt ausgestrahlt:

Trave Traffic, UKW-Kanal 13: ab 00.30 (GZ) stündlich.
Wismar Traffic, UKW-Kanal 12: ab 00.45 (GZ) stündlich.
Warnemünde Traffic, UKW-Kanal 73: ab 00.15 (GZ) stündlich.
Stralsund Traffic, UKW-Kanal 67: ab 00.35 (GZ) stündlich.
Sassnitz Traffic, UKW-Kanal 13: ab 00.15 (GZ) stündlich.
Wolgast Traffic, UKW-Kanal 09: ab 00.15 (GZ) stündlich.

Die aktuellen Informationen über Schiffsverkehr, Wasserstände, Sicht- und Wetterverhältnisse, Störungen an Seezeichen und Schifffahrtshindernisse sind auch für Sportboote recht nützlich.

SEEKARTEN UND NAUTISCHE LITERATUR

Nicht nur in den Boddengewässern muss auf Kielyachten sorgfältig navigiert werden; die Ostsee ist insgesamt ein Revier mit geringen Wassertiefen in Küstennähe. Zwi-

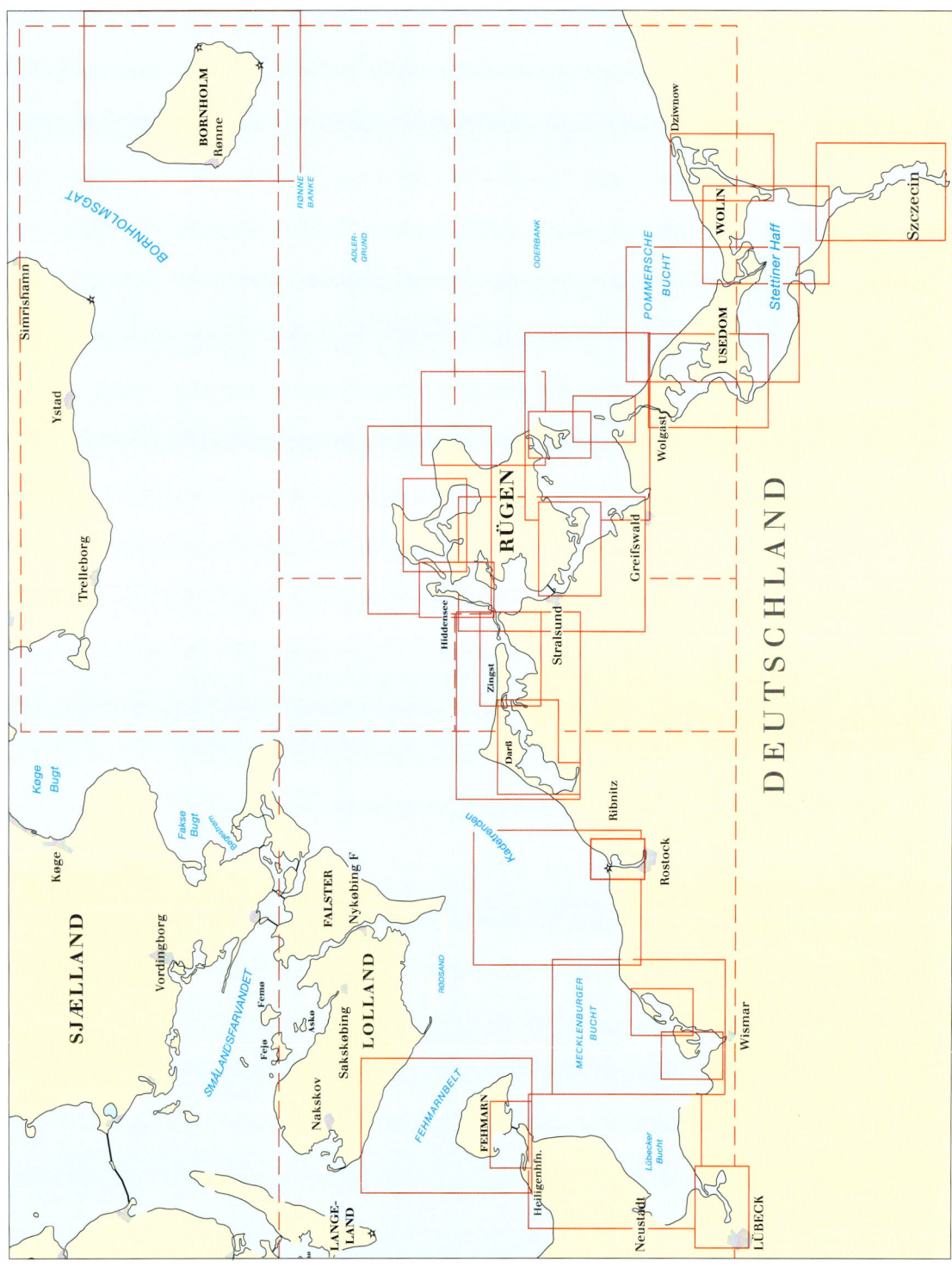

schen den Bodden und an zahlreichen Hafeneinfahrten gibt es schmale Baggerrinnen, die man stellenweise wegen der bis dicht an das Fahrwasser heranreichenden Untiefen nicht verlassen darf. Für Ortsunkundige sind die Tonnennummerierungen eine zusätzliche Orientierungshilfe.
Neben den Seekarten gibt das Bundesamt für Seeschifffahrt und Hydrographie auch für die in diesem Buch beschriebenen Reviere amtliche Karten für die Sportschifffahrt heraus. Sie werden alle zwei Jahre aktualisiert:

D 3005 Lübecker Bucht, Mecklenburger Bucht bis Møn und Boddengewässer
D 3006 Rund Rügen bis Rønne und Kleines Haff
D 3020 Zatoka Pomorska (Pommersche Bucht), Zalew Szczecinski (Stettiner Haff)

Jährlich neu erscheinen die Delius Klasing-Sportbootkarten. Viele der handlichen Karten enthalten auf einem Blatt für die jeweiligen Häfen auch die Pläne dazu. Für das in diesem Küstenhandbuch beschriebene Fahrtgebiet kommt man mit dem Satz 2 aus: *Mecklenburg-Vorpommern – Bornholm. Mit Lübecker Bucht und Stettiner Haff.* Der Satz enthält drei Überseglerkarten, 25 Revier- und 115 Detailkarten sowie ein Begleitheft. Darin sind Hafenpläne, Wegpunkte, Revierinformationen, die Erklärung der verwendeten Symbole und Abkürzungen enthalten.

Man sollte sich nicht ausschließlich auf die Seekarten verlassen, sondern bei einheimischen Seglern oder Hafenmeistern weitere Informationen einholen. In den Boddengewässern betrifft das vor allem Fahrwassertiefen und nicht mehr betonnte Gefahrenstellen (z. B. Einzelsteine). Auch die Versandung von Fahrrinnen und Hafeneinfahrten, ein ständiges Phänomen an der Ostseeküste, sollte berücksichtigt werden. Der Elektronische Wasserstraßen-Informationsservice (ELWIS) informiert online in einer umfangreichen Datenbank über Fahrwasserstellen mit Mindertiefen, Tonnenverlegungen und Änderungen in der Befeuerung im gesamten Revier. Unter www.elwis.de lässt sich auch ein automatisches E-Mail-Abo aktivieren, das kostenfrei über Änderungen im Revier informiert. Häufigen Änderungen unterliegen die Fahrwasser bis Barth und westlich davon, Wieker Bodden, Mönchgut, Peene, Achterwasser und Haff. Weitere Informationen über das Revier enthalten:

Nautische Veröffentlichungen
BSH-Nr: 20031 Ostsee-Handbuch, südwestlicher Teil. Flensburg bis S-Schweden und Szczecin
BSH-Nr. 4001 Leuchtfeuerverzeichnis Südwestliche Ostsee
BSH-Nr. 2155 Funkdienst für die Klein- und Sportschifffahrt 2017

Führer für die Sportschifffahrt
Hafenhandbuch Mecklenburg-Vorpommern und Polen. Herausgegeben vom Deutschen Segler-Verband. DSV-Verlag
Revierführer Ostsee, einschließlich Skagerrak, Kattegat und Beltsee. Herausgegeben vom Deutschen Segler-Verband. Ebenfalls DSV-Verlag.

Jan Werner: Ostseeküste 2. Travemünde bis Stettin. Delius Klasing Verlag.

Allgemeine Reiseführer

Das Angebot an Reiseliteratur und Bildbänden ist außerordentlich vielfältig, allerdings mit erheblichen Qualitäts- und Preisunterschieden. Es wird empfohlen, sich vor Reiseantritt in Ruhe ein Werk mit einem Überblick über Natur, Geschichte und Kultur Mecklenburgs und Vorpommerns zu beschaffen und es dann vor Ort mit regionalem Material zu ergänzen. Es gibt inzwischen gute Bücher zu Sachthemen wie Schlösser, Gutshäuser, Backsteingotik, Bäderarchitektur, Sagen und Märchen. Hohen Qualitätsansprüchen verpflichtet fühlt sich hier z. B. der Hinstorff-Verlag Rostock. Wassersportler finden Abhandlungen über Fischerei, Häfen, Fähren, die Segelschifffahrt im 18./19. Jahrhundert bis zu den ehemaligen Marinestandorten Bug und Peenemünde.

Zur Reiseliteratur an Bord sollten Wander- und Radwegekarten gehören. Sie ergänzen effektiv die naturgemäß mageren Landinformationen auf deutschen Seekarten. Die Serien des Nordland-Verlages Schwerin verfügen beispielsweise über einen ausführlichen Textteil auf der Kartenrückseite, und zu den Karten des Kompass-Verlages gehört jeweils ein Begleitheft.

PLÄNE UND KARTEN

Die in den Plänen und Karten dieses Handbuchs enthaltenen Hinweise beruhen auf eigenen sorgfältigen Nachforschungen und langjährigen Erfahrungen in den beschriebenen Gewässern. Die navigatorischen Texte sowie die Hafenpläne und Fotos dieses Handbuchs dienen als Ergänzung zu den Seekarten, können diese aber keinesfalls ersetzen. Grundlage für die verwendeten Symbole, Abkürzungen und Zeichen ist die Seekarte INT 1 des Bundesamtes für Seeschifffahrt und Hydrographie. Feuerbezeichnungen sind – wie international in der Schifffahrt üblich – in Englisch dargestellt.

BRÜCKEN

In den Küstengewässern Mecklenburg-Vorpommerns sind folgende Brücken zu durchsteuern:
– die Meiningenbrücke bei Zingst
– die Ziegelgrabenbrücke in Stralsund
– die Zugbrücke in Wieck/Greifswald
– die Peenebrücke in Wolgast
– die Peenebrücke bei Zecherin

Die Brücken in Wolgast, Zecherin und Wieck wurden mit erheblichen Aufwand neu gebaut. Die Ziegelgrabenbrücke und die Meiningenbrücke wurden rekonstruiert. Das erhaltene Mittelteil der ehemaligen Eisenbahnhubbrücke Karnin ist ein technisches Denkmal. Es wird in beiden Fahrtrichtungen auf der Südseite passiert. An allen Brücken sind inzwischen eindeutige Lichtsignalanlagen mit Rot und Grün installiert. Die Durchfahrt ist erst erlaubt, wenn zweimal grün nebeneinander angezeigt wird. Bei den wenigen Öffnungszeiten bilden sich manchmal Pulks, die vor der Durchfahrt auf engem Raum navigieren. Festmachemöglichkeiten bestehen in der Regel nicht. Das Ankern ist im Bereich von 100 m vor der Brücke nicht gestattet. Teils wird darum gebeten, die Absicht der

Stralsund: Liegeplätze vor historischer Kulisse findet man im Querkanal.

Durchfahrt mit dem Aufforderungsignal zum Öffnen (zwei lange Töne " — — ") anzuzeigen. Der Berufsschifffahrt ist Vorfahrt zu gewähren. Ein Durchsegeln der Durchfahrten sollte zügig und nur bei raumen Winden unternommen werden. Da alle Öffnungen sofort Staus im Straßenverkehr zur Folge haben, verbietet sich jede weitere Verzögerung – z. B. durch kreuzende Yachten – von selbst. Die Brückenöffnungszeiten ändern sich von Jahr zu Jahr, in der Nebensaison werden die Öffnungen meist reduziert, in Zingst im Winter beispielsweise auf eine Öffnung (in der Hochsaison vier Öffnungen) pro Tag. Die exakten Öffnungszeiten, Telefonnummern zur Anmeldung und Hinweise zu den Durchfahrten sind den vom Wasserstraßen- und Schifffahrtsamt Stralsund herausgegebenen Bekanntmachungen für Seefahrer zu entnehmen. Sie sind online unter www.wsa-stralsund.wsv.de einsehbar und gelten vom Zeitpunkt der Veröffentlichung bis auf Widerruf.

BAGGERUNGEN

Normalerweise sind Segler froh, wenn ein Bagger das Fahrwasser vertieft. Vor Barhöft, in der Fahrrinne bis Barth, im Strelasund und in der Peene sind häufig Bagger anzutreffen. Sie sind an der angezeigten Seite (zwei Rhomben, zwei grüne Rundumlichter übereinander) zu passieren. Nicht in jedem Fall kann der Bagger außerhalb des Fahrwassers passiert werden. In den engen Gewässern sollte man sich auch unter Segeln mit verminderter Geschwindigkeit dem Bagger nähern, um der Besatzung Zeit zu eventuell notwendigen Reaktionen zu geben.

NATUR UND UMWELT

Das Erlebnis der reichen Flora und Fauna in der Küstenregion Mecklenburg-Vorpommerns hinterlässt bei vielen Besuchern einen starken Eindruck, der zu weiteren Reisen motiviert. Große Gebiete sind ursprünglich erhalten und mit zahlreichen Tierarten in der südlichen Ostsee einmalig. Im Darßer Wald, auf Rügen und Usedom leben z. B. wieder mehrere Seeadlerpaare, ihre Horste sind streng geschützt. Das Schwemmland zwischen Gellen und Zingst ist der weltweit größte Rastplatz der auch in Deutschland selten gewordenen Kraniche. Zeitweise hält sich hier mehr als die Hälfte des Weltbestandes auf. Im Naturschutzgebiet Anklamer Stadtbruch besteht eine große Kormorankolonie. Hunderttausende Seevögel brüten alljährlich auf den Inseln Langenwerder, Kirr, Oie und der Fährinsel vor Hiddensee. Für die im Herbst von Skandinavien nach Süden ziehenden Vogelarten ist die mecklenburg-vorpommersche Küstenregion ein wichtiger Ruheplatz. Der alljährliche Vogelzug ist nicht nur für Besucher ein beeindruckendes Erlebnis. Die jahrzehntelange Sperrung großer Gebiete für militärische Zwecke und für die Grenze trug dazu bei, dass hier oft artenreiche Tier- und Pflanzenwelten erhalten blieben.

Am 12. September 1990 beschloss die Volkskammer der DDR mit dem Nationalparkprogramm auch die Einrichtung von drei Großschutzgebieten in der Küstenregion. Dazu gehören:
— der Nationalpark Vorpommersche Boddenlandschaft
— der Nationalpark Jasmund
— das Biosphärenreservat Südost-Rügen
Dieser Beschluss wurde im Einigungsvertrag ausdrücklich anerkannt und bestätigt. Inzwischen sind die rechtlichen Grundlagen für Schutz, Entwicklung und Verwaltung dieser Schutzgebiete ausgereift. Ein Prozess, der nicht ohne Auseinandersetzungen verlief und wohl auch künftig Kompromisse notwendig machen wird. Für die Wassersportler haben sich daraus Konsequenzen ergeben.

Die Vorschriften für die Schifffahrt basieren auf der „Verordnung über das Befahren der Bundeswasserstraßen in den Nationalparks und Naturschutzgebieten im Bereich der Küste von Mecklenburg-Vorpommern". (Veröffentlicht als NPBefVMVK im Bundesgesetzblatt Jahrgang 1997 Teil I, Nr. 43, zuletzt aktualisiert im Juni 2016). Die Verordnung enthält darüber hinaus Seekarten mit den Grenzen und den verschiedenen Schutzzonen.

Für die Segelsportler ergibt sich aus den etwas komplizierten Formulierungen:
— Verkehrsteilnehmer auf den Wasserstraßen in den Schutzgebieten haben sich so zu verhalten, dass die Tier- und Pflanzenwelt nicht geschädigt, gefährdet oder mehr als nach den Umständen unvermeidbar gestört wird.
— In den Nationalparks Vorpommersche Boddenlandschaft und Jasmund ist es außerhalb der Fahrwasser allen Wasserfahrzeugen, Sportfahrzeugen und Wassersportgeräten bzw. allen durch Maschinenkraft angetriebenen Fahrzeugen untersagt, die in den Seekarten besonders ausgewiesenen Schutzgebiete in den Zonen I und II zu befahren.
— Im Biosphärenreservat Südost-Rügen ist es grundsätzlich allen Fahrzeugen untersagt, die Zonen I und II außerhalb der Fahrwasser zu befahren. Nicht durch Maschinenkraft angetriebene Fahrzeuge dürfen jedoch die Having, die Kaming

Dändorf – Blick über die Ribnitzer See

und den Zickersee bis zu einem Mindestabstand von 100 m zum Ufer befahren.
– In den Zonen I und II der Nationalparks und des Biosphärenreservats ist es untersagt, auf den Fahrwassern 12 kn und außerhalb 8 kn zu überschreiten. Nördlich der Tonnen 5 und 6 des Hiddensee-Fahrwassers und nördlich der Tonnen 10 und 11 des Stralsunder Nordfahrwassers darf eine Geschwindigkeit von 16 kn nicht überschritten werden.
– Im Nationalpark Vorpommersche Boddenlandschaft ist Surfen nur in den Zonen II außerhalb eines Abstandes von 200 m zu den Schilfkanten im Uferbereich und außerhalb der besonders ausgewiesenen Schutzgebiete gestattet.

Der **Nationalpark Vorpommersche Boddenlandschaft** erstreckt sich von der Westküste Darß bis zur Westküste Rügen, die Gewässer um Hiddensee eingeschlossen. Die Südgrenze verläuft etwa in der Mitte der Boddengewässer. Seeseitig zählen durchschnittlich 3 sm breite, vorgelagerte Wasserflächen zum Nationalpark.

Der **Nationalpark Jasmund** erstreckt sich zwischen Sassnitz und Lohme. Er umfasst das Waldgebiet der Stubnitz bis zur Kreideküste. Seeseitig zählen durchschnittlich 0,5 sm vorgelagerte Wasserflächen zum Schutzgebiet.

Das **Biosphärenreservat Südost-Rügen** erstreckt sich zwischen Putbus, Binz und Thiessow, die Insel Vilm eingeschlossen. Die zugehörige Wasserfläche ist durchschnittlich 1 sm breit.

Die Gebiete sind jeweils in Schutzzonen I und II untergliedert. Die Grenzen der Schutzgebiete sind in allen nautischen Karten nach 1997 und ebenfalls in den meisten Wanderkarten verzeichnet.

In der Praxis hat sich inzwischen doch ein moderater Umgang mit den Regelungen herausgebildet. Für das Biosphärenreservat und das Gebiet um die Inseln Koos und Struck wurden jeweils für die Saison geltende Modifizierungen gefunden.

SEENOTDIENST

Wie in anderen deutschen Küstengewässern ist für SAR-Einsätze die Deutsche Gesellschaft zur Rettung Schiffbrüchiger (DGzRS) zuständig. Einsatzleitung und

Koordinierungsstelle ist die Seenotleitung (MRCC) in Bremen (MRCC = Maritime Rescue Coordination Centre). Alarmierungen können über Bremen Rescue Radio auf UKW-Kanal 16 und 70 (DSC, Rufname „Bremen Rescue"). Unter der Rufnummer +49 (0) 421-536 870 ist die Seenotleitung Bremen ständig zu erreichen. Die regionalen SAR-Wachen sollen in Notfällen ausdrücklich nicht direkt kontaktiert werden. Seenotkreuzer mit Wachmannschaft und sofortiger Einsatzbereitschaft sind in Warnemünde, Darßer Ort, Sassnitz und Greifswalder Oie stationiert. Seenotrettungsstationen mit Freiwilligenmannschaften bestehen in Timmendorf auf Poel, Kühlungsborn, Vitte auf Hiddensee, Breege, Glowe, Lauterbach, Stralsund, Freest sowie in Wustrow, Prerow/Wieck, Zingst, Zinnowitz. Letztere sind auch mit Trailern ausgerüstet und können so entlegene Boddengewässer schnell erreichen.

FISCHEREI IN DEN BODDENGEWÄSSERN

In allen Revieren wird in unterschiedlichem Ausmaß Fischerei betrieben, gerade die Sportfischerei in den geschützten Revieren erfreute sich in den letzten Jahren steigender Beliebtheit. Wenngleich die Anzahl der Berufsfischer wesentlich zurückgegangen ist, muss das nicht immer einen geringeren Umfang an ausgebrachtem Fischereigerät bedeuten. Nach wie vor sind für die Sportschifffahrt zum Teil erhebliche Beschränkungen gegeben.

In den flachen Boddengewässern sind häufig Pfahlreusen anzutreffen. Sie stehen rechtwinklig zum Ufer bis in Wassertiefen von 2–3 m am Kopf. Die Pfähle sind zumindest tagsüber gut auszumachen und geben besonders bei aufgeholten Netzen gute Radarechos. Vor allem im Greifswalder Bodden erreichen diese Reusen zum Teil erhebliche Längen. Sie können von Kielyachten an der Landseite nicht umfahren werden.

Für die Sportschifffahrt problematischer sind die Stellnetze. Sie sind bis zu 400 m lang und werden durch kleine Schwimmkörper senkrecht im Wasser gehalten. Anfang und Ende sind mit Doppelflaggen gekennzeichnet (sogenannte „Schweken"). Gewissenhafte Fischer verwenden deutlich sichtbare Flaggen und setzen noch einen Ball, der den Verlauf des Netzes anzeigt – leider verfahren nicht alle Fischer so. Selbst bei guter Sicht ist große Aufmerksamkeit notwendig, um die kleinen Flaggen rechtzeitig auszumachen. In der Nacht hat eine mit normaler Geschwindigkeit segelnde Yacht keine Chance, unvermutet auftauchenden Stellnetzen auszuweichen. Boote mit modernen Kielformen bleiben im Netz hängen oder zerreißen es. Bei Motorfahrt kann verschweißtes Kunststoffgarn in der Schiffsschraube recht unangenehm werden und sogar Schäden an der Maschine verursachen. Es empfiehlt sich daher, nachts in den Fahrwassern zu bleiben.

Schwerpunkte der Fischerei in den Boddengewässern sind
– Wismarbucht: Kirchsee, Südküste Poel
– Strelasund: nordwestlicher Teil, Prohner Wiek
– Westliche Boddenkette: Saaler Bodden zwischen Wustrow und Saaler Ufer

Wismar: In der Nähe des Hafens findet man noch viele historische Häuser.

- Nordrügen: zwischen Rügen und Hiddensee, Breeger und Lebbiner Bodden
- Greifswalder Bodden: östlich der Halbinsel Zudar, vor Reddevitzer Höft, Zickersches Höft, Groß Zicker, Thiessow
- Achterwasser: Südspitze der Halbinseln Gnitz und Loddin
- Haff: Südküste Mönkebude bis Ueckereinfahrt, südliches Stettiner Haff.

In den BSH-Sportbootkarten 3005 und 3006 sind die bestätigten Reusenstandorte eingezeichnet. Die Plätze werden aber nicht immer genutzt.

Die Anzahl der Fischzuchtanlagen mit Käfigen ist in den letzten Jahren deutlich zurückgegangen, u. a. weil die Betriebe aufgelöst wurden. Die noch betriebenen Anlagen sind gesondert gekennzeichnet, z. B. vor Rankwitz im Peenestrom.

ZOLL- UND GRENZBESTIMMUNGEN

Auch wenn in den letzten Jahren die Zollfragen für Wassersportler erfreulich an Bedeutung verloren haben, sollten die grundsätzlichen Bestimmungen jedem Bootsführer geläufig sein. Auch wenn das ostdeutsche Küstenrevier nicht mehr Außengrenze des sogenannten Schengen-Raums ist, sind in geringem Maße noch immer Zoll und Bundespolizei präsent. Die für Sportbootfahrer relevanten Zollbestimmungen, die Zolldienststellen und Zolllandungsplätze sind im „Merkblatt über deutsche Zollbestimmungen für Schiffsführer von Wassersportfahrzeugen", herausgegeben von der Bundesfinanzdirektion Nord, aufgeführt. Die Ein- und Ausreise über See ist nur über die Grenzübergangsstellen oder mit einem Sonderantrag gestattet.

Die entsprechenden Häfen und weitere nützliche Angaben sind im Merkblatt „Hinweise zum Grenzübertritt im Sportbootverkehr", herausgegeben von den Bundespolizeidirektionen Bad Bramstedt und Hannover und den Wasserschutzpolizeien Hamburg und Bremen, genannt. Mit dem EU-Beitritt Polens im Jahr 2004 hat sich vieles vereinfacht, die deutsch-polnischen Gewässer bzw. Grenzen dürfen an jeder beliebigen Stelle betreten und verlassen werden – ganz ohne Grenzerlaubnis. Die Regelung gilt auch für alle anderen Vollmitglieder des Schengener Abkommens. Im Ostseeraum zählen nur Russland und die russische Exklave Kaliningrad nicht dazu.

SEEWETTERBERICHTE

Die hier beschriebenen Reviere werden von den Vorhersagegebieten B 10 bis B 13 abgedeckt: Südliche Ostsee, Westliche Ostsee sowie Boddengewässer Ost.
Informationen zu den aktuellen Wetterverhältnissen strahlen die Verkehrszentralen im Rahmen des Informationsdienstes im UKW Sprechfunknetz aus. Im UKW-Sprechfunkdienst werden vom privaten Küstenfunkstellenbetreiber DP07-Seefunk Seewetterberichte auch an der ostdeutschen Küste ausgestrahlt, und zwar von den abgesetzten Stationen Lübeck (UKW-Kanal 24) und Arkona (UKW-Kanal 66). Die Sendezeiten der in der Regel gut zu empfangenden Berichte sind: 07.45*, 09.45*, 12.45*, 16.45* und 19.45* Uhr (GZ) (* = während der Sommerzeit).

Rundfunksender
Die Abschaltung der Mittelwelle war für Wassersportler wenig erfreulich. Seewetterberichte für die Ostsee strahlt NDR Info auf UKW um 00.05, 08.30, 22.05 Uhr auf verschiedenen Frequenzen (Rostock 102,8 MHz, Rügen 88,6 MHz, Usedom 100,5 MHz) aus. Ebenso sendet der Deutschlandfunk um 01.05, 06.40, 18.10 Uhr auf den Frequenzen Wismar 101,9 MHz, Rostock 97,3 MHz, Greifswald 104,3 MHz. Die allgemeinen Wetterberichte nach den Nachrichtensendungen und auch die Wettergespräche sind in der Regel für die Wassersportler unbefriedigend. Der Lokalsender NDR 1 Radio Mecklenburg-Vorpommern sendet mehrmals täglich Wettergespräche mit der Wetterstation auf Hiddensee. Aktuelle Seewetterberichte des Deutschen Wetterdienstes gibt es auch online unter dwd.de. Private Anbieter bieten zudem SMS-Benachrichtigungen oder kostenpflichtige Smartphone-Apps an.

WETTER UND WIND

Im System der allgemeinen Zirkulation liegt die deutsche Ostseeküste in der gemäßigten Zone in einem Übergangsgebiet zwischen dem ozeanischen Klima Westeuropas und dem kontinentalen Klima des nordeurasischen Festlandes.
Der Einfluss des Nordatlantiks einerseits und des europäischen Kontinents andererseits ist sowohl innerhalb eines Jahres als auch von Jahr zu Jahr unterschiedlich stark ausgeprägt. Infolge der vorherrschenden Westwinde überwiegt jedoch der atlantische Einfluss, sodass vom Grundcharakter her die Winter mild und feucht, die Sommer kühl und nass sind. Kalte und schneereiche Winter sowie warme und trockene Sommer bilden die Ausnahme.

WETTERABLAUF BEI DURCHZUG EINES TIEFDRUCKGEBIETES
In der die Erde umspannenden gemäßigten Zone stoßen ständig kalte und warme Luftmassen verschiedener Herkunft zusammen. Hier entstehen in regellosen Abständen Hoch- und Tiefdruckgebiete, die in der all-

Ahrenshoop: dunkle Wolken und bewegte See – ein anderer Aspekt des Ostseesommers

gemeinen West-Ost-Drift mitlaufen und mit ihrem Fortschreiten das Wetter so unterschiedlich gestalten.

Die ostwärts ziehenden Tiefdruckgebiete bleiben in ihrem Kern gewöhnlich nördlich von der deutschen Ostseeküste und verursachen dabei charakteristische, immer wieder zu beobachtende Wettererscheinungen. Auf der Vorderseite des Tiefdruckgebietes, also vor der Warmfront, zieht bei fallendem Luftdruck von Südwesten her Bewölkung in Form von feinen Cirren auf. Der Wind dreht auf Südost. Mit Annäherung der Warmfront schließt sich die hohe Bewölkung und geht in Cirrostratus über, durch den Sonne und Mond noch gut hindurchscheinen, wobei oftmals ein Halo, d. h. ein farbiger Ring um Sonne und Mond, zu beobachten ist. Die Bewölkung wird bald dichter, sinkt weiter ab, und es beginnt gleichmäßig und anhaltend zu regnen. Gleichzeitig wird mit Annäherung an die Warmfront die Sicht schlechter. Bei fallendem Luftdruck nimmt der SE-liche Wind weiter zu.

Mit dem Durchzug der Warmfront hört der Niederschlag auf, die Temperatur steigt an, und der Wind dreht etwas rechts auf Süd bis Südwest. Im folgenden Warmsektor herrschen lockere Schichtwolkenfelder vor. Die Temperatur kann in den Sommermonaten bei Sonneneinstrahlung kräftig ansteigen, dabei wird der aus Süd bis Südwesten drehende Wind böig, ohne wesentlich an Stärke zuzunehmen.

Das Vordringen der Kaltluft auf der Rückseite des Tiefdruckgebietes wird mit der Passage der Kaltfront eingeleitet. Die dunklen, hoch aufgetürmten Cumulonimbuswolken ziehen mit Schauern und Gewittern ostwärts. Die mit der Kaltfront eintretende Bö erreicht auch im Sommerhalbjahr häufig Sturmstärke. Mit Durchgang der Kaltfront frischt der Wind böig auf und dreht nach rechts auf West bis Nordwest. Weitere Kennzeichen der Kaltfrontpassage sind einsetzender Luftdruckanstieg, zurückgehende Temperaturen und Sichtbesserung.

In der Kaltluft herrscht wolkiges bis heiteres Wetter mit wechselnder Cumulusbewölkung und vereinzelten Schauern. In den Sommermonaten ist an der Ostseeküste im allgemeinen jedoch mit rascher Wetterbesserung zu rechnen. Der zunächst noch starke und böige Wind aus West bis Nordwest nimmt mit zunehmender Entfernung der Kaltfront langsam ab.

Tritt der Fall ein, dass nach der Passage der Kaltfront der Wind zwar auf West bis Nordwest dreht, dabei etwas abflaut, dann bald wieder zurückdreht und erneut auffrischt, so ist der Durchgang eines nachfolgenden sogenannten Troges zu erwarten.

Der Trog ist das Gebiet des tiefsten Drucks, d. h. der Luftdruck fällt also nach Kaltfrontpassage auch im Bereich der Kaltluft. Im Trog treten bei kräftiger Cumulusbewölkung schauerartige Niederschläge auf. Der Wind ist stark böig und erreicht erst nach Durchgang des Troges mit Drehung auf West bis Nordwest seine größte Stärke, wobei ein Nachlassen dann nur zögernd erfolgt. Starkwind und Sturm sind im Sommerhalbjahr häufig an Tröge gekoppelt, die neben den Gewitter- und Kaltfrontböen zu den gefährlichsten meteorologischen Erscheinungen zählen.

Die Hochdruckgebiete der gemäßigten Breiten treten im Zusammenspiel mit der Tiefdrucktätigkeit vorherrschend zwischen aufeinanderfolgenden Tiefs als Zwischenhochs auf. Bei Westwetterlagen verlagern sie sich etwa im gleichen Tempo wie die Tiefdruckgebiete und bringen dann nur eine kurze Verbesserung mit sonnigem und trockenem Wetter sowie geringen Windgeschwindigkeiten, allerdings aus unterschiedlichen Richtungen.

Zieht ein Tiefdruckgebiet mit seinem Kern südlich am Beobachter vorbei, so fehlt vor allem das gesamte Gebiet des Warmsektors, auch sind keine Frontdurchgänge vorhanden. In Tiefdrucknähe bildet sich ein geschlossenes Niederschlagsgebiet, bei dem der Landregen allmählich von Schauern abgelöst wird. Bei gleichbleibenden Temperaturen geht der ursprünglich vorhandene Druckfall allmählich in einen Druckanstieg über. Charakteristisch ist das Rückdrehen des Windes. Er dreht nach Südost über Ost und Nordost nach Nord und später auf Nordwest ohne wesentliche Änderung der Stärke.

Die hier geschilderten Wettererscheinungen gehören zwar prinzipiell zu jedem Tiefdruckgebiet, werden aber von Fall zu Fall mit verschiedener Deutlichkeit und Stärke auftreten. Besonders beim Alterungsprozess des Tiefs nehmen die Wettererscheinungen mehr und mehr an Deutlichkeit ab, sodass das Grundschema des Wetterablaufs nur noch schwer erkennbar ist.

BESONDERE WETTERVERHÄLTNISSE DES KÜSTENGEBIETES

Obwohl für das Wettergeschehen über Land und See die gleichen Gesetzmäßigkeiten gelten, bestehen doch infolge der unterschiedlichen Temperatur- und Reibungsverhältnisse gewisse Unterschiede. Als Grenzgebiet zwischen Festland und offener See können so im Küstenstreifen charakteristische Wettererscheinungen herrschen, die dann besonders vielfältig sind, wenn der Küstenbereich durch tiefe Buchten, vorspringende Kaps, Inseln und Steilküsten stark gegliedert ist.

Drei Phänome sind hier besonders hervorzuheben, die starke Unregelmäßigkeiten und beträchtliche örtliche Unterschiede des Windes in Richtung und Stärke bewirken können:

Klimatologische Mittelwerte

1.	Jan	Feb	Mrz	Apr	Mai	Jun	Jul	Aug	Sep	Okt	Nov	Dez
1. War	0,1	0,2	2,6	6,2	10,9	15,0	16,7	16,7	13,9	9,7	5,2	2,1
Gre	0,7	0,5	2,1	6,2	11,1	15,8	16,7	16,5	13,3	9,0	4,3	1,3
2. War	–	–	–	–	1	3	3	4	1	–	–	–
Gre	–	–	–	–	1	3	4	4	1	–	–	–
3. War	41	63	121	180	248	265	237	221	171	107	49	35
Gre	47	69	132	178	252	267	241	226	178	111	53	39
4. War	44	30	37	41	47	56	72	66	53	44	52	50
Gre	38	28	33	39	51	56	64	55	53	44	46	46
5. War	5,3	5,1	6,0	5,8	5,1	5,3	5,5	5,1	5,5	5,6	6,2	5,9
Gre	5,0	4,8	5,4	4,9	4,9	4,4	4,2	4,0	3,9	4,2	4,9	5,0
6. War	2,2	1,9	2,7	5,1	9,1	14,2	16,9	17,0	14,7	10,9	7,2	4,3

Klimatologische Mittelwerte von Warnemünde (War) und Greifswald (Gre)

1. Monatsmittel der Lufttemperatur in °C
2. Anzahl der Sommertage (Max) ≥ 25,0 in °C
3. Monatssumme der Sonnenscheindauer in h.
4. Monatssumme des Niederschlags in mm
5. Monatsmittel der Windgeschwind. in m/s
6. Monatsmittel der Wassertemperatur in °C

	N	NE	E	SE	S	SW	W	NW	Stille
War	10	8	8	10	12	13	23	15	1
Gre	7	13	11	6	9	22	22	9	1

Häufigkeitsverteilung der Windrichtungen im Sommer in Prozent

Küstenführung Weht der Wind längere Zeit parallel zu einer rechts der Strömung liegenden Küste, so tritt eine Verstärkung ein, weil infolge der rechtsablenkenden Corioliskraft die Strömung gegen die Küste gedrängt wird (Verstärkung des West- bis Nordwestwindes auf dem Segelrevier vor Warnemünde, Verstärkung des Nordwestwindes vor der Ostküste Usedoms).

Eckeneffekt Windverstärkung erfolgt an vorspringenden Kaps, wenn diese bei bestimmten Windrichtungen als Hindernis in die allgemeine Strömung hineinragen (Nordküste von Rügen und Hiddensee sowie Darßer Ort bei Wind aus westlichen Richtungen, Stubbenkammer bei Nordwind). Im Lee der Kaps ist mit schwächeren Winden und mit Richtungsschwankungen infolge von Wirbelbildung zu rechnen.

Düseneffekt Engere Durchfahrten, die auf beiden Seiten nicht unbedingt durch Steilküsten begrenzt sein müssen, weisen zum Teil wesentlich höhere Windgeschwindigkeiten als die freiere Umgebung auf. Das Stromfeld wird dabei so verändert, dass die Strömung wie durch eine Düse hindurchgepresst und beschleunigt wird. Dieser Düseneffekt ist in den stark gegliederten Boddengebieten Vorpommerns vielfach zu beobachten.

Land- und Seewind bilden sich im Sommerhalbjahr an heiteren Tagen mit schwachem Luftdruckgefälle infolge der Temperaturgegensätze zwischen Land und See aus. An der Ostseeküste setzt der Seewind bei ungestörten Verhältnissen zwischen 10 und 11 Uhr ein. Er weht dann meist aus Nord bis Nordost, erreicht Bft 4 und hält etwa bis 18 oder 19 Uhr an. Auf Hiddensee und Rügen ist er aufgrund der Insellage nur wenig ausgeprägt. Infolge der aufsteigenden Luftbewegung bildet sich entlang der Küste Cumulusbewölkung aus, während die Ostsee wolkenlos bleibt. Der Seewind setzt auf See ein und arbeitet sich von dort langsam zur Küste vor. Herrscht ein schwacher Gradientwind, so überlagert der Seewind diesen und bewirkt eine Richtungs- und Geschwindigkeitsänderung, z. B. ist die Verstärkung eines an sich schwachen Nordostwindes bis Bft 5 oder 6 in den Nachmittagsstunden möglich. Der nächtliche Landwind aus Südost bis Südwest ist an der Ostseeküste auch bei günstigen Bedingungen nur schwach ausgeprägt.

Im Sommerhalbjahr sind hauptsächlich zwei Arten von **Nebel** an der Ostseeküste zu beobachten. Der sich in klaren Nächten in den Frühstunden über Land bildende Strahlungsnebel wird bei ablandigem Wind in Schwaden über das Küstengebiet hinweg auf See hinaus getrieben, wo er sich bald auflöst. Seenebel bildet sich aus, wenn warme und feuchte Luft über kaltes Wasser strömt und die Taupunkttemperatur der Luftmasse höher als die Wassertemperatur ist. Dieses ist besonders in den Frühlings- und Frühsommermonaten der Fall, wenn die Ostsee noch recht kalt ist. Bei auflandigem Wind reicht der Seewind nur wenig ins Binnenland, kann sich unmittelbar an der Küste jedoch sehr zäh halten.

Mittlere Verhältnisse

Die in der Tabelle aufgeführten langjährigen klimatologischen Mittelwerte zeigen keine wesentlichen Unterschiede zwischen dem Westteil (Warnemünde) und dem Ostteil (Greifswald) dieses Küstenabschnitts. Im Sommer liegt das Häufigkeitsmaximum der Windrichtung eindeutig auf der Windrichtung West (vgl. Tabelle Seite 21), wobei die benachbarten Windrichtungen Südwest und Nordwest ebenfalls eine vergleichsweise hohe Häufigkeit haben. Winde aus Südwest bis Nordwest erreichen im Mittel auch höhere Windgeschwindigkeiten als Winde aus den übrigen Richtungen. Die insgesamt seltenen Sturmwetterlagen im Sommer sind ebenfalls überwiegend an Winde aus Südwest bis Nordwest gekopppelt. Die Windgeschwindigkeit nimmt im Jahresverlauf vom Winter zum Sommer ab. Je landgeschützter ein Seegebiet ist, desto größer wird der Anteil an schwachen Winden.

Das Jahr in Mitteleuropa in Abschnitte mit sich immer wiederholender Witterung einzuteilen, ist fragwürdig. Erfahrungsgemäß lassen sich aber ganz grob folgende Witterungsabschnitte im „normalen" meteorologischen Sommer unterscheiden:

Ende Mai/Anfang Juni: häufig sonnig, aber meist doch kühl, Wassertemperatur bei 10 °C, günstige Bedingungen für Seewindausbildung.

Etwa 10. bis 20. Juni: recht ungünstig mit relativ niedrigen Temperaturen, häufig Starkwindgefahr aus Südwest bis Nordwest.

Entfernungstabelle

From \ To	Ziegenort	Altwarp	Ueckermünde	Karnin	Zinnowitz	Wolgast	Wieck/Greifsw.	Thiessow	Seedorf	Lauterbach	Stahlbrode	Sassnitz	Ralswiek	Wiek/Rügen	Vitte	Schaprode	Stralsund	Ribnitz	Prerow	Barth	Barhöft	Darßer Ort	Warnemünde	Wismar	Timmendorf
Travemünde	185	176	170	157	153	138	127	130	130	127	113	121	132	123	117	111	104	131	118	110	96	74	46	26	20
Timmendorf	176	167	161	148	144	129	118	121	121	118	104	112	123	114	108	102	95	122	109	101	87	65	37	7	
Wismar	183	174	168	155	151	136	125	128	128	125	111	119	130	121	115	109	102	129	116	108	94	72	44		
Warnemünde	139	130	124	111	107	92	81	84	84	81	67	75	86	77	71	65	58	85	72	64	50	28			
Darßer Ort	125	116	100	87	83	68	57	60	60	57	43	49	58	49	43	41	34	61	48	40	26				
Barhöft	99	90	74	61	57	42	31	34	34	31	17	45	32	23	17	15	8	35	22	14					
Barth	103	94	88	75	71	56	44	48	48	45	31	59	46	37	31	19	22	25	12						
Prerow	111	102	96	83	79	64	5	56	56	53	39	67	54	45	39	37	30	22							
Ribnitz	124	115	109	98	92	77	65	69	69	66	52	82	67	58	52	50	43								
Stralsund	81	72	66	53	49	34	23	26	26	23	9	48	32	23	17	15									
Schaprode	96	87	81	68	64	49	37	41	41	38	24	34	20	11	5										
Vitte	99	90	84	71	67	52	39	44	44	41	27	34	18	9											
Wiek / Rügen	104	95	89	76	72	57	45	49	49	46	32	39	20												
Ralswiek	113	104	98	85	81	66	54	58	58	55	41	48													
Sassnitz	77	70	64	51	47	32	31	21	26	28	33														
Stahlbrode	73	64	57	44	40	26	13	17	18	15															
Lauterbach	70	61	55	42	38	23	15	9	9																
Seedorf	69	60	54	41	37	22	18	9																	
Thiessow	64	55	49	36	32	17	16																		
Wieck/Greifsw.	70	61	55	42	38	23																			
Wolgast	47	38	32	19	15																				
Zinnowitz	47	38	32	19																					
Karnin	28	19	13																						
Ueckermünde	24	15																							
Altwarp	13																								

Entfernungstabelle: Distanzen in Seemeilen (abgerundet)

Ende Juni/Anfang Juli: teilweise intensive Sonneneinstrahlung mit stark schwankenden Temperaturen. Wassertemperatur auf 15 bis 16 °C ansteigend, günstige Bedingungen für Seewindausbildung.

5. bis 20. Juli: verhältnismäßig ungünstig, häufig Starkwind aus Südwest bis Nordwest.

20. Juli bis Ende August: Bewölkung, Niederschlag und Wind häufig schwankend.

25. Juli bis 10. August: wärmste Periode des Sommers (Wasser und Luft), Sonneneinstrahlung an Intensität nachlassend, insgesamt Periode mit schwachen Winden.

15. August bis Anfang September: Ostsee noch recht warm, Sonnenscheindauer abnehmend, gegen Ende August häufig bereits wechselhaft mit Starkwindgefahr.

Küstenhandbuch Mecklenburg-Vorpommern

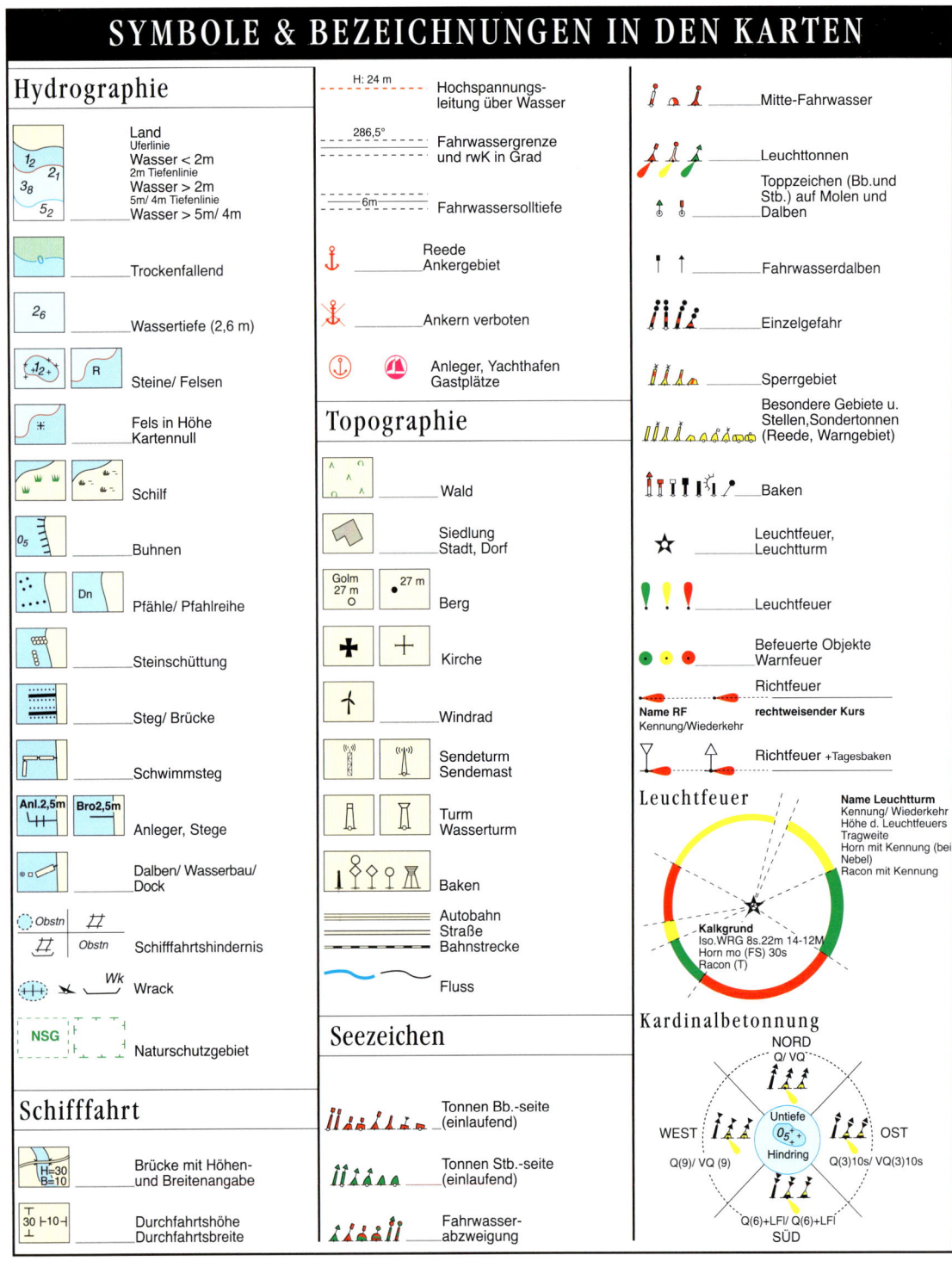

VON TRAVEMÜNDE NACH WISMAR

Die Entfernung beträgt bis zur Einfahrt Wismarbucht (Offentief) ca. 16 sm und bis zum Stadthafen weitere 9 sm. Diese 25 sm sind selbst für kleinere Boote kein Problem, solange Windrichtung und Stärke stimmen. Muss man diese Distanz auf der offenen See kreuzen, wird es schon schwieriger und dauert vor allem länger. Bei Winden aus Nordwest bis Nordost liegt diese Küste in Lee, man muss also weiter draußen bleiben. Es gibt auf der ganzen Strecke keinen Hafen, die Ankerplätze sind nur bei Winden aus West bis Südwest geeignet. Zur gewissenhaften Vorbereitung für diesen Törn sollten daher neben Informationen über das zu erwartende Wetter auch die über den Küstenverlauf mit den wichtigsten Landmarken gehören. Falls die Fahrt wider Erwarten bis in die Dunkelheit geht, sollte man sich die Kennungen der wichtigsten Leuchtfeuer Travemünde, Dameshöved und Timmendorf einprägen, um Verwechslungen auszuschließen.

Nach Verlassen des Travemünder Molenbereichs kann man sich außerhalb des Fahrwassers mit seinem Frachtschiff- und Fährverkehr (Lübeck–Gedser) parallel zum Ufer mit anfangs nordöstlichem Kurs halten. Der Sicherheitsabstand sollte ca. 1 sm betragen. Auf diesem Kurs verläuft das bei seiner Verlegung heftig diskutierte Unterwasser-Hochspannungsgleichstromkabel nach Schweden. Die Warnungen vor Magnetkompassablenkungen bis 070° (auch bei Selbststeueranlagen) sollten durchaus ernst genommen werden, wenn man längere Zeit über dem Kabel fährt. Empfohlen wird daher, das Kabel schnell rechtwinklig zu queren. Die Uferzonen sind zunächst flach, sie gestatten einen weiten Blick in die hügelige Landschaft des fruchtbaren Klützer Winkels. Weithin sichtbare Landmarke ist die 90 m hohe Kuppe Hohe Schönberg 4 km im Landesinnern.

Mehr als die Hälfte der Strecke bis zum Kap Groß Klützhoved ist die Küste steil und 30 m hoch, naturgemäß mit steinigem Vorfeld. Erst hinter dem Kap wird die Landschaft lieblicher. Über 3 sm öffnet sich hier die Boltenhagenbucht mit guten Tagesankerplätzen. Für die Fahrt nach Wismar sind diese weniger interessant, eher bei der Rückreise eventuell mit Starkwind aus West. Die Seebrücke vor Boltenhagen sollte man nur bei gutem Wetter anlaufen.

Die Einfahrt in die Wismarbucht aus westlicher Richtung erfolgt über das Offentief, das mit einer rot-weißen Mitte-Schifffahrtsweg-Tonne gut 3 sm nordöstlich vom Kap Tarnewitzer Huk bezeichnet ist (Iso.4s). Sie liegt auf Position 54°02,40'N 011°17,85'E. Von der Tonne Offentief gelangt man mit Kurs auf den Timmendorfer Leuchtturm nach 2 sm in das Hauptfahrwasser zum Wismarer Hafen im Krakentief. Die Verschwenkungen des Fahrwassers nördlich Hohen Wieschendorf Huk und vor der Insel Walfisch sind auch von Sportbooten zu beachten.

Karten
D 35, D 37, D 51, D 1641, D 1683, D 36
D 3005, Blatt 2–7
Delius Klasing-Sportbootkarten, Satz 2, Karte 40, 02, 03, 04, 04A, 04 B

26 Küstenhandbuch Mecklenburg-Vorpommern

WISMARBUCHT UND SALZHAFF

Der idyllische Hafen von Timmendorf auf Poel ist ein beliebtes Törnziel.

Die Wismarbucht ist das westlichste Segelrevier Mecklenburg-Vorpommerns. In ihrem Scheitel, etwa 8 sm südlich der offenen See, liegt die alte Hansestadt, deren Namen das weitläufige Gewässer trägt.

Typische Merkmale der Bucht sind die seichten, oft mehr als 250 m breiten Landgründe und mehrere, auch von der Sportschifffahrt zu beachtende Untiefen. Die gefährlichste ist die nicht betonnte, steinige Untiefe Lieps, am Nordrand der Wohlenberger Wiek. Sie fällt bei Niedrigwasser teilweise trocken. Man lässt sie einlaufend an Steuerbord liegen, wenn man durch das Offentief einsteuert. Das Offentief wird hauptsächlich von Yachten benutzt, die Wismar von Westen ansteuern.

Aus Nordosten bereitet die Ansteuerung keine Probleme — man bleibt im Bereich des Tiefwasserweges. Bei Schwerwetter sollte die Untiefe Hannibal — ca. 2–3 sm nördlich Poel — gemieden werden. Bei nördlichen Winden entsteht hier durch den ansteigenden Boden eine steile Grundsee.

Weitere, nur teilweise ausgetonnte, Steingründe liegen vor der Hohen Wieschendorf Huk, bei Stegort (Eggers Wiek) und bei der Insel Walfisch.

Die Navigation erfordert wegen dieser Untiefen zwar einige Sorgfalt, ist jedoch durch die gute Betonnung und Befeuerung sowie gut auszumachende Landmarken unkompliziert.

Im Fahrwasser und im Bereich des Wismarer Hafens muss mit reger Berufsschifffahrt gerechnet werden.

Der Südteil der Bucht ist bekannt für rasche Änderungen des Pegelstandes, mitunter um mehr als 1 m. Starker west- und südwestlicher Wind verursacht ablaufendes, nord- und nordöstlicher Wind steigendes Wasser. Die Überflutung hafennaher Straßen kann mehrfach im Jahr vorkommen. Strom tritt nur bei extremen Wasserstandsschwankungen infolge lang anhaltender Starkwinde aus einer Richtung auf.

Sowohl die Wismarbucht als auch das östlicher gelegene Salzhaff gehören zu den Feuchtgebieten von internationaler Bedeutung. Gesperrt ist die nördlich der Insel Poel gelegene Insel Langenwerder, da sie wichtiges Brutgebiet ist. Als besonders wertvoll werden neben den Seevogelbeständen auch die Fauna und Flora im Süden Poels und auf der Insel Walfisch betrachtet. Sie sind auch als Rastgebiet für durchziehende Vögel von Bedeutung. Naturschutzgebiete, die nicht betreten werden dürfen, sind auch in den Seekarten gekennzeichnet.

Kleinere Sperrgebiete wegen Munitionsversenkung liegen vor den ehemaligen Militärstandorten Haffeld und der Halbinsel Wustrow. Sie beinträchtigen die Sportschifffahrt nicht. Westlich den Häfen des Stadtgebietes liegen die Sportboothäfen Marina Boltenhagen, Hafen Hohen Wischendorf und auf der östlichen Seite auf der Insel Poel Timmendorf und Kirchdorf/Anlage Forellenhof.

Boltenhagen: Im alten Militärhafen ist eine moderne Sportbootanlage entstanden.

MARINA BOLTENHAGEN
53°58,4`N 011°15,1`E

Mit der Sportbootanlage im ehemaligen Marinehafen Tarnewitz ist an der Huk zwischen der Boltenhagenbucht und der Wohlenberger Wiek 2008 endlich die großzügige Marina Boltenhagen fertiggestellt worden.

Sie bietet 350 neue Liegeplätze und erweitert das Angebot für Sportboote an der Wismarbucht bedeutend. Die Marina wird aus Nordwest über das Offentief zwischen Lieps und Hannibal angesteuert, ab der grünen Tonne 19 des Fahrwassers nach Wismar steuert man mit Kurs 260° auf die Marinaeinfahrt zu.

Liegeplätze

An sechs Schwimmstegen und an den inneren Molen können 350 Boote festmachen. Strom- und Wasseranschlüsse auf den Stegen. In den Verwaltungsgebäuden findet man Hafenbüro, Sanitäranlagen und einen

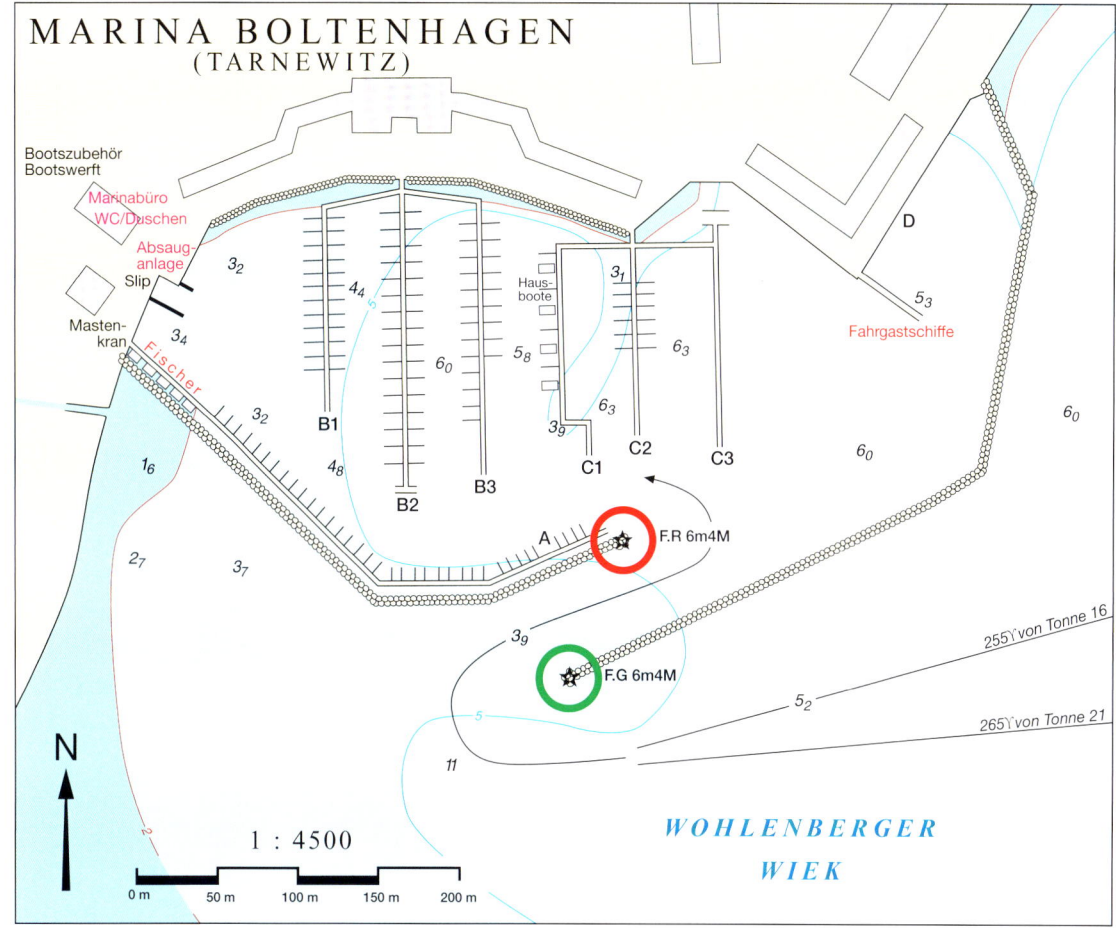

Kiosk. Weiterhin sind Mastkran, Slip und Motorenservice verfügbar.

Hinter den Stegen und Promenaden gibt es Ferienwohnungen und Parkflächen sowie Winterlager.

Die Marina bietet sichere und reizvolle Liegeplätze für Yachten aus dem Raum Lübecker Bucht, Westliche Ostsee und Fehmarn. Das früher etwas abgelegene Boltenhagen hat durch die Marina weiter an Attraktivität gewonnen. Auch das Umfeld, der sogenannte Klützer Winkel, mit den inmitten von Feldern und Wiesen gelegenen Dörfern mit ihren schönen Bauernhäusern lädt zum Verweilen ein. Das Barockschloss Bothmer, 45 km von der Marina entfernt, wurde äußerst aufwendig saniert und ein Museum eingerichtet.

WOHLENBERG
53°56,5'N 011°15,1'E

Die Wohlenberger Wiek ist eine nahezu kreisförmige Bucht mit 3 sm Durchmesser und 8–10 m Tiefe. Zwischen den langen Sandstränden, in Sichtweite der Marina Boltenhagen, ragt eine fingerförmige Betonpier in die Bucht. Die Zufahrt im Nordosten zwischen der Hohen Wieschendorf Huk und dem Südrand der Untiefe Lieps ist ca. 1 sm breit. Zum Anleger steuert man am besten vom Hauptfahrwasser ab grüner

Die Fingerpier in der Wohlenberger Wiek

Tonne 19 mit südwestlichem Kurs. In der Nähe des südlichen Endes der Untiefe Lieps, die bei Normalwasser trockenfällt, steht ein Richtfeuerträger.

Die ehemalige Militäranlage ist komplett ungeschützt und eignet sich bestenfalls für einen Badestop bei beständigem und äußerst ruhigem Sommerwetter. Der Molenkopf ist nicht mehr befeuert und die Wassertiefen nehmen zum Ufer hin rasch ab. Strom und Wasser sind nicht vorhanden. Beim Betreten der Anlage ist Vorsicht geboten, auch die in die Spundwand eingelassenen Leitern sind marode. Auf dem Parkplatz vor der Pier gibt es einen Park- und Campingplatz mit Imbiss, weitere Versorgungsmöglichkeiten und eine Gaststätte im 200 m entfernten Ort.

HOHEN WIESCHENDORF

53°56,9'N 011°20,8'E

Wie die Wohlenberger Anlage war auch diese Pier für militärische Zwecke geplant. Sie liegt schon in Sichtweite Wismars in der Eggers Wiek unterhalb der Hohen Wieschendorf Huk. Der Ausbau zu einer Marina ist gelungen und die dazugehörige Feriensiedlung fertig gestellt. Die Bootsliegeplätze können genutzt werden.

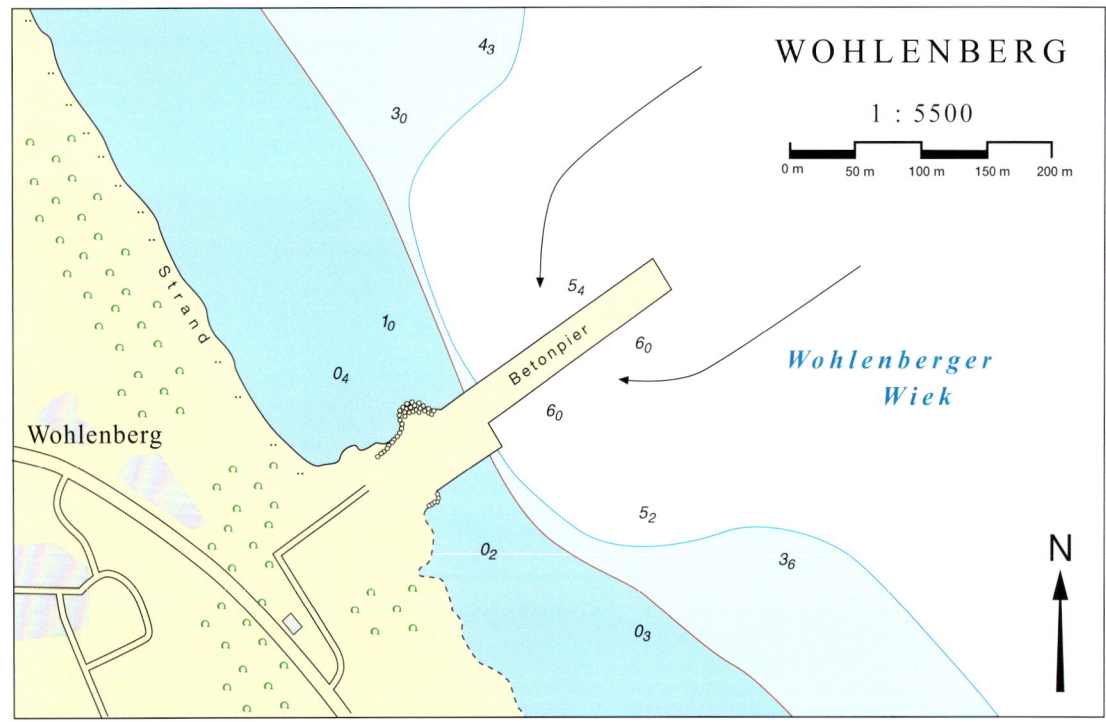

Die neue Marina Hohen Wieschendorf

Ansteuerung

Vom Hauptfahrwasser läuft man ab Tonnenpaar 22/25 mit 250° auf den Kopf des Anlegers zu. Die roten Backsteingebäude auf der Pier sind markant. Ist der äußerste Steg gerundet, hält man sich möglichst dicht an der Pier – um nicht zu nah an den flachen Bereich zu geraten, der durch die roten Bojen markiert ist. Bei der Ansteuerung aus anderen Positionen halte man sich deutlich frei von den Steinfeldern vor der Huk im Norden und dem sogenannten Stegort im Süden, sie sind nicht bezeichnet. Zur Pier führt eine betonnte Baggerrinne, die sich dann zu einem Becken von ungefähr 100 m Breite auf beiden Seiten der Pier erweitert.

Liegeplätze

Die Pier bietet guten Schutz bei westlichen und nördlichen Winden. Auf der Südseite ist eine stabile Schwimmsteganlage mit vier Pontons und Auslegern verankert. Bei schwerem Wetter aus N bis NE steht starker Seegang auf den äußersten Ponton. Die Kapazität beträgt 120 Liegeplätze. An der Nordseite der Pier kann bei ruhigem Wetter längsseits angelegt werden. Hier steht auch ein Kran (10 t) zur Verfügung.

Service und Versorgung

Die Marina bietet ein Restaurant mit Bar, Hafenmeisterbüro, einen kleinen Marinashop und Sanitäranlagen mit Sauna und einen großen, kostenpflichtigen Parkplatz. Im Sommer kommen viele Touristen an die nahen Badestrände und bevölkern die sonst etwas triste Anlage.

Sehenswürdigkeiten

Von der hügeligen Landschaft bis zum 1 km entfernten Dorf hat man einen herrlichen Blick auf die Wismarbucht und bis zur Insel Poel. Hier entstand der erste große Golfplatz Mecklenburg-Vorpommerns, mittlerweile durch ein Hotel und eine Wohnanlage ergänzt.

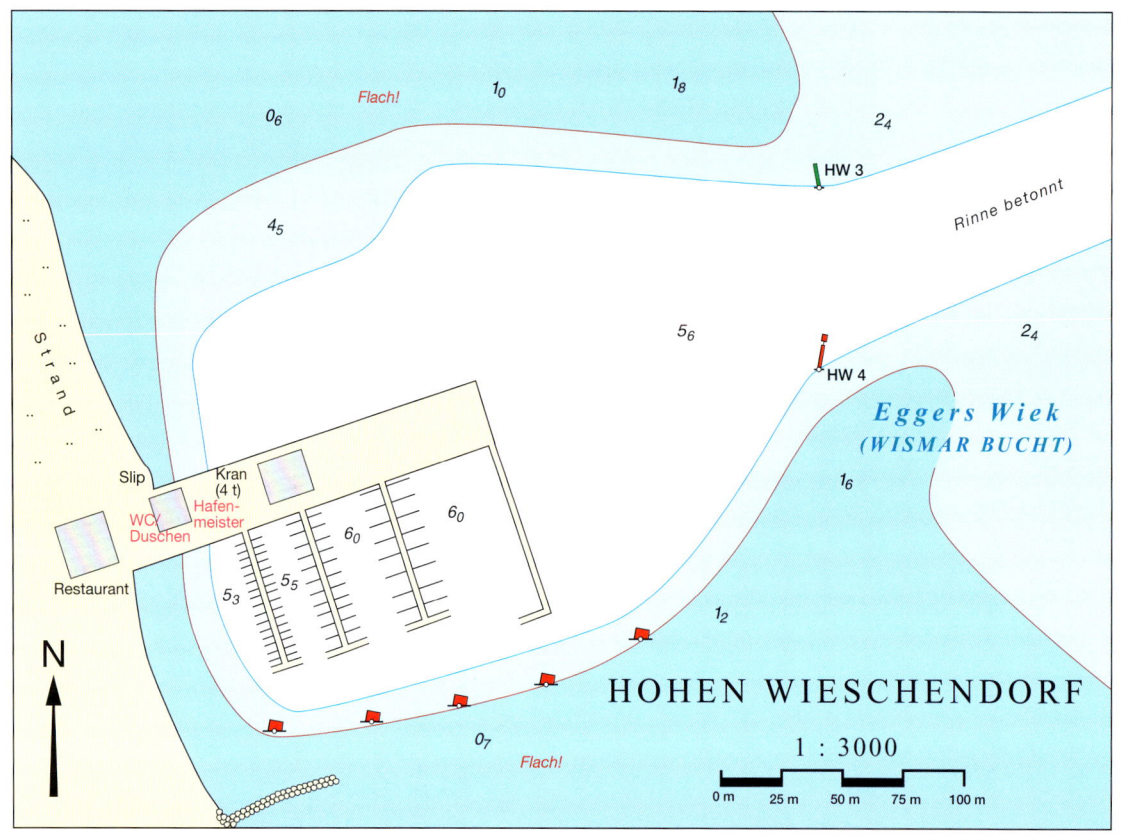

WISMAR-WENDORF
53°54,6'N 011°26,2'E

Der größte Wismarer Yachtclub besitzt seit 1999 einen ansprechenden Sportboothafen, der ein 3 m tiefes Hafenbecken mit Schwimmstegen für 140 Liegeplätze und eine Steinmole hat. Damit stehen auch für Gastboote geschützte und ruhige Liegeplätze am Stadtrand von Wismar zur Verfügung.

Ansteuerung
Die Anlage liegt dicht am Fahrwasser nördlich des Wismarer Stadthafens vor dem Ortsteil Wendorf. Einlaufende Boote halten sich an das Hauptfahrwasser und drehen von See kommend nach der grünen Leuchttonne 45 im Bogen um die Ostmole in das Hafenbecken. Die kurze Baggerrinne ist mit kleinen Tonnen gekennzeichnet und sollte nicht verlassen werden.

Im Hafenbecken grenzen kleine rote Tonnen das Baggerbecken vom Flachwassergebiet ab. Die benachbarte Motorbootanlage hat eine gesonderte Zufahrt und weist insgesamt nur geringe Wassertiefen auf. Wichtig: Der Wasserspiegel im Südteil der Wismarbucht kann bei Starkwind aus Südwest innerhalb weniger Stunden um 1 m fallen.

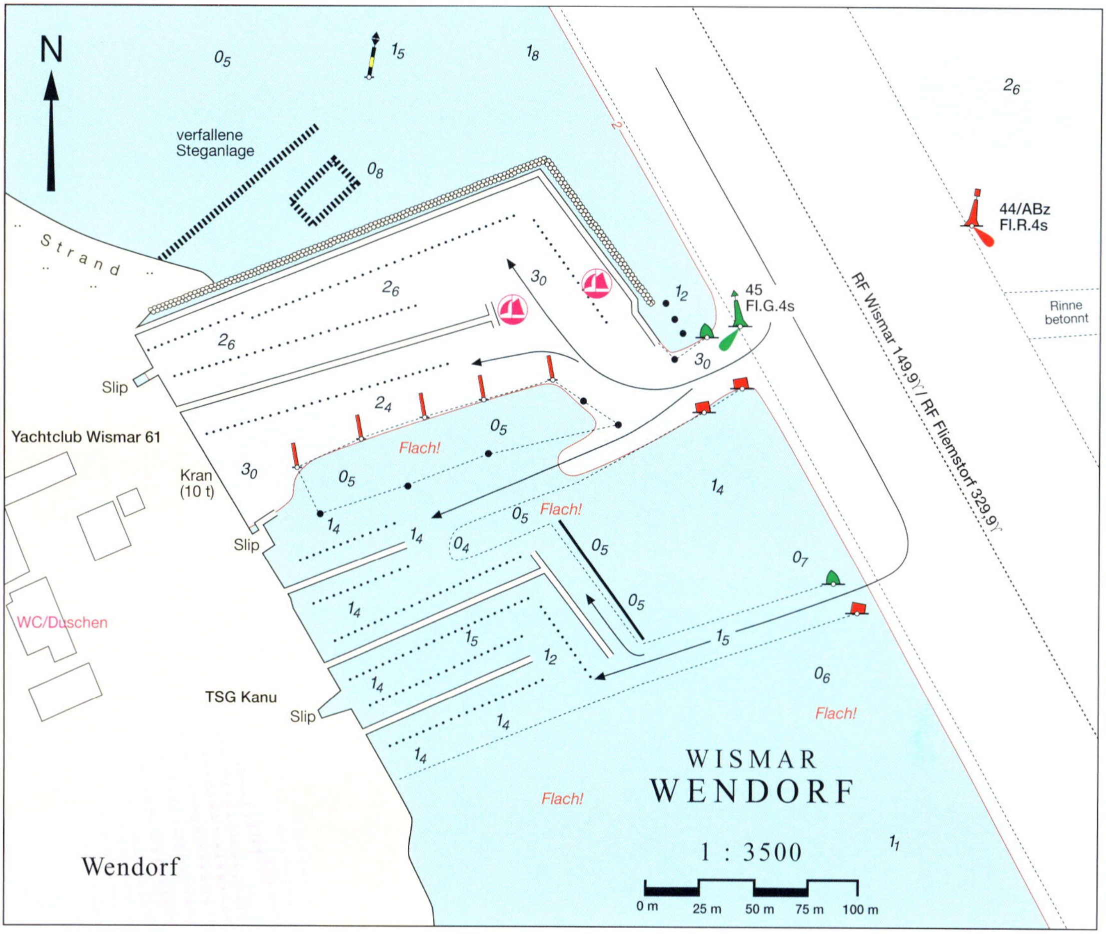

Liegeplätze

Insgesamt stehen 150 Liegeplätze zur Verfügung, viele sind von Dauerliegern belegt. Gastliegeplätze sind grün gekennzeichnet. Die Boxen sind 14 m lang und 4 m breit.

Service und Versorgung

Wasser- und Stromanschlüsse sind auf den Stegen. Sanitäranlagen befinden sich im Clubgebäude, das auch ein Restaurant beherbergt. Ein 10-t-Kran, Mastkran und zwei Slipbahnen stehen zur Verfügung. Die Diesel-Bunkerstation liegt am Ostufer beim Tonnenhof. Einkaufsmöglichkeiten bestehen im 500 m entfernten Ortsteil Wendorf.

Von dort besteht eine Busverbindung zum Zentrum Wismars (3 km).

CLUBHAFEN AN DER WERFT

53°54,6'N 011°26,1'E

In Sichtweite vom neuen Yachthafen Wismar-Wendorf liegt die gepflegte kleine Anlage des Wismarer

Blick in den Yachthafen Wismar-Wendorf

Segler-Vereins 1911. Sie grenzt an das Werftgelände mit seiner riesigen Schiffbauhalle und wird von Gastbooten nur seltener angelaufen.

Ansteuerung

Die Zufahrt erfolgt aus dem Becken vor der Schiffbauhalle ab der grünen Tonne W 7 durch eine schmale Baggerrinne mit 2,5 m Solltiefe. Sie ist mit roten und grünen Tonnen sowie Pricken gekennzeichnet. Außerhalb des Tonnenstrichs ist es ausgesprochen flach. Bei Starkwind aus Südwest kann der Pegelstand innerhalb weniger Stunden deutlich sinken.

Liegeplätze

Neben den Plätzen für Vereinsmitglieder gibt es ca. 30 Liegeplätze mit Wassertiefen von 1,8 bis 2,5 m für Gäste. Sie werden durch grüne Schilder angezeigt. Die größten Tiefen findet man am Mittelsteg. Die Boote liegen in Boxen und sind in diesem Hafen vor allen Windrichtungen ausgezeichnet geschützt. Die Anlage hat eine ausgesprochen ruhige Lage, ist aber für Gastyachten etwas abgelegen.

Der Yachthafen der Werft in Wismar

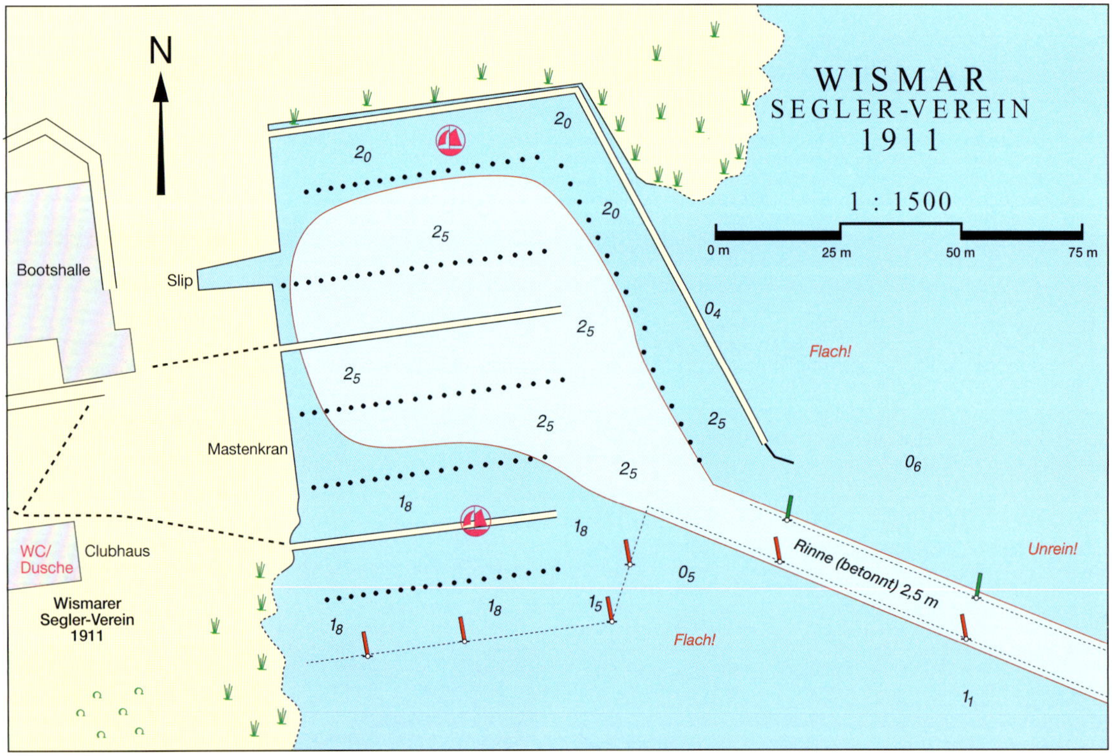

Service und Versorgung

An den Stegen besteht Wasser- und Stromanschluss. Im Clubgebäude befinden sich Toiletten mit Duschen und ein Clubraum. Eine Slipanlage und eine Selbsthilfewerkstatt sind vorhanden. Versorgungsmöglichkeiten bestehen 400 m weiter in Wendorf. Das Zentrum Wismars ist mit dem Bus zu erreichen.

STADTHAFEN WISMAR

In den letzten Jahren wurden die Anlegemöglichkeiten für Besucheryachten vor dem Altstadtzentrum deutlich erweitert. Neben den unruhigen Liegeplätzen im sogenannten Alten Hafen stehen auch in den beiden benachbarten Hafenbecken Überseehafen und Westhafen komfortable Liegeplätze zur Verfügung. Das hat sicher dazu beigetragen, dass die sehenswerte Stadt ein gern besuchtes Ziel von Yachten der näheren Umgebung geworden ist. Aber auch dänische und schwedische Besatzungen sind häufig anzutreffen.

Zur Ansteuerung aller Becken folgt man dem Hauptfahrwasser bis zu seinem Endpunkt, der Wendeplatte vor dem Überseehafen. Dabei werden Tonnenhof und Ölhafen am Ostufer sowie der Yachthafen Wendorf am Westufer passiert. Werftkai und

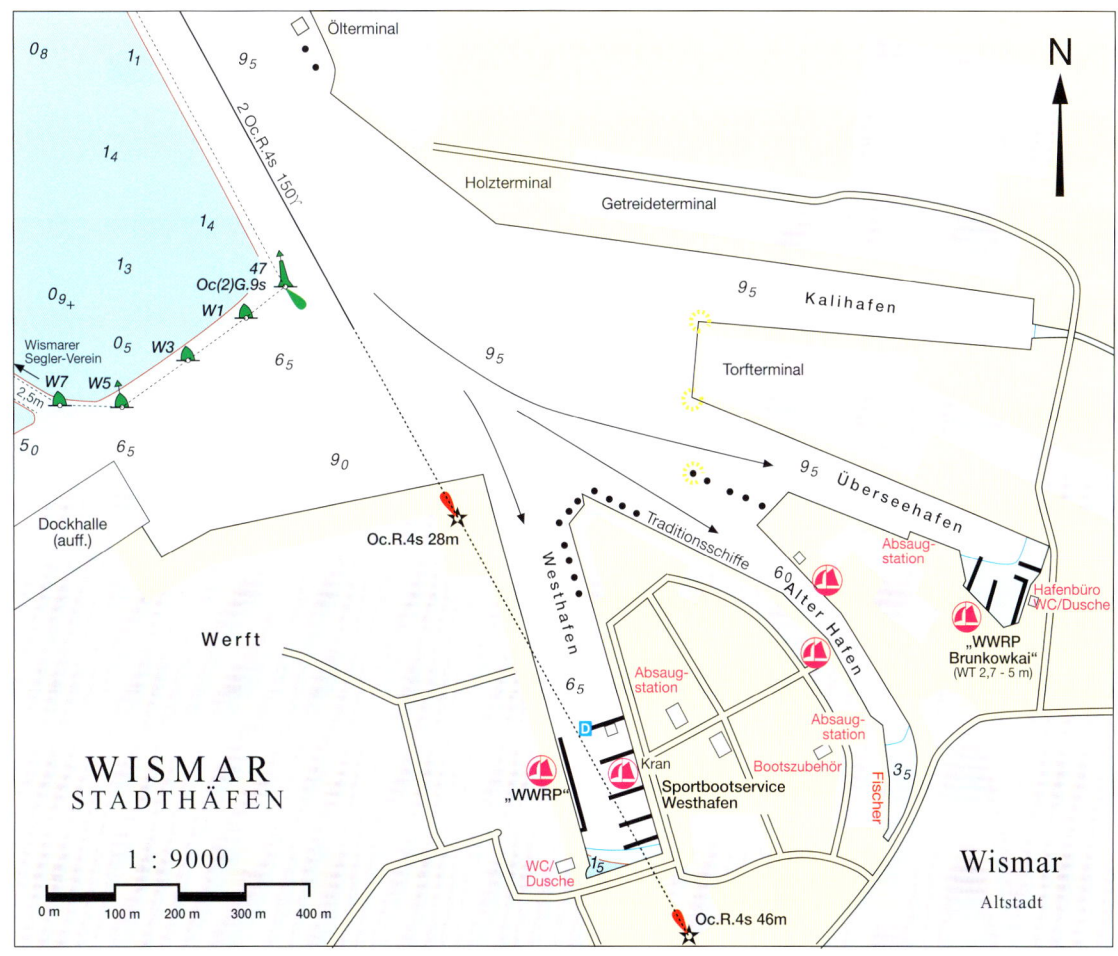

Der Alte Hafen in Wismar; rechts das Wassertor

Schiffbauhalle bleiben einlaufend an Steuerbord. Obwohl die Frachtschifffahrt und die Fischerei deutlich zurückgegangen sind, ist insbesondere bei starken nordwestlichen Winden zur Vorsicht geraten, denn beim Wendebecken bündelt sich der gesamte Schiffsverkehr auf einer Fläche von gut 200 m im Durchmesser. Bis auf die private Marina an der Ostseite des Westhafens sind alle Stege und Anlegestellen in städtischer Hand. Deren Hafenmeister hat seinen Sitz im Dusch- und WC-Häuschen an der Anlage Brunkowkai.

Alter Hafen

Yachten können an beiden Seiten des ca. 400 m langen Hafenbeckens längsseits festmachen, bei stärkerer Belegung auch im Päckchen. Anlegestellen der Fahrgastschifffahrt sind gekennzeichnet. Im Hafen verteilt haben einige Traditionssegler ihre Stammplätze – großes Interesse findet die Poeler Kogge, die hier in mehrjähriger Arbeit entstand. Die Hafen- und Speichergebäude zwischen Altem Hafen und Überseehafen werden teilweise zwar immer noch für touristische Zwecke saniert, sind aber jetzt schon stark besucht. Die tagsüber erhebliche Lärmbelästigung von der Straße ist im Scheitel des Alten Hafens enorm, an den Enden des Beckens kaum noch zu spüren. Hier wurde auch ein neues Sanitärgebäude errichtet.

Überseehafen/Brunkowkai

Die städtische Schwimmsteganlage liegt am Ende des Hafenbeckens vor einem Bürocenter. Sie ist als Wasserwanderrastplatz mit 35 Gastliegeplätzen konzipiert. Die Wassertiefe zwischen den Stegen beträgt ca. 3 m, im Hafenbecken sind es 9 m. Die Anlage ist vor Wind und Wellenschlag besser geschützt als der Alte Hafen. Allerdings kann es durch den Massengutumschlag an den gegenüberliegenden Liegeplätzen der Handelsschiffe zeitweise zu Lärm- und Staubbelästigung kommen. Die alten Silos und Fabrikanlagen zwischen den Hafenbecken werden nach und nach restauriert oder durch Neubauten ersetzt. Die geschützten Liegeplätze vor der historischen Altstadt mit dem Ambiente der Großschifffahrt finden regen Zuspruch. Wer hier keinen Platz mehr findet, sollte es am kleinen städtischen Schwimmsteg im Westhafen versuchen, der ebenfalls komfortabel ausgestattet ist.

SPORTBOOTSERVICE WESTHAFEN

Eine weitere Sportbootanlage mit Marinacharakter ist im sogenannten Westhafen vorhanden. In diesem 500 m langen und 100 m breiten Hafenbecken sind auf der östlichen Seite und am Südkai Schwimmstege

Liegeplätze am Brunkoskai im Überseehafen

für 115 Liegeplätze ausgelegt worden. Versorgungsanschlüsse für Wasser und Strom sind vorhanden. WLAN wurde an den Stegen eingerichtet. Zur Anlage gehören ein Servicegebäude mit Sanitäreinrichtungen, Gästezimmer sowie eine beheizte Wartungshalle. Das Angebot des privaten Betreibers umfasst Kranservice und Winterlager auf der Freifläche oder in der Halle. Im Hafen haben sich inzwischen viele Dauerlieger eingefunden, in der Saison sind die Gastplätze häufig belegt. Da das Liegen im Päckchen hier nur bedingt möglich ist, muss man unter Umständen in andere Becken verholen.

Service und Versorgung

In den drei Hafenbecken findet man zeitgemäße Sanitäranlagen und Versorgungsanschlüsse vor. Im näheren Umfeld sind traditionelle und neue Servicebetriebe ansässig wie Segelmacher, Motorenservice, Yachtausrüster und Schiffselektronikbetriebe. Besonders anziehend sind die vor dem Hafen gelegenen kleinen Gaststätten, Cafés und Geschäfte, oft in historischer Bausubstanz. Die Fläche zwischen den Hafenbecken Alter Hafen und Westhafen ist für den Bau eines Wohn- und Gewerbegebietes vorgesehen. Die alte Bausubstanz des Hafens wurde bis auf wenige erhaltenswerte Gebäude abgerissen, und neue Straßen und Versorgungsleitungen sind bereits angelegt. Erste Unternehmen haben sich in der Zwischenzeit angesiedelt.

Sehenswürdigkeiten

Die Hansestadt Wismar hat einen der größten erhaltenen Altstadtkerne Nordeuropas mit zahlreichen Baudenkmälern, für die man sich etwas Zeit nehmen sollte.

Die Stadt hat eine bewegte Vergangenheit. Sie wurde Anfang des 13. Jahrhunderts gegründet und entwickelte sich schnell. Vom 14. bis zum 16. Jahrhundert gehörte sie zu den bedeutendsten Hansestädten. Der über den Wismarer Hafen laufende Handel mit Skandinavien, dem Baltikum und Russland war für die Kaufleute recht einträglich, und so entstanden in dieser Zeit auch viele prachtvolle gotische Giebelhäuser.

Mit dem Niedergang der Hanse verlor die Stadt an Bedeutung, und 1648, als Ergebnis des Dreißigjährigen Krieges, fiel sie an Schweden. Das hatte zur Folge, dass sie in

Die Marina Westhafen in Wismar

weitere Kriegshandlungen der damaligen Großmacht hineingezogen wurde.

Im Nordischen Krieg war sie gar eine der bedeutendsten Festungen. Die Schwedenzeit endete 1803, als das Herzogtum Mecklenburg die Stadt dem schwedischen König über einen Pfandvertrag gewissermaßen abkaufte.

Im 19. Jahrhundert entwickelte sich Wismar zur bedeutenden Industriestadt, auch der Hafen blühte auf.

Nach 1945 und bis in die Gegenwart prägt die Mathias-Thesen-Werft mit zeitweise bis zu 8000 Beschäftigten die Wirtschaft von Stadt und Region. Nach 1990 sind mehrere Werke geschlossen und teilweise abgerissen worden. Es gelang aber, die Werft zu erhalten und zu modernisieren. Auch im Hafen sind neue Unternehmen entstanden.

Große Fortschritte sind in den letzten Jahren bei der Sanierung der Altstadt erzielt worden. Auch hier hatten die Luftangriffe im Zweiten Weltkrieg schwere Schäden verursacht, aber doch nicht so flächendeckend wie in anderen norddeutschen Städten. So bietet sich heute das fast geschlossene Bild einer alten reichen Hansestadt mit einer kaum zu überschauenden Anzahl von Baudenkmälern.

Die großen Kirchen St. Nikolai, St. Georg und der gewaltige Turm St. Mariens ragen heraus, weiterhin der große Marktplatz mit der mittelalterlichen Wasserkunst, das bekannte Gasthaus „Alter Schwede" und das Rathaus.

Sehenswert sind ebenso der Fürstenhof (ehemalige Residenz des Herzogs) und das Schabbelhaus (heute historisches Museum). Um sich einen Überblick zu verschaffen, schließt man sich am besten einer von der Touristen-Information organisierten Stadtführung an. Die Altstadt ist seit 2002 als Flächendenkmal in die UNESCO-Liste des Weltkulturerbes aufgenommen worden. Von Wismar aus lohnt sich ein Abstecher in die Landeshauptstadt Schwerin. Es besteht dorthin eine gute Zugverbindung, der Bahnhof ist vom Hafen in wenigen Minuten zu erreichen. Die bekannteste Sehenswürdigkeit in der früheren Residenz der mecklenburgischen Herzöge ist unbestritten das inmitten von Seen gelegene Schloss. Auch die Altstadt dort bietet viel Interessantes.

TIMMENDORF
53°59,5'N 011°22,5'E

Der kleine Ort mit dem bekannten Leuchtturm an der Westküste der Insel Poel hat einen wichtigen Fischereihafen mit Zoll- und Lotsenstation. Er wird auch von Sportbooten gern angelaufen, die hier nach dem Ausbau sehr gute Bedingungen vorfinden.

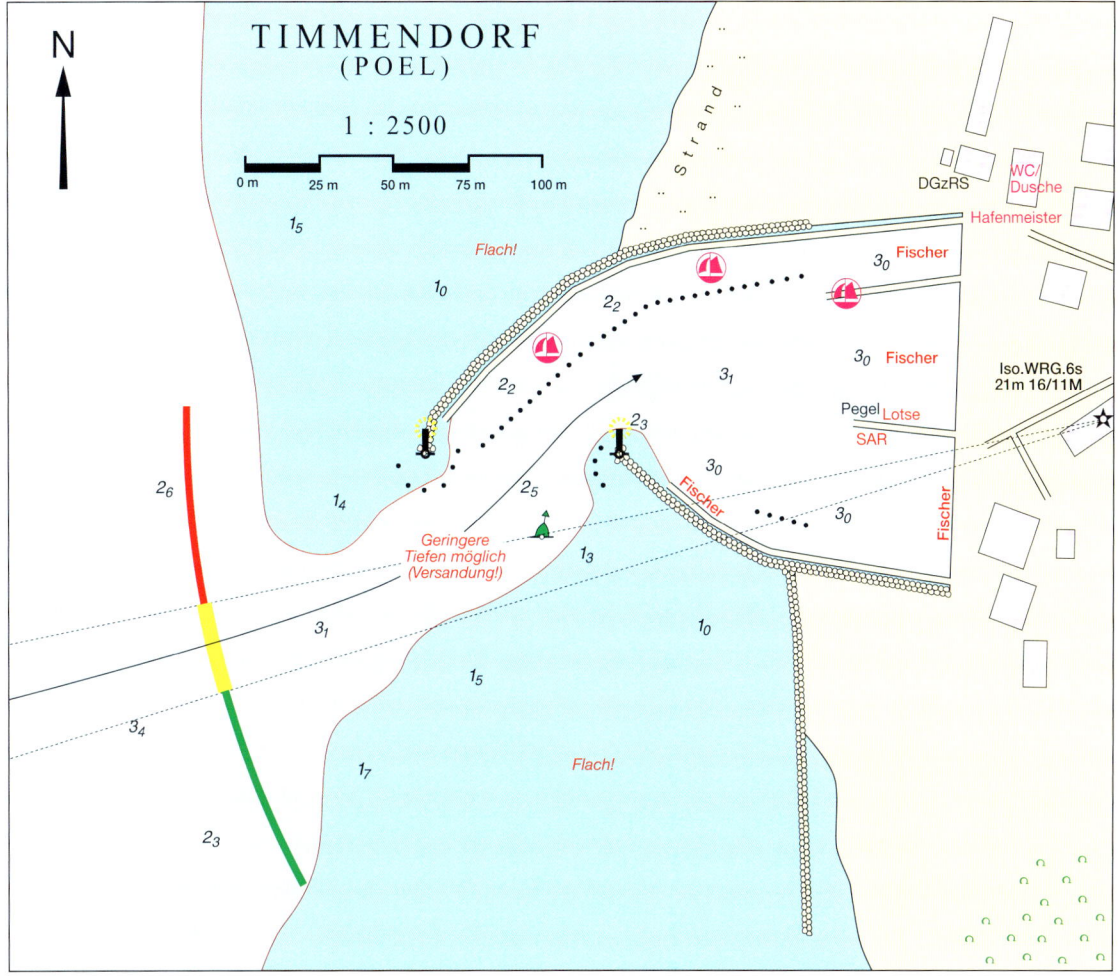

Ansteuerung

Der weithin sichtbare Leuchtturm steht direkt im Hafenbereich und ist auch am Tage wichtigste Landmarke. Die Ansteuerungstonne liegt nur 2 kbl entfernt südwestlich vor der Einfahrt, die von zangenförmigen Steinmolen gebildet wird. Die Nordmole trägt eine Bake mit Zylindertoppzeichen, die Südmole ist mit Kegeltoppzeichen markiert. Die Molenköpfe sind zudem nachts beleuchtet.

Die Einsteuerung erfolgt aus südwestlicher Richtung, bei starkem Westwind sind die Molen erst spät zu sehen. Bei der Ansteuerung aus Ost ist der flache Tonnenhaken nördlich des Hafens zu beachten. Hält man sich an die roten Fahrwassertonnen beim Flaggtief, besteht keine Gefahr. Vor Timmendorf erstreckt sich die Innenreede des Wismarer Hafens, zeitweise kann stärkerer Schiffsverkehr auftreten. Durch Versandungen der Einfahrt kann es hier deutlich flacher sein als angegeben.

Liegeplätze

Gastboote legen an der Nordmole am neu errichteten Holzsteg an. In den Boxen finden 40 Yachten Platz. Die Liegeplätze an

Der kleine Hafen Timmendorf auf der Insel Poel

der Südmole sind meist von einheimischen Seglern belegt. In der Saison ist der Hafen mit seinen maximal 60 Plätzen schnell überbelegt. Bei westlichen Winden kann Schwell in den Hafen stehen.

Service und Versorgung

Strom- und Wasseranschlüsse bestehen an den Stegen. Es wurde ein neues öffentliches Sanitärgebäude mit Münztoilette errichtet. Der Code für das WLAN des Hafens ist beim Hafenmeister zu erfragen. Das beinahe autofreie Hafenvorfeld beherbergt einige Gaststätten, Eisdielen, Cafés und Kioske mit Lebensmittel- und Souvenirverkauf.

Sehenswürdigkeiten

Timmendorf mit seinem Hafen und Strand ist ein viel besuchtes Ausflugsziel für Tagesgäste. Der Hafenbereich ist nahezu autofrei, die Gemeinde hat zwei Parkplätze am Ortseingang eingerichtet. Zusätzlich zum großen Campingplatz und zu der Ferienhaussiedlung sind in den letzten Jahren viele neue Ferienwohnungen errichtet worden, die nicht immer dem Ortscharakter Rechnung tragen.

Für viele Segler, die hier Station machen, ist die Insel das eigentliche Erlebnis. Neben dem Norden mit seinen Stränden und Steilküstenabschnitten ist auch der Süden um das Naturschutzgebiet Fauler See sehr reizvoll. Von den Hügeln bieten sich immer wieder schöne Ausblicke auf die Wismarbucht und die großen Bauwerke der Stadt. Die Insel bietet hervorragende Fahrradwege. Fahrräder können in fast jeder Ortschaft entliehen werden.

KIRCHDORF

53°59,7'N 011°26,5'E

Der Hafen liegt am Nordende des Kirchsees, einem 1 km breiten, aber flachen Arm der Wismarbucht, der 4 km tief in die Insel einschneidet. Der Hafen ist Fischerei- und Werftstandort, wird aber auch gern von Sportbooten angelaufen.
Von Kirchdorf aus bestand über Jahrhunderte die wichtigste Verbindung mit Wismar; heute wird der Hafen von Ausflugsschiffen aus der Stadt angelaufen, auf die man für einen Tagesausflug in die Hansestadt auch in Kirchdorf zusteigen kann.

Ansteuerung

Das Fahrwasser durch den Kirchsee beginnt an der grünen Leuchttonne Kirchdorf 1 ca. 3,5 sm nördlich des Stadthafens. Bei der Ansteuerung von Süden ist die Insel Walfisch mit der steinigen Untiefe, die sich 0,5 sm nach Norden erstreckt, zu beachten. Die Fahrrinne ist gut betonnt, ab Tonnenpaar 5/6 steuert man mit 006,4° bis zum Tonnenpaar 11/12 vor dem Hafen zu. Boote mit mehr als 1,5 m Tiefgang sollten sich strikt am Tonnenstrich halten, das Fahrwasser versandet regelmäßig.

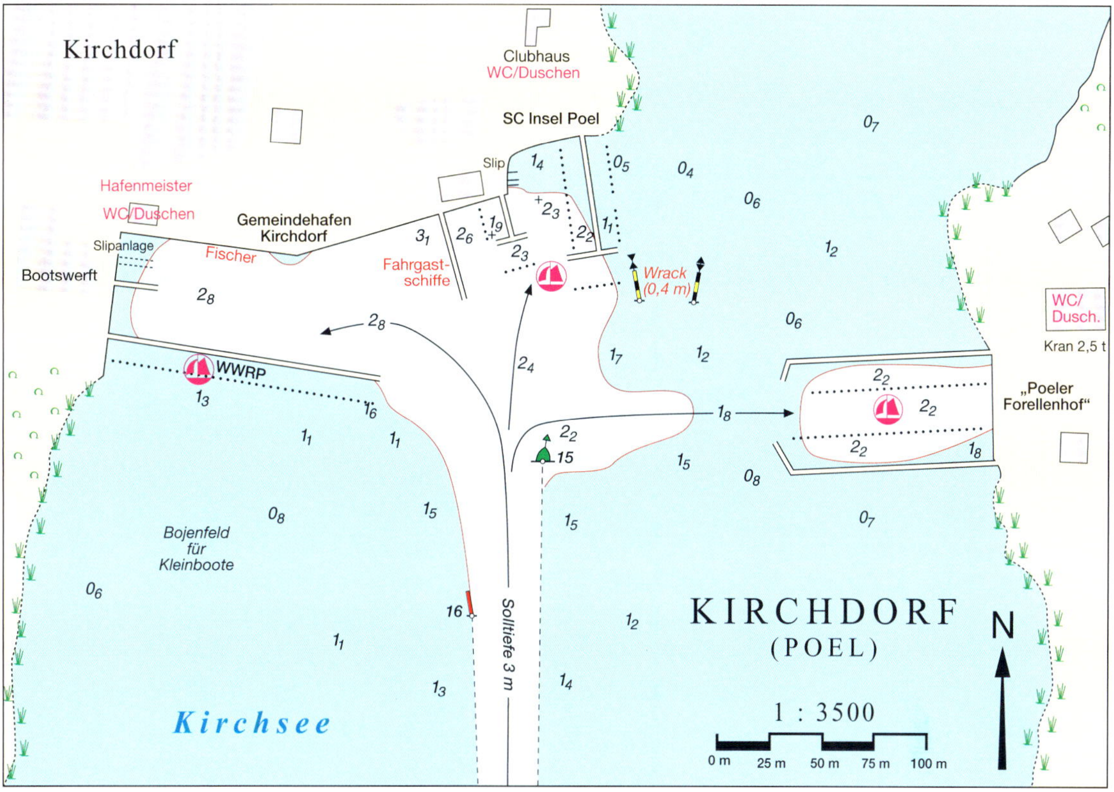

Liegeplätze im Kommunalhafen
Gemessen am Bedarf ist hier das Liegeplatzangebot oft nicht ausreichend. Die Stahlspundwand vor dem Parkplatz ist Kuttern für Angel- oder Ausflugsfahrten vorbehalten. Bei den Dalben vor dem Steg (vom Fahrwasser kommend an Backbord) handelt es sich um einen Wasserwanderrastplatz. Dessen südliche Seite ist weniger als 1 m tief und zum Teil von kleinen Motorbooten belegt.

Service und Versorgung
Wasser- und Stromanschlüsse sind vorhanden. Ein neues Sanitärgebäude (mit Türcode) befindet sich im westlichen Hafenbereich. Hier ist auch das Hafenmeisterbüro. Wie in Timmendorf gibt es auch hier WLAN im Hafenbereich. Direkt am Hafen findet man zwei Gaststätten und mehrere Imbissstände. Bei eventuellen Reparaturarbeiten kann man sich an die traditionsreiche kleine Werft wenden, die über eine Slipanlage mit großer Tragfähigkeit verfügt. Die Geschäfte liegen in geringer Entfernung im Ortszentrum.

Der Hafen Kirchdorf auf der Insel Poel, links der Wasserwanderrastplatz

Liegeplätze beim Segelclub Insel Poel (SCIP)

Einige wenige Liegeplätze gibt es auch beim örtlichen Segelclub. Die Außenseite des östlichen Steges ist unbrauchbar, hier wird es zu flach. Das Hafenmeister-Paar ist äußerst freundlich und bei der Platzsuche behilflich. Die Sanitäranlagen wurden kürzlich modernisiert.

Liegeplätze in der Anlage Forellenhof

Als dritte Option liegt dem Hafen gegenüber das Gelände einer ehemaligen Forellenzuchtanlage, die zu einem Sportboothafen umgebaut wurde. Die Zufahrt erfolgt direkt ab Tonne 15. Im gut geschützten Hafenbecken gibt es auf gut 2 m Wassertiefe 50 Liegeplätze in Boxen, die an einer Steganlage und einem Schwimmsteg angeordnet sind. Größere Boote können direkt an den Kai gehen, zu den Stegen hin wird es jedoch flach. Strom und Wasser gibt es auf den Stegen, die Toiletten befinden sich im Hafengebäude. Zum Serviceangebot der privat geführten Anlage gehören auch Festliegeplätze. Der asphaltierte Vorplatz kann auf Nachfrage als Winterlager genutzt werden, im Sommer stehen hier Dutzende Wohnmobile. Ein Kran ist nicht vorhanden. Auf dem Gelände gibt es eine beliebte Gaststätte mit Fischräucherei (im Sommer Reservierung nötig!) und einige Häuser mit Ferienwohnungen. Im Restaurant sind auch die Liegegebühren zu entrichten. Zum Ort führt ein kurzer Fußweg über eine kleine Holzbrücke.

Für Gastyachten ist diese Anlage sicherlich nicht nur ein Notbehelf, wenn der kommunale Hafen überfüllt sein sollte.

Liegeplätze in der Anlage Forellenhof

Sehenswürdigkeiten

Unmittelbar neben dem Hafen Kirchdorf erheben sich die Wälle der ehemaligen Festung Poel, die einst ein Schloss des mecklenburgischen Herzogs schützten. Es wurde 1614 errichtet, überstand aber die Kämpfe des Dreißigjährigen Krieges nicht. Bis ins 19. Jahrhundert holten sich die Kirchdorfer hier die Steine für ihre Häuser. Heute sind nur die Kirche aus dem 13. Jahrhundert und die beeindruckenden Wälle zu besichtigen, die durch jahrelange Fuhrdienste Poeler Bauern errichtet wurden.

Im Heimatmuseum wird auch ausführlich über die Natur der Insel informiert. Kirchdorf liegt fast in der Mitte Poels, ist somit ein sehr guter Ausgangspunkt für Touren zur Nordküste (2 km) oder zur ruhigen Ostküste mit ihren schönen Wasservogelrevieren.

RERIK

54°06,2'N 011°36,6'E

Das idyllisch zwischen Meer und Haff gelegene Ostseebad liegt am Nordrand des Salzhaffs, einem flachen Boddengewässer nordöstlich der Wismarbucht. Wegen des weit in die Ostsee reichenden Sperrgebiets vor dem

Das Ostseebad Rerik am Nordstrand des Salzhaffs

Schießplatz auf der Halbinsel Wustrow und der spärlichen Betonnung wurde das Salzhaff von ortsfremden Yachten früher nur selten angelaufen. Diese Situation hat sich grundlegend verändert. Das Sperrgebiet ist auf einen 2 kbl breiten Streifen vor dem Ufer reduziert, die Betonnung ist verbessert, und die Anlegemöglichkeiten in Rerik sind erweitert. Rerik ist damit auch für Kielboote ein tolles Reiseziel geworden, die feinen Sandstrände auf der Rückseite des Ortes locken im Sommer viele Badegäste an.

Ansteuerung

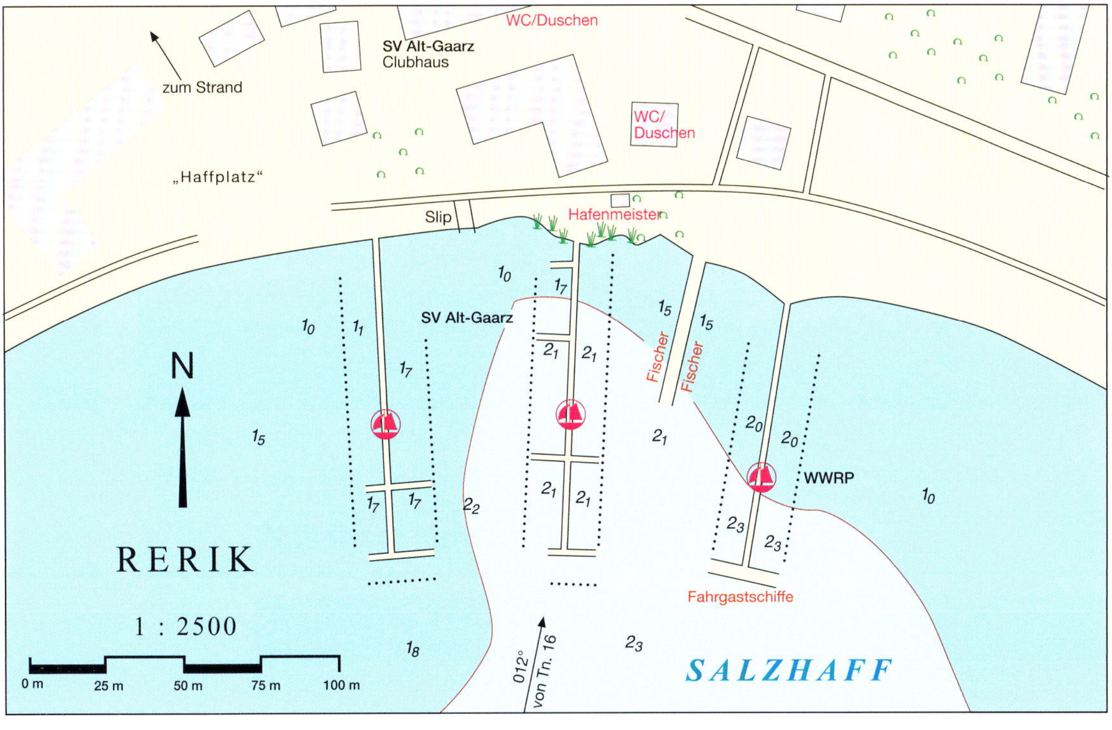

Die Einsteuerung in das Salzhaff ist nicht betonnt. Man steuert es durch die Kielung an, einen 4 m tiefen Strom, ca. 2 kbl breit, der dicht vor der Südspitze der Halbinsel Wustrow verläuft. Der Strom ist unbezeichnet, auch eine Ansteuerungstonne gibt es nicht. Es muss also sehr sorgfältig navigiert werden. Ortsfremde sollten nur am Tage, bei ruhigem Wetter und guter Sicht in das Salzhaff einsteuern. Vom Tonnenpaar 5/6 des Tiefwasserweges oder der südlichsten Tonne des Sperrgebiets (Pos. 54°03,35'N 011°30,0'E) orientiert man sich am Turm nahe der Südspitze der Halbinsel. Wegen der an Steuerbord liegenden Insel Langenwerder mit dem vorgelagerten Flach muss man sehr dicht unter der Westküste der Halbinsel Wustrow steuern. Nach Passieren der Südspitze (Kieler Ort) wird sofort mit Ostkurs auf die Kardinaltonne N Werder Nord zugehalten. Diese Tonne markiert die Durchfahrt zwischen den Steinfeldern vor dem Boiensdorfer Werder und dem Flachwasser vor dem gegenüberliegenden Kap Kirchmesse von Wustrow. Die weitere Strecke bis Rerik ist unproblematisch, flache Stellen sind gut betonnt, man sollte sich hier strikt am Tonnenstrich halten. Das Haff ist stark verkrautet, dadurch kann auch die Anzeige des Echolots beeinträchtigt werden. Achtung: Der amtlichen Seekarte zufolge ist die Betonnung im Salzhaff nur vom 15. Mai bis 31. Oktober ausgelegt.

Liegeplätze

Für Kielboote stehen die langen Steganlagen vor dem Westende der Stadt zur Verfügung. Der östliche ist als Wasserwanderrastplatz vorwiegend für Gäste gedacht, an seinem Kopf legen Fahrgastschiffe an. Die Wassertiefen in den Boxen betragen maximal 2 m, sie nehmen im letzten Drittel vor dem Ufer überall deutlich ab. Angelegt werden kann auch am Steg des örtlichen Segelclubs (SV Alt-Gaarz) an freien Plätzen. Beiderseits der Steganlagen findet man gut geschützte Ankerplätze.

Service und Versorgung

Die Steganlagen haben Strom- und Wasseranschlüsse. Die Toiletten befinden sich im neuen Servicegebäude vor dem Fischersteg. Der örtliche Segelclub verfügt über eine Slipanlage, die kostenlos genutzt werden kann. Das Büro des Hafenmeisters befindet sich am mittleren Steg.
Ein Sortiment Yachtausrüstung bietet der Segelmacher im Ort an. Eine schicke Uferpromenade mit Geschäften, Gastronomie und Freiflächen befindet sich unmittelbar vor den Steganlagen. Weitere Versorgungsmöglichkeiten gibt es im nahen Ortszentrum.

Sehenswürdigkeiten

Die Stadt bemüht sich, den Ortscharakter trotz touristischer Entwicklung zu erhalten. Bei der Bebauung wird daher kleineren Gebäuden der Vorzug gegeben. Sehenswert sind die Kirche mit reichhaltigen Ausmalungen aus dem 17. Jahrhundert und das Heimatmuseum. In der gering besiedelten Umgebung erstrecken sich mehrere Naturschutzgebiete, u. a. seltene Salzwiesenflächen. Großsteingräber künden von früher Besiedlung.
Die Halbinsel Wustrow war jahrzehntelang militärisches Sperrgebiet. Der nördliche Teil mit den Kasernen wurde von einer Investorengruppe erworben, um hier Ferienhäuser zu bauen. Seit geraumer Zeit wird an der Beseitigung der Altlasten und Schaffung von Bauplätzen gearbeitet. Zwischen Investor und Gemeinde konnte bisher keine Verständigung über die Größenordnung der neuen Ferienhausbebauung erzielt werden. Nicht einbezogen in mögliche Bauvorhaben sind zwei Drittel der Halbinsel, sie sind Naturschutzgebiet.

ANKERPLÄTZE IN DER WISMARBUCHT UND IM SALZHAFF

Das buchtenreiche Revier bietet schöne Ankerplätze auf gutem Ankergrund. Sie garantieren sicheren Schutz gegen die vorherrschenden westlichen Winde, sind aber nach Osten meist sehr offen. Damit sind sie nur als Tagesankerplätze geeignet. Nur in der Kirchsee und im Salzhaff ist man bei schlechtem Wetter und Winddrehungen sicher.

Boltenhagenbucht

Am einfachsten ist es, östlich des Ortes etwa 200 m vor dem Strand zu ankern. Der Küstenschutzwald und die Häuser decken den Westwind ab. Der Ankergrund besteht aus Sand. Es ist verlockend, eben südlich der Huk Groß Klützhoved im Schutz der 10 m hohen Steilküste zu ankern. Wegen der hier bis dicht an die Wasseroberfläche ragenden Findlinge sollte der Abstand vom Ufer mindestens 3 kbl betragen. Bei Winddrehungen auf Nord bis Ost sollte man die Bucht verlassen und mit Kurs Travemünde ablaufen (12 sm), das man auch nachts gut anzusteuern vermag.

Wohlenberger Wiek

Die 2,5 sm in das Land reichende Bucht ist durch die vorgelagerte Untiefe Lieps und die Hohen Wieschendorf Huk auch noch bei nördlichen und östlichen Winden etwas geschützt. Bei Westwind bietet die Steilküste nördlich vom ehemaligen Militäranleger guten Schutz. Noch besser kann man in der Bucht vor der Marina Boltenhagen außerhalb der Zufahrt ankern. Wegen alter Dalben und möglicher Ankerlieger kann der Platz nur am Tage angesteuert werden.

Kirchsee/Insel Poel

Die Kirchsee ist flach, beiderseits des schmalen Fahrwassers betragen die Wassertiefen weniger als 2 m. Beim Ankern muss also darauf geachtet werden, dass man beim Schwojen nicht ins Fahrwasser gerät. Der günstigste Ankerplatz für Yachten bis 1,5 m Tiefgang liegt ca. 100 m vor dem Hafen, dicht westlich vom letzten Tonnenpaar. Der Platz ist bis auf Südwind hervorragend geschützt durch die Wallanlagen der ehemaligen Festung.

Salzhaff

In Rerik haben bis zum Bau der neuen Steganlagen viele einheimische Sportboote im Bojenfeld vor Anker gelegen. Gastyachten finden demzufolge gute Ankerplätze unmittelbar vor dem Ort, wenn sie nicht das Angebot an den Steganlagen nutzen möchten. Beim Ankern ist auf die erheblich zugenommene Schifffahrt zu achten und die Zufahrt zum Fahrwasser freizuhalten. Hervorragende Ankerplätze in schöner Natur liegen eingangs des Salzhaffs vor der Halbinsel Boiensdorfer Werder. Je nach Windrichtung ankert man östlich in der Nähe vom Bojenfeld des örtlichen Sportvereins oder in der Bucht Große Wiek. Hier liegt man auch bei Winddrehungen besonders geschützt. Die Zufahrt erfolgt wie bereits beschrieben über die Kielung unter der Südspitze der Halbinsel Wustrow. Die Uferzonen sind nahezu unbebaut. Man kann das Leben in den Vogelschutzgebieten Langenwerder und Rustwerder sehr gut beobachten.

BOOTSHAFEN KÜHLUNGSBORN
54°09,2'N 011°46,4'E

Seit 2003 kann der neue Yachthafen von Sportbooten angelaufen werden. Mit diesem Hafen wurde eines der wichtigsten Neubauprojekte an der ostdeutschen Küste verwirklicht. Er bietet Booten an dem 35 sm langen, ungeschützten Küstenabschnitt zwischen Wismarbucht und Warnemünde einen Zwischenstopp, der besonders bei starken Gegenwinden willkommen ist.

Die seeseitigen Anlagen wurden durch ein erfahrenes dänisches Unternehmen realisiert. Durch die in den letzten zehn Jahren erfolgten Sanierungen und Erweiterungen haben sich das Bild des Ortes und der Urlauberservice sehr verändert. Der Yachthafen mit seinen 400 Liegeplätzen gehört einfach zum Image dieses mondänen Badeortes. Und für die Wassersportler hat sich ein weiteres, attraktives Reiseziel an der Mecklenburger Bucht eröffnet.

Ansteuerung

Das Seegebiet vor Kühlungsborn ist verkehrsarm. Die nächste Schifffahrtsstraße, der Lübeck–Gedser-Weg, verläuft 10 sm weiter nördlich. Das Hafenbecken liegt vor dem östlichen Ortsrand. Es wird durch zwei kräftige Molen geschützt, die 300 m weit bis in 4 m tiefes Wasser reichen. Bei der Ansteuerung dienen die Seebrücke und das Hotelhochhaus hinter dem Hafen als Landmarken. Von Westen und von Norden kommende Boote halten sich entlang der Nordmole und drehen dann mit Kurs Nordwest in die nach Südosten offene Einfahrt. Bei starkem Ostwind ist mit hoher See zu rechnen. Die Molenköpfe sind nachts befeuert. Bei der Navigation nach dem Leuchtturm Buk ist zu bedenken, dass dessen Standort gut 1 sm landeinwärts auf dem 79 m hohen Bastorfer Signalberg liegt.

Das Feuer LFl(4)WR.45s24/20M liegt fast 100 m über dem Meeresspiegel. Es muss also deutlich Abstand von der niedrigen Landspitze Buk gehalten werden.

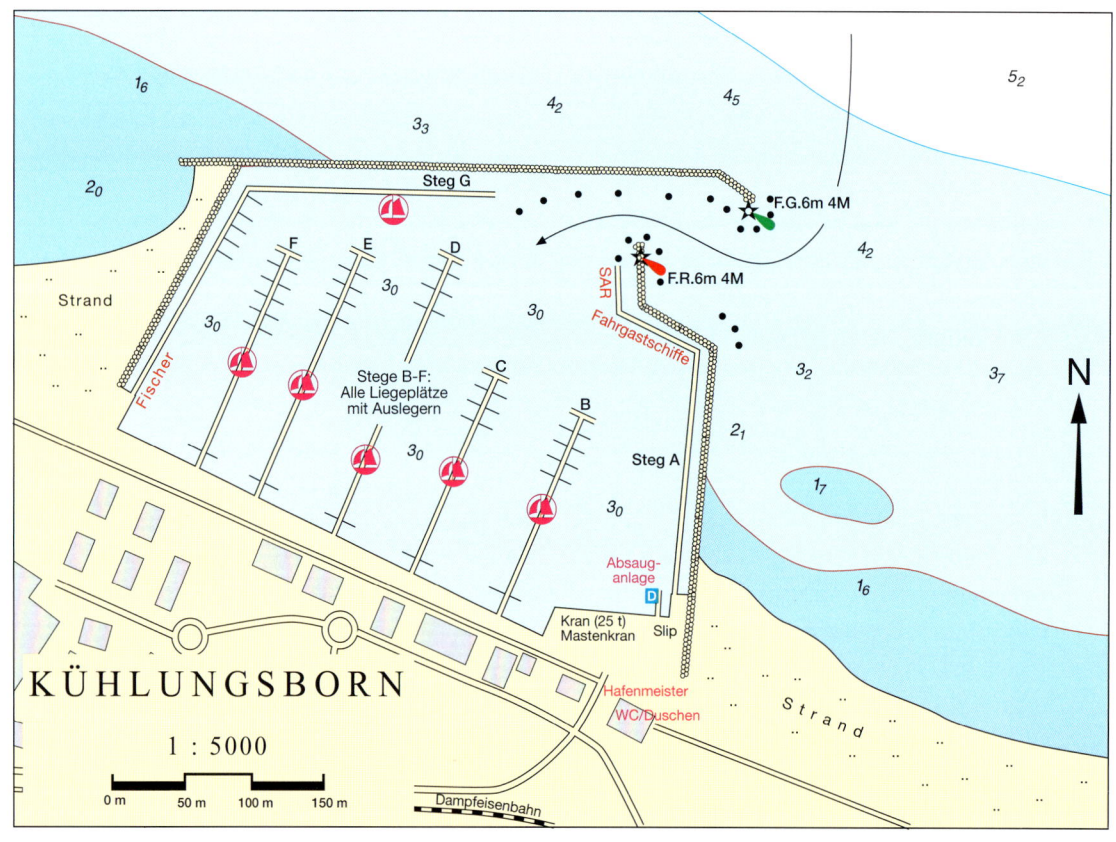

Kühlungsborn: Blick auf den Bootshafen, Promenade und Strand

Liegeplätze

Im 350 x 250 m großen Hafenbecken sind fünf Schwimmstege ausgelegt. Weitere Liegeplätze stehen an den Innenseiten der Molen zur Verfügung. Hier können vor allem größere Boote und Fahrgastschiffe festmachen. Die Wassertiefe im Hafenbecken beträgt 3,0 m bis 3,5 m. Eine begrenzte Anzahl an Plätzen kann über die Buchungsplattform dockspot.com gegen Aufpreis (25% der Liegegebühr) reserviert werden. Durch die Molengestaltung sind die Liegeplätze auch bei Starkwind sehr gut geschützt. Ein großer Teil der Liegeplätze ist inzwischen an Dauerlieger vergeben.

Service und Versorgung

Die für Dauerlieger und Gastyachten vorgesehenen Serviceeinrichtungen befinden sich über dem Kranplatz im markanten Gebäude mit Rezeption. Toiletten und Duschen sind sauber, komfortabel und in großer Anzahl vorhanden (Zugang mit Türcode). Hinter dem Gebäude liegt ein zum Hafen gehörender großer, kostenpflichtiger Parkplatz mit Schranke. Waschmaschinen und Trockner stehen zur Verfügung, es gibt ein Kino. Skipper können Wettermeetings besuchen. WLAN steht an allen Plätzen zur Verfügung. Fahrräder können im Ort geliehen werden, die Umgebung ist reizvoll.

Sehenswürdigkeiten

Das Ostseebad hat viel zu bieten: Besonders attraktiv sind die im Stil der Bäderarchitektur Anfang des 20. Jahrhunderts errichteten Hotels und Pensionen. Sie konzentrieren sich an der 5 km langen Strandpromenade und sind alle sehr schön restauriert. Neben dem hervorragenden, bis zu 50 m breiten Sandstrand wird den Besuchern in Kühlungsborn ein sehr vielseitiges Programm geboten. Es reicht von Kulturveranstaltungen, mehreren Sportanlagen bis hin zu zahlreichen Einkaufsmöglichkeiten und Gaststätten aller Kategorien. Zwischen den Ortsteilen Ost und West erstreckt sich der 130 ha große parkartige Stadtwald mit schönen Fußwegen.

In der Umgebung gibt es interessante Ausflugsziele. Zu empfehlen ist eine Fahrt mit der dampfgetriebenen, über 100 Jahre alten Schmalspurbahn „Molli" nach Bad Doberan (14 km). Hier sollte das bekannte Münster besichtigt werden, eine der schönsten Sakralbauten Norddeutschlands. Auf der Rückfahrt kann man in Heiligendamm, dem ältesten deutschen Seebad (gegründet 1793), haltmachen. Die Anfang des 19. Jahrhunderts errichtete „Weiße Stadt am Meer" mit ihren im klassizistischen Stil errichteten Gebäuden ist für den exklusiveren Tourismus erneuert worden.

Mit dem Fahrrad kann der Leuchtturm Buk in Bastorf (6 km) erreicht werden. Von hier hat man einen schönen Blick vom Salzhaff bis nach Warnemünde. Die Kühlung, eine bewaldete, bis zu 130 m hohe Hügelkette südlich des Ortes, könnte ein weiteres lohnendes Ziel sein.

Warnemünde und Rostock
Übersichtskarte

WARNEMÜNDE UND ROSTOCK

Das Ostseebad Warnemünde und die Hansestadt Rostock sind heute ohne Zweifel die interessantesten Ziele an der Küste Mecklenburg-Vorpommerns.

Das bereits 1161 erstmals urkundlich erwähnte Rostock sicherte sich im Jahre 1323 mit dem Kauf Warnemündes den freien Zugang zur See. Damals — nach Lübeck — zweitwichtigste Hansestadt, war Rostock jahrhundertelang stets ein bedeutender Schifffahrts- und Hafenstandort. Nach dem Niedergang des Hansebundes setzte zum Ende des 18. Jahrhunderts in der Stadt eine erneute Blütezeit ein. Vor etwa 150 Jahren besaß die Stadt an der Warnow die nach Hamburg und Bremen drittgrößte Segelschiffsflotte Deutschlands — seinerzeit die bedeutendste der gesamten Ostsee.

Die zögerliche Politik der Rostocker Reeder, die mit dem Einsatz der Dampfschifffahrt zu lange warteten, war eine der Ursachen für den Ende des 19. Jahrhunderts einsetzenden Niedergang der Stadt. Auch die zahlreichen Werften, auf denen u. a. noch 1850 der erste eiserne Schraubendampfer Deutschlands gebaut wurde, verloren den Anschluss an die Konkurrenz.

Bis zum Zweiten Weltkrieg war Rostock für zwei Jahrzehnte ein Zentrum der deutschen Flugzeugindustrie. Nach dem Krieg wurden Schiffbau, Hafenindustrie und Schifffahrt in bedeutendem Umfang entwickelt.

Seit der Wiedervereinigung vollzogen sich erneut erhebliche Strukturveränderungen. Der einstige Überseehafen ist mit hohem Aufwand zum wichtigsten Standort für Fährverbindungen in der westlichen Ostsee entwickelt worden. Ein reger Fährverkehr verbindet die Stadt mit Skandinavien und dem Baltikum. Die bereits bei der Ansteuerung Warnemündes deutlich auszumachende Warnowwerft hatte in den letzten Jahren immer wieder mit wirtschaftlichen Problemen zu kämpfen.

Ende des 19. Jahrhunderts setzte auch in Warnemünde der Bädertourismus ein. Für die gesamte Region ist der Tourismus heute einer der wesentlichsten Wirtschaftsfaktoren. In den letzten 20 Jahren wurde überdurchschnittlich in die Infrastruktur investiert. Im Ergebnis sind Rostock und Warnemünde heute attraktive Reiseziele, deren Besuch bei der Törnplanung berücksichtigt werden sollte.

Vom lebhaften Warnemünde aus mit seinen Liegeplätzen im Alten Strom ist die Warnow bis zum Rostocker Stadthafen für Sportboote uneingeschränkt befahrbar. Wegen der guten Autobahnanbindung nach Süden und Westen eignet sich Rostock ausgezeichnet für einen Crewwechsel. Eine Vielzahl von Anbietern von Sommer- und Winterliegeplätzen sowie ein umfangreiches Serviceangebot zeichnen die Region aus.

Die wichtigsten nautischen Merkmale der Warnemünder Bucht, der Ansteuerung und der Warnow sind:

Die Bucht ist ein Stromrevier, in dem Stromgeschwindigkeiten bis zu 5 kn erreicht werden können. Vor allem bei Starkwind oder Sturm aus den nördlichen Quadranten können zwischen den Molenköpfen Kreuzseen entstehen. Die Warnow führt meist leicht auslaufenden Strom; der höchste bisher gemessene Wert von 5,3 kn hat wohl eher statistische Bedeutung.

Zu beachten ist die rege Berufsschifffahrt in der Ansteuerung und auf der Warnow. Besondere Vorsicht erfordern die großen Schnellfähren. Das gesamte Revier ist sehr gut betonnt und befeuert, sodass ein nächtliches Einlaufen unproblematisch ist.

Karten
D 163, D 1671, D 1672
D 3005, Blatt 8, 9, 11
Delius Klasing-Sportbootkarten, Satz 2, Blatt 05, 05A

WARNEMÜNDE ALTER STROM/ YACHTHAFEN
54°10,8'N 012°05,3'E

Der der Hansestadt Rostock vorgelagerte Hafen liegt an der Mündung der Warnow in der Mecklenburger Bucht. Das unvergleichliche Flair des Badeortes Warnemünde und die günstige Lage ziehen jährlich Tausende von Sportbooten an. Warnemünde ist Standort eines Seenotrettungskreuzers und Ausklarierungshafen.

Ansteuerung

Das Fahrwasser und die Hafeneinfahrt sind sehr gut betonnt und befeuert. Wegen des regen Schiffsverkehrs zum Überseehafen Rostock sollten sich Sportboote bei der Ansteuerung außerhalb der Fahrrinne halten. Die Ansteuerung und der Seekanal sind sehr gut betonnt und befeuert. Auf den beiden die Zufahrt einfassenden Molenköpfen stehen Leuchttürme (Iso.4s).

Der **Alte Strom** ist der ursprüngliche Mündungsarm der Warnow westlich vom Seekanal. Vor seiner östlichen Begrenzung, der Mittelmole, stehen Dalben. Die Einfahrt in den Alten Strom ist Schiffen nur bis zu einem Tiefgang von 2,7 m gestattet.

Vor allem aufgrund des regen Ausflugsverkehrs und der geringen Breite ist im Alten Strom erhöhte Vorsicht geboten. In der Vergangenheit kam es hier immer wieder zu Unfällen zwischen Sportbooten und Ausflugsschiffen.

Der **Yachthafen** liegt östlich der Mittelmole unmittelbar vor dem Warnemünder Fährbecken.

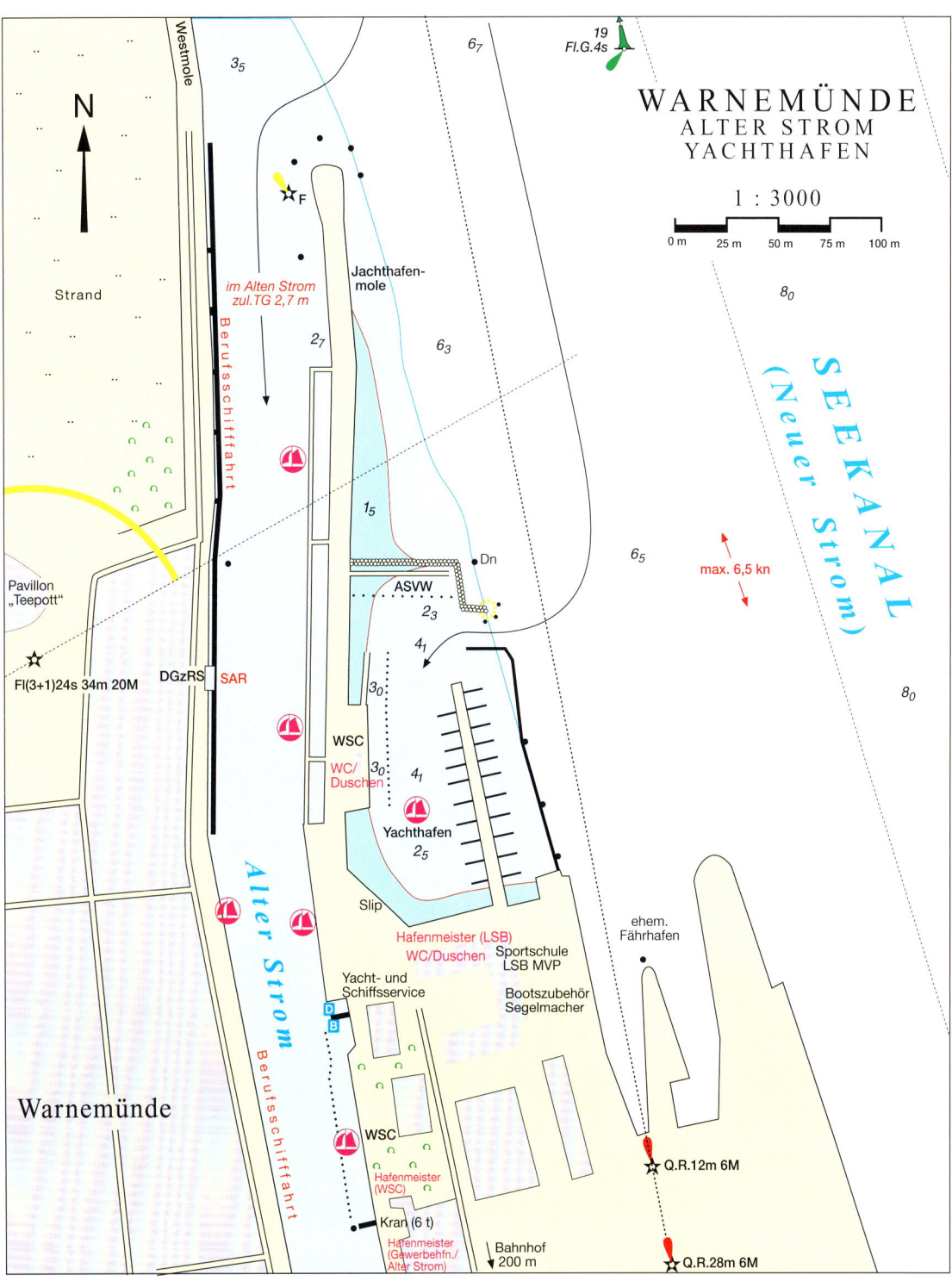

Warnemünde: am Ostufer des Alten Stroms vor dem Yacht- und Schiffsservice

Liegeplätze

Im Yachthafen und im Alten Strom stehen etwa 200 Liegeplätze mit Wassertiefen zwischen 2,0 und 4,5 m zur Verfügung. Beiderseits des Alten Stromes liegen Yachten im nördlichen und mittleren Teil, meistens im Päckchen. Der Südteil vor der Bahnhofsbrücke ist für die Berufsschifffahrt reserviert. Im Yachthafen an der Mittelmole liegen Boote in Boxen mit Heckpfählen, hier ist es ohne die vielen Touristen etwas ruhiger.

Bei starken nordwestlichen Winden sind die Liegeplätze im Yachthafen und im vorderen Teil des Alten Stromes starkem Schwell ausgesetzt.

Neben den meist belegten Liegeplätzen am Alten Strom stehen als sehr gute Alternative 700 Plätze im Yachthafen Hohe Düne zur Verfügung. Bis 2020 soll der Warnemünder Yachthafen entlang der Mole um weitere 80 Liegeplätze erweitert werden, was die Situation im Hochsommer etwas entspannen dürfte.

Service und Versorgung

Die Liegeplätze sind mit Wasser- und Stromanschluss ausgestattet. Sanitäre Einrichtungen gibt es an beiden Ufern des Alten Stroms. Yachtausrüster, Tankstelle, Segelmacher und Motorenservice sind vorhanden. Ein Kran mit 6t Traglast steht zur Verfügung. Entlang des Stroms gibt es unzählige Gaststätten.

Sehenswürdigkeiten

Das hübsche Warnemünde ist in den vergangenen Jahren behutsam saniert worden, die Anlagen am Alten Strom wurden vollständig erneuert. Die Ende des 19. Jahrhunderts für Kurgäste errichteten Villen, alte Kapitäns- und Fischerhäuser, die Seepromenade mit dem Leuchtturm von 1898 und der Teepott – all dies gibt Warnemünde ein unverwechselbares Gesicht.

Die Geschichte des Ortes wird im liebevoll gestalteten Heimatmuseum dargestellt. In der Warnemünder Kirche und im Kurhausgarten finden regelmäßig Konzerte statt. In den kleinen, gemütlichen Gaststätten am Alten Strom können die Yachtcrews den Segeltag hervorragend ausklingen lassen.

Der große Yachthafen Hohe Düne

Warnemünde ist eines der schönsten Reiseziele an der mecklenburgischen Ostseeküste und sollte bei der Törnplanung unbedingt berücksichtigt werden.

WARNEMÜNDE/ YACHTHAFENRESIDENZ HOHE DÜNE
54°11,1'N 012°05,9'E

Das Areal der noblen Yachthafenresidenz schließt unmittelbar an die Ostmole der Warnemünder Ansteuerung an. Der Ortsteil Hohe Düne ist von Warnemünde durch den Seekanal getrennt.
Als Alternative und Ergänzung zu den Liegeplätzen im Warnemünder Alten Strom entstand hier eine der größten Marinas Deutschlands. Das Konzept beinhaltet neben der Schaffung einer Vielzahl von Liegeplätzen auch die Entwicklung der Infrastruktur an Land: Ferienappartements, Restaurants und Cafés sorgen für gediegene Atmosphäre.

Ansteuerung
Aus Richtung Osten kommende Yachten setzen ihren Kurs nach dem Passieren von Rosenort direkt auf die Warnemünder Hafeneinfahrt ab. Das Hotel Neptun und der Portalkran der Warnowwerft sind weithin sichtbare Landmarken. Yachten, die aus westlicher Richtung den Hafen ansteuern, queren das Hauptfahrwasser und passieren die Ostmole (Iso.R.4s). Der rege Schiffsverkehr im Fahrwasser – auch von Schnellfähren – muss dabei beachtet werden.
Die Warnemünder Bucht ist für die Sportschifffahrt uneingeschränkt befahrbar. Mitunter liegen in Küstennähe Stellnetze aus. Die Yachthafenansteuerung erfolgt mit nordwestlichem Kurs zwischen den beiden Molenköpfen hindurch und ist unproblematisch.

Liegeplätze
Es sind insgesamt etwa 920 Liegeplätze an Stegen mit Heckpfählen geschaffen worden. Die Boxen sind mindestens 3,5 m breit und 12 m lang. Liegeplätze für größere Yachten mit bis zu 25 m Länge wurden etwa an der runden Außenpier (Steg R) eingerichtet. Die Wassertiefen betragen im gesamten Hafen etwa 4 m. Durch die beiden zangenförmigen Molen ist der Yachthafen gegen Schwell sehr gut geschützt. Nur bei starkem Nordostwind kann die Einfahrt durch Seegang erschwert werden.

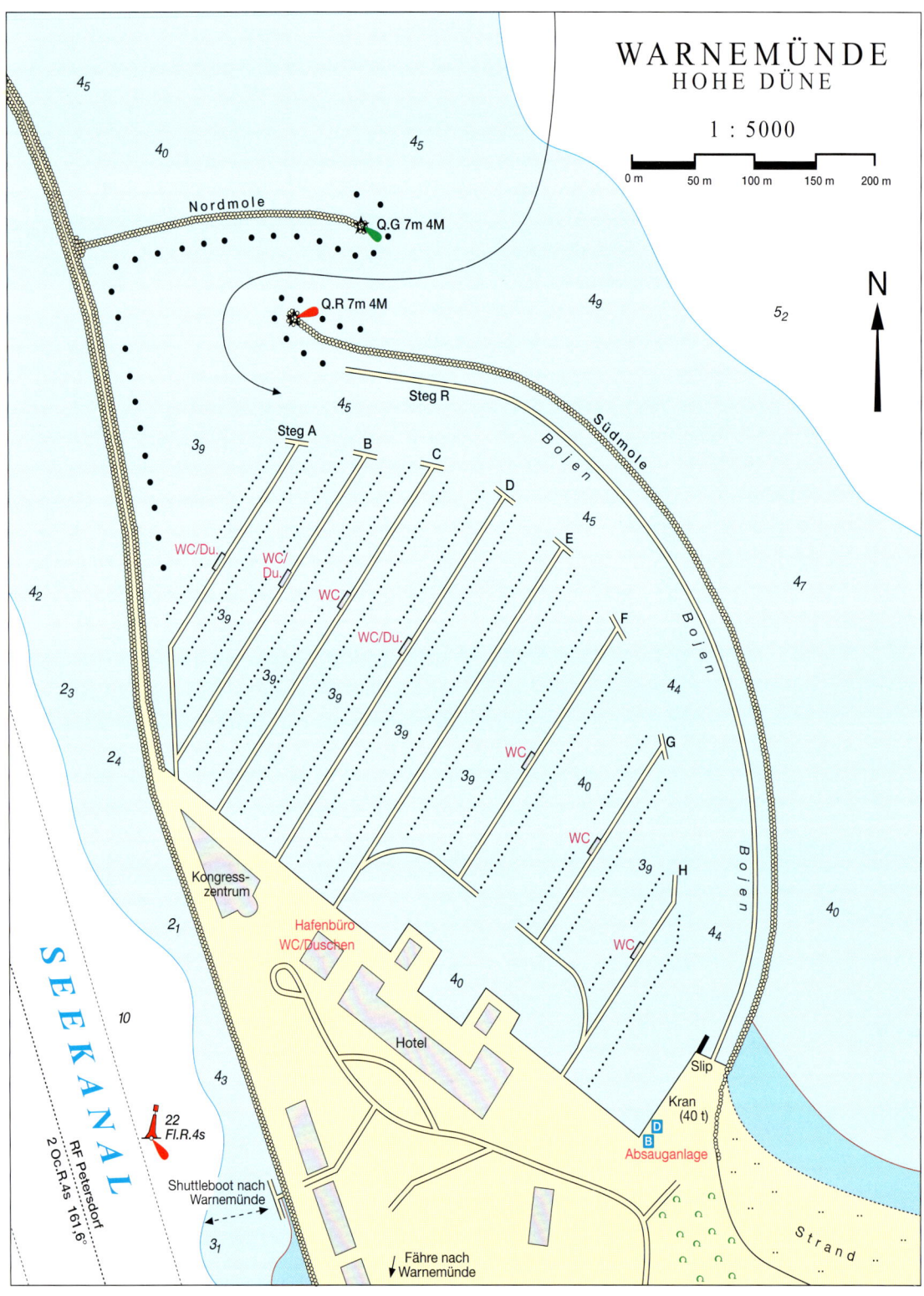

Service und Versorgung

Die Liegeplätze haben Wasser- und Stromanschlüsse. Duschen, WC, Waschmaschinen und Trockner am Hafenmeisterbüro. Ein Kran (40 t), zwei Mastkräne (0,5 t/ 1,0 t), Entsorgungsstation sowie Tankstelle, zwei Slipbahnen, Segelmacher, Motorenwerkstatt und Yachtzubehörhandel runden das umfangreiche Servicepaket ab. WLAN reicht bis ans Boot.

Sehenswürdigkeiten

Direkt an den riesigen Yachthafen schließt sich ein breiter, kinderfreundlicher Sandstrand an. Gut ausgebaute Fahrradwege führen in östlicher Richtung direkt an der Küste entlang über Graal-Müritz bis zum Darß. Eben südlich vom Yachthafen verkehrt vom Ostufer des Seekanals in kurzen Abständen die Fähre nach Warnemünde. Für Gäste der Marina Hohe Düne kann ein Auto-Shuttle nach Warnemünde angefragt werden.

ROSTOCK-SCHNATERMANN
54°10,4'N 012°08,6'E

Hafenanlage im Nordosten des Breitlings, eines boddenähnlichen Gewässers etwa

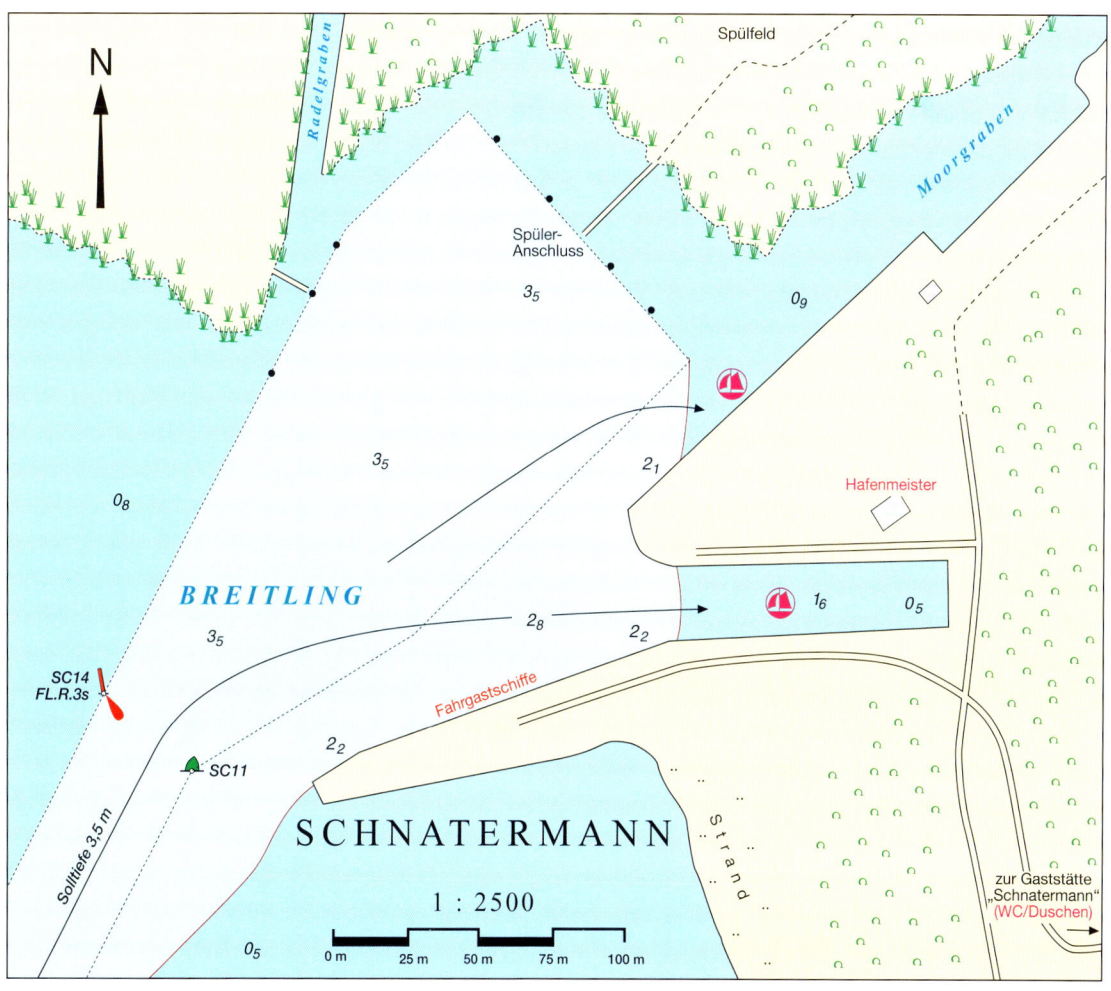

1 sm östlich der Warnowmündung. Im Süden erstrecken sich die Becken des Überseehafens, im Norden der große Marinehafen. Im Nordosten grenzt das Gewässer an das große Waldgebiet der Rostocker Heide. In der Nähe des Anlegers befindet sich die bekannte Ausflugsgaststätte Schnatermann.

Ansteuerung
Von Warnemünde kommend, wird das sehr gut betonnte Fahrwasser zum Überseehafen benutzt. Die bezeichnete Untiefe auf Höhe der Warnowwerft bleibt westlich liegen. In Höhe der Wendeplatte folgt man dem Fahrwasser zum Chemiehafen weiter in Richtung Osten.
Auf Position 54°09,7'N 012°07,7'E beginnt die betonnte und befeuerte Rinne (Solltiefe 3,5 m) zum Schnatermann. In der Rinne verkehren regelmäßigen Schuten zu den Spülfeldern am Schnatermann.
Zwischen Hohe Düne und Warnemünde überqueren Fähren den Seekanal. Die Zufahrt zum Marinehafen Hohe Düne im Breitling durch den Pinnengraben ist ab dem Tonnenhof für Sportboote gesperrt.

Liegeplätze
Festgemacht werden kann am Anleger Schnatermann auf Wassertiefen zwischen 1,0 und 2,5 m an der nördlichen und südlichen Spundwand. Schon auf Höhe des Hafenmeisterhäuschens wird es sehr flach. Der Liegeplatz für die Ausflugsschifffahrt muss in jedem Fall freigelassen werden. Der Hafen bietet bei allen Windrichtungen guten Schutz.

Service und Versorgung
Der Schnatermann ist vor allem an den Wochenenden ein beliebtes Ausflugziel Rostocker Segler. Am Hafen gibt es allerdings keinerlei Service. Kostenpflichtige Sanitäranlagen befinden sich in dem etwa 250 m entfernten Ausflugslokal.

Sehenswürdigkeiten
Der Schnatermann liegt sehr idyllisch am Rande eines ausgedehnten Waldgebietes zwischen Breitling und Rostocker Heide. Durch dieses Naturschutzgebiet führen gut ausgeschilderte Wanderwege. Ein Bootsverleih ist in der Nähe.

VON WARNEMÜNDE NACH ROSTOCK

Die Crews durchreisender Yachten werden auf einen Besuch des Rostocker Zentrums mit seinen Sehenswürdigkeiten, Einkaufsstraßen und Gastronomie nicht verzichten wollen. Da in den letzten Jahren auch in der Nähe des Zentrums neue Liegeplätze geschaffen wurden, bietet es sich an, auf eigenem Kiel dorthin zu fahren.
Die 6 sm der Unterwarnow von Warnemünde bis zum Rostocker Stadthafen sind uneingeschränkt schiffbar. Die Strömung ist leicht auslaufend, nur bei länger anhaltenden Starkwinden aus Nordost kann der Wasserstand steigen, der dann stärkere Strömungen verursacht. Die Unterwarnow ist

Anleger Rostock-Schnatermann

3 bis 4 kbl breit und im Fahrwasser mindestens 6,5 m tief. Außerhalb des Tonnenstrichs beträgt die Tiefe aber oft weniger als 2 m. Zwischen dem Stadthafen und dem Ortsteil Gehlsdorf auf dem gegenüberliegenden Ostufer verengt sich das Gewässer auf 1 kbl, bei Veranstaltungen wird es ziemlich eng. Seitdem der Güterumschlag im Stadthafen bis auf die Getreideverschiffung mit Kümos schon vor Jahren eingestellt wurde, trifft man südlich des Überseehafens nur noch selten auf Handelsschiffe. Insbesondere das westliche Ufer wird von stillgelegten Industrieanlagen mit Hafenbecken gesäumt, zu denen Fahrwasserabzweige führen. An nicht mehr genutzten Plätzen haben sich einige Sportbootanlagen vor allem für Dauerlieger etabliert.

ROSTOCK-SCHMARL/YACHTHAFEN AM FÄHRHAUS
54° 08,1'N 012° 045,4'E

Die Steganlage Fährhaus in Rostock-Schmarl

Die Schlengelanlage entstand neben dem ehemaligen Fähranleger zum Überseehafen, der bis zum Bau des Autotunnels unter der Warnow in Betrieb war. Im Süden, an die Liegeplätze der Tradtionsschiffe anschließend, wurde mit der Internationalen Gartenbauausstellung 2003 dieser Sportbootanleger auf 230 Boote erweitert. Im Glasgebäude vor der Marina gibt es seit einiger Zeit eine umwerfende Kaffeerösterei mit Schokoladenmanufaktur. Heute ist Ruhe in das schön gelegene Gelände eingekehrt. Für einen Besuch

Traditionsschiff Typ „Frieden" (oben); Schokoladenmanufaktur und Kaffeerösterei

58 Küstenhandbuch Mecklenburg-Vorpommern

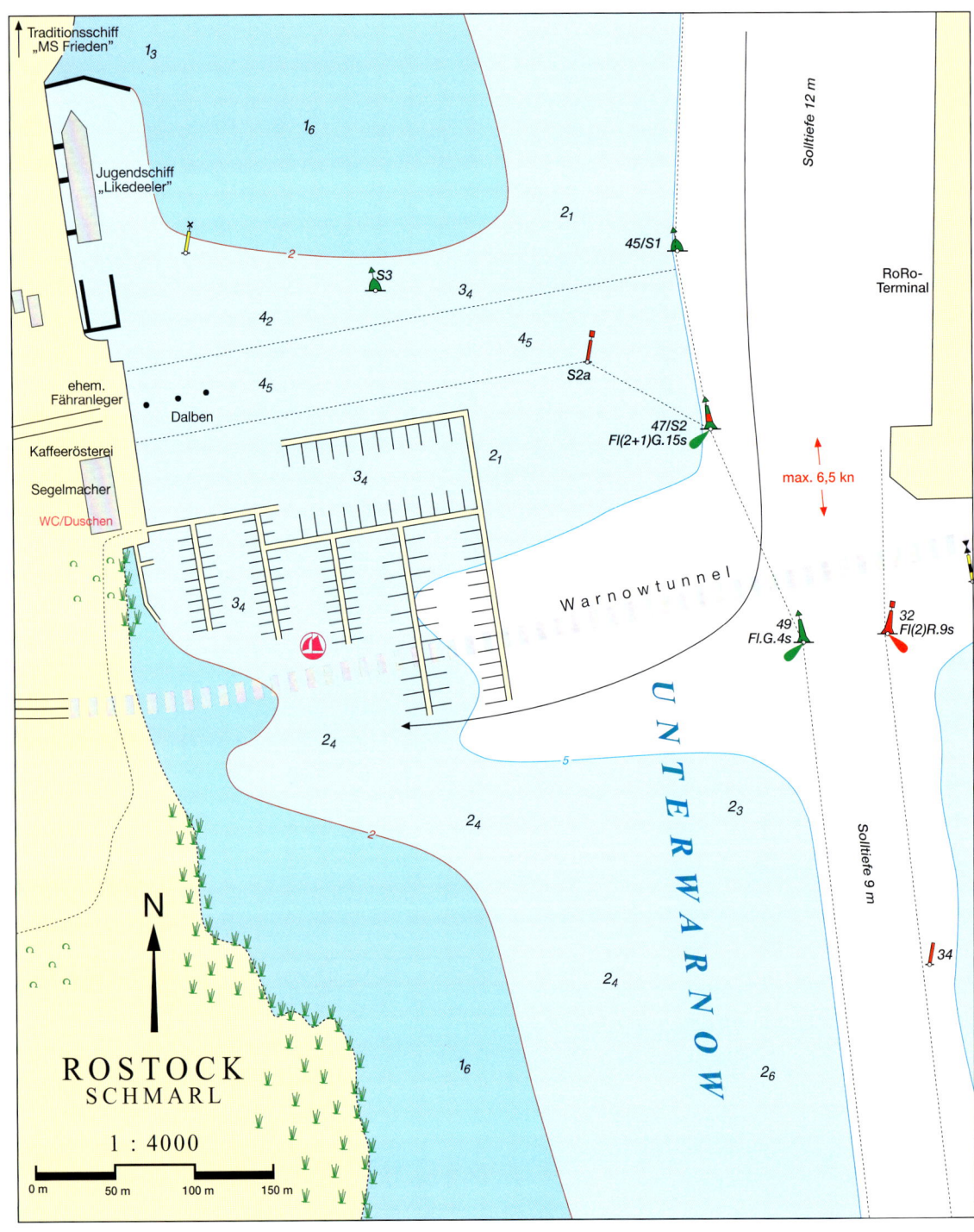

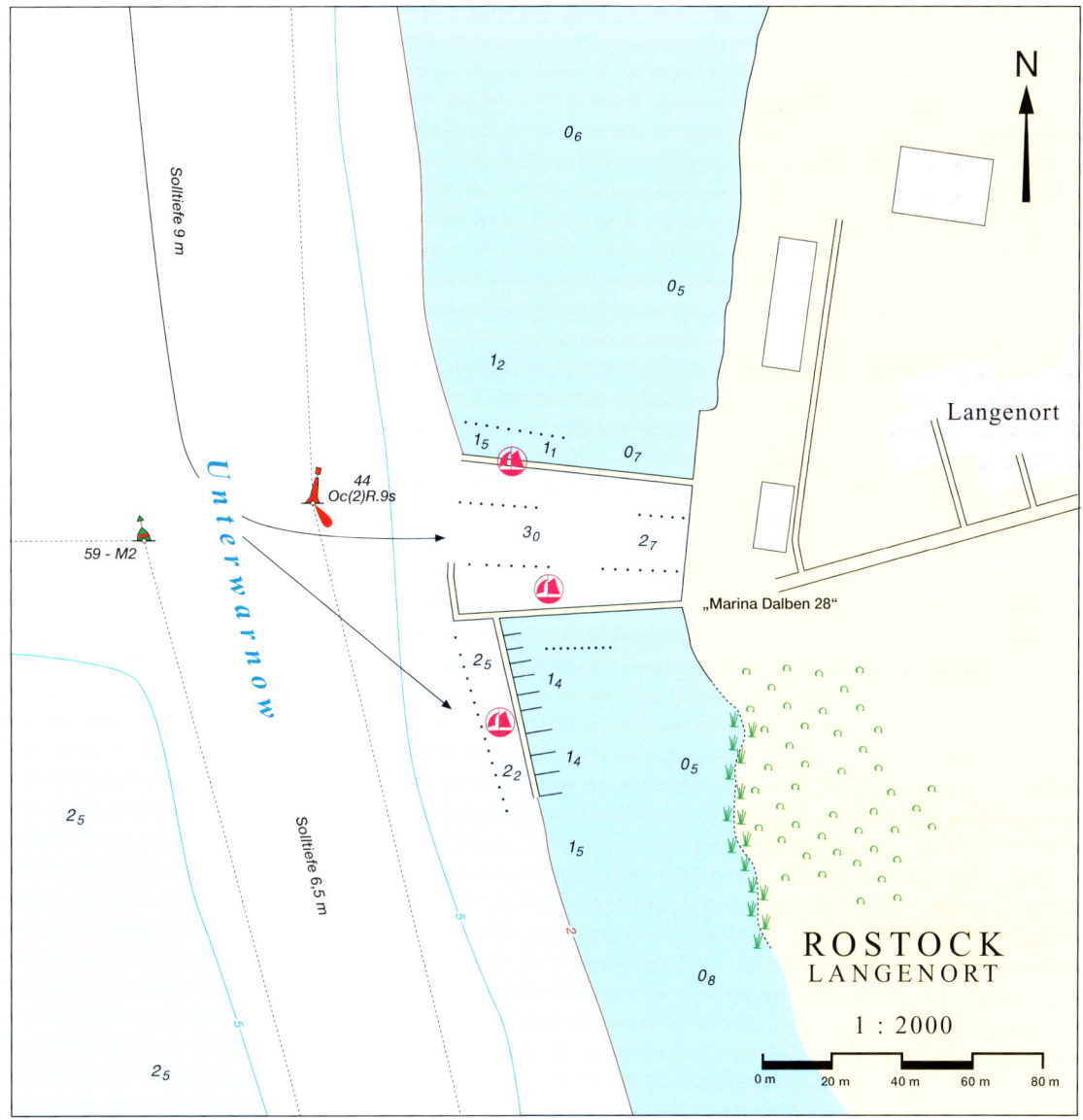

des sehenswerten Traditionshafens mit dem Schiffbaumuseum auf dem Traditionsschiff bietet sich hier ein guter Liegeplatz. Die Anlage hat Strom- und Wasseranschlüsse an den Stegen. Im Sommer hat ein Imbiss-Container geöffnet. WLAN im Hafen, die Sanitäranlagen befinden sich in den Kellern des Gebäudes.

ROSTOCK-LANGENORT/ MARINA DALBEN 28
54°07,0'N 012°05,8'E

Die scheinbar aufgegebene Marina liegt etwa 4 sm stromauf von Warnemünde am östlichen Ufer der Warnow gegenüber vom Fischereihafen Marienehe.

Ansteuerung

Von Warnemünde kommend, werden im Warnowfahrwasser die Werft und der Überseehafen passiert. In Warnemünde und südlich des Überseehafens kreuzen Fähren die gut betonnte und befeuerte Rinne. An der roten Leuchttonne 44 wird direkt in das auf 3 m Wassertiefe gebaggerte Hafenbecken eingelaufen.

Liegeplätze

Der einst von einem Yachtcharterunternehmen unterhaltene Hafen bietet noch immer gut 20 Liegeplätze für Gastyachten an desolaten Stegen mit Heckpfählen an. Die Boxen sind dem Schwell der vorbeifahrenden Berufsschifffahrt ausgesetzt. Teilweise fehlen Dalben.

Service und Versorgung

Die recht idyllisch gelegene Anlage wird derzeit (Stand: Frühjahr 2018) nicht mehr betrieben, folglich existieren auch keine Serviceangebote mehr. Die meisten Yachtbesitzer zogen es offenbar vor, bis in das Rostocker Stadtzentrum zu fahren, das von hier mit Bus und Straßenbahn in etwa 40 Minuten erreicht werden kann.

ROSTOCK-BRAMOW/SAB-MARINA

54°06,5'N 012°05,6'E

Lage und Umgebung

Nach dem Passieren der Marina Dalben 28 zweigt an der grünen Leuchttonne 61 eine bezeichnete Rinne vom Hauptfahrwasser ab und führt direkt zum Nordsteg der Marina. Vorsicht bei der Ansteuerung des Hafenbeckens, denn sind die kleinen gelben Begrenzungstonnen sind nur schlecht auszumachen.

Liegeplätze

Auf etwa 6 m Wassertiefe wurden am Beginn der Spundwand zwei Schwimmstege zusammengelegt. Im Wesentlichen haben hier Motorboote von Dauerliegern ihre Plätze. Bei starken nördlichen Winden sind die Liegeplätze schwellgefährdet und liegen dann recht ungeschützt.

Service und Versorgung

An den neu ausgelegten Stegen gibt es Wasser- und Stromanschlüsse. Zum Kranen stehen ein 70-t-Travellift sowie ein 10-t-Kran zur Verfügung. Neben WC und Duschen werden auch Fäkalienabsaugstation sowie Altölentsorgung angeboten. Umfangreiche Winterlagerkapazitäten (auch überdacht) sind vorhanden. Durch die Betreiber der Marina werden alle Arten von Reparaturen an Yachten durchgeführt.

Sehenswürdigkeiten

Siehe Rostock-Haedgehafen/-Stadthafen

ROSTOCK-YACHTHAFEN SPORTPARK GEHLSDORF

54°06,6'N 012°06,0'E

Die seit 2006 existierende Schwimmsteganlage liegt eben nördlich der Neptun-Marina am Ostufer der Warnow, ruhig am Nordrand von Gehlsdorf.

Ansteuerung

Das Leuchttonnenpaar 48/73 liegt auf Höhe der südlichen Köpfe der beiden paral-

Warnemünde und Rostock 61

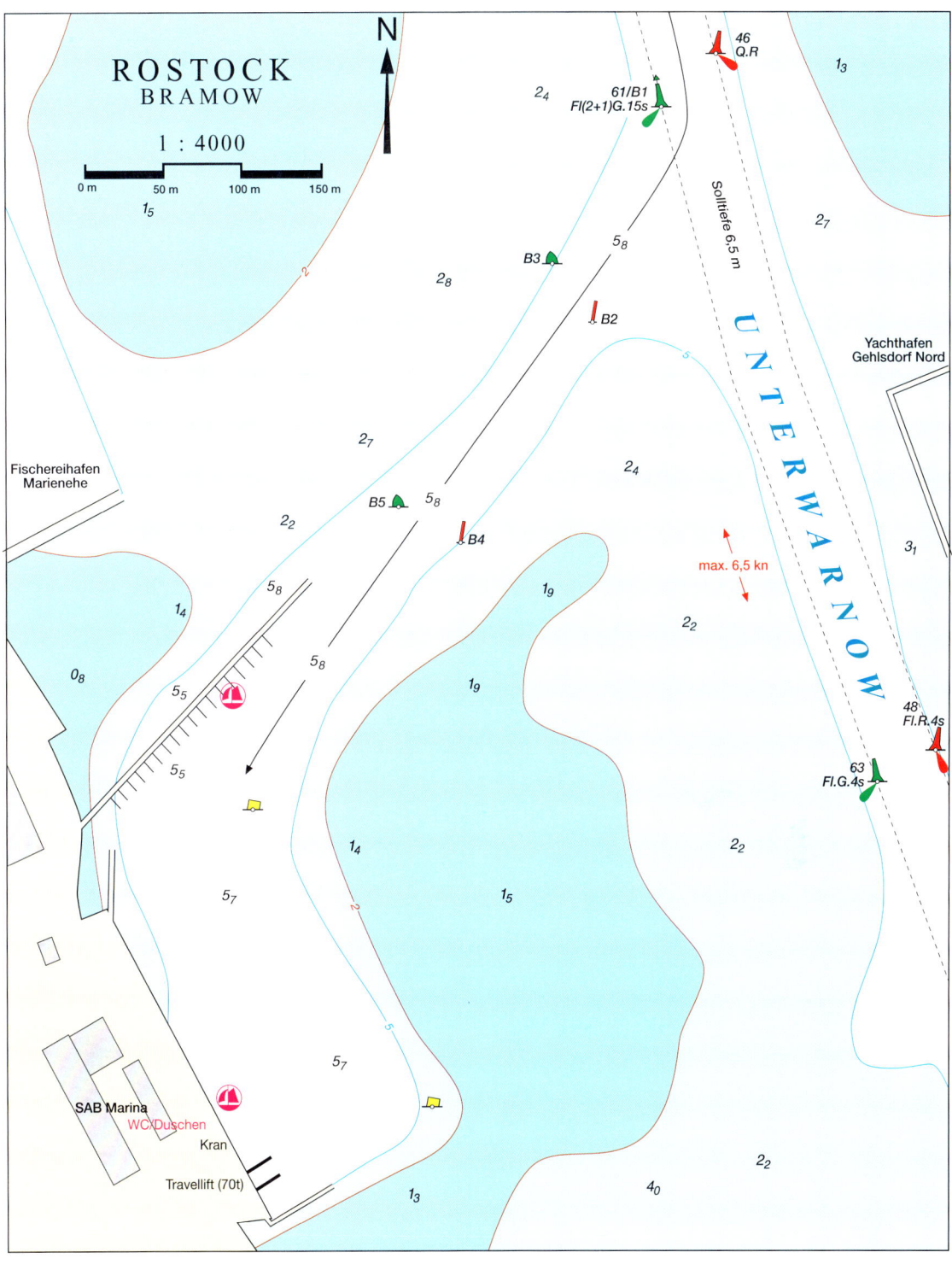

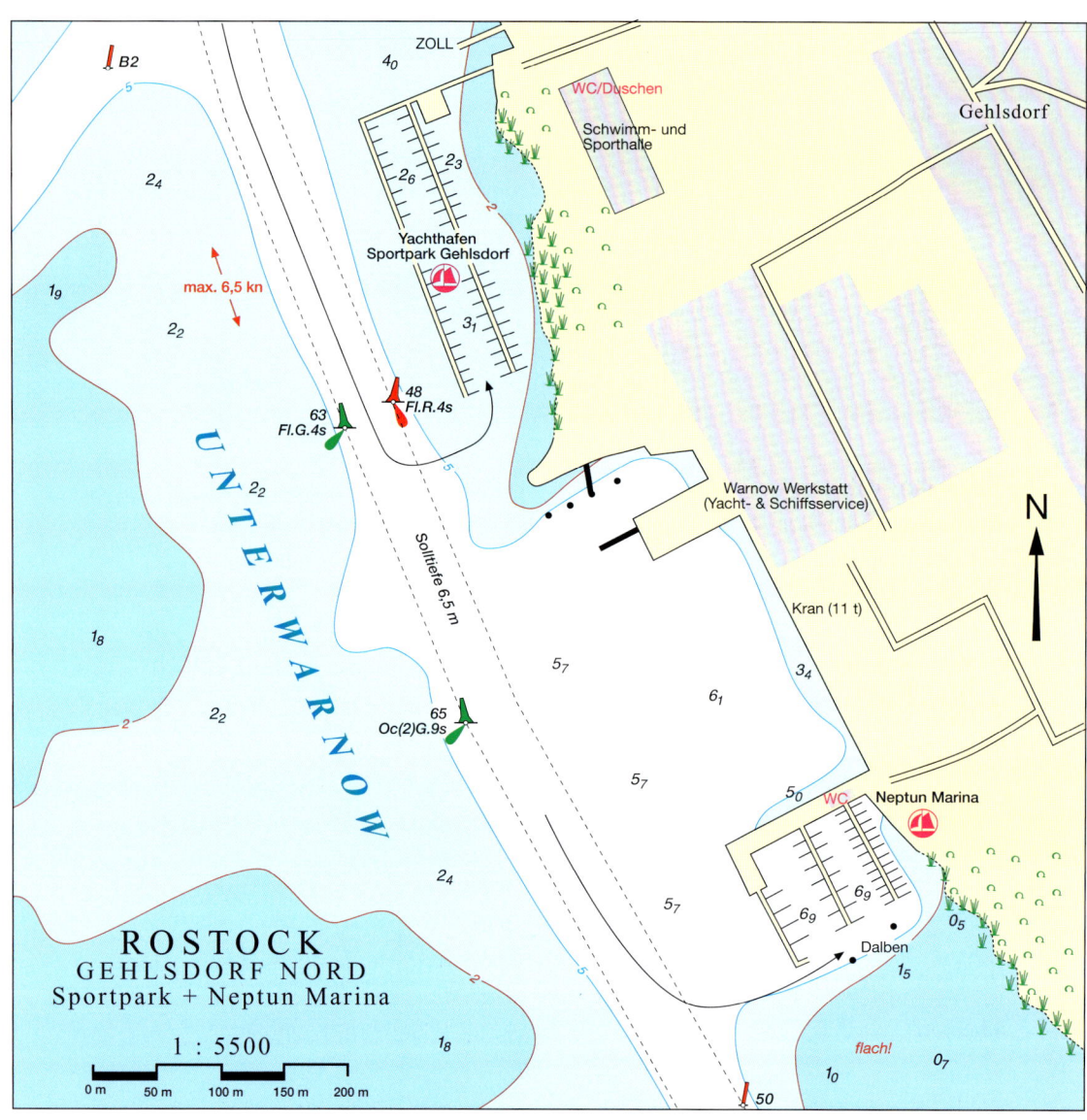

lel ausgelegten Schwimmstege. Nur wenige Meter außerhalb der Fahrrinne liegen die Stege aus.

Liegeplätze

An den beiden Schwimmstegen sind 173 Liegeplätze eingerichtet mit Wassertiefen von 1,5 bis 3,0 m.

Service und Versorgung

An den Stegen liegen Wasser- und Stromanschlüsse. Toiletten und Duschen sind vorhanden. WLAN im Hafengebiet. Unmittelbar hinter dem Yachthafen liegt der Sportpark Gehlsdorf mit mehreren Einrichtungen: Schwimmhalle, auch zum Tauchen und Schnorcheln, mit Saunaland-

Die Neptun-Marina in Rostock-Gehlsdorf

schaft, Sporthalle mit Gymnastikraum sowie eine Schießhalle mit Raumschieß- und Bogenschützenanlage. Hier befinden sich auch die Sanitäranlagen. Dazu kommen im Außenbereich ein Beachvolleyballplatz und eine Sonnenwiese.
Einkaufsmöglichkeiten und Gastronomie im 1 km entfernten Gehlsdorf.

ROSTOCK, NEPTUN-MARINA
54°06,4'N 012°06,3'E

Die Neptun-Marina liegt etwa 4,5 sm stromauf von Warnemünde am östlichen Ufer der Warnow im Rostocker Stadtteil Gehlsdorf.

Ansteuerung
Von Warnemünde kommend, werden im Warnowfahrwasser die Werft, der Überseehafen und die Marina Dalben 28 in Langenort passiert. In Warnemünde und südlich des Überseehafens kreuzen zahlreiche Fähren die gut betonnte und befeuerte Rinne. Bei der Einfahrt halte man sich unbedingt innerhalb zwischen den Dalben und den Stegenden.

Liegeplätze
Gegenwärtig bietet die Neptun-Marina etwa 70 Liegeplätze an drei Schwimmstegen für Boote bis 16 x 5 m, von denen ein Großteil durch Kleinboote belegt ist. Größere Schiffe gehen direkt an die Spundwand im Hafenbecken. Die Stege liegen auf gut 6 m Wassertiefe. Die vom westlichen Steg abgeschirmten Plätze sind gut gegen Schwell geschützt.

Service und Versorgung
Wasser und Strom liegen am Steg an. Ein 40-t-Kran ist vorhanden. Sanitäranlagen sind vorhanden. Winterlager und Bootsreparaturen werden angeboten.

Sehenswürdigkeiten
Ebenso wie die SAB-Marina Bramow ist die Neptun-Marina eher auf Dauerlieger ausgerichtet. Trotzdem sind Besucher natürlich immer willkommen.
Das Rostocker Stadtzentrum erreicht man von hier mit Bus und Straßenbahn (40 Minuten) oder am besten auf eigenem Kiel. Die Entfernung bis zum Haedgehafen beträgt nur 1 sm.

YACHTCLUB WARNOW (ROSTOCK-GEHLSDORF NORD)
54°05,7'N 012°07,4'E

Die sehr gepflegte Anlage des Yachtclubs Warnow liegt am östlichen Flussufer südlich der Neptun-Marina.

Ansteuerung
Stromaufwärts fahrende Yachten nutzen ebenso wie die Berufsschifffahrt das gut betonnte und befeuerte Hauptfahrwasser. Nach dem Passieren der roten Leuchttonne 52 dreht man nach Backbord und läuft direkt auf den nördlichen Steg zu. Für die nächtliche Ansteuerung wird ein Suchscheinwerfer empfohlen. Beim Anlaufen ist zudem leichter Stromversatz zu berücksichtigen.

Liegeplätze
Der Yachtclub besitzt am nördlichen Steg etwa 30 meistens von Vereinsbooten belegte Liegeplätze auf Wassertiefen zwischen 1,5 und 3,5 m. Besuchern wird der freie Platz eines Einheimischen zugewiesen.
Leichter Schwell kann eventuell durch vorbeifahrende Berufsschifffahrt verursacht

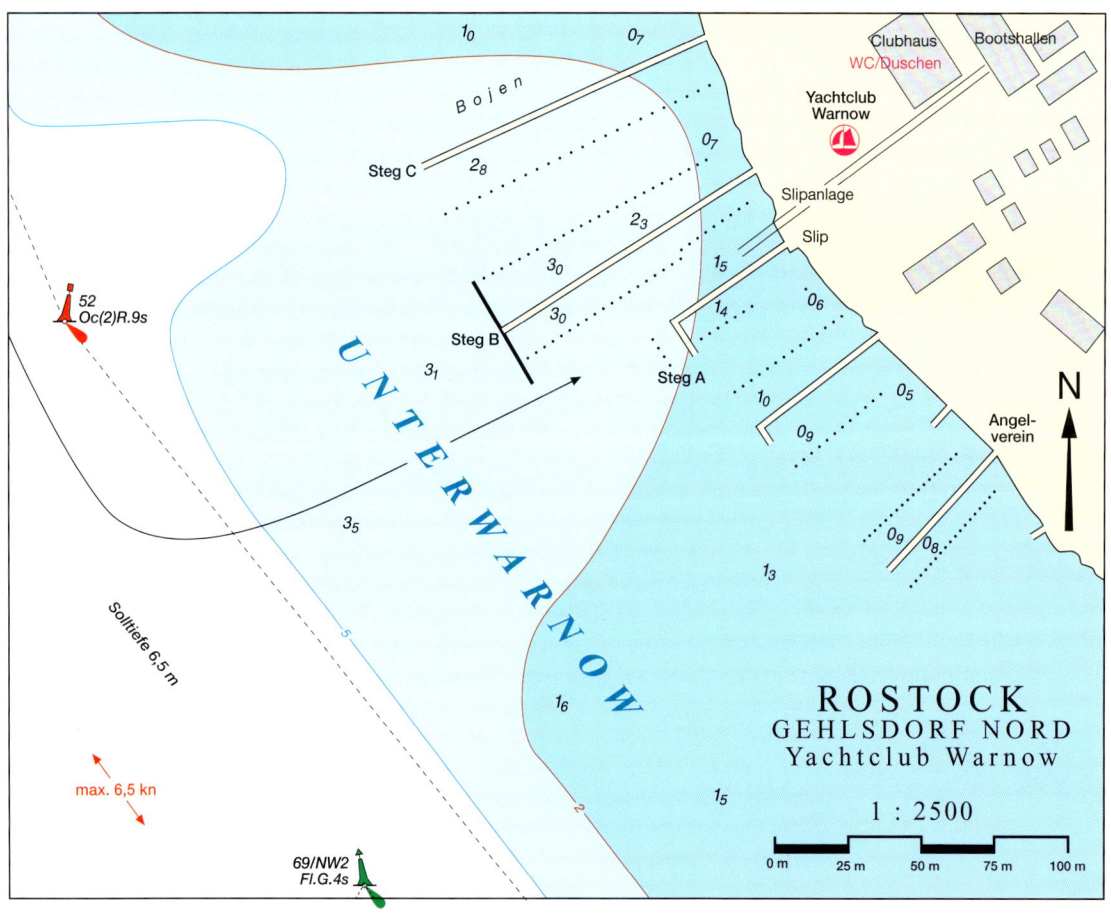

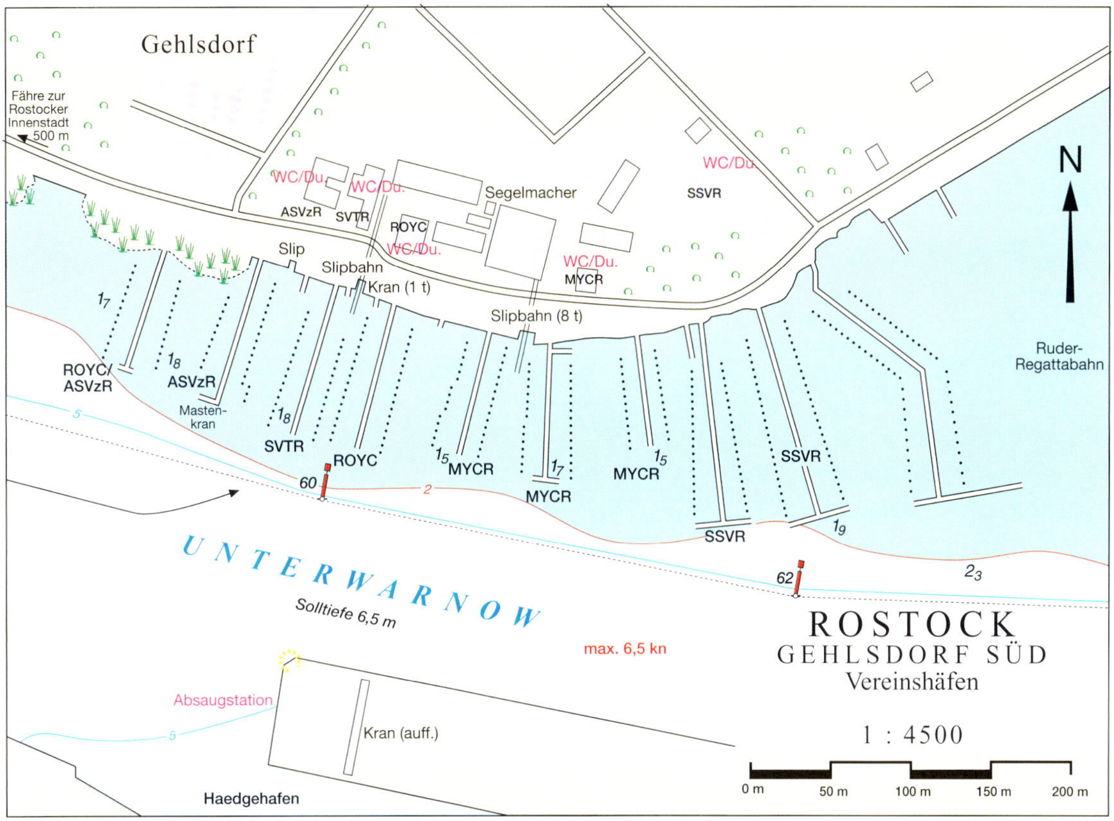

werden. Am nördlichsten Steg (C) wird es bei Starkwind aus N und NW unruhig.

Service und Versorgung

An den Liegeplätzen liegen Wasser- und Stromanschlüsse. Toiletten und Duschen sind im Clubhaus. Eine Werkstatt, Slip und Mastkran (am Kopf vom mittleren Steg) sind vorhanden. Für größere Reparaturen kann die direkt daneben liegende Werft in Anspruch genommen werden. WLAN ist verfügbar. Weitere Gaststätten und Einkaufsmöglichkeiten sind in der Nähe.

Sehenswürdigkeiten

Die schön gestaltete Anlage des Yachtclubs lädt zum Verweilen ein. Zum Rostocker Stadtzentrum fährt man mit Bus und Straßenbahn (40 Minuten) oder auf eigenem Kiel.

ROSTOCK-GEHLSDORF SÜD

54°05,7'N 012°07,4'E

Die ausgedehnte Steganlage mehrerer, teils elitärer Clubs liegt gegenüber vom Rostocker Stadtzen-

Die ausgedehnte Steganlage Rostock-Gehlsdorf Süd

trum am Gehlsdorfer Ufer in Höhe des Haedgehafens.

Ansteuerung
Die Holzstege befinden sich etwa 6 sm stromauf von Warnemünde auf der östlichen Flussseite. Besucher fahren im Warnowfahrwasser bis zur weithin sichtbaren Förderbrücke am westlichen Ende des Stadthafens. Direkt vor den Stegen liegt die rote Toppzeichentonne 60 aus.

Liegeplätze
Die mit Heckpfählen versehenen Boxen sind häufig weniger als 3,5 m breit und meist durch Vereinsmitglieder belegt. Freie Liegeplätze gibt es jedoch immer. Besucher sollten im Bereich der Stegköpfe bleiben, da es zum Ufer hin rasch flach wird.
Die Liegeplätze sind dem Schwell der vorbeifahrenden Berufsschifffahrt ausgesetzt. Auch bei starken westlichen Winden ist es sehr unruhig.

Service und Versorgung
An den Stegen gibt es Wasser- und Stromanschlüsse. Sanitäre Einrichtungen und kleine Gaststätten sind in den jeweiligen Clubhäusern vorhanden. Einkaufsmöglichkeiten sind im Stadtteil Gehlsdorf. Einige Meter nordwestlich der Liegeplätze setzt eine Fähre zum Rostocker Kabutzenhof über. Der Weg zum Zentrum bzw. der Straßenbahn ist nicht weit.

Sehenswürdigkeiten
Vom Gehlsdorfer Ufer aus bietet sich ein reizvoller Blick auf das gegenüber liegende Rostocker Stadtzentrum. Die Uferpromenade entlang der Warnow lädt ein zu einem Spaziergang im Stadtteil Gehlsdorf mit seinen schönen Villen.
Das Stadtzentrum von Rostock ist auch mit Bus und Straßenbahn zu erreichen.
Die Fahrzeit dorthin beträgt etwa eine halbe Stunde.

ROSTOCK-STADTHAFEN
54°06,2'N 012°07,1'E

Im Zusammenhang mit der Errichtung des neuen Bürocenters „Hafenterrassen" unmittelbar am Warnowufer zwischen Kabutzenhof und Haedgehafen wurde auch die Schwimmsteganlage „Hafenterrassen" eingerichtet.

Ansteuerung
Die Anlage erstreckt sich unmittelbar hinter dem ehemaligen

Liegeplätze im Stadthafen Ost direkt an der Altstadt

Warnemünde und Rostock 67

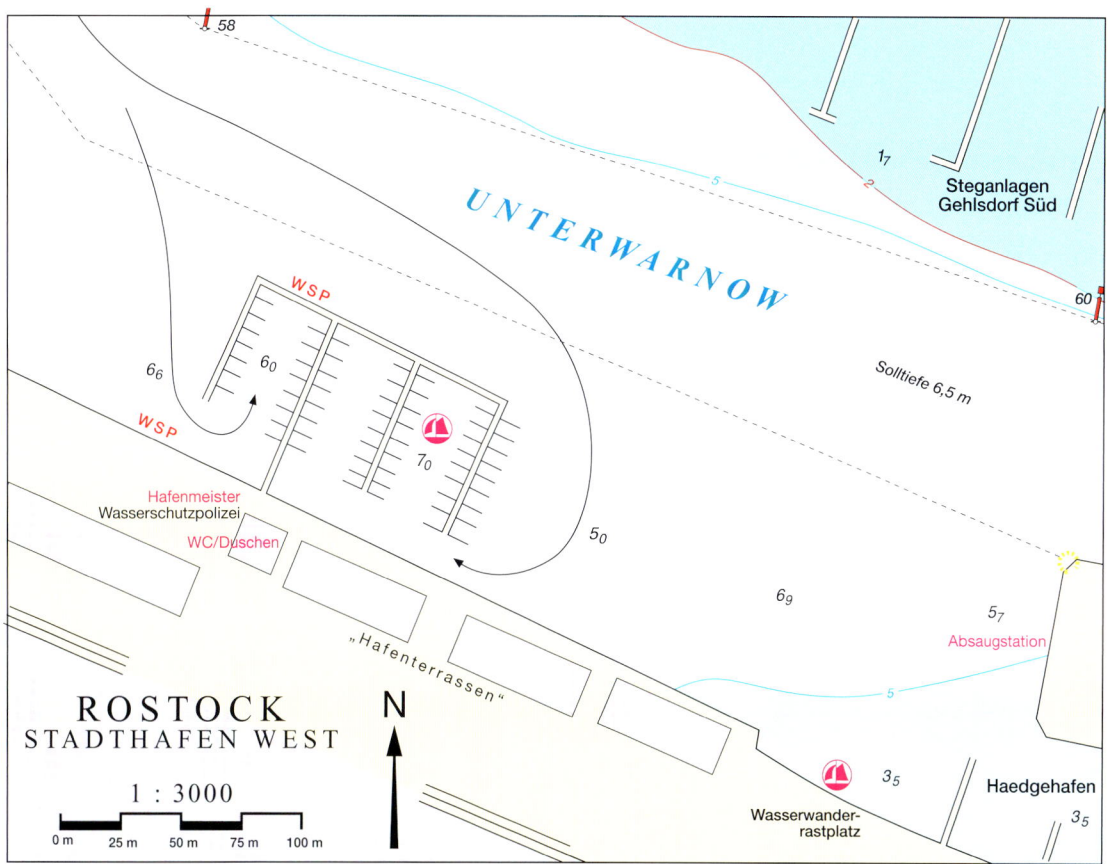

Fracht- und Ausbildungsschiff „Georg Büchner", das hier als Hotelschiff seinen festen Liegeplatz gefunden hat, und noch vor dem Becken des Haedgehafens, in Höhe der roten Tonne 58.

Liegeplätze
Es sind vier Schwimmstege rechtwinklig zum Ufer auf 5 m Wassertiefe ausgelegt, ein weiterer kommt 2018. Zum Fahrwasser ist die Anlage mit einem Kopfsteg abgeschlossen, dadurch ist der Schwell geringer. Die Zufahrt zu den Boxen erfolgt zwischen landseitigem Kopf und Kai. Der Landzugang erfolgt über einen zentralen Steg.

Service und Versorgung
Alle Stege verfügen über Strom- und Wasseranschlüsse. Die komfortablen Sanitäranlagen befinden sich im Untergeschoss des Hauptgebäudes. Imbissstände und kleine Gaststätten liegen in unmittelbarer Nähe. WLAN im Hafen und in einigen Bars. Zum Einkaufen sollte man 400 m bis zum Doberaner Platz gehen. Zur Fahrt in die Innenstadt bietet sich die Straßenbahn an – die Haltestelle ist etwa 200 m entfernt in der Doberaner Straße.

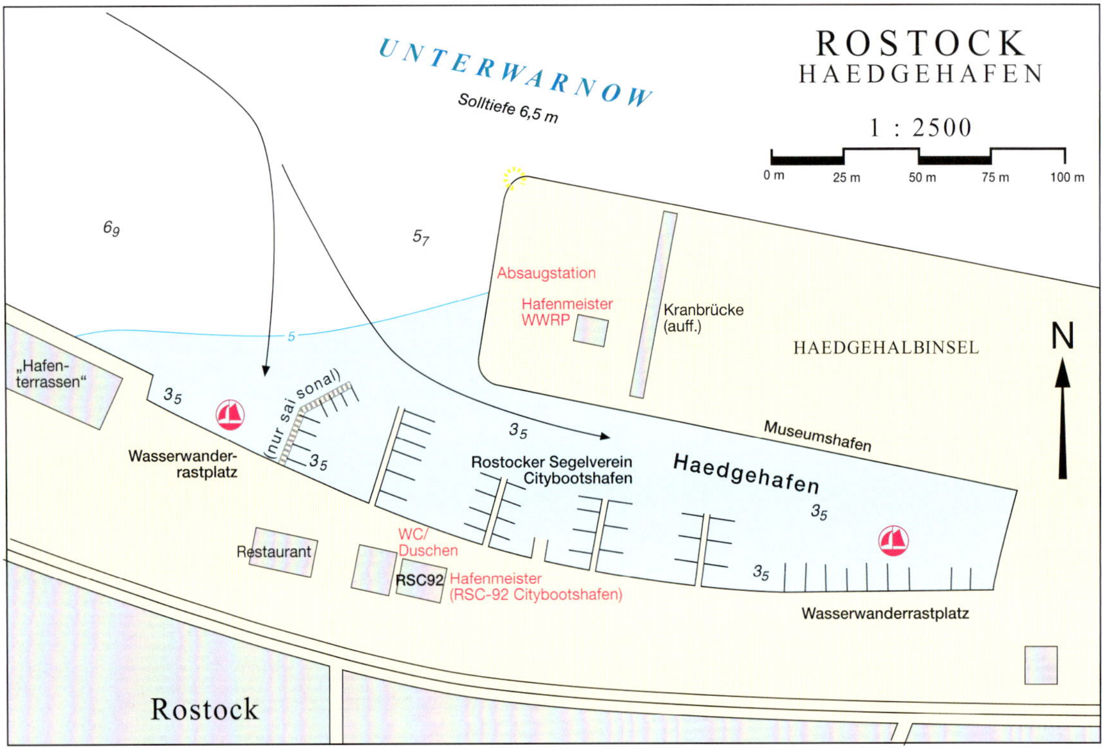

ROSTOCK-HAEDGEHAFEN
54°05,6'N 012°07,4'E

Der Haedgehafen ist ein Teil des Rostocker Stadthafens. Er liegt in unmittelbarer Nähe des Stadtzentrums. Seine Nordseite ist als Museumshafen ausgewiesen. Das von einer Spundwand umschlossene Hafenbecken öffnet sich etwa 6 sm von Warnemünde entfernt am Westufer der Warnow.

Ansteuerung
Yachten benutzen am besten das Warnow-Fahrwasser in Richtung Süden. Die gut betonnte und befeuerte Rinne ermöglicht auch die nächtliche Ansteuerung. Nach dem Passieren der Neptun-Marina und der roten Tonne 58 kann man direkt auf das Hafenbecken südlich der weithin sichtbaren Förderanlage zuhalten.

Liegeplätze
An vier, saisonabhängig sogar fünf Schwimmstegen mit Auslegern liegen im Haedgehafen vor allem Yachten von Vereinsmitgliedern. Freie Plätze werden durch

Blick in den Haedgehafen in Rostock

einen Hafenmeister vergeben. Im östlichen Teil des Beckens sowie am Schwimmsteg vor dem nördlichen Kai gibt es reichlich Gelegenheit zum Festmachen. Die Wassertiefen liegen nach einer Baggerung inzwischen bei gut 3 m. Bei starkem Nordwestwind und durch vorbeifahrende Berufsschifffahrt kommt es zu Schwell im Hafen.

Service und Versorgung

An den Stegen gibt es Wasser- und Stromanschlüsse. Sanitäre Einrichtungen mit Duschen und Waschmaschinen befinden sich im Clubhaus. Die „Hafenterassen" mit mehreren Gaststätten und vielen Bars sind direkt an der Promenade. Im Sommer pulsiert hier das Nachtleben. Zum Einkaufen geht man am besten zum 400 m entfernten Doberaner Platz, an dem sich zahlreiche Geschäfte befinden. Einen kompletten Reparaturservice rund um das Boot bietet die renommierte Firma Yachtservice Pohl, die aus dem Stadthafen in die ehemalige Neptunwerft umgezogen ist. Ein Yachtausrüster hat im Stadthafen seinen Sitz.

Sehenswürdigkeiten

Besucher sollten sich einen Bummel durch das Rostocker Stadtzentrum nicht entgehen lassen.
Die Kröpeliner Straße mit ihren vielen Cafés und Restaurants, den Museen und Kirchen ist eine beliebte Flaniermeile. Beim Bummel durch die Innenstadt sollte man einen Besuch des 1270 von der dänischen Königin Margarethe gestifteten Klosters Zum Heiligen Kreuz ebenso wenig versäumen wie die Marienkirche mit ihrer 1472 er-

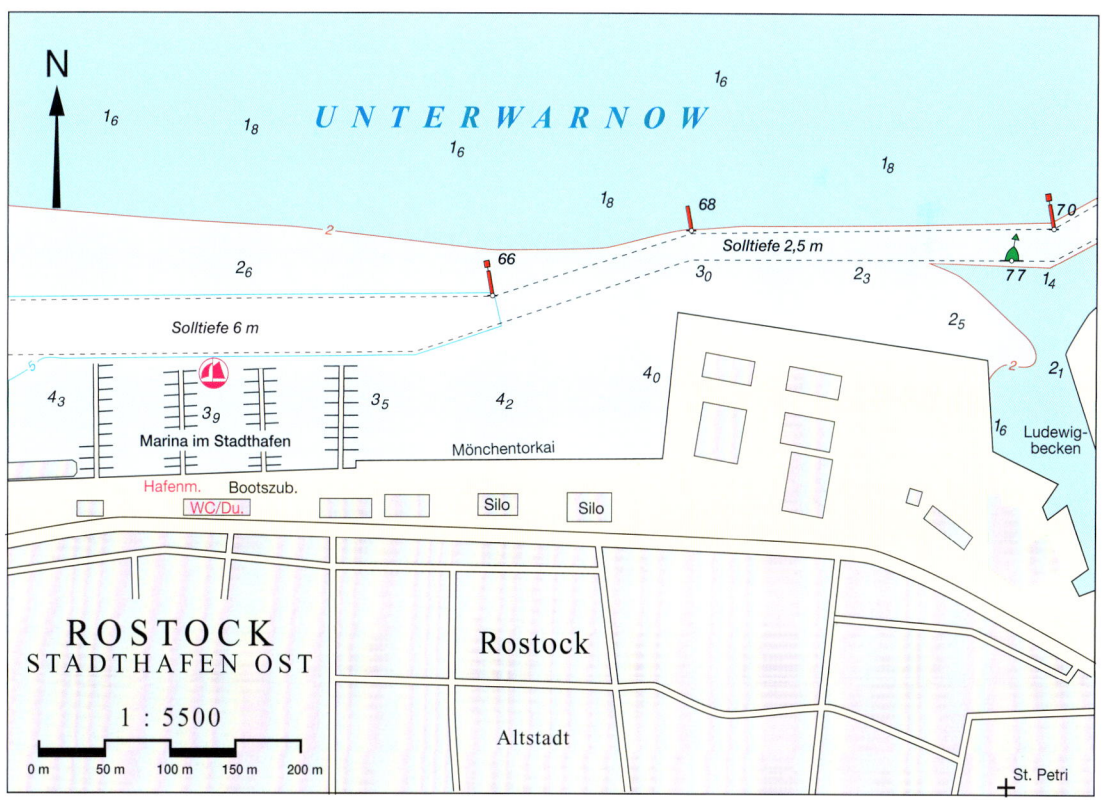

Liegeplätze im Stadthafen Ost, rechts die St. Petri-Kirche

bauten, in Europa einzigartigen Astronomischen Uhr, dem Rochusaltar und dem barocken Orgelprospekt.

ROSTOCK-STADTHAFEN OST
54°05,6'N 012°08,2'E

Der Rostocker Stadthafen liegt knapp 7 sm von der Warnowmündung entfernt direkt am historischen Zentrum der Hansestadt. Seine Wahrzeichen, die Petrikirche mit ihrem 117 m hohen Turm, und die historischen Speicher sind weithin sichtbar.
Das gesamte Hafengelände wurde in den vergangenen Jahren umgestaltet. Heute ist dieser Bereich eine beliebte Flaniermeile für Rostocker und Besucher ihrer Stadt.

Ansteuerung
Von Warnemünde kommende Yachten laufen im Warnowfahrwasser stromauf bis in die Dierkower Bucht. Nach dem Passieren der Steganlage Gehlsdorf Süd und des Haedgehafens kommen die Schwimmstege am südlichen Ufer der Bucht in Sicht.
Das Fahrwasser ist bestens betonnt und bis vor die Stege befeuert, sodass auch eine nächtliche Ansteuerung keine Probleme bereiten sollte.

Liegeplätze
Rechtwinklig zur Spundwand sind insgesamt vier Schwimmstege mit Auslegern ausgebracht, von denen der östliche Gastliegeplätze anbietet.
Auf Wassertiefen von etwa 4 m liegt man hier bei allen Windrichtungen gut geschützt. Sollten die insgesamt rund 74 Liegeplätze an den Stegen besetzt sein, kann man auch längsseits an der Pier oder im Haedgehafen festmachen. Die Liegeplätze im Bereich der Speicher sind weiterhin der Berufsschifffahrt vorbehalten.

Blick auf die Altstadt von Rostock, im Hintergrund der Turm der Marienkirche

Service und Versorgung

An den Stegen gibt es Wasser- und Stromanschlüsse. Sanitäre Einrichtungen mit Münzduschen sind vorhanden. Mehrere Gaststätten sind in unmittelbarer Nähe der Liegeplätze. Ein Yachtausrüster mit umfangreichem Sortiment hat seinen Sitz unmittelbar vor den Stegen, ist gleichzeitig Hafenmeister der Anlage und bietet kostenloses WLAN bis an die Stege.

Das Rostocker Stadtzentrum mit all seinen Versorgungsmöglichkeiten ist nur wenige Meter entfernt.

Sehenswürdigkeiten

Der Stadthafen war die eigentliche Heimat der großen Rostocker Segelschiffsflotte des 19. Jahrhunderts. Die Kontore der zahlreichen Reedereien und Agenturen befanden sich in den engen, zum Hafen verlaufenden Straßen der Rostocker Altstadt. Nach umfangreichen Restaurierungsarbeiten erstrahlt das historische Zentrum Rostocks heute wieder in altem Glanz. Besucher, die dort einen Bummel unternehmen, sollten auf jeden Fall auch eine Besteigung des Turms der Petrikirche einplanen. Von dort aus hat man einen wunderbaren Blick über die Stadt mit Lange Straße, Marienkirche, Neuer Markt, Rathaus, Universitätsplatz, Kloster zum Heiligen Kreuz und ihre Umgebung bis nach Warnemünde. Die in historischen Gemäuern eingerichtete Hochschule für Musik und Theater bietet jeden Abend Programme für Kulturinteressierte auf hohem Niveau. Danach kann man den Abend in einer der vielen Altstadtkneipen gemütlich ausklingen lassen.

VON WARNEMÜNDE NACH RÜGEN UND STRALSUND

Fast 50 sm beträgt die Entfernung von der Warnow bis Barhöft und zum Yachthafen Vitte um den Dornbusch herum fast 60 sm. Außer dem regelmäßig versandenden Nothafen Darßer Ort gibt es an diesem Küstenabschnitt keine sichere Anlegemöglichkeit. Für das Ankern kommt nur die Prerowbucht in Frage, die aber bei Ostwind nicht brauchbar ist. An den vier Seebrücken kann bei Starkwind nicht angelegt werden. Bei Gegenwind sollte man sich daher über die Möglichkeiten eines Zwischenstopps in Darßer Ort informieren. Bei Starkwinden aus West bis Südwest sollten Törns in diese Richtungen nach Möglichkeit verschoben werden.

Der Streckenabschnitt von Warnemünde bis Darßer Ort ist unproblematisch. Man dreht gleich nach der Mole aus dem Fahrwasser und segelt mit Nordostkurs parallel zur Küste, die ohne Hindernisse (Steine liegen in Tiefen, die für Sportboote uninteressant sind) und größtenteils bewaldet ist. Als Landmarken kann man das Hotel Neptun Warnemünde, die Steilküste bei Wustrow und den Funkmast Ahrenshoop nutzen. In der Dunkelheit sind neben den Leuchttürmen Warnemünde und Darßer Ort das Leuchtfeuer Wustrow, aber auch die Lichterketten der Seebrücken von Graal-Müritz und Wustrow gut auszumachen.

Auf dem Kurs zum Darßer Ort halte man sich gut frei vom Verkehrstrennungsgebiet Kadetrinne, das ca. 7 sm vor der Küste von Südwest nach Nordost verläuft und sehr dichten Schiffsverkehr aufweist. In der Vergangenheit gab es hier mehrere Grundberührungen und Kollisionen, 2001 kam es dabei zu einer mittleren Ölkatastrophe an der dänischen Küste. Wenn erforderlich, sollten Sportboote auch im eigenen Interesse die stark befahrenen Fahrwasser auf kürzestem Wege queren. Die Erfahrung zeigt, dass auch außerhalb der Kadetrinne stetige Aufmerksamkeit notwendig ist. Kleinere Frachter, Leerfahrer, Fischer, Schnellfähren oder Schiffe der Marine fahren häufig nicht in der Kadetrinne, sondern dichter unter der Küste.

Mit großer Sorgfalt ist bei der Umsteuerung von Darßer Ort zu navigieren, insbesondere bei schlechter Sicht und Starkwind. Die ab Dierhagen in Nord-Süd-Richtung verlaufende Küstenlinie schwenkt bei diesem Kap in West-Ost-Richtung bis Hiddensee. Östlich Darßer Ort wird das von der Fischlandküste abgetragene Material von der Meeresströmung wieder angelandet. Dies hat zur Entstehung des Darßer Riffs geführt, das sich mehr als 1 sm nach See erstreckt, dessen Lage sich häufig ändert und zeitweise trockenfällt. Die Wassertiefen nehmen hier sehr schnell ab. Bei Starkwind entstehen gefährliche Grundseen. Zu beachten sind die Strömungen: Bei Westwind setzt Nord- bis Oststrom auf das Riff, bei Ostwind herrscht Südwest- bis Weststrom. Abhängig vom Wasserstand in Sund und Belt können auch bei ruhigem Wetter noch erhebliche Strömungen auftreten. Die flachen Sandbänke und Dünen, die sich vor dem Leuchtturm erstrecken, sind selbst bei gutem Wetter nur schwer auszumachen. Äußerste Vorsicht ist bei auflandigem Wind angeraten.

Das Riff ist zusätzlich durch die Kardinaltonnen Darßer Ort West (Q(9)15s) und Darßer Ort Ost (Q(3)10s) bezeichnet. Von Südwesten kommend, steuert man von der Position querab Leuchtturm Darßer Ort mindestens 1,5 sm nordöstlichen Kurs auf die Leuchttonne Darßer Ort West zu und dreht dann auf Ostkurs. Auch bei ruhigem Wetter ist so zu navigieren, dass jederzeit ein sicherer Schiffsort besteht und eine eventuell verlöschte Leuchttonne – was bereits vorgekommen ist – nicht gleich zur Strandung führt. Die Grenze der Schutzzone ist auf der Ostseite vom 1.05. bis 31.10. mit fünf gelben Tonnen „Kernzone" markiert. Zusätzlich verkompliziert die Situation, nicht nur für Sportboote, der im Jahre 2010 errichtete Offshore-Windpark „Baltic 1" 15 km nördlich Darßer Ort mit 21 Türmen, die 113 m über die See ragen.

Karten
D 162, D 163, D 1671, D 1624, D 1622
D 3005, Blatt 8, 13, 14, 15, 21
Delius Klasing-Sportbootkarten, Satz 2, Karte 41, 06, 06B, 07, 07A, 08

DARSSER ORT
54°28,4'N 012°31,5'E

An der ca. 60 sm langen Ausgleichsküste zwischen Warnemünde und Hiddensee/Barhöft ist Darßer Ort der einzige Hafen. Nicht nur bei Sturm ist ein Zwischenhafen auf diesem Abschnitt eine Frage der Sicherheit. Bei Gegenwind nutzen den Hafen viele Boote zur Übernachtung, da die Kreuzstrecke nicht an einem Tag zu schaffen ist. Die gute Lage und der lange Streit um die Nutzung haben ihn weithin bekannt gemacht. Die Anlage entstand durch Ausbau eines natürlichen Strandsees für die Marine und war bis 1990 für die Öffentlichkeit gesperrt. Das Gelände geriet bei der Bildung des Nationalparks in die Kernzone (Schutzzone 1), die gegenwärtige Nutzung erfolgt mit dem Status Nothafen. Gemäß Seehandbuch ist der Hafen „... dazu bestimmt, bei widrigen Verhältnissen wie Sturm, Seegang, Eisgang oder bei bestimmten Notfällen vorübergehend als Zuflucht zu dienen, sofern das An-

laufen eines anderen Hafens dem Schiffsführer als nicht zumutbar erscheint". Leider ist der langjährige Streit um die Nutzung bzw. den Ersatz des Hafens nach fast zwei Jahrzehnten bis heute nicht abgeschlossen. Die Wassersportler können mit der Situation keinesfalls zufrieden sein.
In den letzten Jahren hat sich die Situation etwas entkrampft. Das Anlaufen wird auch ohne Vorliegen besonderer Notfälle geduldet, allerdings müssen diese Boote den Hafen am nächsten Tag bis 11.00 Uhr verlassen haben. Es gibt einen Hafenmeister, der auch Hafengeld kassiert. Betreiber des Hafens ist der WWF-Deutschland bzw. die Nationalparkverwaltung. Schlimmer als der Streit um die Nutzung ist das ständige Versanden. Selbst aufwendige Baggerungen schufen in Vergangenheit teils nur für wenige Wochen Abhilfe. Segler sollten sich über die aktuelle Tiefe unbedingt im Vorfeld informieren.

Ansteuerung
Von der Leuchttonne Darßer Ort Ost auf 54°29,6'N 012°34,3'E sind 221° zu steuern, bis man das betonnte, mit 256,2° in den Ha-

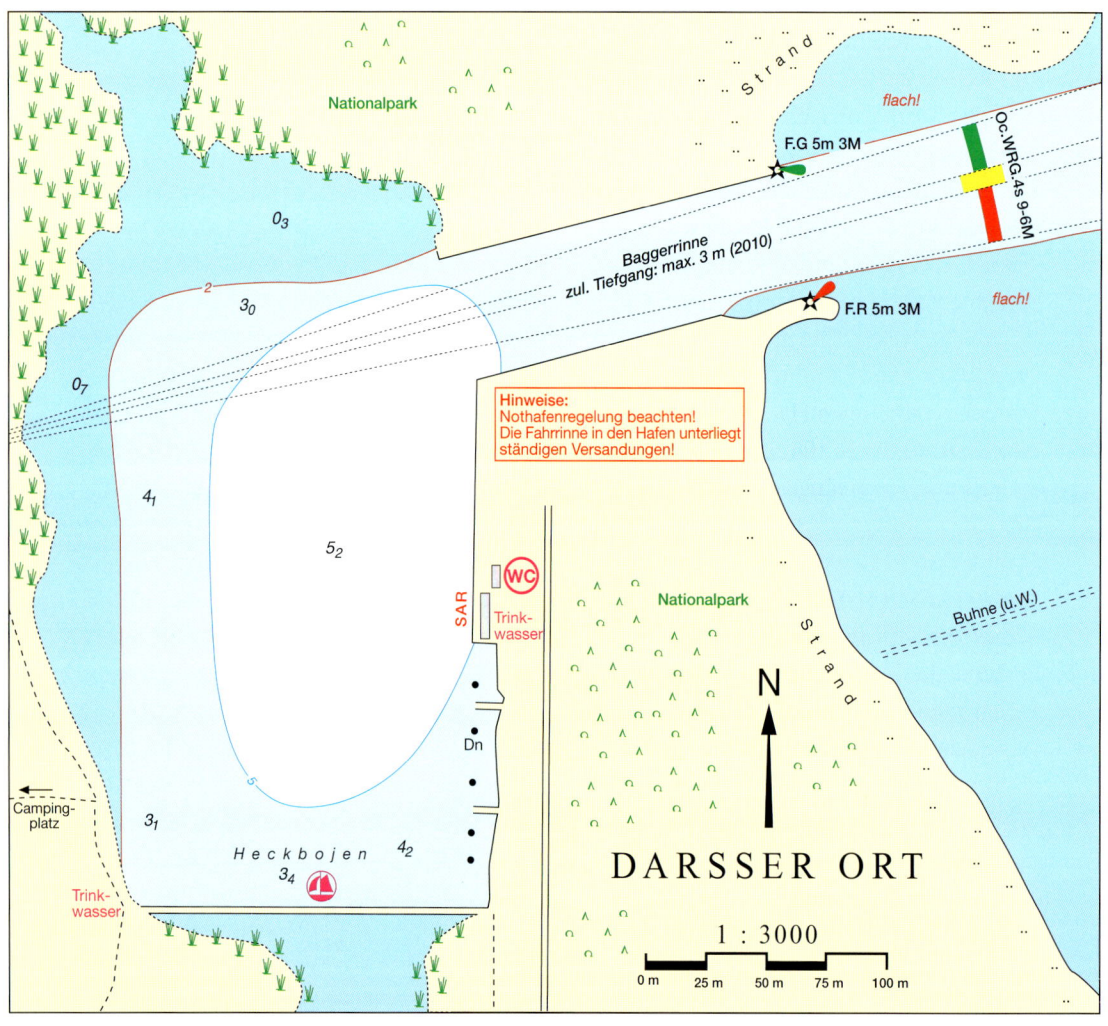

Im Nothafen Darßer Ort

fen führende Fahrwasser erreicht hat (Darßer Ort, Oc.WRG.4s 9–6M). Die Hafeneinfahrt wird von niedrigen Molen geschützt. Sie sind mit roten und grünen Festfeuern versehen.

Achtung: Man kann sich nicht darauf verlassen, dass die Befeuerung eingeschaltet ist. Die Zufahrt versandet oft, das Fahrwasser ist dann bis zur nächsten Baggerung recht schmal. Bei Starkwind muss mit Gegenstrom gerechnet werden.

Liegeplätze

Im recht geräumigen Hafen gibt es auf der Nordseite einen ca. 100 m langen befestigten Kai und einen längeren Steg an der Ostseite.
Der Steg an der Westseite wurde abgerissen. Die verbliebenen Anlegemöglichkeiten können zwar gefahrlos genutzt werden, sind allerdings nicht ausreichend. Am Oststeg sind Festmachetonnen ausgelegt. Beim Ankern ist zu beachten, dass das Hafenbecken immerhin 5 m tief ist. Es stehen ca. 50 Liegeplätze zur Verfügung. Im Hafen ist ein mit ständiger Wache besetzter Seenotrettungskreuzer stationiert, und einige Fischer haben hier ihren Liegeplatz.

Service und Versorgung

Der Service wird bewusst niedrig gehalten, damit hier die jeweiligen Liegezeiten sehr kurz bleiben. Vorhanden sind nur ein Trinkwasseranschluss und einfachste Toiletten. Die nächsten Einkaufsmöglichkeiten und Gaststätten findet man im 5 km entfernten Prerow bzw. auf dem Campingplatz. Eine Busverbindung besteht nicht.

Sehenswürdigkeiten

Die Landschaft um den Hafen ist von außerordentlichem Reiz. Das Gebiet gehört zu den größten Landbildungsgebieten in Europa. In der jahrzehntelangen Abgeschiedenheit konnte sich eine artenreiche Fauna und Flora erhalten, die besonders geschützt werden soll. Daher sollten die gut ausgebauten Wanderwege nicht verlassen werden. Zu empfehlen ist ein Besuch des Leuchtturms und des zugehörigen „Natureums", einer Informationsausstellung zum Nationalpark. Besonders eindrucksvoll ist der urwüchsige Weststrand bei Starkwind. Im Streit um die Nutzung und Perspektive des Hafens gibt es nach vielen Diskussionen und Studien noch keine Lösungen, die in nächster Zeit umsetzbar wären. Es besteht Einigkeit darin, dass ein Hafen in diesem Raum bestehen sollte. Da die erforderliche Infrastruktur, Ortsanbindung und Funktionsfähigkeit eines Hafens in der Kernzone kaum zu realisieren ist, wird nach neuen Standorten gesucht. Die Landesregierung hat sich nun mit der Gemeinde Prerow darauf geeinigt, am Ende der Prerower Seebrücke eine Schüttung vorzunehmen und dort ein kleines Hafenbecken anzulegen. Es soll 2020 fertig gestellt werden. Ob die Kapazitäten ausreichen werden, ist ungewiss. Eine eigene Website informiert über den Baufortschritt.

VON DARSSER ORT NACH HIDDENSEE

Bis zur Insel Hiddensee sind es 18 sm und bis Barhöft weitere 4 sm. Die Strecke bietet kaum Probleme, auch bei etwas mehr Wind oder beim Kreuzen. Es gibt ausreichende Wassertiefen bis vor den Bock und kaum Berufsschifffahrt. Die gesamte Wasserfläche zwischen Darßer Ort und Hiddensee gehört zum Nationalpark Vorpommersche Boddenlandschaft. Vor Darßer Ort und vor dem Bock liegen Schutzzonen der Stufe 1, die generell für alle Wasserfahrzeuge gesperrt sind. Ausnahmen sind die bestehenden Fahrwasser, z. B. am Gellen. Die niedrige, bewaldete Küste bietet anfangs wenig Orientierungspunkte, erst östlich Zingst sind die Landmarken Kirchturm Barth, Hohe Düne (Ostzingst) und Barhöfter Berg auszumachen. Der 65 m hohe Dornbusch ist bei guter Sicht schon von Prerow aus erkennbar.

In der Praxis wird von der Leuchttonne Darßer Ort Ost über mehrere Stunden mit Ostkurs gesteuert, bis man querab Leuchtfeuer Gellen auf Hiddensee das Fahrwasser Gellenstrom erreicht hat, das wenige Kabellängen vom Ufer nach Süden verläuft. Das Leuchtfeuer hat eine Tragweite von 15–10 sm, ist also erst spät zu sehen. Es kann auch ein Kurs dicht unter der Küste gewählt werden. In diesem Fall muss man aber östlich Hohe Düne mindestens 1 sm seewärts bleiben, damit man von der ausgedehnten, zeitweise trockenfallenden Sandbank Bock frei bleibt. Von Hiddensee/Barhöft nach Westen segelnde Yachten kreuzen bei Gegenwind wegen des geringeren Seegangs meistens dicht unter Land bis in die Prerowbucht.

BARHÖFT
54°26,1'N 013°02,0'E

Der Hafen Barhöft liegt schon auf dem Festland. Er ist für viele Boote erster Anlaufpunkt auf dem Seetörn in die rügenschen Gewässer. Nach dem Ausbau zum Wasserwanderrastplatz finden hier 60 durchreisende Boote ausgezeichnete Liegeplätze. In der Saison und bei Starkwind auf See ist der Hafen hingegen stark belegt. Ist Darßer Ort einmal mehr versandet, verholt sich auch der dortige Rettungskreuzer nach Barhöft.

Ansteuerung
Zum Hafen führt ein Abzweig aus dem Hauptfahrwasser Ostsee–Stralsund. Im Gellenstrom vor der Südspitze Hiddensees liegt meistens ein Bagger, der im engen Fahrwasser auch von Sportbooten nur an der freigegebenen Seite passiert werden darf. Boote, die von Stralsund oder aus der

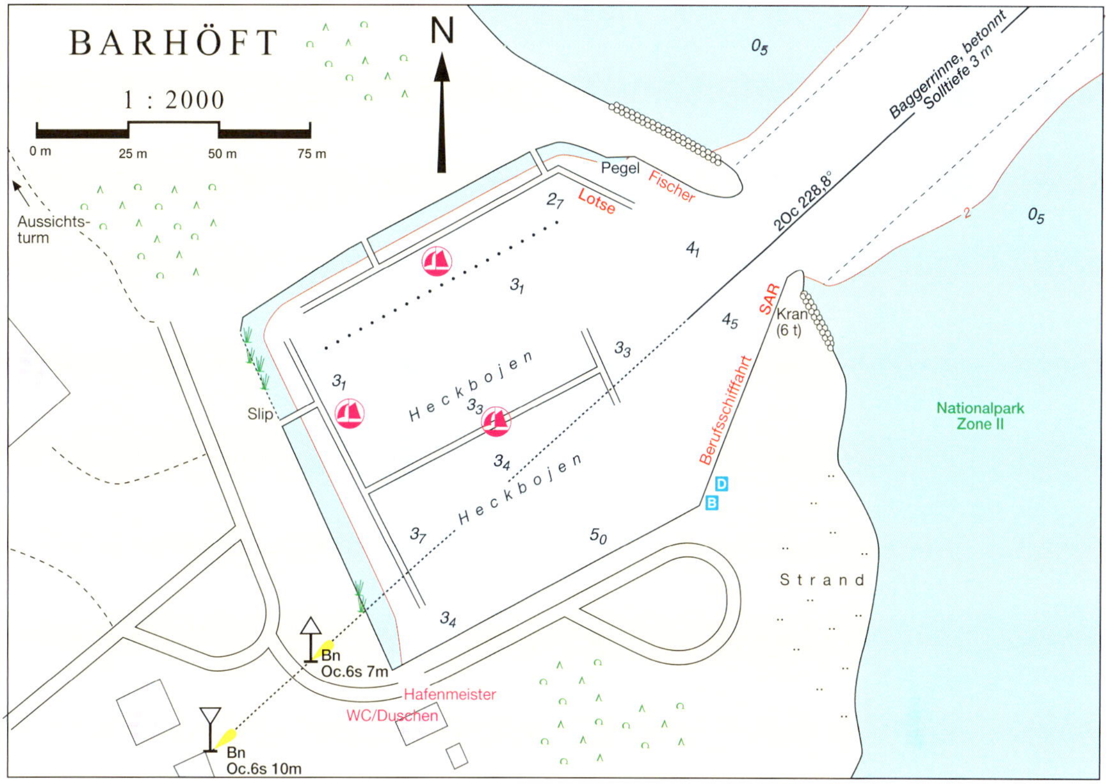

Darß-Zingster Boddenkette den Hafen ansteuern, müssen die Änderung der festgelegten Betonnungsrichtung von „auslaufend" auf „einlaufend" beachten. Die schmale, 3 m tiefe Baggerrinne vor dem Hafen ist leider nur noch sparsam betonnt und nicht befeuert. Festgekommene Yachten sind keine Seltenheit. Es besteht ein Richtfeuer zum Hafen (2 x Oc.6s, 228,8°). Da aber die ausgelegten Fahrwassertonnen nicht befeuert sind, haben Ortsunkundige bei Dunkelheit meist Probleme, die enge Zufahrt zu finden. Sicherer ist es, auf der Reede vor Anker zu gehen und erst bei Tageslicht in den Hafen einzulaufen.

Liegeplätze

Für Sportboote stehen drei Schwimmstege, davon zwei mit Festmachebojen, zur Verfügung. Kleinere Boote sollten lange Achterleinen bereithalten. Zwischen den Bojen ist wenig Platz für Manöver. Die östliche Pier ist Behördenfahrzeugen vorbehalten. Der Hafen bietet ausgezeichneten Schutz vor allen Winden und vor Wellenschlag. Im Hochsommer

Der Hafen von Barhöft

kann bei Nordostwind und entsprechender Strömung Seegras in den Hafen gedrückt werden, das die gesamte Wasseroberfläche bedeckt und die Schiffsschrauben blockieren kann. Meist kann man durch häufiges Vorwärts-/Rückwärts-Schalten bei langsamer Umdrehung die Büschel an der Schraube wieder los werden.

Service und Versorgung

An den Stegen liegen Strom- und Wasseranschlüsse. Gute Sanitäreinrichtungen befinden sich in einem Häuschen, in dem auch der Hafenmeister sitzt. Auf dem Vorgelände gibt es ein kleines Geschäft mit einem vielfältigen Sortiment vom Imbiss über Lebensmittel und Getränken bis zur Bootsausrüstung. Die Dieseltankstelle befindet sich auf der Ostpier. Zum Hotelkomplex gegenüber dem Hafen gehört ein Restaurant mit einer guten Auswahl. Nach Stralsund gelangt man bequem mit dem Bus oder Taxi. Der 6-t-Kran nahe der Hafeneinfahrt wird zeitweise durch Boote der Offshore-Windparks belegt.

Sehenswürdigkeiten

Barhöft hat eine lange Tradition als Lotsenhafen. Die ehemaligen Lotsenhäuser stehen am Hang oberhalb des Hafens. Sie sind auch architektonisch interessant und inzwischen modernisiert. Bis 1990 bestand in Barhöft eine Garnison. Daher war der Hafen über viele Jahre für Sportboote gesperrt. Von den umliegenden Höhen, wie auch vom ehemaligen Beobachtungsturm, bietet sich ein weiter Blick über Hiddensee und die Boddengewässer. Nördlich Barhöft liegt das Naturschutzgebiet Bock, heute Kernzone des Nationalparks. Es kann im Rahmen von Führungen, veranstaltet von in Barhöft stationierten Nationalpark-Rangern, betreten werden. Ein kindgerechtes Infozentrum des Nationalparks befindet sich unweit vom Hafen am Aussichtsturm (Eintritt: 1 €), der den Fußweg lohnt.

ANKERPLATZ UND REEDE VOR BARHÖFT/BOCK

Der traditionelle Ankerplatz liegt an der Ostseite der Insel Bock in Höhe des Fahrwasserknicks. Eine gelbe Tonne markiert zusammen mit den Fahrwassertonnen 29 und 31 eine dreieckige Reede und die Grenze zum Flachwassergebiet. Von See kommend, steuert man im Hauptfahrwasser bis in Nähe der grünen Tonne 29 und dreht dann nach Steuerbord. Die Wassertiefen von 2 bis 4 m reichen bis 70 m vor dem Inselufer. Der Grund besteht vorwiegend aus Sand. Der Ankerplatz bietet guten Schutz bei Winden aus West bis Nord, auch bei anderen Windrichtungen ist kaum Seegang zu erwarten. Meistens setzt deutlicher ein- oder auslaufender Strom, der nicht mit der Windrichtung übereinstimmen muss. In diesem Fall ist der Schwojkreis entsprechend einzuplanen. Der Ankerplatz wird häufig von Booten benutzt, die bei einbrechender Dunkelheit die Weiterfahrt zu den nächsten Häfen nicht mehr schaffen würden (Richtung Stralsund 8 sm, nach Barth 14 sm). Die Insel Bock gehört zur Kernzone des Nationalparks; Crews sollten dies respektieren, sich entsprechend verhalten und vom Betreten der Insel absehen.

FISCHLAND – DARSS – ZINGST

Etwas abseits der stark befahrenen Routen gelegen, finden die westlichen Boddengewässer zunehmend Beachtung. Die Boddenkette mit ihren Halbinseln und Buchten ist ein geschütztes Revier mit wenig Berufsschifffahrt. Die Wassertiefen sind gering, Kielboote müssen sich meist in den Fahrrinnen halten. Das Revier ist also besonders günstig für Schwertboote und Besatzungen, die es etwas ruhiger mögen oder mit Kindern unterwegs sind. Der westliche Teil ab der Zingster Brücke ist für Kielboote mit mehr als 1,50 m Tiefgang nicht geeignet.

Die Gewässer gehören zur beliebten Ferienregion Fischland–Darß–Zingst und sind geprägt durch weite, naturnahe Landschaften und kleine Badeorte, die sich zwischen Ostsee und Bodden erstrecken. An der Boddenseite liegen kleine Häfen, die in den letzten Jahren weiter ausgebaut wurden und über gute Liegeplätze sowie Sanitäranlagen verfügen.

Westlich Zingst liegt mit der Meiningenbrücke die einzige bewegliche Brücke des Reviers, ein ziemliches Hindernis für den Sportbootverkehr. Auf die Öffnungszeiten (in der Hauptsaison 4x, im Herbst 2x täglich) kann man sich einstellen. Die Passage wird besonders beschrieben.

Das Revier hat viele schöne Ankerplätze. Wenn man etwas auf den Ankergrund achtet, kann auch bei einer nächtlichen Winddrehung nicht viel passieren.

Achtung: An Boots-Tankstellen mangelt es nach wie vor im Revier. Also mit gefülltem Tank einreisen, will man nicht mit dem Kanister kilometerweit bis zur nächsten Landtankstelle laufen.

Das 30 sm lange Gewässersystem entstand in erdgeschichtlich junger Zeit. Nach der letzten Eiszeit bestand die Küste aus Buchten, die von Sandhaken eingeschnürt wurden. Zum Schutz vor Sturmfluten wurden an der Seeseite lange Deiche errichtet. Dabei sind in den vergangenen 130 Jahren alle Wasserverbindungen zur Ostsee bis auf die Rinne bei Barhöft geschlossen worden. So entstand die einmalige Boddenlandschaft

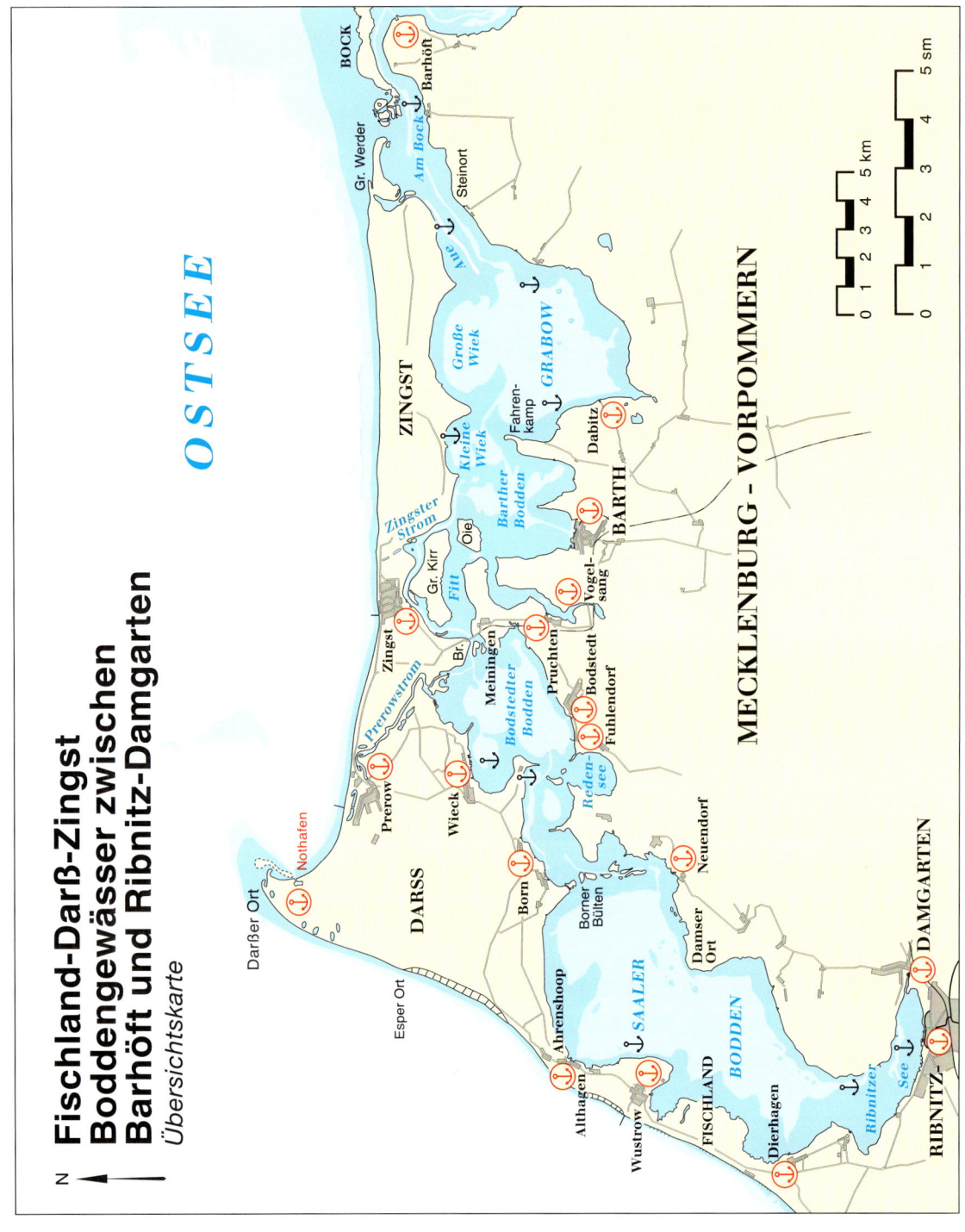

mit ihren Flachwasser- und Schilfzonen, Wiesen und Wäldern mit schützenswerten Tier- und Pflanzenbeständen. Im Jahre 1990 wurden per Gesetz große Teile bis zur Westküste Rügens zum Nationalpark erklärt. Die entsprechenden Verordnungen führten zu heftig diskutierten Einschränkungen für den Wassersport, z. B. durch Befahrensvorschriften. Insgesamt jedoch überwiegen die Gründe für den Erhalt der Landschaft, was auch im Interesse eines sinnvollen Wassersports und der Erholung ist.

Das Revier gliedert sich in die großen Wasserflächen der Bodden mit Rinnen und „Strömen" dazwischen. Charakteristisch ist Brackwasser mit abnehmendem Salzgehalt von Ost nach West mit hohem Schwebstoffanteil. Trotz der Schließung vieler Industriebetriebe und dem Anschluss aller Orte an Abwasseranlagen ist die aus der Vergangenheit stammende Überdüngung mit den entsprechenden Folgen in diesem relativ abgeschlossenen Revier noch nicht abgebaut. In den Buchten findet man viel Schlamm, und im westlichen Teil wird wegen geringer Sichttiefe wenig gebadet.

Die Bodden sind 2–4 m tief, im Fahrwasser sollen 2 m Mindesttiefe gewährleistet sein. Stärkere Ostwinde erhöhen (mit Verzögerung) den Wasserstand, jedoch selten um mehr als 50 cm. Geringerer Wasserstand entsteht bei Sturm aus Südwest. Bei diesen Wetterlagen treten stärkere Strömungen bei Barhöft und im Zingster Strom auf.

Das Fahrwasser ist durchgehend, meistens nur einseitig, betonnt. In Rinnen und „Strömen" sollte man sich dicht am Tonnenstrich halten. Auf den Bodden sind die Tonnen inzwischen so weit reduziert, dass selbst Einheimische schon mal zum Fernglas greifen müssen. Eine Befeuerung besteht nicht, Nachtfahrten sind auch wegen der Netze und Untiefen nicht zu empfehlen. Vorsicht ist bei Starkwind an den Leeufern der Bodden geboten. Trotz geringer Wassertiefen entsteht hier erheblicher Wellengang. Auflaufende Boote sind dann oft auf fremde Hilfe angewiesen. Das Gewässer wird mit Reusen und Stellnetzen noch immer befischt und ist ein beliebtes Angelrevier. Auf den weiten Bodden sind die kennzeichnenden Flaggen bei Wellengang schwer auszumachen.

Karten
D 1623, D 1624
D 3005, Blatt 14, 16–20
Delius Klasing-Sportbootkarten, Satz 2, Karte 06, 06A, 06B

Distanzen von Barhöft bis: Barth 14 sm, Zingst 18 sm, Prerow 22 sm, Wustrow 31, Ribnitz-Damgarten 35 sm.

VON BARHÖFT NACH BARTH UND ZINGST

Das enge Fahrwasser in die westlichen Boddengewässer beginnt vor Barhöft. Vielleicht hat man Glück und kann sich vom Ostwind schieben lassen, sonst stehen einige Seemeilen unter Motor bevor. Eine beeindruckende Naturlandschaft entschädigt für die Mühe. Die Tonnenreihe führt zunächst südlich des Naturschutzgebiets der Insel Bock entlang, dann weitet sich zwar das Gewässer, aber leider nicht das Fahrwasser. Steuerbord liegt vor der Halbinsel Zingst eine ausgedehnte Flachwasserzone, die bis zur Ostsee reicht. Sie fällt zeitweise trocken und ist besonders im Frühling und Herbst Rastplatz Tausender Kraniche. Dieses Windwatt und das gesamte Gebiet nördlich des Fahrwassers sind gesperrt als Schutzzone 1 des Nationalparks. Von Zingst aus kann man eine Radtour zu den Aussichtspunkten Pramort und Hohe Düne unternehmen – eine Strecke von 15 km. Den ersten Bodden mit freiem Wasser, die Grabow, erreicht man in Sichtweite der Häuser von Nisdorf beim Wald Großes Holz.

Achtung: Es ist an Backbord sehr flach, die grüne Tonne B51 am Fahrwasserknick sollte nicht geschnitten werden. Von Süden ist eine Reuse dicht ans Fahrwasser gesetzt, und dann folgt das Nisdorfer Steinriff mit 1,2 m Wassertiefe. Bei starken westlichen Winden steht hier hoher Seegang. Es gab schon zahlreiche Strandungen, Hilfe ist oft erst bei abflauendem Wind möglich.

Der Kurs führt nun über die Grabow, bis an der westlichen Seite wieder Tonnen das flache Gebiet zum Barther Bodden kennzeichnen. Die Grabow ist recht unwirtlich, windreich, mit flachen Uferzonen, die im Südteil mit vielen Steinen durchsetzt sind. Fast in der Mitte liegt ein Steintrendel mit 1 m Wassertiefe. Am Ufer gibt es nur zwei kleine Orte, und der einzige Hafen Dabitz ist wegen Verschlammung nur von Schwertbooten nutzbar. Aber das 50 km² große Gewässer ist fischreich, große Schwärme von Wasservögeln sind zu beobachten, und die Wasserqualität ist noch besser als weiter westlich.

ANKERPLÄTZE ZWISCHEN BARHÖFT UND BARTH

Der erste Ankerplatz liegt vor dem Ort **Wendisch Langendorf,** gegenüber der Westspitze der Insel Bock. Ein alter Ankerplatz, der früher für die Segelschiffe und Fischkutter zweckmäßig war; er wird heute von Sportbooten eher selten genutzt. Er bietet zu wenig Windschutz. Wassertiefe ca. 1–2,5 m auf Sandgrund, die Ansteuerung erfolgt von der roten Tonne 24 mit Südkurs.

Bei ruhiger Wetterlage kann ein kleiner Ankerplatz am Ostufer der **Grabow** in Fahrwassernähe beim Wald Großes Holz östlich der roten Tonne B60 genutzt werden. Die Wassertiefe beträgt circa 2 m, Entfernung vom Ufer 2–3 kbl. Besser sind die Ankerplätze am Westufer nördlich **Dabitz** und vor der Halbinsel **Fahrenkamp.** Die Ansteuerung ist einfach, von der grünen Tonne B55 am Kavelnhaken bis zur 2-m-Tiefenlinie nach Südwest steuern, dabei die Stellnetze beachten. Der Grund besteht aus grobem Kies und Ton, die Hügel schützen etwas vor westlichen Winden. Die Ankerplätze werden gern von Booten genutzt, die auf dem Weg nach Barth oder Zingst von Dunkelheit überrascht werden oder auf dem Weg von oder zur Zingster Brücke für eine Nacht nicht extra einen Hafen anlaufen wollen. An den Nordseiten ist das Ankern vom Bodstedter Bodden bis zur Insel Bock untersagt, das Gebiet gehört zur Schutzzone des Nationalparks. Zu empfehlen ist dafür der Platz in der **Kleinen Wiek** zwischen Grabow und Barther Bodden im Schutz des Osterwaldes. Die Wassertiefe beträgt 2–3 m, der Grund besteht aus Schlick über Sand. Der Ankerplatz liegt in Zone 2, darf also nur unter Segel angelaufen werden. Bei Landgängen ist die Grenze zur Schutzzone 1 (Sperrzone) zu beachten.

BARTH
54°22,3'N 012°43,8'E

Die Kleinstadt Barth (ca. 10 000 Einwohner) verfügt über den größten Hafen im Revier. Er erinnert an die Blütezeit der Segelschifffahrt, als hier 172 Schiffe von 18 Reedereien beheimatet waren und vier Werften existierten. Gefolgt vom Niedergang der meisten Industrieunternehmen nach der Wende setzt die Stadt auf den Tourismus, besonders im maritimen Bereich.

In den sanierten Hafenanlagen hat sich in der Zwischenzeit ein vielfältiges Angebot etabliert, das von komfortablen Liegeplätzen, einem Schiffsausrüster, Charterunternehmen, Bootswerften mit Winterlager, Fahrgastschifffahrt und Gaststätten bis hin zu großen Showveranstaltungen reicht.

Mit einer neuen Mole wurde der Hochwasserschutz verbessert. Die Hafenfläche wurde erheblich vergrößert und die Tiefen durch Baggerungen vor allem im Ost- und Westhafen erhöht.

Ansteuerung
Das ausgedehnte Hafengelände erstreckt sich direkt vor dem Stadtzentrum. Ein kürzlich gebaggertes Fahrwasser führt mit 201,1° in die Einfahrt zwischen den niedrigen Steinmolen. In das große Hafenbecken kann unter Segeln eingelaufen werden. In der Dunkelheit erleichtern Richtfeuer (2 x Iso.4s) die Zufahrt.

Vorsicht: Mitten im Barther Bodden, 3 kbl westlich Tonnenpaar 67/90, liegt das Riff Steingrund mit 0,3 m Wassertiefe.

Liegeplätze
Auch in der Hochsaison gibt es keine Probleme. Angelegt werden kann an den kommunalen Kais im **Westhafen oder Osthafen** (neue Toiletten auf der Mittelpier). Etwas ruhiger liegt man beim Segelverein. Am Segelverein nördlich vorbei 1 kbl weiter gelangt man zu den modernen Anlagen der

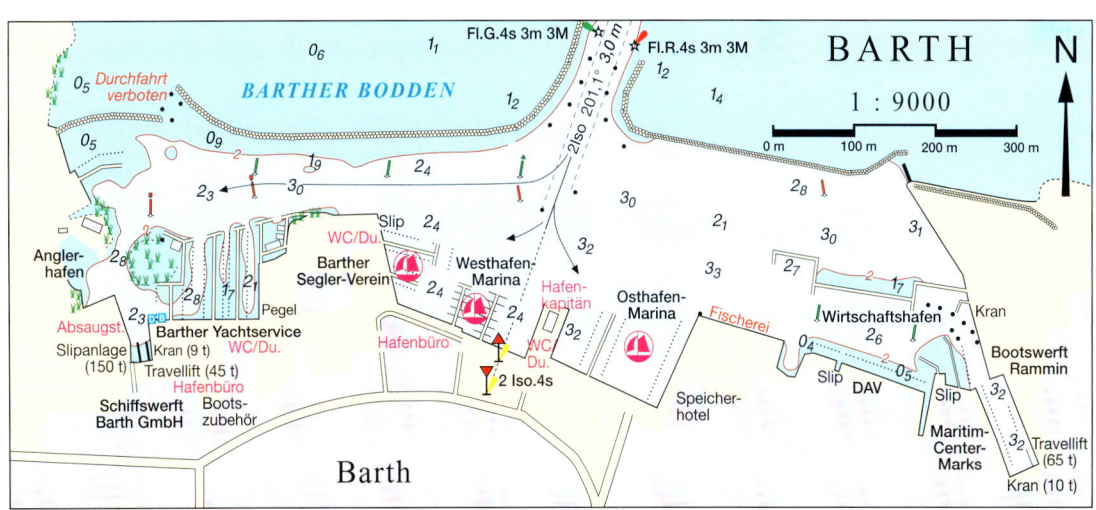

Schiffswerft Barth und der Marina (Barther Yachtservice) mit 200 ruhigen Gastplätzen und komplettem Service. Im östlichen Hafenbereich, hinter dem Speicher-Hotel an der ehemaligen Zuckerfabrik, befindet sich die **Bootswerft Rammin** mit äußerst gut geschützten Liegeplätzen und modernem Werft-Service (Travellift, Stellplätze, Bootszubehör).

Service und Versorgung

In Barth sind Boot und Crew gut aufgehoben: neue Anlagen, Komplettservice fürs Boot, Reparaturmöglichkeiten, gut sortierter Schiffsausrüster, Portalkran auf der Werft und Tankstelle. Einkaufsmöglichkeiten bestehen im Zentrum, wenige Schritte vom Hafen entfernt in den Straßen des alten Stadtkerns. Es gibt zahlreiche Gaststätten, u. a. das stilvolle Restaurant im ehemaligen Speicher am Ostbecken.

Barth: Liegeplätze im Wirtschaftshafen (oben) oder im Osthafen

Sehenswürdigkeiten

Eindrucksvoll sind die Marienkirche und der Blick vom Turm über die gesamte Boddenlandschaft. In den Seitenstraßen ist das Bild kleiner Industriestädte aus dem 19. Jahrhundert noch gut zu erkennen. Aus dem Mittelalter blieben Stadttore und ein ehemaliges Kloster erhalten. Gedenkstätten erinnern daran, dass im Zweiten Weltkrieg in der Stadt Konzentrationslager waren, deren Gefangene zur Arbeit gezwungen wurden. In der Stadtrandzone gibt es interessante Ausflugsziele wie Barth-Tannenheim im Westen, der Donnerberg bei Glöwitz am Südufer des Boddens oder die alten Dörfer Kenz und Divitz südlich der Stadt. Busverbindungen bestehen zur Ostsee (Zingst/Prerow) und nach Ribnitz-Damgarten. Nach Stralsund gibt es auch eine Zugverbindung.

BARTHER STROM

Westlich vom Barther Bodden, beschützt von einer bewaldeten Halbinsel, beginnt der

Liegemöglichkeiten findet man auch im Westhafen, links im Bild das Unterfeuer

Barther Strom. Das idyllisch gelegene Gewässer ist der auf 2–3 kbl verbreiterte, schiffbare Unterlauf des Flüsschens Barthe. Die Zufahrt ist eigentlich nur von Einheimischen sicher zu befahren, und die Angaben in den Seekarten sind kaum ausreichend. Wegen der von Steinen durchsetzten Untiefen und der Reusen sollte man sich den Kurs von Ortskundigen erklären lassen. Die Barthe bietet in der Mitte bestenfalls 2 m Wassertiefe, die Ufer sind verschlammt. Festgemacht werden kann am Steg in **Pruchten** oder bei der kleinen Bootswerft in **Barth-Vogelsang**.

Ansteuerung von Zingst

Am Nordende des Barther Boddens, dicht unter Land, beginnt der Zingster Strom. Er ist 1–2 kbl breit und führt zwischen der Halbinsel Zingst und der Insel Kirr am Ort vorbei bis zur Meiningenbrücke. Richtungsänderungen des gewundenen Fahrwassers werden durch rote bzw. grüne Tonnen angezeigt. In den Buchten wird es schnell flach und schlammig. An Backbord erstreckt sich auf 450 ha das international bedeutsame Vogelschutzgebiet Insel Kirr (Anlegen und Betreten nicht erlaubt).

Nördlich der Übersetzstelle Müggenburg erstreckt sich bis an die Ostsee die schon teilweise verlandete Straminke, bis zur Sturmflut von 1872 eine natürliche Verbindung zur See. Auf den 2 sm des Zingster Stroms bis zum Ort Zingst herrscht lebhafter Verkehr. Vorsicht ist geboten, wenn die teilweise für das Gewässer

Sehr idyllische Liegeplätze findet man in der Barthe bei Barth-Vogelsang

Anleger des Yachtclubs Zingst

übergroßen Fahrgastschiffe bei Drehmanövern den ganzen Strom beanspruchen. Nicht immer werden die entsprechenden Schallsignale gegeben.

ZINGST
54°26,0'N 012°41,3'E

Das Ostseebad Zingst ist mit 3400 Einwohnern – in der Saison kommen mehr als 10 000 Gäste dazu – der größte Ort auf der Halbinsel Fischland–Darß–Zingst. Das Ortsbild bestimmen heute Hotels, Ferienwohnungen, Pensionen und Gaststätten, die die Rolle des Fremdenverkehrs deutlich machen. Nur in den Nebenstraßen sind noch vereinzelt Kapitänshäuser zu finden. Sie erinnern an jene Zeiten, als auf mehreren Schiffbauplätzen am Strom die Zingster Flotte entstand und die Schifffahrt der wichtigste Erwerbszweig war.

Bei Sturmfluten setzte Hochwasser den Ort häufig unter Wasser. Heute sind die Verbindungen zur Ostsee mit hohen Deichen verschlossen.

Liegeplätze

Auf einer Länge von 0,5 sm erstrecken sich die Steganlagen vor dem Ort. Selbst in der Hochsaison finden sich noch freie Plätze. Oft wird am kommunalen Wasserwanderrastplatz mit seinen 50

In Zingst findet man selbst in der Hochsaison immer freie Plätze.

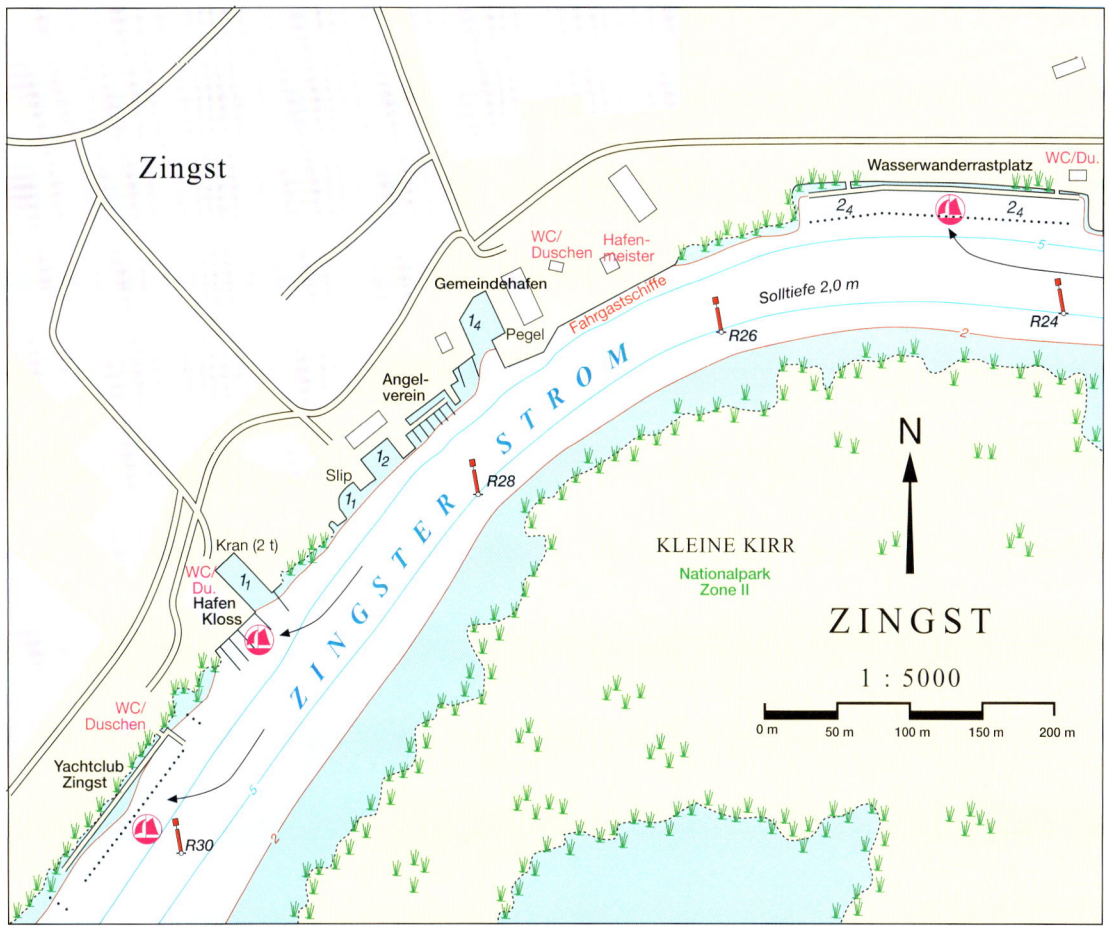

Gastplätzen festgemacht. Auch im örtlichen Yachtclub am westlichen Ende ist man willkommen. Weitere Liegeplätze bieten ein privater Betreiber und für kleinere Boote die Anlagen des Anglerverbandes. Beim Anlegen muss mit Querstrom gerechnet werden, man wird schnell an die Heckpfähle gedrückt.

An der Pier und im kommunalen Hafenbecken kann wegen der Fahrgastschifffahrt nur kurzfristig festgemacht werden. Das ist kein Verlust, hier ist es ziemlich unruhig. In Zingst machen viele Boote für einige Tage fest. Die Liegeplätze sind selbst bei Starkwind sicher und bieten einen ungestörten Blick auf die Insel Kirr.

Service und Versorgung

Bei allen Anlagen hat inzwischen zeitgemäßer Standard mit Toiletten, Strom und Wasser Einzug gehalten. Mehrere Gaststätten und Imbissstände befinden sich im Hafenbereich. Einkaufsmöglichkeiten findet man in der gut 1 km langen Flaniermeile durch den Ort, ein Supermarkt ist 300 m entfernt.

Sehenswürdigkeiten

In Zingst machen viele Boote für einige Tage fest. An der nahen Ostsee können die Gäste 10 km besten Badestrand nutzen. Gut ausgebaute Wander- und Radwege führen auf den Deichen, die den Ort umschließen, in die naturnahe Landschaft. Östlich Zingst liegt der große Osterwald, ein Forst, der 600 Jahre gemeinsamer Besitz der Stadt Barth und Stralsund sowie des Fürstentums war. Hinter dem Wald erstreckt sich bis Pramort die einmalige Dünenlandschaft Sundische Wiese. Teile davon waren bis Ende des Zweiten Weltkrieges Übungsgebiet für Bombenflugzeuge. Sie wurden bis in die 1960er-Jahre mühsam kultiviert. Jetzt ist ein aufwendiges Programm zur Renaturierung mit Rückbau der Deiche angelaufen, das in der Bevölkerung nicht unumstritten ist. Bis zur Wende wurde von einem Schießplatz im Norden mit schweren Waffen auf Luft- und Seeziele geschossen. Eine starke Protestbewegung veranlasste die Bundeswehr, auf die Nutzung des Platzes zu verzichten, das sich über viele Seemeilen erstreckende seewärtige Sperrgebiet wurde aufgehoben, dennoch ist das Seegebiet verunreinigt – Ankern und Fischen verboten.

PASSAGE DER MEININGENBRÜCKE

Die Situation hat sich hier in den letzten Jahren durch Sanierung, Installation einer Lichtsignalanlage und Einführung weiterer Öffnungszeiten etwas entschärft. Dennoch bleibt die Passage ein Anachronismus für den Verkehr an Land und auf dem Wasser. Der Übergang besteht aus einer um 1910 errichteten, 470 m langen kombinierten Straßen- und Eisenbahnbrücke mit Drehteil (43,70 m Länge) auf der Zingster Seite. Da sie nur einspurig befahrbar ist, wird schon seit mehr als 30 Jahren im Sommer eine Pontonbrücke eingeschwommen. Für die Durchfahrt von Schiffen wird die Drehbrücke langsam in Betrieb gesetzt und gleichzeitig die Pontonbrücke mit Stahlseilen um 45° verschwenkt. Die Prozedur erfordert mehrere Arbeitskräfte und die Durchfahrt ist für Schiffe nur rund 15 Minuten geöffnet – um den Stau auf der Straße zu reduzieren. Es gibt konkrete Planungen für einen Ersatz der Brücke, der Baubeginn ist aber wie so oft abhängig von der Bereitstellung finanzieller Mittel.

Bei der Passage ist zu beachten: Vor der Öffnungszeit sammeln sich zahlreiche Boote, die oft dicht vor der Brücke im Kreis motoren und die Durchfahrt für den Gegenverkehr unnötig einengen. Im Brückenbereich setzt bei Starkwind erheblicher Strom. Besonders auf der Ostseite ist es beiderseits des Fahrwassers flach; Platz zum Ankern gibt es kaum. An einem kurzen Anlegesteg an der Brücke ist nur für wenige Boote Platz. Die Fahrgastschiffe erwarten, dass ihnen Vorfahrt gewährt wird.

Am besten hält man sich vom Gewimmel vor der Brücke fern und schließt sich erst nach Freigabe der Durchfahrt (Lichtsignal 2 x grün) dem Pulk an. Die Absicht der Durchfahrt muss für das Leitwerk jedoch erkennbar sein.

Die Meiningenbrücke von Ost gesehen

Geruhsame Fahrt auf dem Prerowstrom

Öffnungszeiten bis Anfang April: Dienstag 10:30 Uhr, Donnerstag nach Anfrage.
Ausgenommen Feiertage. Diese Zeit kann man von den nächsten Häfen Bodstedt, Prerow, Zingst und Barth gut erreichen.
Ab Anfang April–Mitte September: Täglich 07:45, 09:45, 17:45, 20:00 Uhr
Ab Mitte September bis Ende Oktober: Täglich 9:45 und 17:45 Uhr

Ansteuerung von Prerow

Westlich der Brücke bleibt es für 1 sm noch bei engem Fahrwasser und beiderseitigen Flachs. Aufsitzende Boote sind keine Seltenheit, insbesondere bei der Abzweigung nach Prerow. Hier muss die grün-rot-grüne Tonne R29/2 an Backbord bleiben. Bei starkem Westwind steht unangenehmer Schwell in dieser Passage. Dank Baggerung kann man ohne Schwierigkeiten genau nordwärts in der Tonnenreihe segeln und erreicht nach 0,5 sm den Prerowstrom. Diese ehemalige Verbindung zur Ostsee ist 30–50 m breit und hat eine Solltiefe von zwei Metern. Die 5 sm bis vor Prerow werden nicht langweilig, da auf beiden Seiten eine malerische Landschaft vorbeizieht.

PREROW

54°27,5'N 012°35,1'E

Prerow ist ein bekanntes Ostseebad in geschützter Lage am Darßwald mit feinsandigem, breitem Badestrand auf der Seeseite. In der Saison wird der Ort gern von Sportbooten angelaufen, die hier ein paar Tage verweilen. Die gemeindeeigene Steganlage des Wasserwanderrastplatzes bietet 59 Liegeplätze, davon 50 für Gäste. Davor liegt die Pier für zwei Fahrgastschiffe. Der alte Steg an der Hohen Düne wurde von einem Club übernommen und kann nach Absprache genutzt werden.

Service und Versorgung

Die Sanitäreinrichtungen sind ansprechend, es gibt WLAN, eine Waschmaschine und einen Kiosk, Imbissstände und Gaststätten im Ort. Hier lässt es sich ein paar Tage aushalten. Prerow und Umgebung haben einiges zu bieten.

Sehenswürdigkeiten

Das Ostseebad Prerow (1700 Einwohner) hat noch viel Ursprüngliches bewahren können, z. B. die liebevoll gepflegten kleinen Seefahrer- und Fischerhäuser mit ihren ge-

Der Yachthafen von Prerow

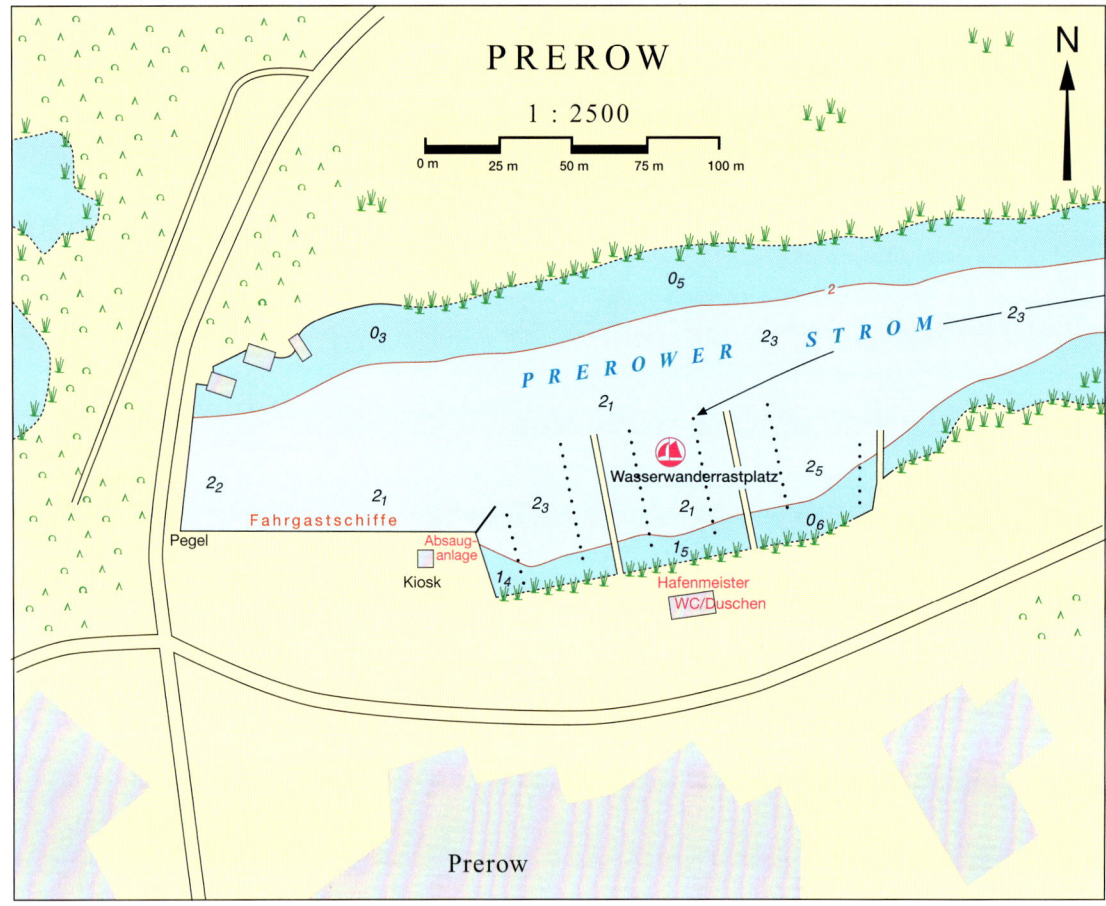

schnitzten bunten Darßer Türen. Von der Seebrücke am Hauptübergang zum Strand hat man einen schönen Blick über die Prerower Bucht bis zum Darßer Riff. Das Darßer Heimat- und Landschaftsmuseum ist mit den Abteilungen Naturkunde, Fischerei, Segelschifffahrt und Bäderwesen das bedeutendste in der Region. Durch den Darßwald führen schöne Rad- und Wanderwege zum Weststrand und zum Leuchtturm Darßer Ort. Dort gibt es ein gemütliches Café.

DIE HÄFEN AM BODSTEDTER BODDEN

WIECK/DARSS
54°24,5'N 012°35,5'E

Wieder zurück aus dem Prerowstrom stehen einem im Bodsteder Bodden die Häfen Wieck, Bodstedt und Fuhlendorf offen. Bei nördlichen Winden wird gern Wieck angelaufen. Die Wassertiefen betragen jedoch kaum mehr als 1,5 Meter.

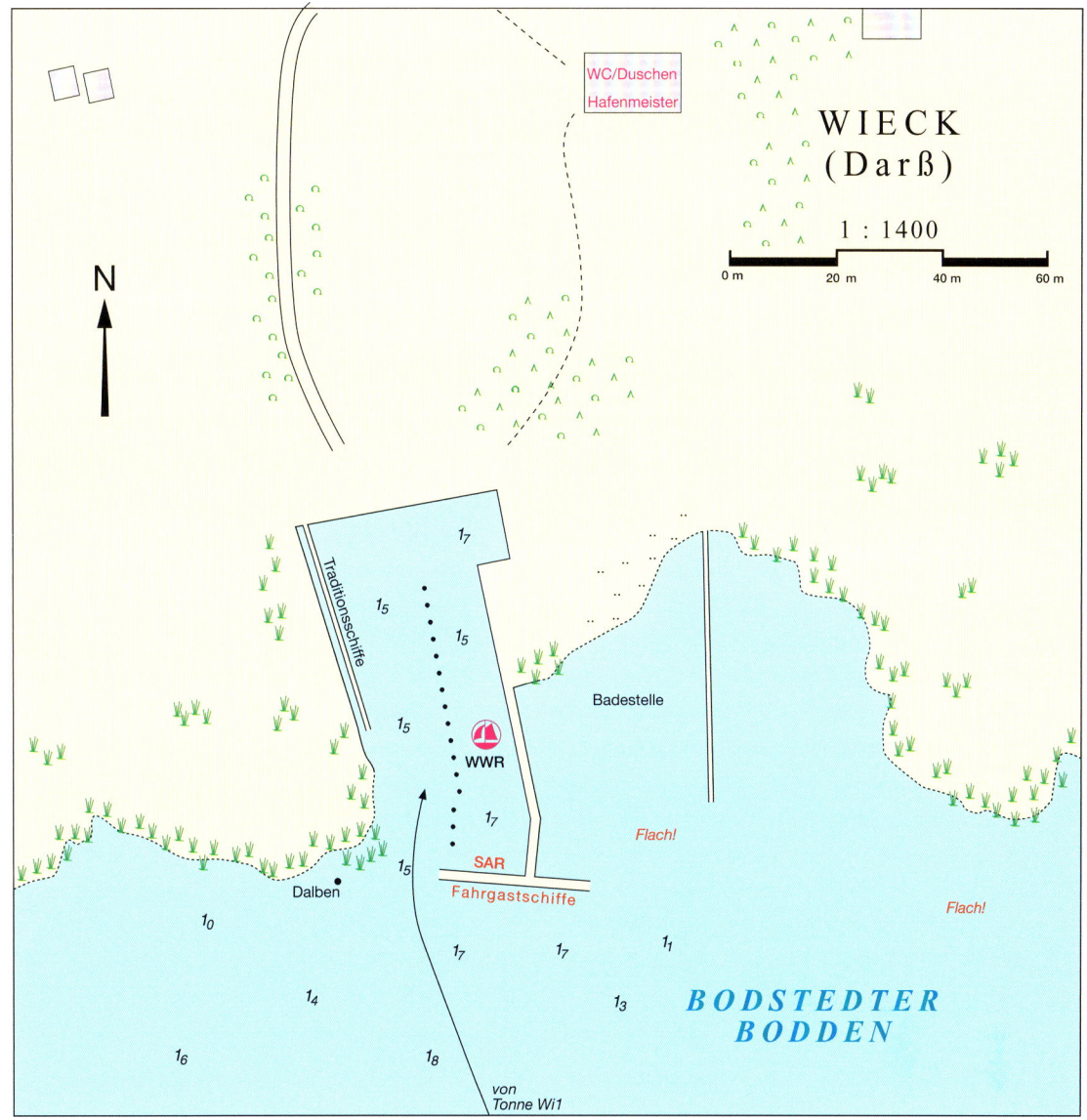

Ansteuerung

Nach dem letzten Tonnenpaar vor dem Bodstedter Bodden (35 und 42) wird ungefähr mit Westkurs auf die rote Tonne vor Wieck gehalten. Vor und hinter ihr betragen die Tiefen fast 2 m, vor dem Anleger wird es jedoch flacher.

Liegeplätze

In der charmanten Hafenanlage gibt es 18 Liegeplätze im kleinen Becken an der Westseite der Brücke. Der Steg an der Westseite des Beckens wird meist von Traditionsschiffen, der Brückenkopf von Fahrgastschiffen belegt. Bei stärkerem Südostwind steht Schwell herein. Mit der großen Sport-

Vor Wieck auf dem Darß

und Spielfläche und der benachbarten Badestelle ist der Hafen besonders für Boote mit Kindern geeignet.

Service und Versorgung

Es gibt komfortable Sanitäranlagen, einen Spielplatz, einen Imbiss und wenige Schritte weiter ein gutes Restaurant.
Sollte der Hafen belegt sein, was am Wochenende oft vorkommt, kann davor gut geankert werden. Die Wiecker Bucht ist 2–3 m tief und bietet guten Schutz vor westlichen bis nördlichen Winden, ist aber im inneren Teil stark verschlammt.

Sehenswürdigkeiten

Der Darßwald reicht bis zum westlichen Ortsrand. Am Festplatz (500 m) wurde die Arche errichtet, ein architektonisch ungewöhnliches, sehenswertes Ausstellungszentrum. Die Umgebung kann man gut mit dem Rad erkunden (z. B. Prerow 4 km).

BODSTEDT
54°22,4'N 012°37,4'E

In Bodstedt wie im benachbarten Fuhlendorf gab es früher zahlreiche Ferienlager. Heute geht es hier gemächlicher zu, neben Traditionsseglern gibt es einige Dauerlieger. Durch den 2014 abgeschlossenen Ausbau hat sich die Anlage deutlich verbessert, nur die Wassertiefen sind noch etwas gering.

Ansteuerung

Bei der Fahrt zu den beiden Häfen Bodstedt und Fuhlendorf am Südufer des Bodstedter Boddens ist der 1 sm breite Nadelhaken (Tonnenpaar R 37/R44) zu beachten, bevor man auf die Windmühlen am Hafen Bodstedt zuhält. Der Anlegesteg für Fahrgastschiffe bleibt an Backbord und ist freizuhalten.

Viele Traditionssegler sind in Bodstedt beheimatet.

Südöstliches Hafenbecken in Bodstedt

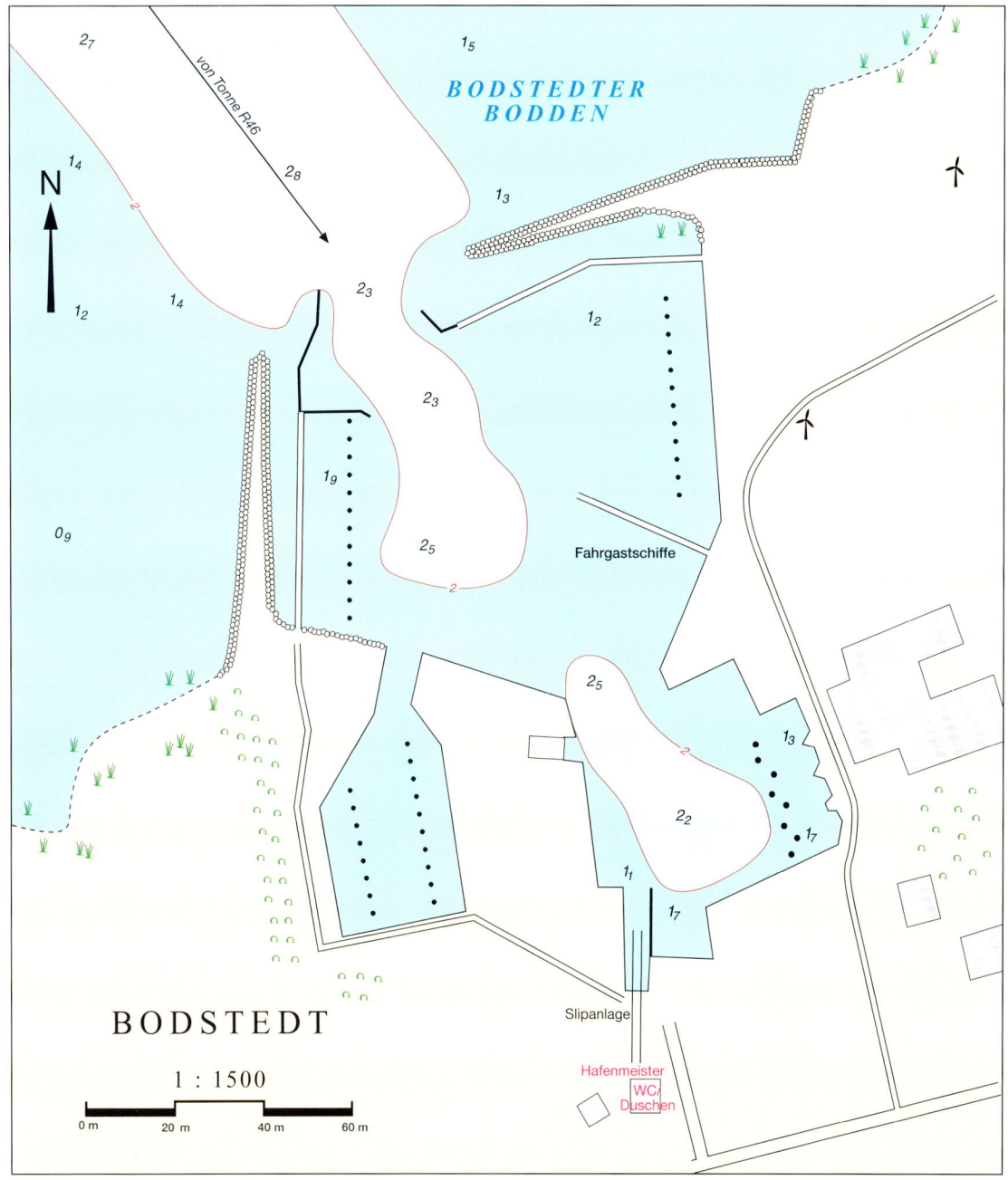

Liegeplätze

In Bodstedt bestehen nun mehrere Hafenbecken, nur die Pier in der Mitte sollte für Fahrgastschiffe freigehalten werden. Im großen Becken vor der Gaststätte hat die Zeesenbootflotte einen Traditionshafen eingerichtet, freie Plätze können von Gästen genutzt werden. Das kleine Becken kann auch nach dem Ausbau nur von Booten mit etwas mehr als 1 m Tiefgang genutzt werden. Die Modernisierung hat das Liegen in Bodstedt deutlich bequemer gemacht;

94 Küstenhandbuch Mecklenburg-Vorpommern

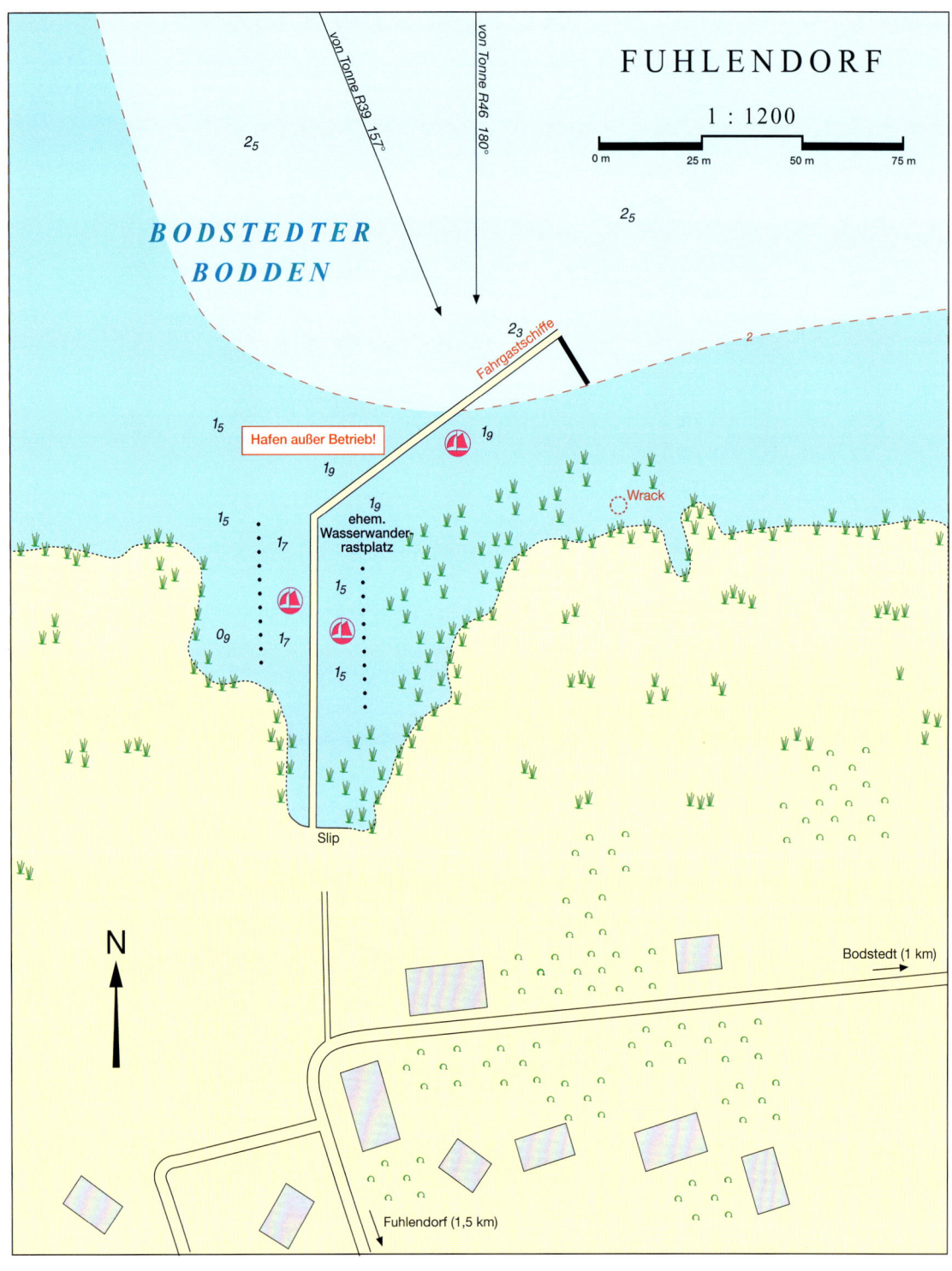

Der marode Anlieger von Fuhlendorf.

Strom, Wasser und Sanitäranlagen (Münzeinwurf) sind vorhanden.

Sehenswürdigkeiten
Bodstedt ist Zentrum der Zeesenbootflotte, und alljährlich findet am ersten Wochenende im September die traditionelle Zeesenbootregatta statt, die Tausende Besucher anzieht. Wer sich zu dieser Zeit im Revier aufhält, sollte sich das beeindruckende Bild einer Flotte von 40–50 teilnehmenden Booten nicht entgehen lassen.

FUHLENDORF
54°22,3'N 012°36,4'E

Liegeplätze
Der etwa 0,5 sm westlich des Hafens von Bodstedt gelegene Wasserwanderrastplatz ist mittlerweile völlig marode. In Notsituationen ist bestenfalls die Außenseite des Steges noch nutzbar, deutet sonst nichts mehr darauf hin, dass Wassersportler hier willkommen sind. Dementsprechend liegen hier keine Boote mehr, Dalben wurden offenbar bewusst gekappt und Stromsäulen abgebaut.

Service und Versorgung
Imbissstände, Lebensmittelgeschäfte und Gaststätten am Ort.

Sehenswürdigkeiten
Fuhlendorf und Bodstedt sind recht ruhige Boddendörfer mit waldreicher Umgebung. Sehenswert ist die kleine Kirche aus dem 14. Jahrhundert in Bodstedt. Es besteht eine regelmäßige Busverbindung nach Barth.

VOM BODSTEDTER ZUM SAALER BODDEN

Der Kurs führt wieder nach Norden – der westlich von Fuhlendorf gelegene Redensee ist wegen einer flachen Barre für Kielboote nicht erreichbar und hat auch keine offiziell zugänglichen Anlegemöglichkeiten. Gut 5 sm lang ist die schmale Fahrrinne durch die Flachwasserzone zwischen Born und dem Festland. Der erste Abschnitt führt dicht unter Land und ist gut betonnt.

ANKERPLATZ BLIESENRADE
Nach Passieren des engen Fahrwassers Nadelstrom liegt an Steuerbord vor der Halbinsel Bliesenrade ein guter Ankerplatz für Winde aus Nord bis Ost. Wassertiefe 2–3 m, der Ankergrund besteht aus Schlick über Sand. Die Ansteuerung sollte auf halber Strecke vom langgezogenen Tonnenpaar R48/R47 mit Ostkurs erfolgen. Die Anlegestege für Kleinboote am Ufer gehören zu Privatgrundstücken.

BORN
54°23,1'N 012°32,3'E

Der Ort befindet sich an der Südküste des Darß in unmittelbarer Waldnähe und gilt als eines der schönsten Dörfer auf dem Fischland/Darß. Die vor rauen Seewinden geschützte Lage zusammen mit der wald- und wasserreichen Umgebung sind Anziehungspunkte für einen regen Fremdenverkehr. In der Blütezeit der Segelschifffahrt erlangte das Dorf einen gewissen Wohlstand. Mit dem neuen Hafen „Ablage" ist der Ort auch für Wassersportler attraktiver geworden.

Ansteuerung
Zum Anleger und Hafen führt ein 0,5 sm kurzes Nebenfahrwasser ab dem Tonnenpaar R54/R51 des Hauptfahrwassers. Aufgrund geringer Tiefen sind die Wasserfläche vor dem westlichen Ortsteil und die Durchfahrt zum Saaler Bodden bei der Halbinsel Holm nur für Schwertboote geeignet.

Blick zur Hafeneinfahrt von Born

Im neuen Hafenbecken von Born

Liegeplätze

Der Sportboothafen (Wasserwanderrastplatz) schließt westlich an die Pier der Fahrgastschiffe an. Im Becken wurden 28 Liegeplätzen für Boote bis zu 10 m Länge eingerichtet, festgemacht wird an Heckpfählen. Hier liegt man sehr geschützt, nur bei Südwestwind wird es etwas ungemütlich.
Flachgehende Boote können schön gelegene Kleinhäfen örtlicher Vereine gleich am östlichen Ortsrand oder 3 kbl westlich vom Bollwerk nutzen. Am Borner Ufer des Saaler Boddens gibt es keinen Hafen, auch nicht vor dem großen Campingplatz.

Service und Versorgung

Am Hafen gibt es moderne Sanitäranlagen, Wasser- und Stromversorgung, dazu hat ein gutes Restaurant geöffnet. Ein Supermarkt und eine Tankstelle sind 15 Gehminuten entfernt. Es stehen Grillplätze zur Verfügung.

Sehenswürdigkeiten

Der lang gestreckte Ort zieht sich, eingebettet in Wiesen und Baumzonen, am Boddenufer entlang. Er hat viel von seiner Ursprünglichkeit erhalten können, sodass noch zahlreiche typische Backsteintraufen- und Fachwerkgiebelhäuser zu bewundern sind. Am Ortsrand beginnt der 6000 ha große Darßwald, durch den Wander- und Radwege führen, z. B. zum naturbelassenen Weststrand (4 km). In Born hat das Nationalparkamt seinen Sitz, das auch Führungen veranstaltet.

DURCH DIE BÜLTEN ZUM SAALER BODDEN

Die nächsten 3 sm nach Süden sind besonders reizvoll. Das Fahrwasser windet sich zwischen niedrigen Schilfinseln — hier Bülten genannt — hindurch, dazwischen schimmert im Westen immer schon der Saaler Bodden. Das Fahrwasser ist seit Jahrzehnten nicht gebaggert worden und stellenweise nur wenig über 10 m breit.

Die Borner und Neuendorfer Bülten verlocken zum Ankern.

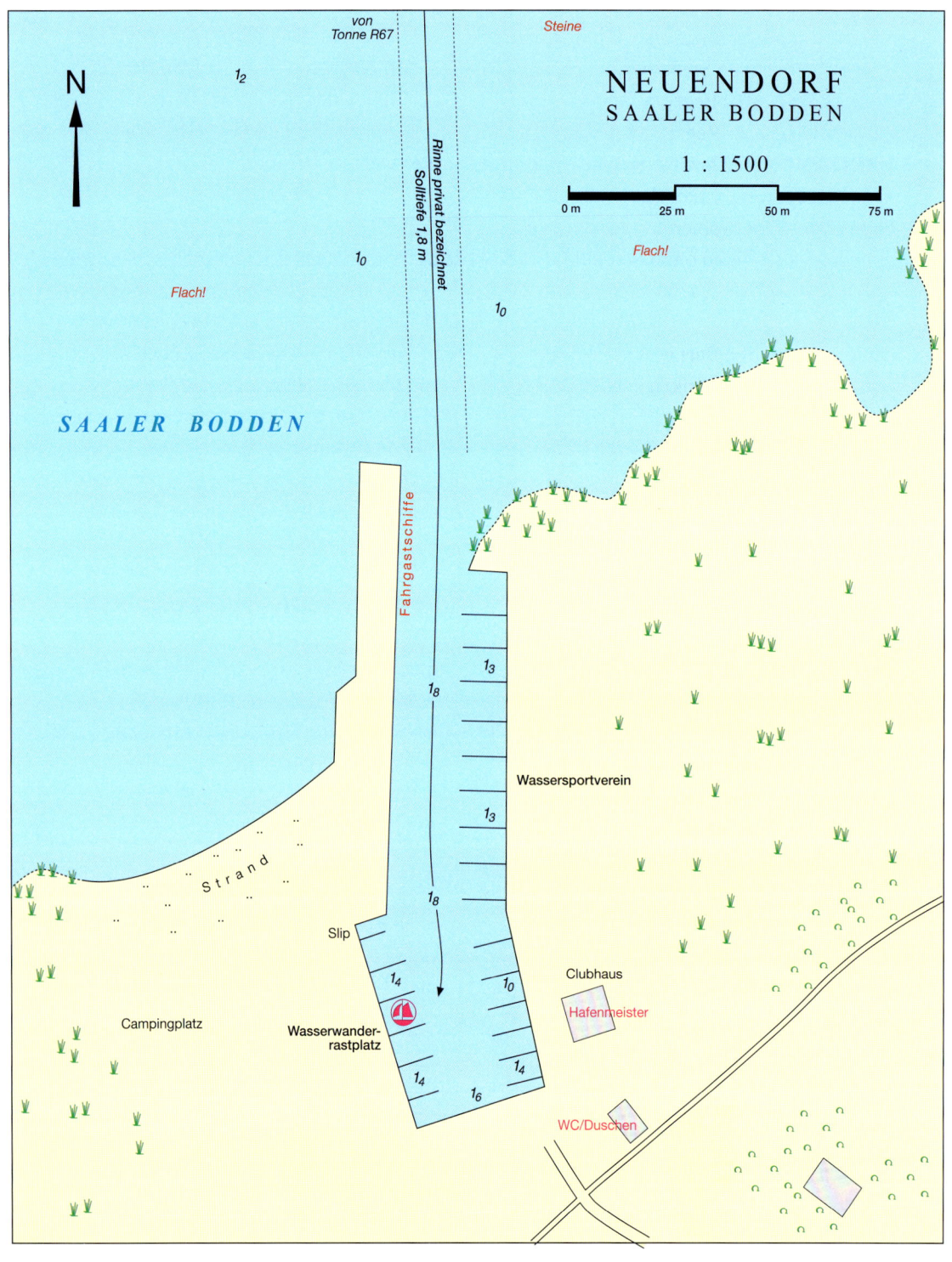

Die Betonnung ist unzureichend, die Tiefe beträgt an manchen Stellen kaum einen Meter. Vorsicht bei Begegnung mit Fahrgastschiffen, in der Regel sind die Schiffsführer sehr rücksichtsvoll. Also nur langsam motoren und mit Festkommen rechnen. Das ist aber kein Problem, der Grund besteht aus festem Sand ohne Steine.

Ankerplätze

Das Gebiet um die **Borner** und **Neuendorfer Bülten** verlockt zum Ankern. Für die Kielboote ist leider neben dem Fahrwasser nicht viel Platz, und man muss damit rechnen, dass sich das Boot aufgrund der Strömung quer zum Wind legt. Zwischen den Schilfinseln ist es meist flach, vom Schilf muss Abstand gewahrt werden, sonst drohen Strafzettel durch die Wasserschutzpolizei.

NEUENDORF
54°20,1'N 012°31,7'E

Südlich der Neuendorfer Bülten wendet sich das Fahrwasser nach Westen. Am Südufer auf dem Festland liegt, ca. 3 kbl vom Fahrwasser entfernt, der Sporthafen Neuendorf. Hier kann man nicht nur bei Starkwind auf dem Saaler Bodden Zuflucht finden. Trotz des angrenzenden Campingplatzes, der im Sommer aus allen Nähten platzt und eher Lärm denn Ruhe verspricht, ist auch der Hafen seit Jahren stets gut besucht.

Ansteuerung

Seitdem der örtliche Sportbootverein jedes Jahr auf beiden Fahrwasserseiten Pricken ausbringt, können auch Kielboote den Hafen ohne Probleme anlaufen. Die Ansteuerung beginnt ab der grünen Tonne R67.

Liegeplätze

Der Hafen besteht aus einem 100 m langen und 20 m breiten, gut geschützten Becken. In der Regel legen durchreisende Sportboote längsseits an der Westpier an. Freie Plätze beim Club an der Ostseite können ebenfalls genutzt werden, hier befinden sich auch die Sanitäranlagen (mit Münzeinwurf). Der innere Hafenbereich verschlammt schnell.

Service und Versorgung

Westlich erstreckt sich ein Badestrand, der für Kinder gut geeignet ist. Vor Neuendorf findet man gute Angelgründe. Das Dörfchen hat trotz seiner schönen Lage wenig zu bieten, Versorgungsmöglichkeiten bestehen erst im 3 km entfernten Ort Saal.

Die Hafeneinfahrt von Neuendorf am Saaler Bodden

DER SAALER BODDEN

Zum Saaler Bodden sind es nur noch knapp 0,5 sm betonntes Fahrwasser, das es aber in sich haben kann. Bei starken westlichen Winden drückt hier eine hohe, steile Welle in das schmale Fahrwasser, das auch noch schlecht betonnt und teilweise versandet ist. Aufgelaufenen Booten ist bei hohem Seegang kaum zu helfen. Eine ausgesprochen stürmische Ecke: Bei Sturm sollte man in den Bülten oder in Neuendorf warten, bis der Wind zum Abend hin abflaut. Nicht umsonst sind die Strände vor Saal bei Wind- und Kitesurfern sehr beliebt. Nach den vielen Fahrrinnen öffnen sich nun 80 km² freie Wasserfläche des Saaler Boddens. An der Westseite können die ausgebauten Häfen der schönen Badeorte auf dem Fischland angelaufen werden, und weit im Süden die von Ribnitz und Damgarten. Der Bodden ist 2–3,5 m tief und hat überwiegend Sandgrund, ist im Süden (Ribnitzer See) aber weniger als 2 m tief und ziemlich verschlammt. Trotz der geringen Tiefe kann sich im Nordteil eine kräftige Welle entwickeln. In Wustrow ist daher ein Seenotrettungsboot stationiert.

Die ausgelegten Tonnen sind für Sportboote eigentlich nur zur Orientierung und Ortsbestimmung interessant. Zu beachten ist das Saaler Riff mit großen Unterwassersteinen vor der Steilküste am Ostufer (Damser Ort). Man hält sich davon frei, wenn man zwischen den roten Tonnen R84 und 88 nicht mehr als 4 kbl nach Osten kommt. Das Gewässer wird intensiv mit Stellnetzen befischt. Der Netzverlauf ist häufig schwer auszumachen, ein Fernglas sollte griffbereit liegen. Wer ganz sicher gehen will, kann sich in Nähe der Tonnen halten.

ANKERPLÄTZE IM SAALER BODDEN

Der Saaler Bodden bietet Kielbooten nur wenige geschützte Ankermöglichkeiten. Bei vorherrschenden Westwinden liegen die günstigsten Plätze in der Bucht vor **Althagen,** östlich von **Wustrow** und südlich **Dierhagen.** Bei Ostwind können die Ankerplätze vor dem Campingplatz Born (selten benutzt) oder vor der Halbinsel Pütnitz – in der Nähe der roten Tonne R94 (dicht bei der Reuse halten) – angefahren werden. Die Plätze können direkt angefahren werden, der Grund besteht aus Sand. Landseitig führt oft ein Wanderweg entlang, am Ufer davor erstreckt sich meistens ein Schilfgürtel. Die Plätze sollten nur bei stabiler Wetterlage genutzt werden, nach einer Winddrehung kann man sonst auf Legerwall mit hohen Wellen geraten. Nachtfahrten sind auf dem Saaler Bodden wegen der vielen Netze und fehlender Befeuerung problematisch.

Eine weitere Ankermöglichkeit besteht in der Ribnitzer See (nördlich der Stadt Ribnitz) südlich der Halbinsel **Pütnitz,** westlich der Reste einer ehemaligen Anlegebrücke. Ankergrund auf 2 m bis 0,5 kbl zum Ufer. Sie kann von Crews genutzt werden, denen es nachts im Stadthafen zu laut ist.

ALTHAGEN/AHRENSHOOP
54°22,4'N 012°25,2'E

Der kleine Hafen Althagen im nordwestlichen Teil des Saaler Boddens gehört zum bekannten Badeort Ahrenshoop. Er wird vorwiegend von der Sportschifffahrt benutzt, aber auch von Fahrgastschiffen angelaufen. Das ehemalige Fischer- und Seefahrerdorf erstreckt sich vom Bodden bis

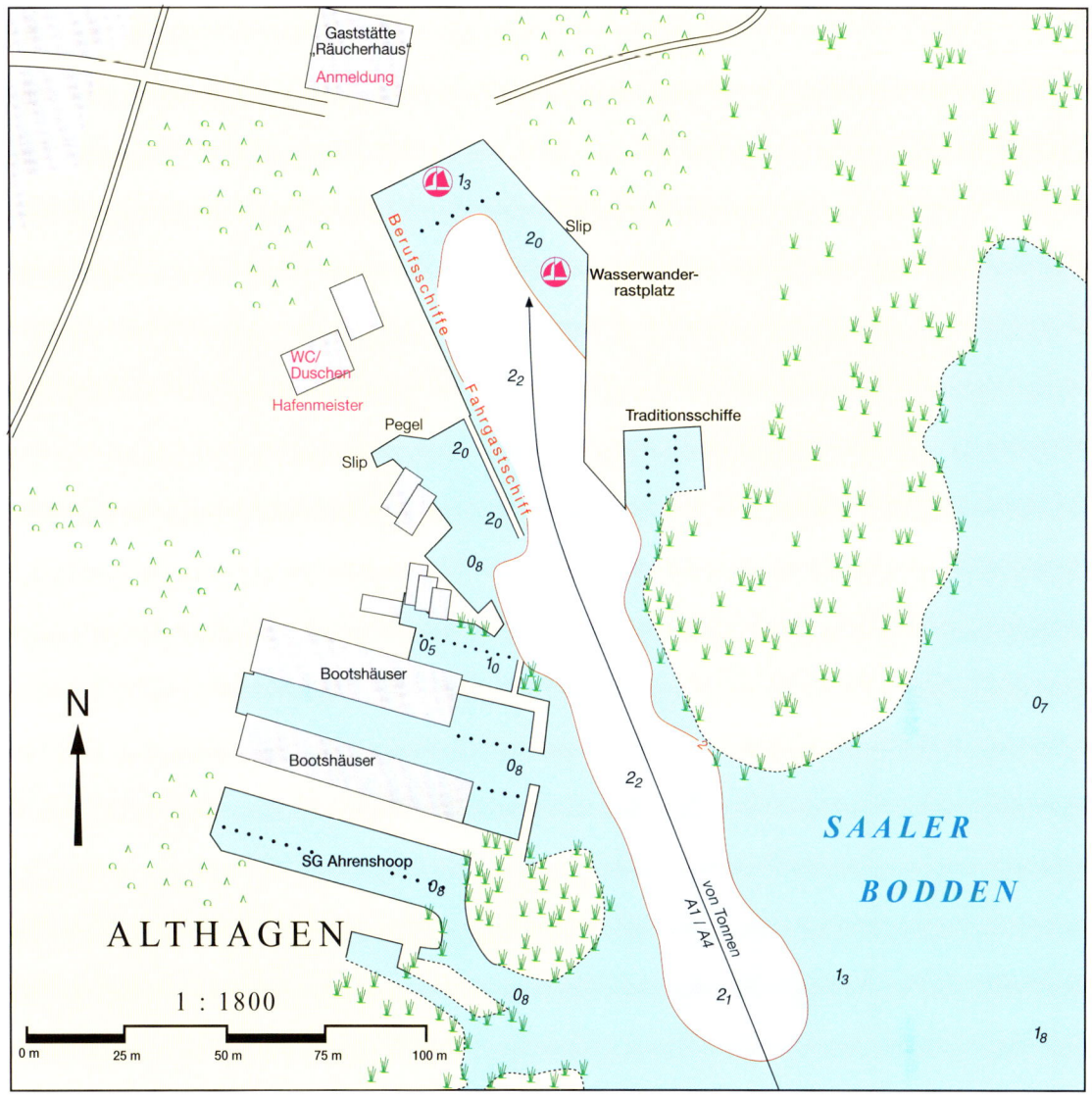

zur Steilküste, dem sogenannten Hohen Ufer (18 m). Ende des 19. Jahrhunderts entdeckten Landschaftsmaler den noch ursprünglichen Ort. Es entstand die Ahrenshooper Malerkolonie (ähnlich Worpswede) mit bedeutenden Malern.

Die Tradition konnte fortgesetzt werden, in Ahrenshoop erholen sich vorwiegend Künstler und Intellektuelle, es gibt ein hochkarätiges Kulturangebot. Zahlreiche Galerien und Boutiquen haben sich hier etabliert.

Ansteuerung

Die Zufahrt ist einfach: Von der Mitte des nördlichen Saaler Boddens steuert man von der roten Tonne R84/A2 mit nordwestlichem Kurs auf den hohen Funkmast auf dem Schifferberg, am Nordrand des Ortes, zu. Der Gittermast bleibt dabei stets an Steuerbord. Die weißen Bootshäuser am Hafen kann man frühzeitig ausmachen. Der Flachwasserbereich vor der schmalen Hafenzufahrt ist gut betonnt. Auch der rege Schiffsverkehr trägt dazu bei, dass der Hafen leicht versandet.

Blick in den Hafen von Althagen

Liegeplätze

Der Hafen wurde vor einigen Jahren erneuert und gebaggert, dabei wurde ein neues kleines Becken für Traditionsschiffe aufgetan. Sportboote sollen vor allem am Ostufer des inneren Beckens anlegen, die Westseite bleibt der Fahrgast- und Traditionsschifffahrt vorbehalten. Der Hafen bietet ausgezeichneten Schutz vor allen Windrichtungen und Wellengang. Er ist aber in der Saison und an Wochenenden meist belegt und durch die Fahrgastschiffe, den Parkplatz und große Motoryachten bis in den späten Abend recht unruhig.

In Ahrenshoop kann man Werke einheimischer Künstler erwerben – ob im Kunstkaten oder in einer Galerie.

Service und Versorgung

Sanitäranlagen, Wasser- und Stromversorgung sind modernisiert. Unmittelbar am Hafen steht eine kleine Fischgaststätte mit Räucherei. Zahlreiche Gaststätten finden sich im 500 m entfernten Ortsteil Ahrenshoop. Supermarkt am Ortseingang.

Sehenswürdigkeiten

Abseits der Hauptstraße stehen sehenswerte alte Bauern- und Fischerhäuser, die eigenwillige Kirche aus Holz ist einem Schiffsrumpf nachempfunden. In mehreren Gale-

Idyllisches Ahrenshoop

WUSTROW
54°20,7'N 012°23,8'E

Der bekannte Badeort liegt an der schmalsten Stelle des Fischlandes. Bis ins 15. Jahrhundert bestand hier eine schiffbare Verbindung zwischen Bodden und Ostsee. Im Ortsbild weisen die vielen Kapitänshäuser auf die bedeutende Seefahrertradition hin. Diese Häuser waren im Gegensatz zu den schilfgedeckten Fachwerkbauten der Fischer und Bauern aus Klinkersteinen und mit Ziegeln gedeckt. Im Jahre 1862 umfasste die so genannte Fischländer Flotte 132 seegehende Frachtsegler. Seit 1846 bestand

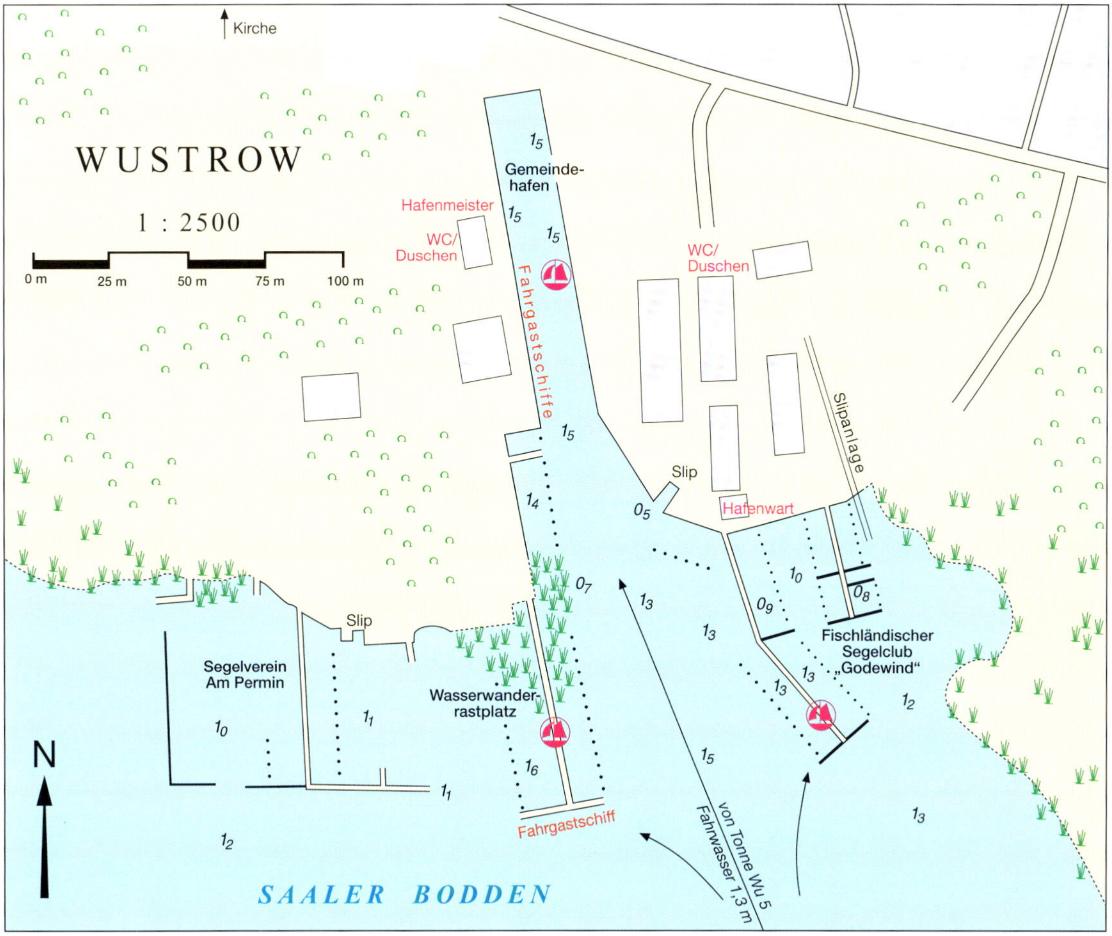

rien und Verkaufsausstellungen ansässiger Künstler wird für jeden Geschmack etwas geboten. Wanderungen oder Radtouren am Hohen Ufer, zum Naturschutzgebiet Ahrenshooper Holz und zum Darßwald sind zu empfehlen.

hier eine Seefahrtschule, die nach 1945 stark ausgebaut wurde und das gesamte Fachpersonal für Schifffahrt, Fischerei und Marine der DDR ausbildete. Nach 1990 wurde der Wustrower Teilbereich zugunsten von Warnemünde geschlossen.

Ansteuerung

Bei der Ansteuerung von Norden muss man sich vom Flach vor Barnstorf freihalten. Das Fahrwasser beginnt bei der grünen Tonne Wu1 in nordwestlicher Richtung, der Kirchturm dient als gut sichtbare Landmarke. Vorsicht, in Hafennähe liegt an Backbord, dicht am Fahrwasser, ein Steinhaufen auf geringer Tiefe.

In Wustrow kann man im kommunalen Hafen festmachen.

Liegeplätze

Es kann an den Stegen der beiden örtlichen Segelclubs (Wassertiefe 1–1,5 m) oder an der östlichen Seite des Hafenbeckens festgemacht werden. Etwas ungestörter liegt man an der neuen Brücke gleich an Backbord. Hier blockiert Schilf jedoch zunehmend die Liegeplätze. Bis auf Wind aus Südost liegt der beschauliche Hafen sehr geschützt.

Service und Versorgung

Der Hafen verfügt über zeitgemäße Sanitäranlagen, Duschmarken gibt es beim Hafenmeister. Zwei Gaststätten liegen im Hafenbereich. Supermarkt drei Minuten vom Hafen. Im nahen Ort gibt es zahlreiche Geschäfte.

Sehenswürdigkeiten

Eine schöne Sicht auf die westliche Boddenlandschaft und die Ostsee bis Warnemünde hat man vom Kirchturm. Die Kirche steht auf einem früheren slawischen Burgwall mit Kultstätte für den Gott Swantewit. Davon leitet sich die slawische Bezeichnung Swante Wustrow für das Fischland ab.

Von der Hauptstraße aus gelangt man über die zur Flaniermeile ausgebauten Strandstraße an die Seeküste. Hier finden sich alle touristischen Anziehungspunkte wie Seebrücke, Hotels, Läden, Gaststätten, Cafés, Imbissstände und ein Kino.

Auch für Wassersportler dürfte die im „Fischlandhaus" zusammengetragene Sammlung zur regionalen Seefahrtsgeschichte interessant sein – in der Nähe des Hafens.

Gut gepflegte niederdeutsche Hallenhäuser sieht man im Ortsteil Barnstorf. Ein beliebter Wanderweg führt an die 18 m hohe Steilküste „Hohes Ufer".

DIERHAGEN

54°17,7'N 012°22,0'E

Das Ostseebad liegt im Südwestteil des Saaler Boddens. Der Hafen befindet sich vor Dierhagen-Dorf.

Zu Dierhagen zählen fünf Ortsteile. Am

Von Warnemünde nach Rügen und Stralsund 105

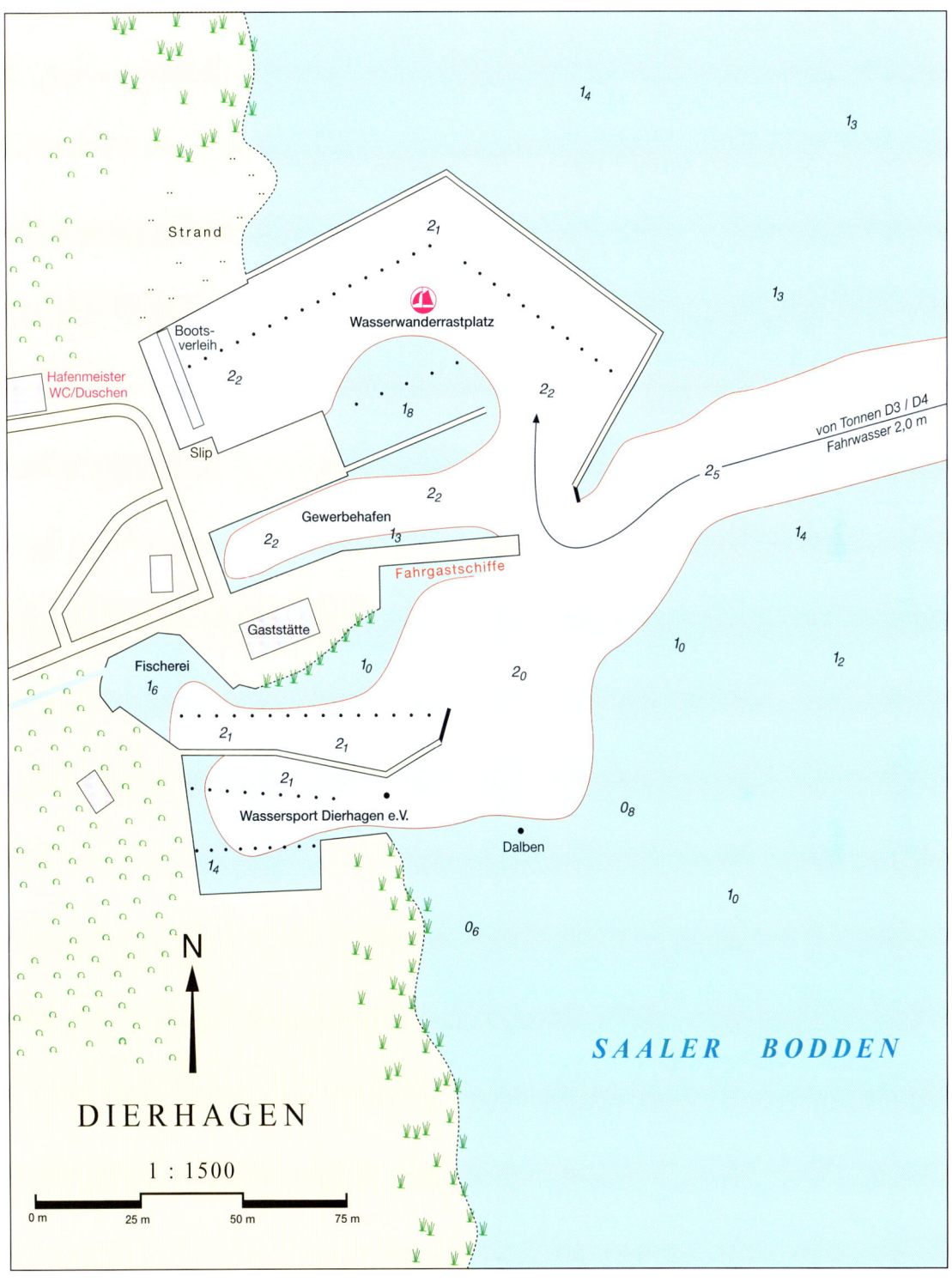

Bodden liegen Dändorf und Dierhagen-Dorf, alte Bauern- und Fischerdörfer, die durch die Seefahrt geprägt wurden. Dagegen entstanden die drei Ortsteile Ost, Strand und Neuhaus, die sich 7 km lang an der Küste erstrecken, erst seit der Entwicklung des Bäderwesens um 1900. Zwischen den Ortsteilen und in der Umgebung liegen weite Wiesen und geschützte Waldgebiete, sodass sich der Urlauberstrom weit verteilt.

Dierhagen – der Wasserwanderrastplatz

Ansteuerung

Die Ansteuerung erfolgt vom Saaler Bodden, grüne Tonne R75/D1, dabei hält man sich in der Deckpeilung Kirchturm–Hafen. Nördlich davon erstreckt sich bis Wustrow eine 0,5–1 sm breite Flachwasserzone, südlich der Zufahrt ist viel Schlamm.

Liegeplätze

Der kommunale Hafen wurde als Wasserwanderrastplatz mit 58 Gastliegeplätzen ausgebaut. Es kann am Holzsteg oder an der Außenmole mit Achterpfählen festgemacht werden. Die Pier an Backbord ist für Fahrgastschiffe reserviert. Die Liegeplätze der schön gestalteten Anlage sind bei allen Winden geschützt.

Service und Versorgung

Moderne Einrichtungen sind vorhanden. Eine kleine Gaststätte mit Fischverkauf steht direkt am Hafen. Der neue Supermarkt ist 400 m entfernt.

Sehenswürdigkeiten

Bis zur Ostseeküste im Ortsteil Dierhagen Strand mit regem Fremdenverkehr sind es 1,5 km. Gute Wanderwege/Radwege mit Informationstafeln führen in das Waldgebiet Großes Moor, das sich bis Graal-Müritz erstreckt. Über die Bäderstraße ist das Freilichtmuseum in Klockenhagen (4 km) zu erreichen. Zu sehen sind hier eine Reihe typischer Gebäude sowie die Darstellung ländlicher Lebensweise. Im Sommer gibt es Ausstellungen und fast an jedem Wochenende Veranstaltungen.

RIBNITZ-DAMGARTEN
54°14,8'N 012°25,8'E

Vor der Stadt Ribnitz-Damgarten endet die Boddenkette mit der so genannten Ribnitzer See. Am östlichen Ufer mündet die Recknitz, nachdem sie das pommersch-mecklenburgische Grenztal durchflossen hat. Sie ist heute nur noch mit Ruderbooten befahrbar.
Der Recknitzübergang ist zugleich Grenze zwischen Mecklenburg und Vorpommern. Die Entwicklung der beiden Städte war jahrhundertelang mit der an der Recknitz

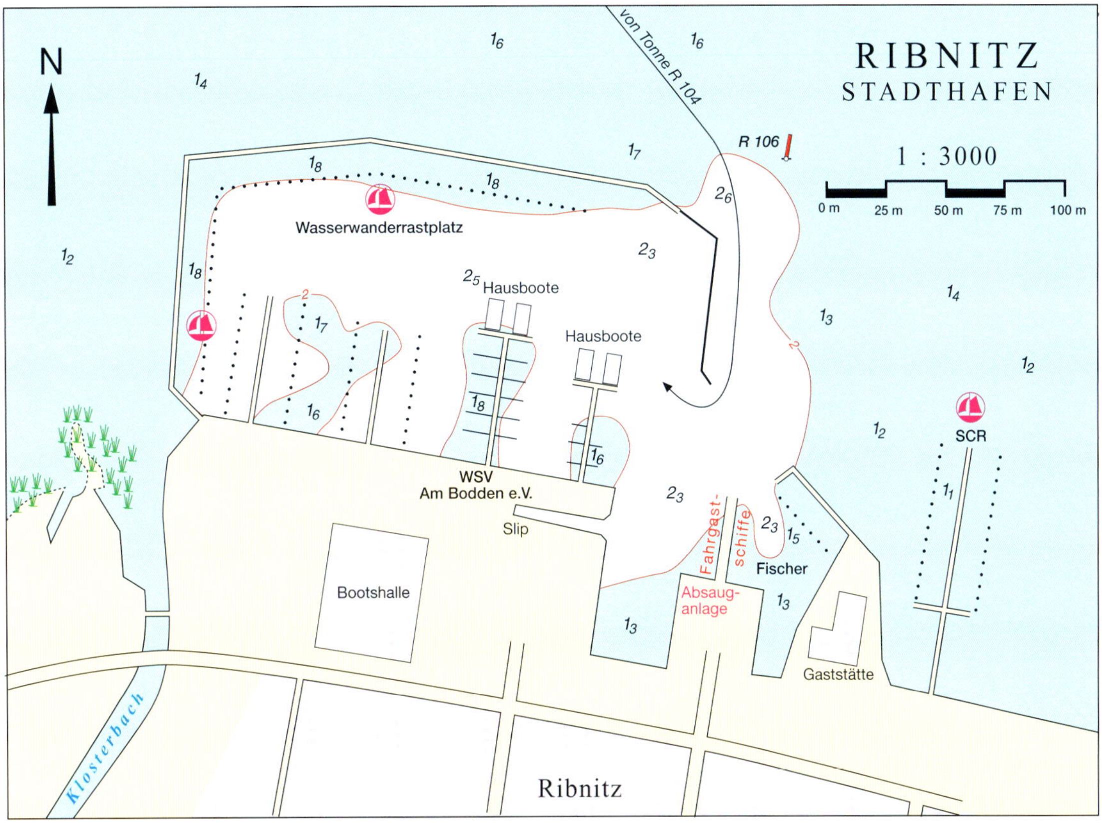

RIBNITZ STADTHAFEN

1 : 3000

verlaufenden Grenze verbunden. Häufig gab es hier kriegerische Auseinandersetzungen. In den 1950er-Jahren wurden die Orte zur Doppelstadt vereinigt.

Vor dem Zweiten Weltkrieg entstanden ein großer Rüstungsbetrieb und ein Militärflugplatz auf der Halbinsel Pütnitz. Er wurde nach 1945 mehrfach ausgebaut und erst nach der Wende geschlossen. Die großen Flugzeughallen sind vom Wasser gut zu sehen.

Nach der Stilllegung der meisten Industriebetriebe will sich die Stadt als Zentrum für die Tourismusregion Fischland-Darß profilieren.

Ansteuerung

Der Hafen liegt vor dem Stadtzentrum. Ein betonntes Fahrwasser, das aber nicht sehr tief ist, führt durch die Ribnitzer See. Die beiden Hafenbecken und der Schiffsanleger werden durch die lange Spundwand des Wasserwanderrastplatzes zunächst verdeckt.

Vereinsanleger in Ribnitz-Damgarten, im Hintergrund der Wasserwanderrastplatz

Liegeplätze

Das Hafenbecken bietet mit mehr als 100 Liegeplätzen ausreichend Raum. Gäste machen an dem 320 m langen Holzsteg an der Innenseite der Spundwand mit Heckpfählen fest (Wasserwanderrastplatz). Die inneren Stege werden von Vereinen genutzt. In den anderen Hafenbecken kann auch angelegt werden, jedoch ist es hier wegen dem Parkplatz und der nahe Bundesstraße recht laut. Die mittlere Holzbrücke ist Fahrgastschiffen vorbehalten. Weitere Liegemöglichkeiten bieten die benachbarten Steganlagen der örtlichen Wassersportvereine. Sie können allerdings nur mit Booten bis maximal 1,2 m Tiefgang erreicht werden.

Service und Versorgung

Wassersportler finden moderne Versorgungseinrichtungen vor. Auf dem Areal befinden sich Schiffsausrüster, Gaststätte, Slipanlage für alle Bootsgrößen, Winterlagerhalle und ein Segelmacher 500 m entfernt. Der Hafen ist ein beliebter Kranplatz.

Nach dem Ausbau ist ein ansprechendes maritimes Flair entstanden: Fischanlandung, -verkauf und -gaststätte und neuerdings sogar Hausboote. Die Innenstadt und der Marktplatz mit Geschäften aller Art und Dienstleistungsbetrieben sind nur wenige Schritte vom Hafen entfernt.

Sehenswürdigkeiten

Sehenswert ist das sanierte Gelände des ehemaligen Klosters am Rand der Innenstadt. In einem Teil zeigt das Bernsteinmuseum die Entstehung, Gewinnung und Verarbeitung des Bernsteins. Viele Ausstellungsstücke entstanden in dem hier ansässigen Verarbeitungsbetrieb „Ostseeschmuck", der zeitweilig 600 Beschäftigte hatte. Die Klosterkirche birgt wertvolle mittelalterliche Kunstgegenstände. In die Umgebung der Stadt führen neu angelegte Radwege, unter anderem zum Freilichtmuseum in Klockenhagen mit seinen historischen Bauten. Vom Ribnitzer Bahnhof bestehen günstige Bahnverbindungen nach Rostock und Stralsund.

ANLEGER IN DAMGARTEN

Hier wurde ein alter Werft- und Hafenplatz ebenfalls saniert. Er ist über die Mündung der Recknitz in den Bodden dicht unter Land zu erreichen. Die Zufahrt, der sogenannte Templer Bach, ist mit Pricken markiert und so stark verschlammt, dass er von Kielbooten nur bei hohem Wasserstand zu befahren ist. Angelegt wird am Bollwerk längsseits oder in der Flussbiege an den Dalben. Hier gibt es auch einen Slip. Gaststätten und Geschäfte findet man vor dem Hafen an der nahe gelegenen Hauptstraße.

Der Werft- und Hafenplatz in Damgarten

NÖRDLICHE RÜGENSCHE BODDEN

Dieses beliebte Wassersportrevier beginnt nördlich von Stralsund. Es umfasst die Gewässer östlich von Hiddensee sowie den Rassower Strom mit angrenzenden Bodden und schließlich den Großen Jasmunder Bodden. Insgesamt reihen sich mehr als ein Dutzend Bodden, Wieken und Seen aneinander, die durch Ströme und Rinnen miteinander verbunden sind. An den Ufern liegt eine Reihe kleiner, ehemaliger Fischerhäfen, heute oft mit Liegeplätzen für Fahrgastschiffe und Sportboote erweitert. Große, komfortable Marinas sind bisher nicht errichtet worden.

Ein Kleinod ist weiterhin die Insel Hiddensee. Die oft beschriebene und gelobte Insel ist auch heute das Ziel vieler Crews, die in diesem Revier segeln. Für Yachten, die aus den westlichen Boddengewässern oder dem Greifswalder Bodden kommen, erfolgt die Einsteuerung in dieses Revier im Süden über die Vierendehlrinne. Vom Norden über den Libben zwischen dem Dornbusch auf Hiddensee und der Halbinsel Bug kommen die Boote aus der westlichen Ostsee, recht häufig Boote aus den dänischen und südschwedischen Gewässern und von Osten die Rügen-Rund-Fahrer.

Befeuert sind die Vierendehlrinne und das Libben-Fahrwasser jeweils bis Hiddensee sowie die Fahrrinne Richtung Wittower Fähre. Wegen der engen Fahrwasser und den vielen unbefeuerten Tonnen vermeiden selbst Ortskundige und die Berufsschifffahrt Nachtfahrten. An den engen Durchfahrten ist mit Strom zu rechnen. Er kann bei extremen Wetterlagen bis zu 5 kn erreichen. Die Fahrrinnen sind gut betonnt, daher bereitet die Navigation am Tag keine Probleme. Trotzdem sollten aktuelle Seekarten an Bord sein, die Betonnung wird oft geändert, und die vielen Flachs, bei denen das Fahrwasser nicht verlassen werden darf, sind nur aus der Seekarte zu entnehmen. Zu beachten sind die eingetragenen Steinfelder, beispielsweise vor Ummanz, im Wieker Bodden und vor Breege.

Im Hiddensee-Fahrwasser gibt es regen

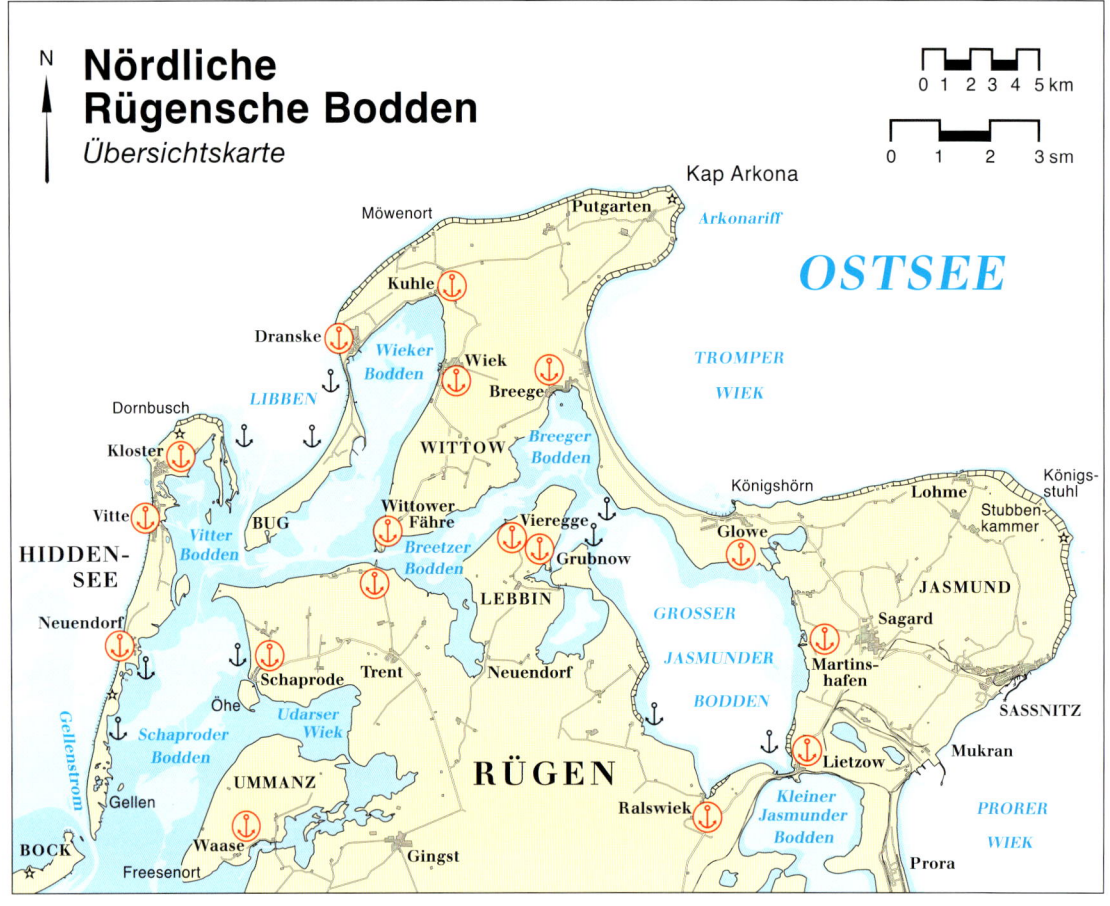

Fahrgastschiffsverkehr. An einigen Stellen, an denen Sportboote das Fahrwasser nicht verlassen können, wird es manchmal recht eng. In der Regel wird aufeinander Rücksicht genommen, allerdings kann man sich nicht darauf verlassen, dass die Fahrgastschiffe und schnellen Motoryachten die Fahrt drosseln.

Die Gewässer um Hiddensee bis zur Westküste Rügens gehören zum Nationalpark Vorpommersche Boddenlandschaft. Die Gebiete um den Gellen (Südspitze Hiddensee) und Bessin/Halbinsel Bug sind als Schutzzone 1 ausgewiesen, dürfen also außerhalb des Fahrwassers mit keinem Fahrzeug befahren werden. In aktuellen Seekarten sind die Schutzzonen deutlich markiert und erläutert.

VOM STRELASUND ZU DEN HÄFEN AUF HIDDENSEE UND AN DER WESTKÜSTE RÜGENS

Der Kurs führt aus dem Strelasund fast genau Nord über eine Strecke offenes Wasser, die ersten Häfen sind immerhin 15 sm entfernt.

Nördliche Rügensche Bodden 111

Bis weit in den Kubitzer Bodden hinein sind beiderseits des Fahrwassers ausreichende Wassertiefen zum Kreuzen vorhanden – zu beachten sind das Steinfeld nördlich Bessiner Haken und die Ausläufer des Vierendehlgrundes auf der westlichen Seite. Spätestens in Höhe der Insel Heuwiese muss man bis zum Schaproder Bodden wieder im Fahrwasser steuern. Die ersten erreichbaren Häfen sind dann der Fischereihafen von Waase und der Fährhafen Schaprode. Sie werden aber von Sportbooten selten angelaufen.

Karten
D 162, D 1621, D 1622
D 3005, Blatt 13–15
D 3006, Blatt 3–7
Delius Klasing-Sportbootkarten, Satz 2, Karte 08, 08A, 07, 07 A, 07 B

WAASE
54°27,5'N 013°10,8'E

Der Fischereihafen liegt an der Südküste der Insel Ummanz, 4 sm östlich vom Hiddensee-Fahrwasser. Die Insel ist fast voll-

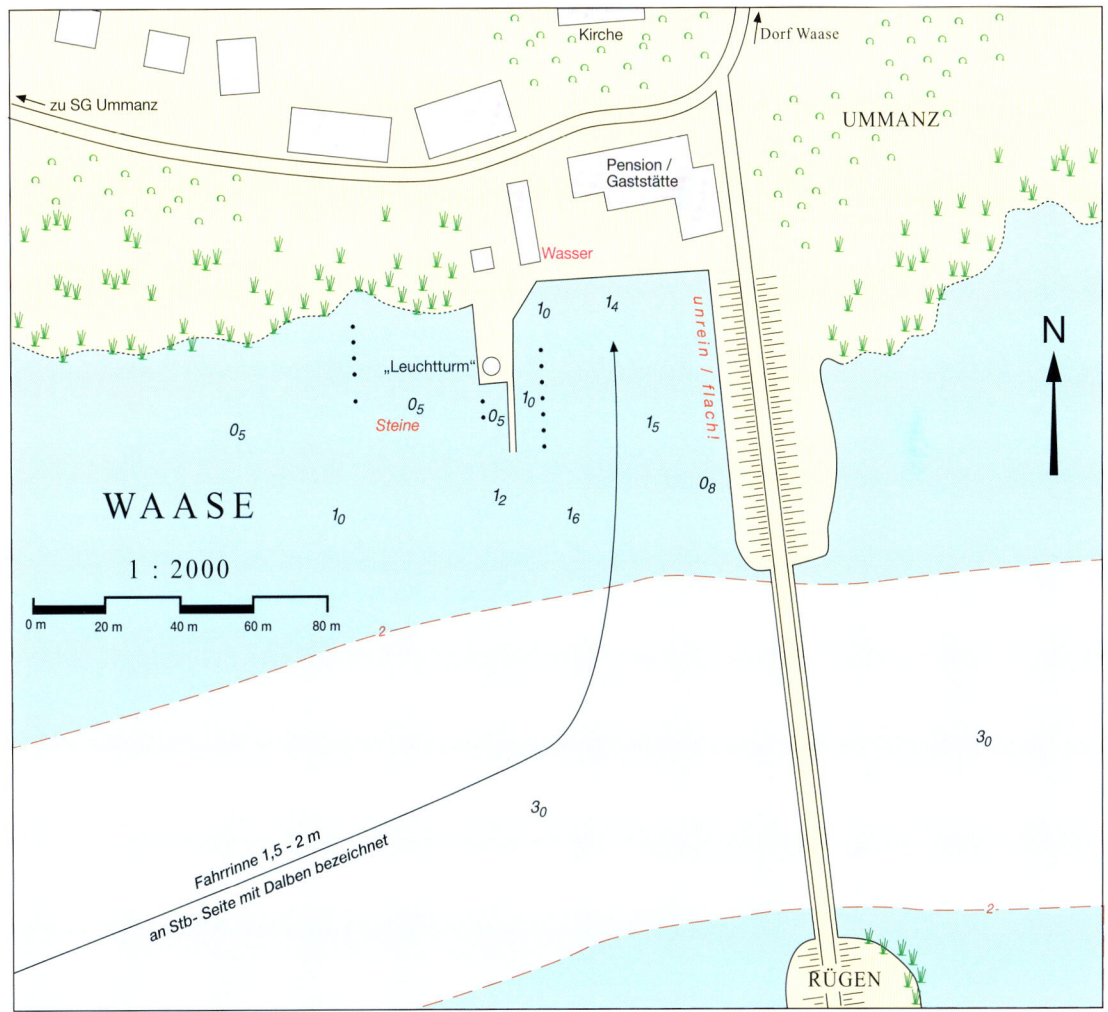

Der Fischereihafen von Waase auf der Insel Ummanz ständig von einem Flachwassergürtel umgeben. Der Sund zwischen beiden Inseln wird von einem natürlichen Strom durchzogen, in dem die Fahrrinne verläuft. Leider sind die Anlegemöglichkeiten für Kielboote in dieser idyllischen Landschaft bescheiden, auch die Pier in Waase ist wenig einladend und bietet kaum Platz.

Ansteuerung

Den Hafen können nur Boote mit bis zu 1,50 m Tiefgang anlaufen. Das Fahrwasser beginnt südlich der Insel Heuwiese und ist mit Pricken bezeichnet. Vom Hiddensee-Fahrwasser ab Tonnenpaar 61/62 steuert man mit 064°.

Liegeplätze

Man liegt längsseits an der 40 m langen Pier, die größtenteils durch Kutter und Angler besetzt ist. Notfalls kann vor dem Hafen gut geankert werden. An der Westseite wurde die Pier verlängert, sie wird aber von einer Bootsvermietung eingenommen. Yachten mit weniger als 1 m Tiefgang können eventuell weiter westlich am Steg des Segelvereins festmachen.

Service und Versorgung

Die Fischer setzen nunmehr auf den Tourismus. Im Fischereigebäude ist eine Gaststätte mit Pension eingerichtet. Gastboote sind willkommen. Toiletten, Wasser- und Stromanschluss sind vorhanden. Im Ort gibt es weitere Gaststätten, ein Lebensmittelgeschäft und eine Poststelle.

Sehenswürdigkeiten

Gegenüber dem Hafen kann man die restaurierte alte Dorfkirche besichtigen. Sie hat einen sehr alten, kostbaren Schnitzaltar, der aus Antwerpen stammt. Von Waase können Ausflüge in die weiträumige, von Touristen nicht so überlaufene Naturlandschaft unternommen werden. Die Flachwassergebiete im Osten der Insel Ummanz bis Schaprode gehören zur Schutzzone 1 mit artenreicher Tier- und Pflanzenwelt.

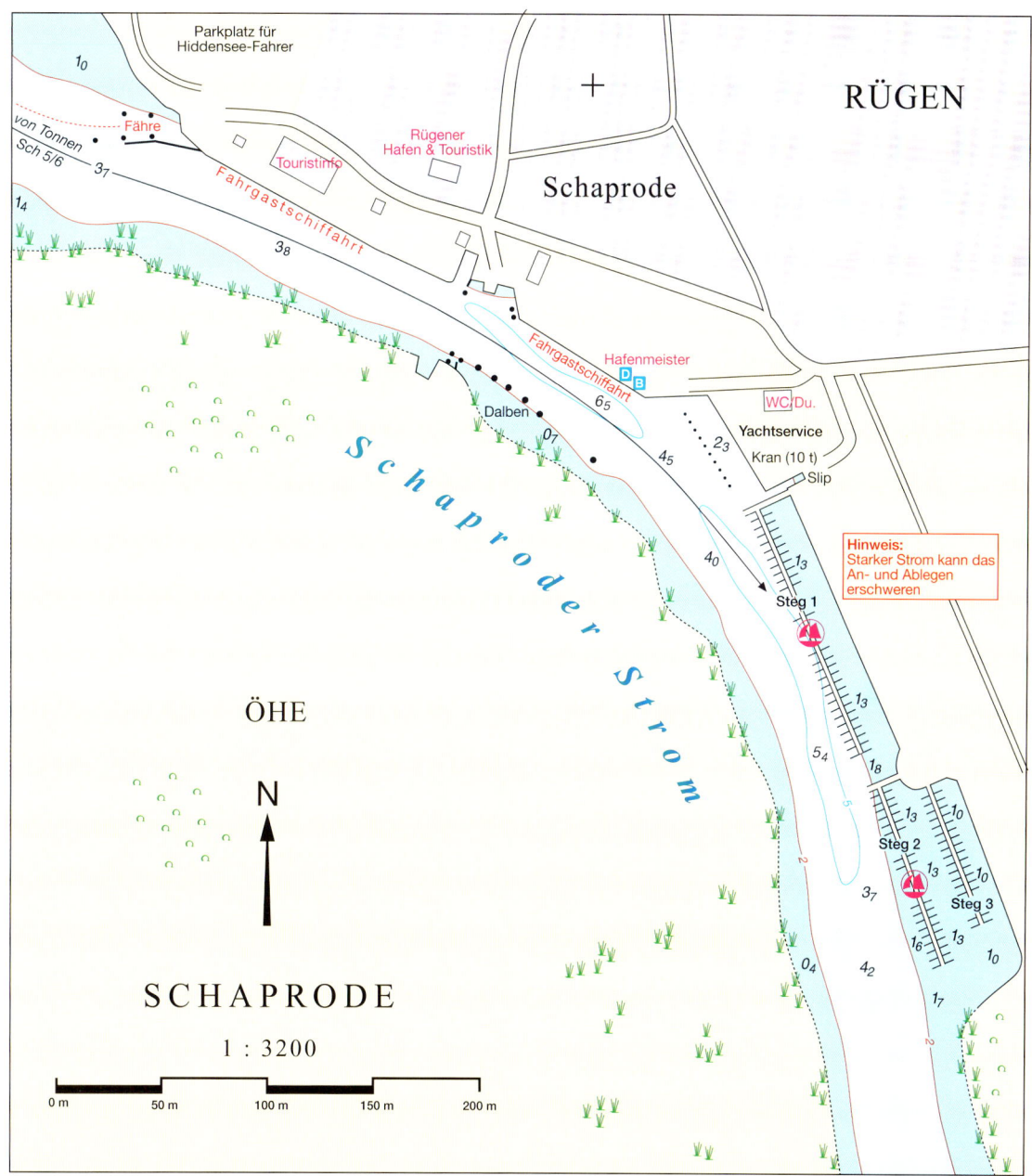

SCHAPRODE, YACHTHAFEN
54°30,8'N 013°09,8'E

Vom Fährhafen Schaprode an der Westküste Rügens werden fast alle Versorgungsgüter nach Hiddensee verschifft. Die meisten Hiddenseeurlauber parken hier ihre Pkw und werden mit Fahrgastschiffen übergesetzt – die Insel ist autofrei. Für ganz Eilige verkehren ständig schnelle Bootstaxen. Die Kaianlagen sind für diesen Zweck ausgebaut worden, leider ohne Verbesserungen für Sportboote. Der umfangreiche Fährverkehr und die vielen Pkw bringen tagsüber ziem-

Blick auf den Yachthafen Schaprode am Schaproder Strom

liche Unruhe in den Hafen und das Dorf. Sportboote laufen daher den Hafen selten an.

Ansteuerung

Der Hafen wird aus nordwestlicher Richtung vom Schaproder Bodden über eine kurze betonnte Rinne erreicht. Die rote Ansteuerungstonne (Fl(2)R.9s), die erste grüne Tonne des Fahrwassers sowie die rote Tonne vor der Hafeneinfahrt sind befeuert. Tagsüber gibt es reichlich Berufsschifffahrt, am Fahrwasserknick kurz vor dem Hafen ist erhöhte Aufmerksamkeit geboten.
Vorsicht: Wegen steiniger Untiefen sollte der Tonnenstrich nicht überlaufen werden.

Liegeplätze

Der Hafen ist durch die vorgelagerte Insel Öhe (privat) vor jeder Windrichtung geschützt, bietet aber nur wenige Liegeplätze am Bollwerk. Den größten Teil nehmen Fähren und Fahrgastschiffe ein. Im östlichen Hafenteil ab Bootskran ist die Pier teilweise durch Dauerlieger eines Charterunternehmens belegt. In der Regel muss im Päckchen festgemacht werden. Im Anschluss an den Kranplatz ist ein Yachthafen mit 100 Liegeplätzen an Schwimmstegen gebaut worden. Die äußeren Boxen reichen in tiefes Wasser. Leider sind viele der neu geschaffenen Plätze durch Dauerlieger, vorwiegend Motorboote, belegt. Für durchreisende Yachten hat sich nicht viel verbessert. Die Dalben an der Südseite können genutzt werden, haben aber keine Landverbindung.

Service und Versorgung

Abgesehen von unruhigen Liegeplätzen bietet der Hafen einen guten Service: Strom- und Wasseranschlüsse, Toiletten, Tankstelle, Bootskran. Yachtausrüster und Motorreparatur im Servicegebäude am Kranplatz. Dazu kommen mehrere Imbissstände und Gaststätten im Hafenbereich, Yachtausrüster, Reparaturmöglichkeiten, Lebensmittelgeschäfte im Ort.

Sehenswürdigkeiten

Sehenswert ist die reich ausgestattete Kirche aus dem 15. Jahrhundert. Vor dem Hafen liegt ein Badestrand. Ein Ausflug kann zum Stolper Haken unternommen werden. Hier an der schmalsten Stelle zwischen Rügen und Hiddensee, dem ursprünglichen Fährort, war im Nordischen Krieg eine Befestigung, die so genannte Schwedenschanze. Jetzt ist hier ein gefragter Campingplatz.

DIE INSEL HIDDENSEE

Im Schaproder Bodden kommt man der Insel näher. Von hier kann in den ersten Inselhafen, Neuendorf, eingesteuert werden. Weiter nördlich liegen dann Vitte und Kloster (3 bzw. 4,5 sm weiter). Weithin sichtbar ist der 78 m hohe Dornbusch mit dem Leuchtturm, nach Süden schließt sich ein 14 km langes Anlandungsgebiet an, das sich 250 m bis 4 km breit zwischen Ostsee und Bodden erstreckt.

Der Besucher entdeckt auf kleinem Raum eiszeitliches Hügelland, aktive Steilküsten, lange Sandstrände an der Ostsee, frische Anlandungszonen und flache Boddenufer. Trotz starker touristischer Nutzung besteht eine vielfältige Pflanzenwelt mit Wäldern, Wiesen, Heide und seltenen Pflanzen. Crews finden auf der Insel eine einmalige Landschaft und in den vier Orten fast alle wünschenswerten Annehmlichkeiten von sicheren Häfen, guter Versorgung und Gastronomie bis zu hochkarätigen Kulturangeboten. Daher sind hier oft mehrtägige Aufenthalte eingeplant.

NEUENDORF/HIDDENSEE
54°31,5'N 013°05,6'E

Das malerisch zwischen Bodden und Außenküste gelegene Dorf ist mit seinen weißen Häusern schon aus großer Entfernung auszumachen. Es gilt als eines der wenigen in der ursprünglichen Gestalt erhaltenen Fischerdörfer an der Küste und steht unter Denkmalschutz. Heute lebt der Ort fast ausschließlich von Touristen.

Wasserwanderrastplatz Neuendorf/Hiddensee

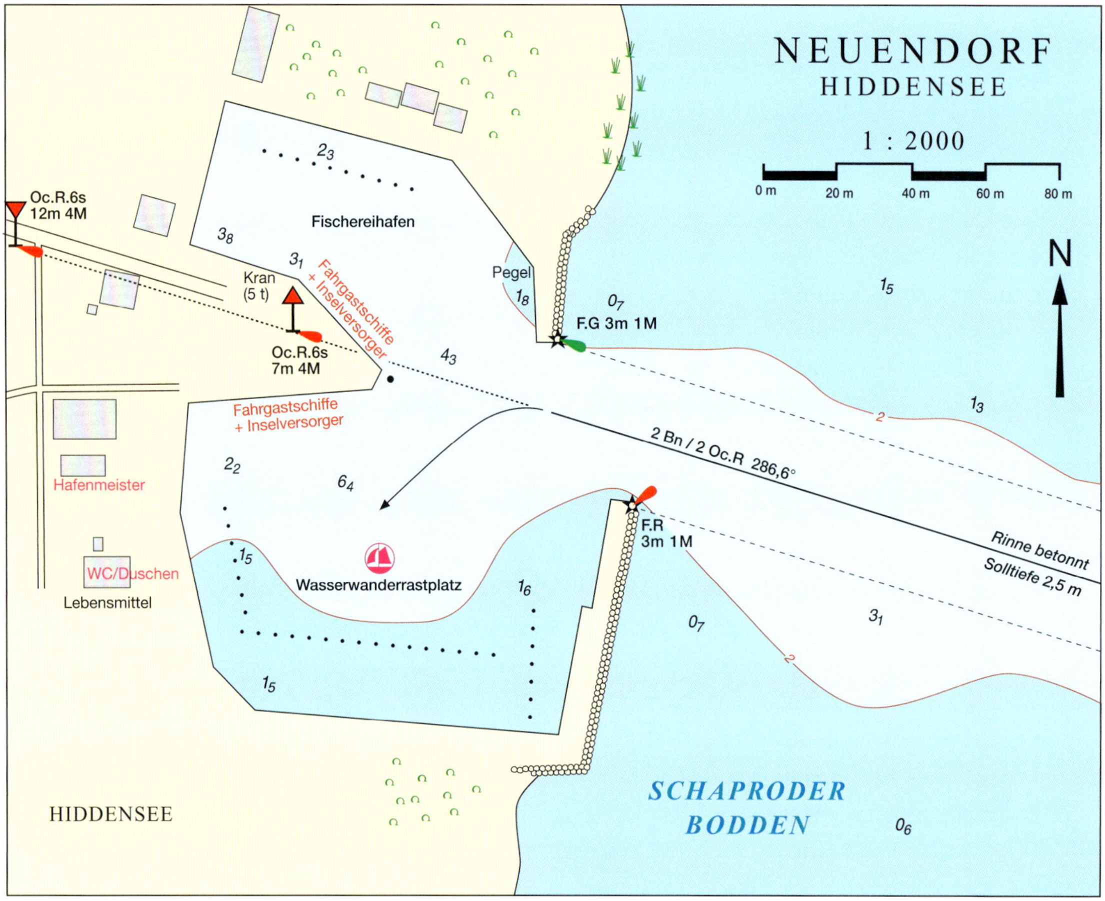

NEUENDORF HIDDENSEE

Karte 1 : 2000

Für viele Wassersportler gilt ein mehrtägiger Aufenthalt in dem schönen Hafen als Höhepunkt der Urlaubsreise.

Ansteuerung

Die Zufahrt erfolgt aus dem Schaproder Bodden, der ausreichende Wassertiefen hat. Durch das Flach vor dem Hafen führt eine kurze Baggerrinne, die beim Tonnenpaar N1/N4 beginnt. Dank der Richtfeuer (2 x Oc.R.6s, 286,6°) kann Neuendorf auch bei Dunkelheit gut angesteuert werden. Tagsüber gibt es regen Verkehr der Berufsschiff-

Der Leuchtturm Gellen auf Hiddensee

fahrt, und Sportboote müssen sich darauf einstellen, dass die Fahrgastschiffe Wendemanöver im Hafenbecken fahren.

Liegeplätze

Der Hafen besteht aus zwei Becken, dazwischen liegt ein breiter Anleger, dessen drei Piers für Fahrgastschiffe reserviert sind. Das südliche Becken dient als Wasserwanderrastplatz mit 50 Gastliegeplätzen in Boxen. Sie sind in der Saison fast immer belegt, weil die meisten Crews hier einige Tage verweilen. Seit dem Rückgang der Fischerei sind auch im ehemaligen Fischereihafen öfter Plätze für Sportboote frei. Der Hafen ist bis auf Ostwind hervorragend geschützt.

Service und Versorgung

Der Wasserwanderrastplatz ist mit modernen Versorgungssystemen und Sanitäranlagen ausgestattet. Im Hafenbereich und im Ort gibt es einige Lebensmittelgeschäfte und mehrere Gaststätten sowie einen Fahrradverleih.

Sehenswürdigkeiten

Neuendorf ist etwas Besonderes. Die weiß getünchten, Reet gedeckten Häuser sind auf flachen Dünenzügen errichtet, die sich von der See bis an den Bodden erstrecken. Die Grundstücke sind nicht eingezäunt. Es gibt keine Straßen, durch die Grasflur ziehen sich nur Schotterwege und Pfade. Pferdewagen und Fahrrad sind die wichtigsten Verkehrsmittel. Empfehlenswert sind Wanderungen in den Südteil der Insel. Hier erstrecken sich kilometerlange Sandstrände. Nach Norden dehnt sich die Heide, die während der Blütezeit die Landschaft rosa erstrahlen lässt (Naturschutzgebiet). Die Orte Vitte und Kloster sowie den Dornbusch besucht man am besten mit dem Fahrrad.

VITTE/HIDDENSEE
54°34,1'N 013°06,5'E

Vitte ist Hauptort der Insel. Es hat den größten Hafen für Versorgungs- und Fahrgastschiffe, die Fischerei und Sportboote. Neben dem kommunalen Hafen liegt ein großer Sportboothafen. In Vitte bestehen insgesamt gute Versorgungsmöglichkeiten.

Ansteuerung

Der Hafen ist nur über schmale Fahrrinnen zu erreichen. Das Fahrwasser zweigt bei der Tonne K6/2 nach Nordwesten vom Fahrwasser Richtung Kloster ab. Tiefgehende Boote sollten unbedingt im Tonnenstrich bleiben. Die Tonnen sind unbefeuert, aber es gibt ein Richtfeuer (2 x Oc.R.4s, 289,5°). Kurz vor dem Gemeindehafen zweigt bei der grünen Tonne V3a/S1 das gesondert gekennzeichnete

Fischerboote im Hafen von Vitte

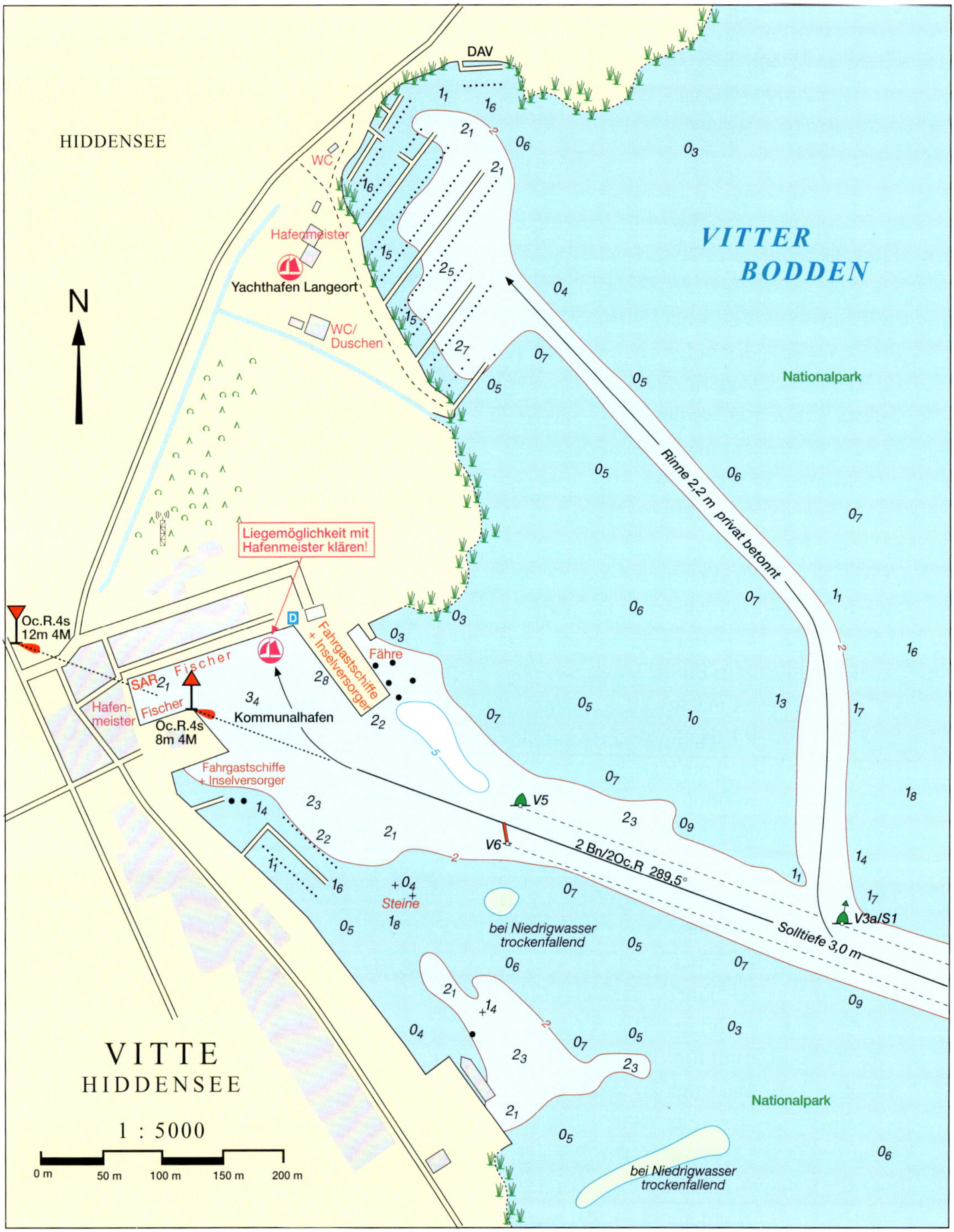

HIDDENSEE
DAV
WC
Hafenmeister
Yachthafen Langeort
WC/
Duschen
N
VITTER
BODDEN
Nationalpark
Rinne 2,2 m privat betonnt
Liegemöglichkeit mit
Hafenmeister klären!
Oc.R.4s
12m 4M
Fischer
SAR
Fischer
Hafen-
meister
Oc.R.4s
8m 4M
Kommunalhafen
Fahrgastschiffe
+ Inselversorger
Fähre
Fahrgastschiffe
+ Inselversorger
V5
V6
2 Bn/2Oc.R 289,5°
Steine
bei Niedrigwasser
trockenfallend
Solltiefe 3,0 m
V3a/S1
Nationalpark
bei Niedrigwasser
trockenfallend
VITTE
HIDDENSEE
1 : 5000
0 m
50 m
100 m
150 m
200 m

Der Yachthafen Langeort bei Vitte auf der Insel Hiddensee

Fahrwasser nach Norden zum Yachthafen Langeort ab. Es sollte nur mit geringer Geschwindigkeit befahren werden. Bei eventuellem Festkommen werden die Boote ruckartig gestoppt, was nicht selten zu Verletzungen an Bord führt.

Liegeplätze im Yachthafen Langeort

Die meisten Sportboote legen im Yachthafen Langeort an. Hier können an fünf Stegen 200 Boote in Boxen auf Wassertiefen von 1,5–2,5 m festmachen. In der Hauptsaison können es bei gutem Wetter schon mal 300 werden – dann sind Beiboote gefragt. Zwar sind die äußeren Boxen bei Ostwind etwas unruhig, aber sonst bietet der Hafen ausgezeichneten Schutz vor Wellen.

Service und Versorgung

Strom- und Wasseranschlüsse befinden sich auf den Stegen (Gebühr). Die sanitären Anlagen sind komfortabel. Für größere Einkäufe sind es nur fünf Minuten bis zum Supermarkt im Zentrum des Ortes. Der Yachthafen ist ein privates Unternehmen. Die relativ hohen Liegegebühren und der manchmal unfreundliche Umgangston gegenüber Gästen wurden in der Vergangenheit kritisiert.

Liegeplätze und Service im Kommunalhafen

Durch die Versorgungs- und Fahrgastschiffe mit starkem Besucherstrom ist der Kommunalhafen sehr unruhig. Daher machen hier nur größere Segler, Charteryachten und Motoryachten fest.

Angelegt wird am Nordkai längsseits, in der Regel im Päckchen. Alle Versorgungseinrichtungen findet man auf der Pier – auch die einzige Wassertankstelle der Insel.

Die Mittelpier und die Ostpier sind der Berufsschifffahrt vorbehalten. Dahinter liegt die Güterumschlagsstelle, mit der der Lieferverkehr auf der eigentlich autofreien Insel eingeschränkt werden soll.

An der ehemaligen Fischerpier ist ein Gebäudekomplex mit Geschäften, Gastronomie und Ferienwohnungen errichtet worden – leider ohne besondere architektonische Note. Auf der Mittelpier steht die geschätzte Fischgaststätte. Über den Deich sind es nur wenige Schritte zum neuen Supermarkt, zu weiteren Geschäften und Fahrradverleihern.

Der ehemals für die Berufsschifffahrt errichtete Anleger **Vitte-Süd** ist nicht öffentlich. Serviceeinrichtungen sind nicht vorhanden. Seit einigen Jahren wird ein Teil der Pier von einem Restaurantschiff belegt.

Sehenswürdigkeiten

Anders als in Neuendorf hat die Zeit in Vitte deutliche Spuren hinterlassen. Bis in die jüngste Vergangenheit wurden vielfach Bauten errichtet, die dem Charakter von Ort und Landschaft kaum entsprechen. Bei genauerem Hinsehen finden sich im 2 km langen Dorf noch hübsche Winkel, interessante Bauwerke und natürlich viele kleine Gaststätten und Läden. Hier steht das „Hexenhaus", das älteste erhalten gebliebene Haus der Insel.

KLOSTER

54°35,0'N 013°06,7'E

Der Hafen liegt am nördlichen Ende des Bodden-Fahrwassers in besonders attraktiver und geschützter Lage am Fuß des Dornbusch. Er wird von den meisten Tagesgästen besucht, die zum Dornbusch wollen. Dementsprechend rege ist hier die Personenschifffahrt am Kai. Seit dem Hafenausbau 2015 finden Yachten im Südteil des Hafens viel Platz. Die Liegeplatzsituation auf Hid-

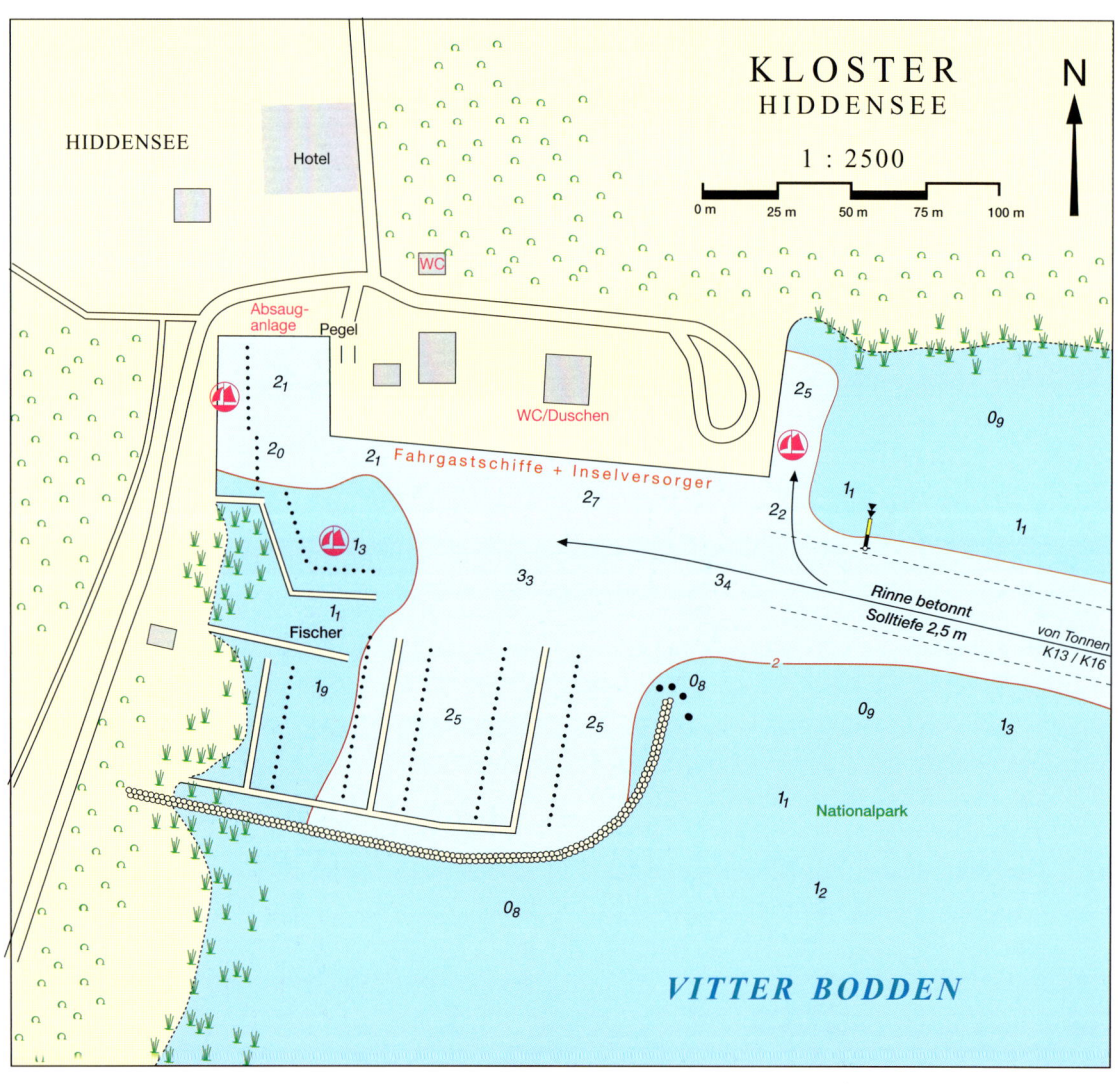

Blick auf den Hafen Kloster

densee ist damit etwas entschärft, aber nicht gelöst. Im Sommer kann es jedoch weiterhin sehr voll werden.

Ansteuerung

Der Hafen wird am besten bei strikter Befolgung des Fahrwassers erreicht. Unterhalb des Steilufers zwischen dem letzten Tonnenpaar und der Pier liegen neben dem Fahrwasser Steine. Tagsüber herrscht ständiger Personenschifffahrtsbetrieb mit relativ großen Schiffen.

Liegeplätze

Es gibt im westlichen Hafenbereich an der Pier und einem kurzen Steg ca. 30 Liegeplätze. Sie sind vorwiegend von Fischern und Dauerliegern besetzt. Gastyachten finden eher an den 3 Stegen innerhalb der langgezogenen Südmole einen von fast 70 neu entstandenen Plätzen mit sehr gutem Schutz. Die Breite der Boxen nimmt nach innen hin ab und beträgt ganz außen etwa 4,90 Meter. In der Saison herrscht im Hafen durch Schiffsverkehr und Touristen reges Treiben.

Service und Versorgung

Es bestehen Strom- und Wasseranschlüsse. WC und Duschen gibt es im neuen Mehrzweckgebäude. Auf der Pier finden sich die ersten Gaststätten und Imbissstände, weitere in Sichtweite. In der Nähe des Hafenemeisterbüros WLAN. Zur „Hauptstraße" Klosters mit Geschäften und viel Gastronomie sind es nur wenige Schritte. Diese Straße zieht sich von der Kirche in westlicher Richtung bis zur Ostsee und ist in der Saison voller Tagestouristen, Radfahrer und Pferdekutschen.

Sehenswürdigkeiten

Die Insel Hiddensee hat viel Interessantes zu bieten. Ein erster Überblick über Natur, Geschichte, Fischerei und Schifffahrt wird im Inselmuseum („Heimatmuseum") in Kloster (ehemalige Seenotrettungsstelle) anschaulich vermittelt. In der Nähe steht die Gerhart-Hauptmann-Gedenkstätte. Der Dichter, der 1912 den Nobelpreis für Literatur erhielt, verbrachte hier die Sommer von 1930 bis zu seinem Tod im Jahre 1946. Seine Grabstätte befindet sich auf dem Friedhof in Kloster. Kloster ist Ausgangspunkt für Wanderungen und Radtouren zum Dornbusch. Der bis 72 m hohe Nordteil der Insel ist eine Stauchendmoräne der Weichseleiszeit mit Steilküstenabschnitten, die starker Abtragung ausgesetzt sind. Empfohlen werden kann eine Tagestour zum Leuchtturm – hier kann bei der Gaststätte „Zum Klausner" Rast gemacht werden, sie ist Handlungsort von Lutz Seilers Roman „Kruso" (Deutscher Buchpreis 2014). Der Leuchtturm ist seit 1888 in Betrieb und hat eine Tragweite von 25 sm. Es kann weiter der Weg zur Nordküste (Enddorn, Toter Kerl) und zurück über das kleine Dorf Grieben oder auch der westliche Weg auf dem Steilufer gewählt werden. Vom hügeligen Dornbusch bietet sich eine schöne Aussicht über die Insel, die Boddenlandschaft Rügens und bis nach Stralsund.

ANKERPLÄTZE UM HIDDENSEE

Obwohl durch den buchtenreichen Küstenverlauf, geringen Wellengang und guten Ankergrund eigentlich ideale Voraussetzungen zum Ankern gegeben sind, gibt es nur wenige wirklich geschützte Plätze, die für Kielboote geeignet sind. In der Regel sind die Uferzonen zu flach. Durch die Schutzzonen des Nationalparks sind einige Plätze gar nicht mehr erreichbar (z. B. Posthafen und Fischerhaken am Bug), andere dürfen nur unter Segel angesteuert werden. Für einen Badestopp bei schönem Wetter können je nach Windrichtung mehrere Plätze aufgesucht werden: unter der Außenküste der Insel bei östlichen Winden vor **Neuendorf**, abgedeckt durch den Küstenschutzwald, Wassertiefe bis an die Buhnenköpfe ausreichend, oder in der Bucht zwischen **Kloster** und der Hucke, unter dem Schutz des Steilufers. Im Innenbereich kann bei dieser Windrichtung im Schaproder Bodden nördlich **Schaprode** geankert werden. Bei westlichen Winden ist die Auswahl noch geringer.

Es verbleiben einige Buchten im Flachwasserbereich, z. B. beim **Vierendehlgrund** oder östlich der kleinen Insel **Gänsewerder**, hart an der Grenze des Nationalparks.

ANKERPLATZ KLIMPHORES BUCHT

Diese Bucht knapp 2 sm südlich Neuendorf ist der beliebteste Ankerplatz im Hiddensee-Revier. Sie ist ein Ausläufer des Schaproder Boddens und reicht mit 3 kbl Breite bis in Ufernähe.

Von Süden kommende Yachten passieren das Flach Mittelgrund und drehen auf halber Höhe zwischen den Tonnenpaaren 31/34 und 29/32 auf SW-Kurs. Man bleibt am besten in der Peilung Kirchturm Schaprode – südliches Ende des Küstenschutzwaldes von Neuendorf. Der Ankergrund besteht aus festem Sand, teilweise mit Wasserpflanzen bewachsen. Um das Ufer zu erreichen, wird ein Schlauchboot benötigt. Vor westlichen Winden schützt der Wald. Bei auffrischenden Ostwinden entsteht hier rasch Schwell, dann sollte der Platz verlassen werden.

Man sollte sich bei der Ansteuerung die Lage der Pfahlreusen gut einprägen. Falls man den Ankerplatz in der Nacht verlassen muss, könnte zum Nordostufer des Schaproder Boddens unter Motor verholt werden: Entfernung 3 sm.

NATURHAFEN SCHWARZER PETER

Weiterhin beliebt ist auch der Anlegeplatz beim Schwarzen Peter, 0,5 sm südlich Neuendorf. Es ist eine von Schilf weitgehend umschlossene Bucht, die aber nur von Booten unter 0,80 m Tiefgang erreichbar ist. Die Ansteuerung erfolgt vom Schaproder Bod-

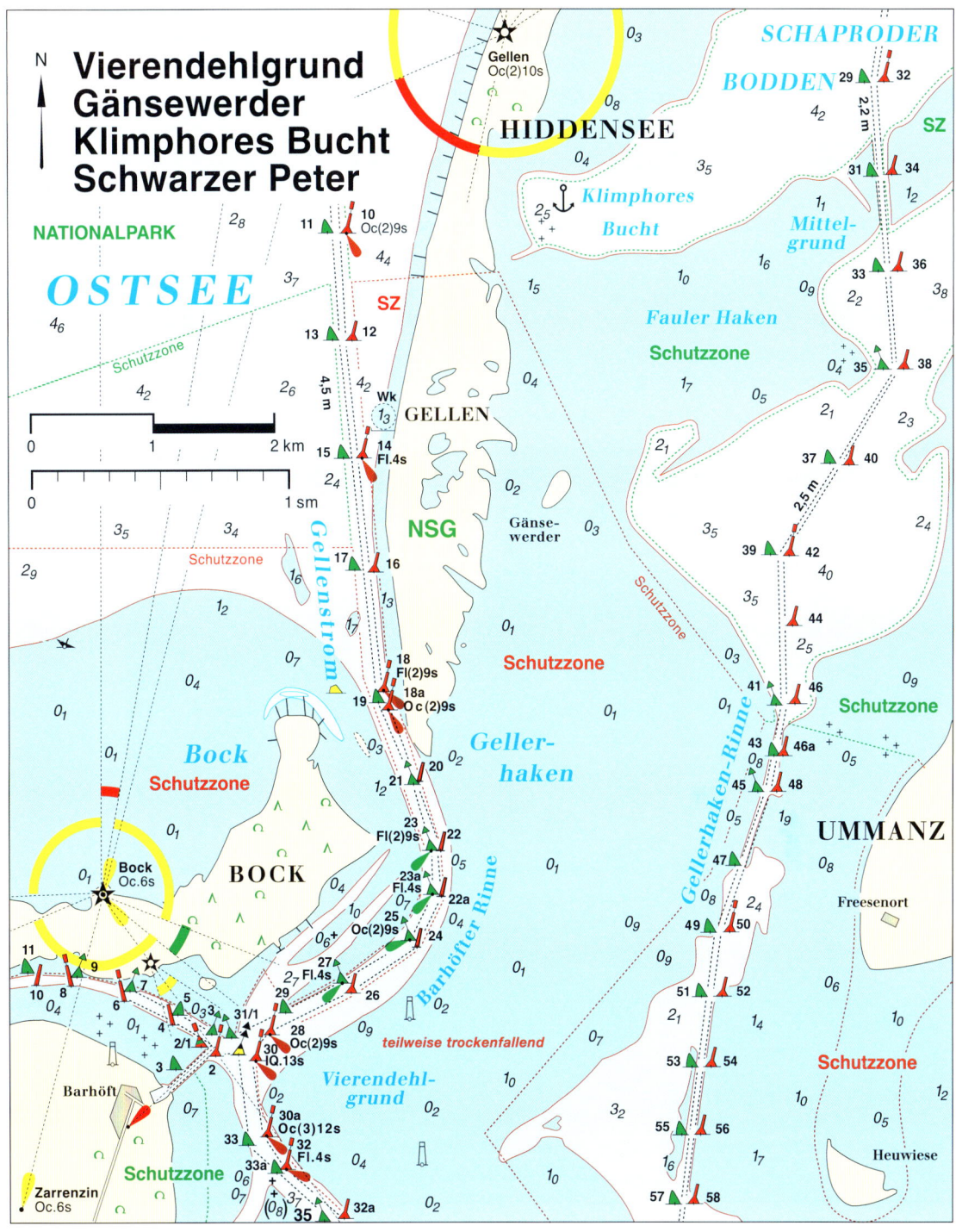

den, ab Tonnenpaar 29/32 mit westlichem Kurs, bis man in Höhe der ausgelegten Reuse auf die im klaren Wasser deutlich sichtbare Rinne zur Bucht trifft. Festgemacht wird vor dem neuen Steindeich, besser ist es aber, vor Anker zu liegen. Die Bucht ist vor westlichen Winden geschützt. Bei starken Winden aus dieser Richtung können Teile der Bucht trocken fallen, meist aber nur für einige Stunden. Service und Versorgung bestehen an diesem Platz nicht mehr. Er wird daher auch selten angelaufen.

VON HIDDENSEE IN DIE NORD-RÜGENSCHEN BODDEN

Knapp 1 sm lang ist die schmale Fahrrinne zwischen dem Hiddensee-Fahrwasser und dem Fahrwasser zu den rügenschen Gewässern, die vor der Halbinsel Bug beginnen. Der östliche Teil ist ausgesprochen flach, bei Gegenverkehr oder Begegnung mit Fahrgastschiffen sollte man sich nicht zu weit vom Tonnenstrich abdrängen lassen. Je nach Windrichtung und -stärke ist mit erheblichem Strom zu rechnen. Hat man die Fahrwasserabzweigung nach Norden Richtung Libben mit Ostkurs passiert, steht man südlich der Südspitze der Halbinsel Bug. Sie gehört zum Nationalpark, die Schutzzone 1 reicht bis an das Fahrwasser. Damit sind die beliebten Ankerplätze im Posthafen und etwas weiter am Fischerhaken nicht mehr anlaufbar – außer in Notfällen.

Ab Tonnenpaar 14 und 13 steuert man mit nordöstlichem Kurs über den Rassower Strom in den Wieker Bodden. Ein schönes, geschütztes Segelrevier mit tiefem Wasser, nur wenigen Untiefen und unverbauten Uferzonen. Leider bietet von den hier gelegenen Häfen Dranske und Wiek nur der letztgenannte gute Anlegemöglichkeiten. Das große, tiefe Hafenbecken des ehemaligen Militärhafens auf dem Bug ist auch Jahrzehnte nach der Auflösung des Standortes immer noch gesperrt. Auf dem landseitigen Areal sollte einst ein Ferienzentrum errichtet werden. Die Investorenpläne zum Hafenausbau wurden jedoch nie umgesetzt. Auch die nahegelegene Anlegestelle Kuhle ist weiterhin gesperrt.

Karten
D 1621
D 3006, Blatt 3, 4, 5, 7
Delius Klasing-Sportbootkarten, Satz 2, Karte 07, 07A, 07B

WIEK/RÜGEN
54°37,3'N 013°17,0'E

Wiek ist ein großes ehemaliges Fischer- und Seefahrerdorf auf der Halbinsel Wittow. Der Ort liegt heute etwas abseits der üblichen Touristenrouten, hat aber durchaus seine Reize und jetzt auch gute Bedingungen für Gastyachten. Die Silhouette des Hafens wird von der alten Verladebrücke geprägt. Es stehen zwei Marinas von verschiedenen Betreibern zur Auswahl.

Ansteuerung
Das Fahrwasser zum Wieker Bodden dient Sportbooten nur zur Orientierung. Lediglich südlich des ehemaligen Militärhafens ist beim Tonnenpaar W21/W22 eine Sandbank mit 0,9 m Tiefe zu beachten, sie kann

Nördliche Rügensche Bodden

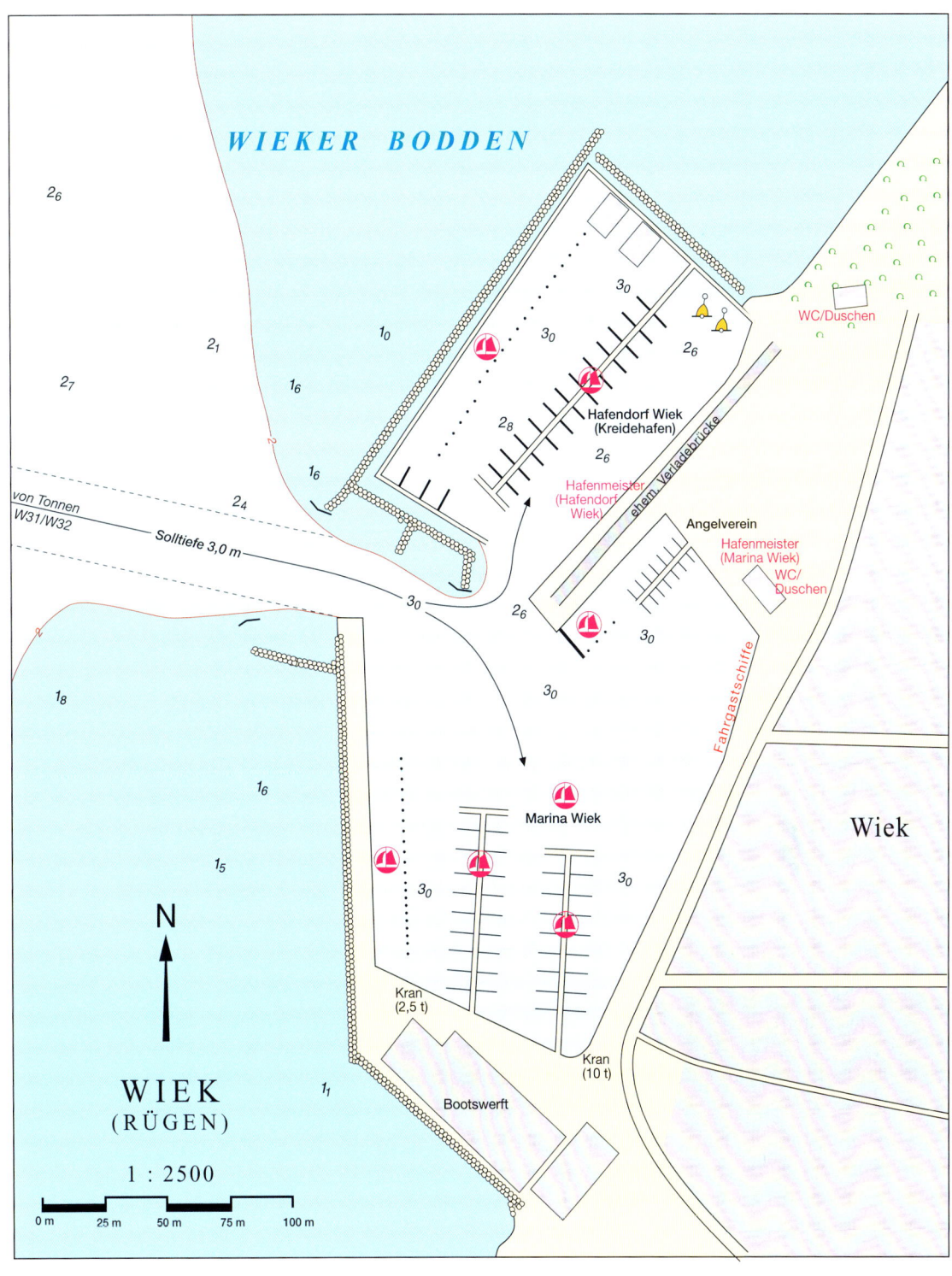

Küstenhandbuch Mecklenburg-Vorpommern

Die Marinastege im Hafen Wiek auf Rügen

auch östlich umfahren werden. Die weithin sichtbare Wieker Kirche ist eine gute Landmarke. Die Hafenansteuerung ist unbefeuert.

Liegeplätze

Das nördliche Becken vor der Verladebrücke – der ehemalige Kreidehafen, jetzt „Hafendorf Wiek" – bietet ebenso guten Service wie die „Marina Wiek" im südlichen Teil des Hafens. Der Schutz ist in beiden Becken gleichermaßen gut. Allein im südlichen Becken gibt es Anlegemöglichkeiten für ca. 100 Boote. Freie Boxen an der Westmole können genutzt werden. Im Hafendorf stehen weitere 90 Liegeplätze zur Verfügung, größere Boote können auch an der ehem. Verladebrücke längsseits gehen.

Service und Versorgung

An allen Liegeplätzen gibt es Strom- und Wasseranschlüsse. Für die Sanitäranlagen wurde ein neues Gebäude errichtet, in dem auch der Hafenmeister zu finden ist. Bei notwendigen Reparaturen kann eventuell die ansässige Bootswerft behilflich sein. Im Ort können sich Crews gut versorgen. Es gibt mehrere Lebensmittelgeschäfte, einen Arzt, verschiedene Läden sowie Gaststätten.

Sehenswürdigkeiten

Wiek ist ein gepflegter Erholungs- und Wohnort. Die Verladebrücke für Kreide wurde 1914 fertig gestellt, aber wegen des Ersten Weltkrieges nicht mehr genutzt. Später wurden 600 000 t Kreide über Martinshafen verschifft.

Die aus dem 14. Jahrhundert stammende und 1989 aufwendig restaurierte Kirche lohnt einen Besuch. Das Innere ist mit vielen Schnitzereien verziert.

Die Boddenküste südlich des Ortes mit ihren Steilküstenabschnitten wird nur von Wenigen besucht. Die Orte an der Außenküste und Kap Arkona sind mit dem Fahrrad zu erreichen. Auf Wittow sind gute Radwege angelegt worden. Bootsverleih und Wassersportmöglichkeiten sind in Dranske in Fußentfernung vorhanden.

KUHLE
54°38,8'N 013°16,9'E

Kuhle am Nordende des Wieker Boddens war im 19. Jahrhundert Winterliegeplatz für rügensche Frachtsegler. Die Anlegeplätze am Bollwerk sind ohne interessantes Umfeld und in erbärmlichem Zustand. Der marode Anleger darf und sollte nicht angelaufen werden, er ist schon seit Jahren gesperrt.

Ansteuerung
Am Wieker Hafen mit Nordkurs vorbeilaufend, muss man spätestens bei der roten Tonne 2 wieder ins Fahrwasser. Weiter nördlich liegt das gefährliche Steinfeld Varnowsteine, es reicht bis an den Tonnenstrich. Das Fahrwasser ist gewunden, das Tonnenpaar 5/6 hängt reichlich schief im Wasser und auf die Solltiefe von 2,5 m sollte man sich nicht verlassen. Vor einer nächtlichen Ansteuerung des Hafens wird gewarnt. Im Hafenbereich ist die niedrige Steinmole an Steuerbord zu beachten, sie verläuft noch ein Stück unter Wasser weiter.

Liegeplätze
Festgemacht wird am völlig maroden Bollwerk längsseits auf Wassertiefen von max.

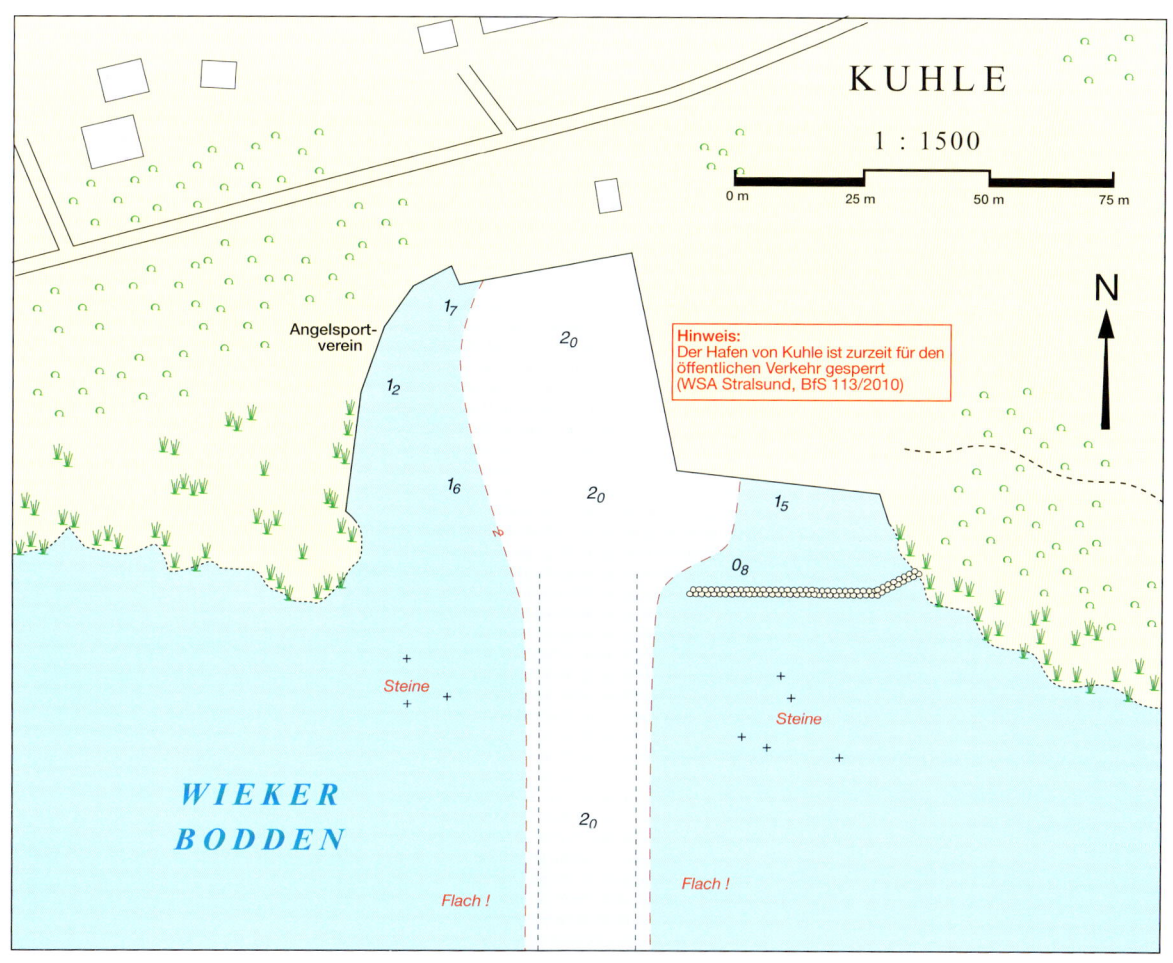

2 m. Der Hafen bietet Schutz bei nördlichen und östlichen Winden.

Service und Versorgung
Der Anleger bietet keinen Service für Boote. Zeitweise hat ein Imbiss geöffnet, und in der Nähe gibt es eine Gaststätte. Der Hafenvorplatz wird als Parkplatz genutzt.

Sehenswürdigkeiten auf Kap Arkona
Die unmittelbare Umgebung ist nicht sehr attraktiv. Aber Kuhle ist ein guter Ausgangspunkt für eine Tagestour nach Kap Arkona (12 km). Erreichbar ist das Kap auch mit dem Bus, der mit Umstieg in Altenkirchen und Putgarten fährt. Die Haltestelle befindet sich bei der Gaststätte. Bereits im 8. Jahrhundert errichteten die Ranen, die slawischen Einwohner Rügens, an diesem strategischen Punkt eine befestigte Tempelburg. Während der Christianisierung wurde sie, inzwischen zum Handelszentrum entwickelt, 1168 durch die Dänen unter Waldemar I. und dem Bischof von Roskilde eingenommen und zerstört. Von der Größe zeugen noch heute die hohen Erdwälle, die östlichen Teile sind durch Uferabbrüche in der See versunken. Nördlich der ehemaligen Festung stehen die beiden Leuchttürme. Der ältere, inzwischen auch wieder für Besucher geöffnet, wurde nach Plänen von Schinkel erbaut. Von ihm stammt auch die achteckige kleine Kirche, die oberhalb des Fischerdorfs Vitt steht. Um das seit Jahrhunderten in seiner Gestalt erhaltene Dorf auch künftig zu bewahren, wurde es auf die Denkmalschutzliste der UNESCO gesetzt. Bei einem Ausflug nach Arkona sollte ein Abstecher in das Fischerdorf nicht versäumt werden. In einigen Häusern sind kleine Gaststätten eingerichtet.

DRANSKE
54°37,6'N 013°14,1'E

Dranske, an der Nahtstelle zwischen den Halbinseln Wittow und Bug, liegt am Nordwestufer des Wieker Boddens. Nur wenige Meter befinden sich hier zwischen dem Bodden und der Ostsee.
Dranske wurde früher hauptsächlich von Angehörigen des Militärstützpunktes auf der Halbinsel Bug bewohnt. Dieser wurde bereits vor dem Zweiten Weltkrieg eingerichtet, später zum Marinehafen ausgebaut und ist nun geschlossen. Die städtischen Wohnblöcke am Rand des Dorfs passen nicht recht in das Landschaftsbild, ein Teil wurde bereits abgerissen. Wegen der unzureichenden Anlegemöglichkeiten wird Dranske selten von Gastyachten aufgesucht.

Ansteuerung
Sie erfolgt wie für Wiek und Kuhle über das Rassow-Fahrwasser. Ab dem Fahrwasserkreuz vor dem Wieker Hafen führt eine betonnte Rinne in Richtung 280° zur Anlegebrücke. Man passiert dabei ein Wrackgebiet und eine Untiefe nördlich davon.

Liegeplätze
Es gibt keinen Hafen, sondern nur ins tiefere Wasser ragende Stege mit sehr wenigen Plätzen für Gäste. Offizieller Anlegeplatz ist die Seebrücke, die aber nur am Kopf einige Plätze für Kielboote hat. Die Stirnseite ist für Fahrgastschiffe eingerichtet. Die Brücke

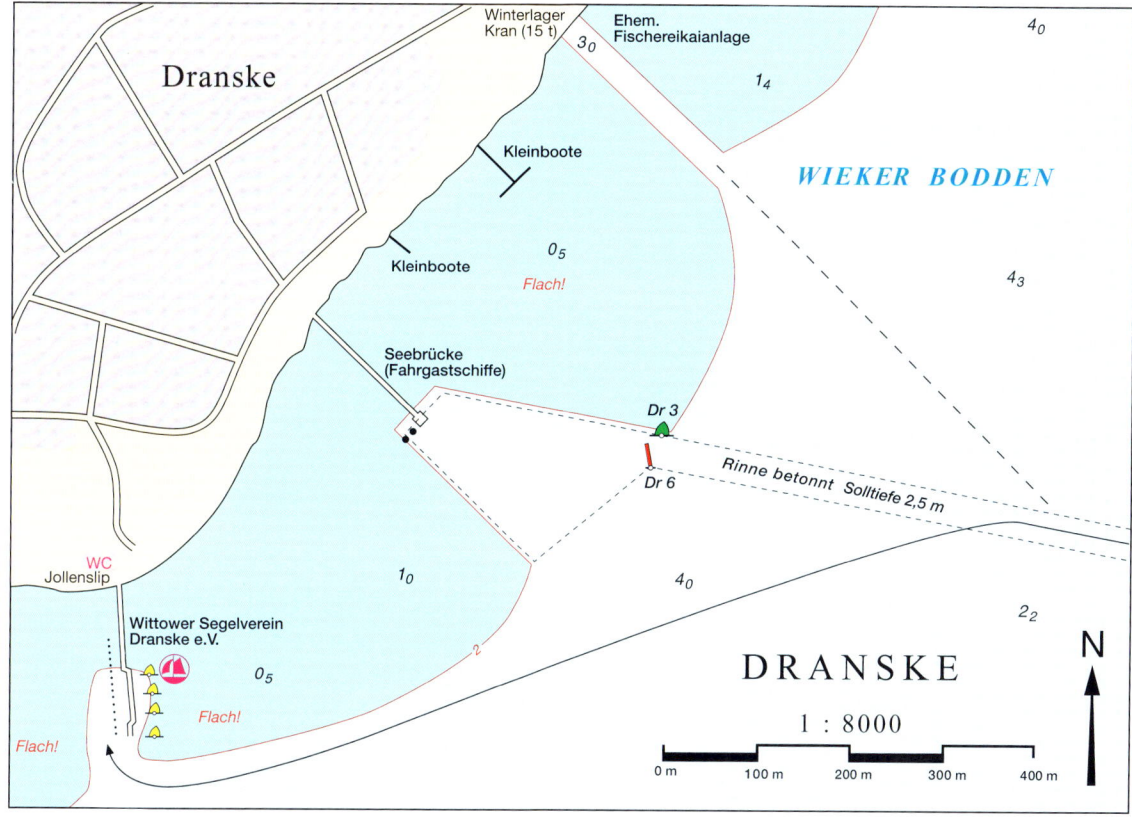

bietet nur bei westlichen und nördlichen Winden etwas Schutz. Eine weitere Anlegemöglichkeit besteht 2 kbl nördlich am Fischereianleger mit rund 2 m Wassertiefe. An die Pier schließt sich ein Winterlagerplatz auch für größere Kielyachten an. Er wird von einer Charterfirma betrieben. In den letzten Jahren ist auch die Steganlage des örtlichen Segelvereins bis in tieferes Wasser verlängert worden. Hier können kleinere Kielboote freie Plätze nutzen. Besonderer Schutz besteht nicht und die Anlage ist in keinem guten Zustand.

Etwas weiter westlich liegt ein kleiner ehemaliger Marinehafen, der heute der Fischerei dient. Vor dem Hafen liegen immer noch einige Wracks, und die Anlage macht keinen einladenden Eindruck.

Service und Versorgung

Am öffentlichen Anleger gibt es weder Trinkwasser noch Strom. Toiletten befinden sich auf dem Parkplatz am Brückenfuß. Die Gaststätte liegt etwas versteckt hinter dem geschlossenen ehemaligen Casino. Im Ort findet man gute Einkaufsmöglichkeiten und mehrere Gaststätten.

Sehenswürdigkeiten

Landschaftlich interessant ist die Halbinsel Bug südlich von Dranske. Jahrzehntelang war sie militärisches Sperrgebiet und konnte sich dadurch eine artenreiche Flora und Fauna erhalten. Das Gelände kann heute nur im Rahmen von Führungen betreten werden. Etwas nördlich vom Ort beginnt die Steilküste, die sich bis zum Kap Arkona erstreckt.

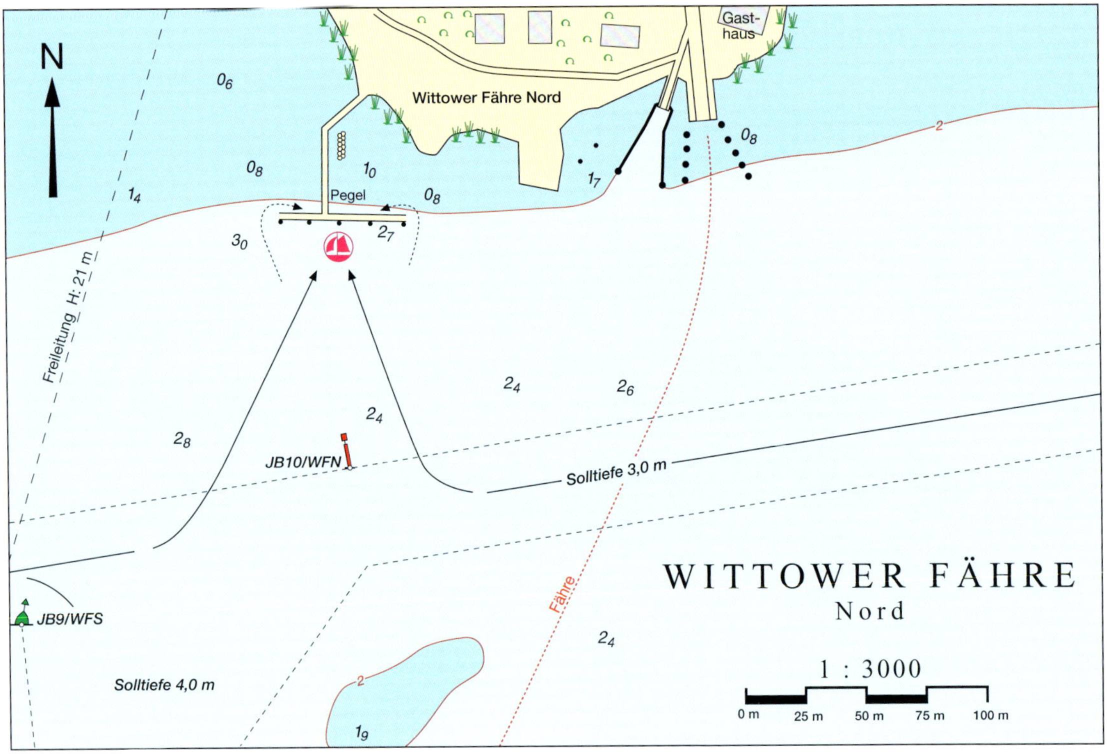

WITTOWER FÄHRE
54°33,2'N 013°14,6'E

Fähranleger Wittower Fähre Nord

Die Wittower Fähre stellt die Verbindung zwischen dem Südteil der Halbinsel Wittow und dem Kern Rügens her. Weithin sichtbare Landmarke ist die Hochspannungsleitung (Durchfahrtshöhe 21 m) mit den beiden 100 m hohen Masten. Die ehemalige Eisenbahnfähre (bis 1970) ist durch moderne Autofähren ersetzt worden, die in kurzen Abständen verkehren. Es bestehen nur miserable Anlegemöglichkeiten für Sportboote auf beiden Seiten, die bestenfalls für einen kürzeren Aufenthalt bei gutem Wetter geeignet sind.

Ansteuerung
Östlich der grünen Tonne W11/JB1 steuert man in der Fahrrinne. Das Fahrwasser in der ca. 400 m breiten Durchfahrt ist deutlich gekennzeichnet, bis zur Fähre 4 m tief und danach 3 m. Weiter östlich reicht ein Flach vor dem Libnitzer Ort bis dicht an das Fahrwasser.
Die Anleger selbst werden mit direktem Kurs aus dem Fahrwasser angesteuert,

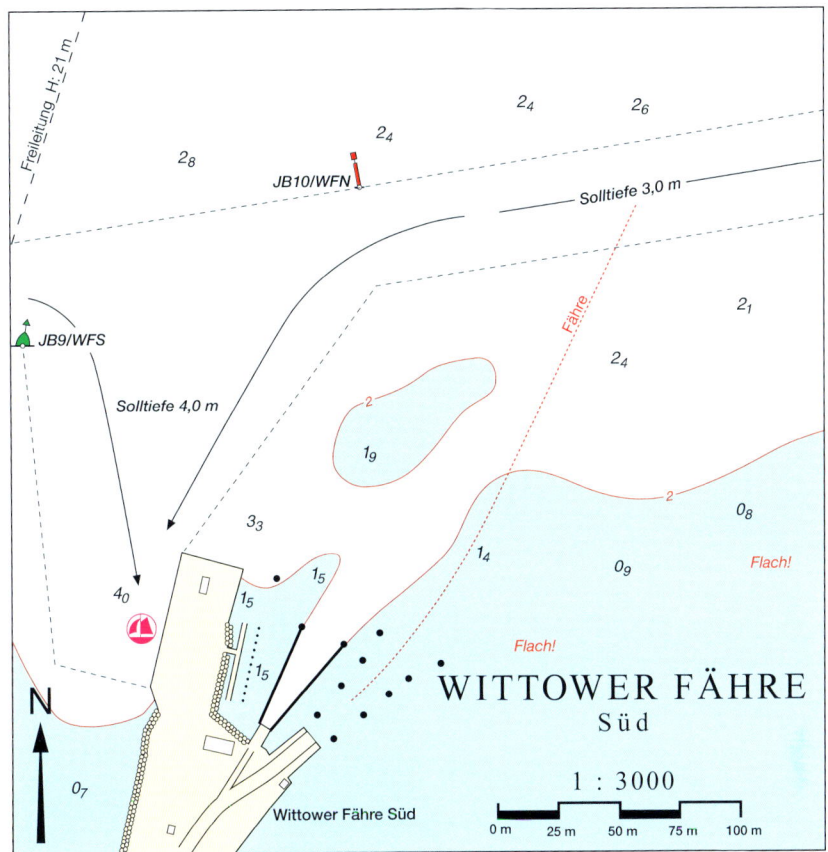

wenn sie querab peilen. An den Tonnen ist die jeweilige Stromrichtung zu erkennen.

Liegeplätze

An der großen Pier des Südanlegers liegt man auf 3–4 m Wassertiefe. Kleinere Boote können auch an der Ostseite festmachen. Die marode Spundwand ist gegen die häufigen westlichen Winde und Wellenschlag völlig ungeschützt. Dazu kommt der Autoverkehr unmittelbar vor dem Liegeplatz. Kaum bessere Bedingungen bestehen am Nordufer. Hier wurde in einiger Entfernung vom Fähranleger eine 50 m lange Steganlage in tiefem Wasser errichtet. Sportboote können notgedrungen versuchen, an den Dalben der Außenseite festzumachen. Vorsicht, hinter dem Anleger der Nordseite liegt selbst ein kleines Riff knapp unter der Wasseroberfläche. Windschutz besteht aber bei dieser Anlage nicht.

Service und Versorgung

Es gibt keine Versorgungsmöglichkeiten und keinen Hafenmeister. Einkaufsmöglichkeiten in

Ansteuerung Wittower Fähre Nord, links der Sportbootanleger

Trent (4 km) oder Wiek auf der Wittower Halbinsel (8 km).

Sehenswürdigkeiten

Die unmittelbare Umgebung bietet nichts Interessantes. Der Rassower Strom ist ein fischreiches Angelgewässer. Im 1 km entfernten Vaschvitz wurde eine große Ferienanlage mit Gastronomie und Sportmöglichkeiten errichtet.

VIEREGGE

54°34,1'N 013°19,5'E

In nordöstlicher Fortsetzung des Fahrwassers, das aus dem Rassower Strom in den Großen Jasmunder Bodden führt, erreicht man etwa 3 sm nach dem Passieren der Wittower Fähre an Steuerbord Vieregge. Das kleine, nur aus wenigen Häusern bestehende Dorf liegt an der NW-Küste der Halbinsel Lebbin und kann seit 2012 mit einem ganz bezaubernden Hafen aufwarten.

Ansteuerung

Vom Fahrwasser steuert man nach Passieren der Tonne JB27/Vi1 mit Kurs 128,6° auf den Anleger zu. Zur Anlage führt eine bezeichnete 50 m breite und 4 m tiefe Baggerrinne, in der man sich unbedingt halten muss.

Liegeplätze

Im Hafen kann kreisförmig in Boxen festgemacht werden. Für Gäste werden etwa 50 Liegeplätze freigehalten, der Schutz ist überall gut.

Service und Versorgung

Strom und Wasser an den Stegen, Tankstelle am Ende der Pier, Hafencafé und Bistro

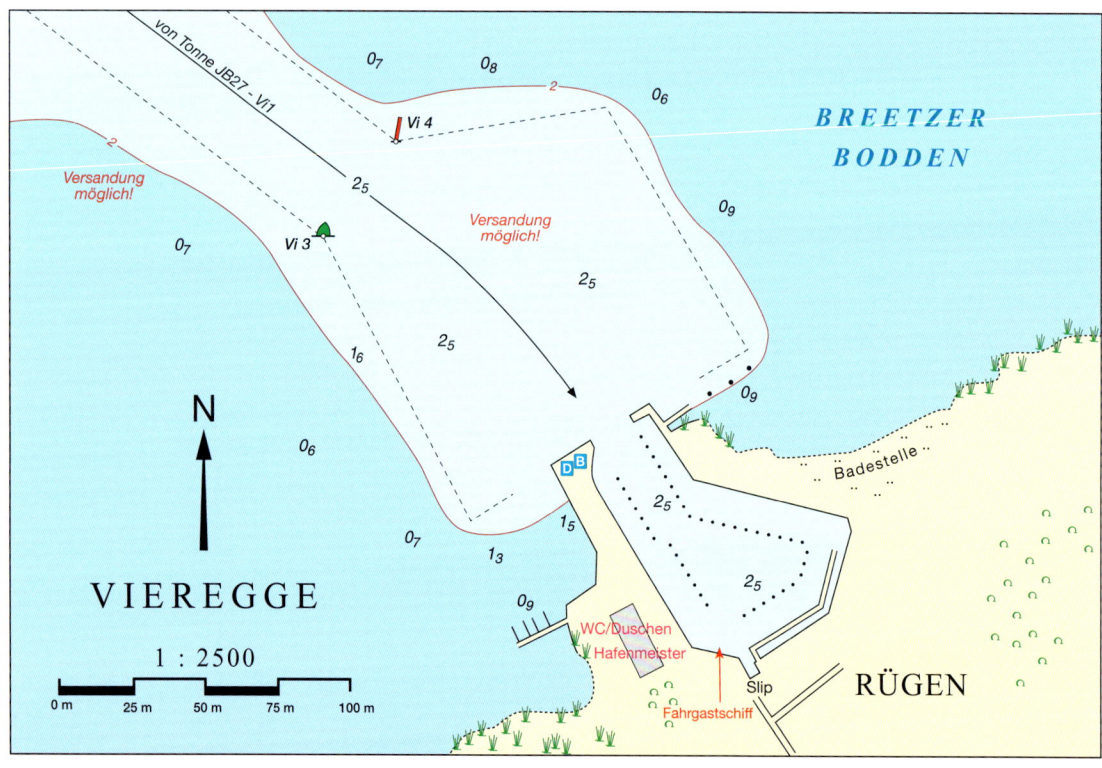

Nördliche Rügensche Bodden 133

Klein, aber fein: Hafen von Vieregge

im roten Haus, dort sitzt auch der Hafenmeister. Wohl einmalig im Revier, steht auch ein Leihwagen zur Verfügung, der beim Hafenmeister geliehen werden kann. WLAN am Hafenbüro.

Sehenswürdigkeiten

Vieregge gehört zur Halbinsel Lebbin, die – abseits vom Touristenstrom – von einer abwechslungsreichen, hügeligen Landschaft mit kleinen Waldgebieten geprägt ist. Die wenigen Einwohner leben in kleinen Ortsteilen. Sehenswert ist das schön gelegene Neuenkirchen (3 km). Will man die Halbinsel näher kennen lernen, kann man auch auf der Ostseite im Lebbiner Bodden ankern oder am kleinen Anleger in Grubnow festmachen.

BREEGE

54°36,7'N 013°21,4'E

Der Ort im Norden des gleichnamigen Boddens war früher ein bekanntes Seefahrerdorf. Die stattlichen Kapitänshäuser erinnern noch heute an jene Zeiten, als hier bis zu 46 Segelschiffe beheimatet waren und zum Teil auch überwinterten. Bis 1990 war Breege größter Fischereistützpunkt mit ei-

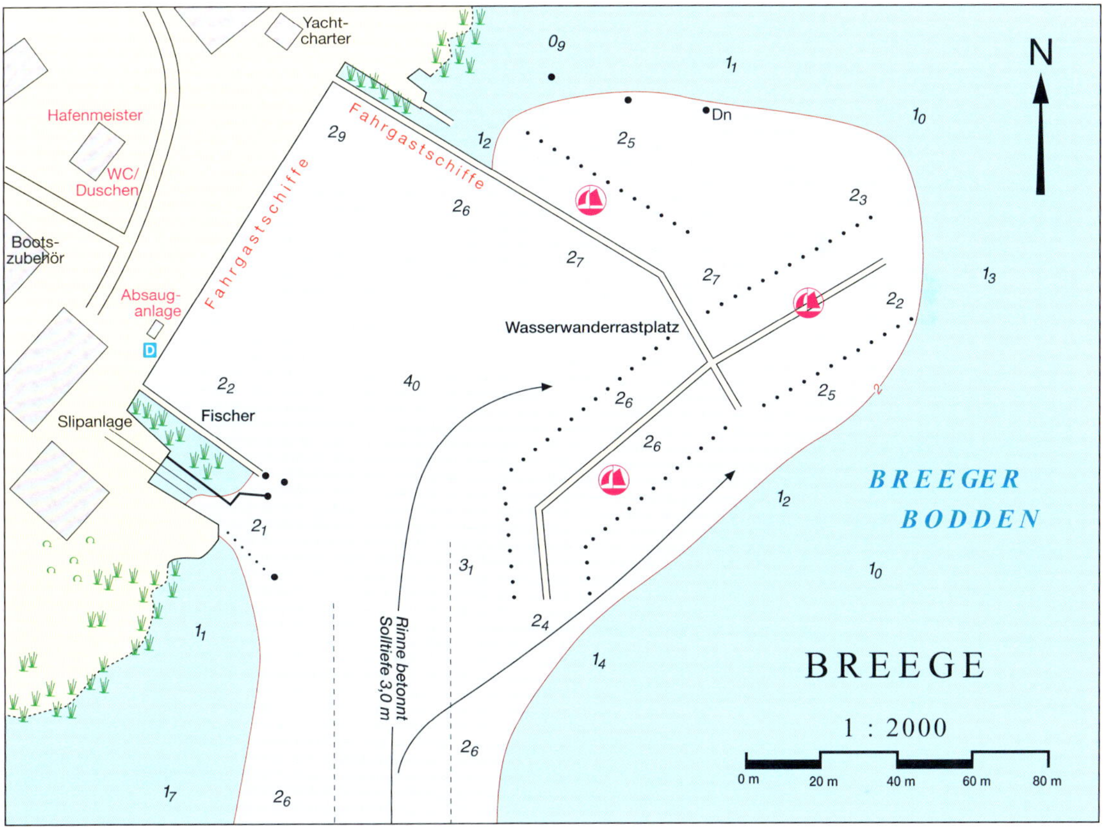

Die Steganlage in Breege

gener Fischverarbeitung. Heute setzen die Fischer auf den Tourismus und haben auf ihrem Gelände eine große Ferienanlage errichtet. Der Hafen wird von Sportbooten gern angelaufen. Es gibt gute Anlege- und Versorgungsmöglichkeiten. Der Ort macht einen gepflegten Eindruck.

Ansteuerung

Vom Fahrwasser Jasmunder Bodden zweigt bei den Tonnen JB38/Br2 und JB37 die Zufahrt nach Norden zum Hafen ab. Im nördlichen Teil des Breeger Boddens sind die auch über Wasser ragenden großen Findlinge (Saalsteine) nicht zu übersehen. Hier darf das Fahrwasser nicht verlassen werden.

Liegeplätze

Gastyachten machen an der Steganlage in Boxen fest – kleinere Boote sollten lange Achterleinen bereithalten. Ein erheblicher Teil kann von der Charterfirma und Segelschule sowie von Dauerliegern belegt sein. Die Flachwasserzone an der Ost- und Nordseite ist mit kleinen Tonnen gekennzeichnet. Die Pier wird vor allem von Passagierschiffen benutzt. Der Hafen bietet sehr guten Schutz bei Winden von West über Nord bis Ost.

Service und Versorgung

Es wird ein guter Service geboten: Wasser- und Stromanschlüsse auf dem Steg, ordentliche Sanitäranlagen. Die Tankstelle wird von der Charterfirma betrieben, das Büro ist direkt am Hafen. Schiffsausrüster mit zusätzlichem Lebensmittelsortiment. Imbissstände und zwei Gaststätten findet man auf dem Hafenvorgelände. Weitere Geschäfte (u. a. Bäcker) und Gaststätten gibt es im Ort. Fahrradverleih und Brötchenservice verfügbar.

Sehenswürdigkeiten

Der schön gelegene Ort macht mit seinen gepflegten Häusern und Straßen einen angenehmen Eindruck. Das Ostseebad Juliusruh an der Tromper Wiek mit seinem großen Badestrand liegt 2 km entfernt.
Vom sicheren Hafen aus können Tagestouren zum Kap Arkona unternommen werden, Fahrräder sind bei der Segelschule ausleihbar. Der Weg führt am Nobbiner Großsteingrab vorbei, das Caspar David Friedrich zu mehreren Bildern inspirierte. Schöne Wanderungen können im Waldgebiet der Schaabe unternommen werden, ergänzt durch Badepausen im Bodden oder in der Ostsee.

Grubnow bietet ruhige Liegeplätze in sehr schöner Natur.

GROSSER JASMUNDER BODDEN

Mit einer Ausdehnung von 7 x 3 sm ohne Hindernisse oder Gefahrenstellen ist der Große Jasmunder Bodden ein schönes Revier für sich, in dem man sich einige Tage aufhalten kann. Die Ufer sind kaum bebaut, weite Uferstrecken werden von bewaldeten Hängen bis 60 m Höhe und Steilküsten geprägt. Davor liegen meist Steinfelder, von denen man sich fernhalten sollte. Die durchschnittliche Tiefe liegt bei 6 m, bei nordwestlichen Starkwinden entsteht hier eine erhebliche Welle. Die ehemals bedeutende Fischerei ist deutlich zurückgegangen. Bis in die 1960er-Jahre wurde hier noch die nächtliche Zeesenbootfischerei betrieben. Die Berufsschifffahrt beschränkt sich auf ein bis zwei Hiddensee-Dampfer und Zubringer zu den Festspielen bei Ralswiek. Leider gibt es in diesem schönen Revier nur wenige Häfen, und gegenwärtig erfüllt nur Ralswiek moderne Ansprüche. Es kann aber auf einige schöne Ankerplätze ausgewichen werden. Nach der Urlaubssaison sind nur noch wenige Sportboote anzutreffen.

Die Navigation ist einfach. Vom Breeger Bodden führt eine Tonnenreihe an den Flachs Lebbiner und Liddower Haken vorbei – wirklich flach ist nur die 0,5 sm lange Strecke am Beginn. Auf dem Bodden liegen heute nur noch die rot-weißen Mitte-Schifffahrtsweg-Tonnen Wall, wegen des Flachs vor der Schaabe, und Jasmund, genau in der Boddenmitte. Wichtige Landmarken sind die Banzelvitzer Berge am Westufer und die Schwarzen Berge im Süden zwischen Lietzow und Ralswiek. Der Hafen Ralswiek ist erst spät auszumachen.

GRUBNOW
54°33,1'N 013°21,2'E

Die kleine Anlage liegt im Südteil des Lebbiner Boddens, an der Zufahrt zur Neuenkirchener Bucht. Sie kann von Booten bis maximal 1,30 m Tiefgang erreicht werden, wird aber recht selten angelaufen.

Ansteuerung
Die Ansteuerung ist kompliziert und gleicht einem Slalomlauf um mehrere Sandbänke. In den Lebbiner Bodden steuert man vom Fahrwasser des Großen Jasmunder Boddens, nachdem man die mit Steinen durchsetzten Flachs Lebbiner Haken bzw. Liddower Haken passiert hat – südlich des Tonnenpaares JB47/L2 und JB48. Im Abstand

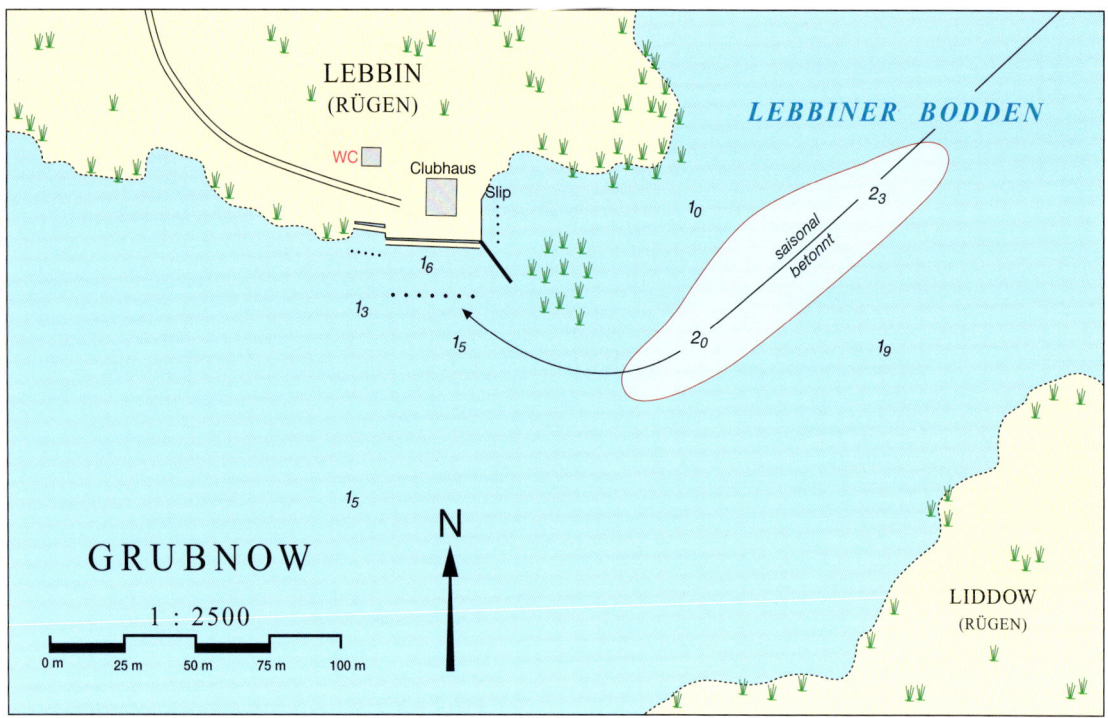

von 2 kbl läuft man am Liddower Ufer entlang südwärts. Nach 1,5 sm verengt sich der Bodden, man halte sich nun eher an Liddow, bis man mit Kurs NW auf den Hafen zuhalten kann. Im Lebbiner Bodden sind zahlreiche Reusen aufgestellt, in der Regel wird eine Saisonbetonnung ausgebracht.

Liegeplätze
Der idyllische Anleger mit dem Reetdachhaus bietet Platz für ca. 8 kleinere Yachten in Boxen. Bei südlichen und östlichen Winden wird es etwas unruhig. Im Umfeld kann gut geankert werden.

Service und Versorgung
Nur durch Vereinsmitglieder können Stromanschluss und Trinkwasser freigeschaltet und die Sanitäranlagen geöffnet werden. Ist niemand da, hängen Telefonnummern aus. Läden und Gaststätten befinden sich im gut 2 km entfernten Neuenkirchen.

Sehenswürdigkeiten
Die abwechslungsreichen Landschaften der Halbinseln Lebbin und Liddow laden zu ausgedehnten Wanderungen ein. Als Fahrradtour empfiehlt sich die Route rund um den Tetzitzer See. Sehenswert ist auch die Dorfkirche in Neuenkirchen.

GLOWE/ GR. JASMUNDER BODDEN
54°33,2'N 013°29,0'E

Die kleine Anlage am Nordrand des Großen Jasmunder Boddens ist selbst bei einheimischen Seglern wenig bekannt und bietet auch kaum Platz für Gäste. Da sie vom

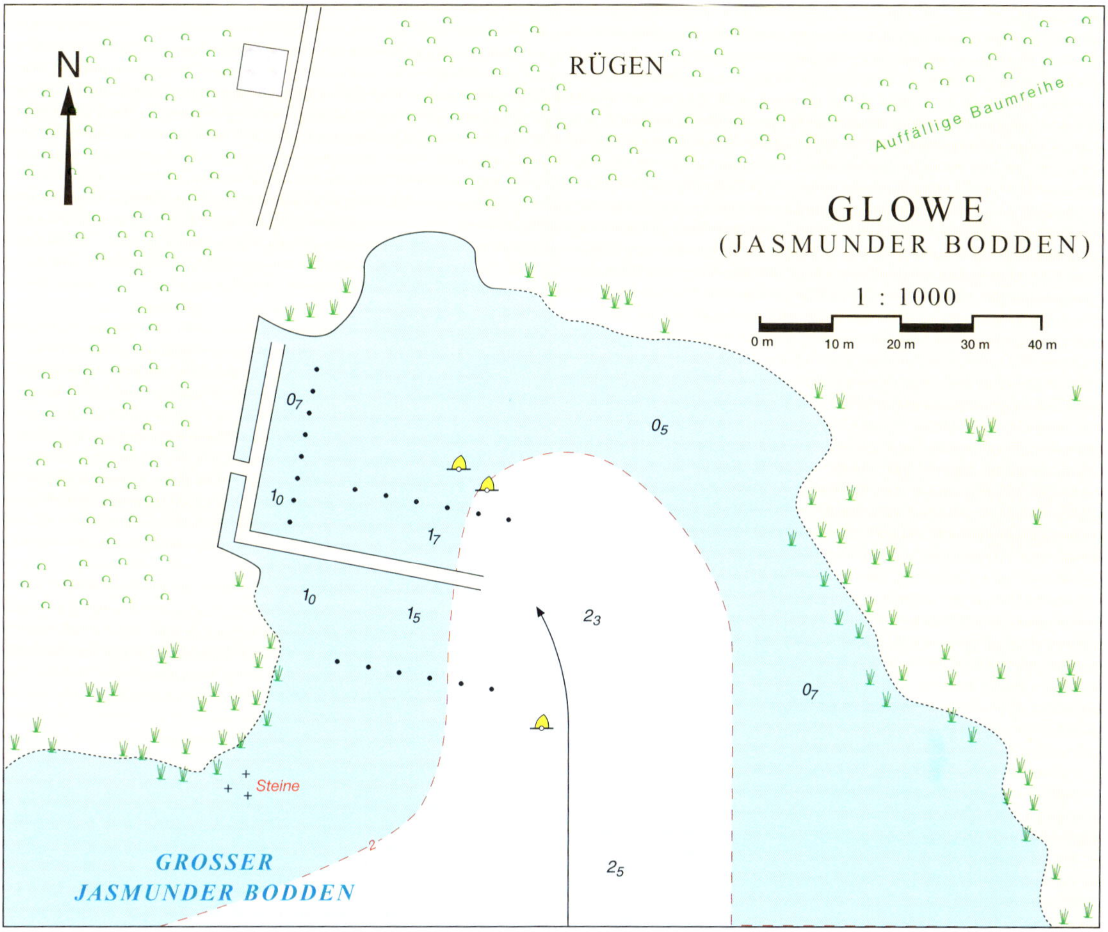

GLOWE
(JASMUNDER BODDEN)

Liegeplätze an der Steganlage in Glowe am Großen Jasmunder Bodden

Ansteuerung

Zum Steg führt eine schmale Baggerrinne, die vom Sportverein mit kleinen Bojen gekennzeichnet wird. Man steuert sie von der roten Tonne Ma2 vor Martinshafen mit Kurs 005° an, Landmarke ist eine deutlich sichtbare Pappelreihe in Kursrichtung. Die umgebenden Wasserflächen sind deutlich unter 1 m tief und teilweise verschlammt.

Liegeplätze

Der Anleger ist nur für flachgehende Boote geeignet. Gäste können freie Plätze der Ein-

heimischen benutzen oder sich im Baggerbecken vor Anker legen. Bis auf Südwind ist der Platz sehr gut geschützt.

Service und Versorgung
Es gibt keinen Service und keine Versorgungsmöglichkeiten vor Ort. Die Entfernung nach Glowe beträgt 2 km.

Sehenswürdigkeiten
Der Hafen ist absolut ruhig und grenzt an das Naturschutzgebiet Mittelsee/Spycker See mit seiner großen Wasservogelpopulation. Mit dem Fahrrad sind das Schloss Spycker (mit Gaststätte) und das Dorf Bobbin mit seiner uralten Feldsteinkirche bequem zu erreichen.
Westlich vom Hafen erstreckt sich das unbebaute Niederungsgebiet der Schaabe, das teilweise auch unter Naturschutz gestellt ist.

MARTINSHAFEN
54°31,5'N 013°30,3'E

Martinshafen liegt am abgeschiedenen Ostteil des Großen Jasmunder Boddens. Eine gewisse Bedeutung erlangte er in den 1920er-Jahren, als von hier aus jährlich einige hunderttausend Tonnen Kreide verschifft wurden. Die ehemalige Nutzung merkt man der etwas leblosen Anlage noch immer an, auch wenn Verbesserungen für Freizeitskipper vorgenommen wurden.
Er wird seit Jahrzehnten von örtlichen Vereinen genutzt, die keine großen Investitionen für Baggerungen, Bollwerk und Serviceeinrichtungen aufbringen können. Trotz des etwas heruntergekommenen Zustandes wird der Hafen wegen seiner Ruhe und absoluten Schutzes bei jeder Wetterlage gern angelaufen.

Ansteuerung
Die Fahrrinne beginnt 1 sm östlich der rot-weißen Mitte-Schifffahrtsweg-Tonne Jasmund. Zum Hafen führt ein ca. 20 m breiter Kanal mit 2–3 m Wassertiefe bis in den inneren Bereich. In der Einfahrtszone ist er teilweise versandet, bei auflandigem Starkwind sollten tiefgehende Boote das Einlaufen vermeiden. Die Uferbefestigung ist stellenweise verfallen.

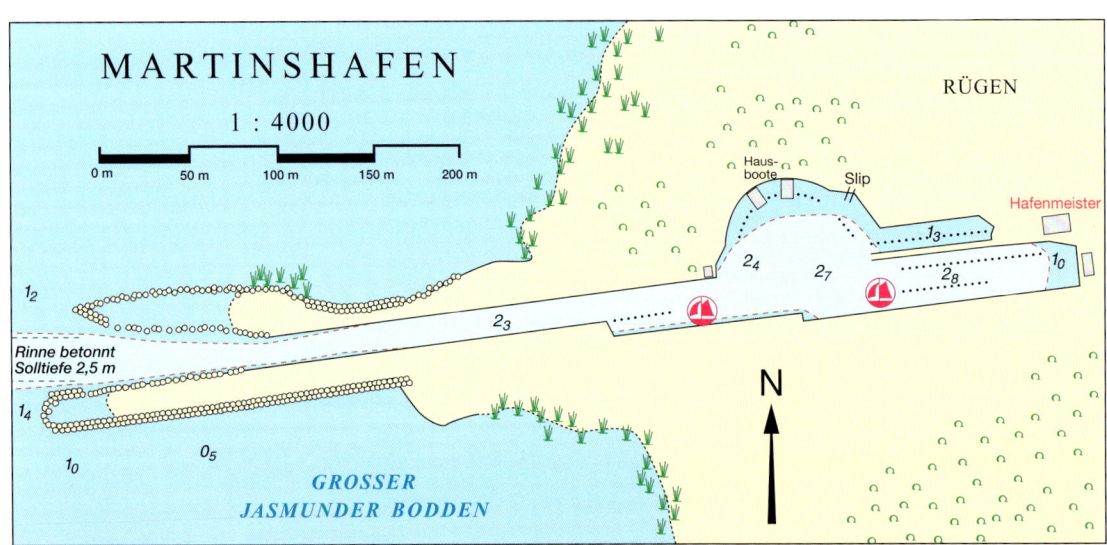

Martinshafen am abgeschiedenen Westteil des Jasmunds

Liegeplätze

Neben den Festliegern bietet der Hafen vielen Gastyachten Platz auf tiefem Wasser. Festgemacht werden kann an der Südpier oder am Steg bei den Bootsgaragen. In den letzten Jahren hat die Zahl der hier beheimateten Motorboote stark zugenommen. In der Saison muss man im Päckchen festmachen. Umliegende Baumgruppen schützen vor Wind. In der nördlichen Einbuchtung sind die Versorgungsmöglichkeiten besser, den bereits vorhandenen Hausbooten sollen in Zukunft jedoch weitere folgen, was das Platzangebot beeinträchtigen dürfte.

Service und Versorgung

Das Angebot für Yachten ist begrenzt. Strom und Wasser nur an den Stegen in der Einbuchtung. Toiletten und Wasseranschluss befinden sich beim Angelverein. Die nächsten Einkaufsmöglichkeiten bestehen im 5 km entfernten Sagard.

Sehenswürdigkeiten

Wenn man etwas unternehmen will, sollte man Fahrräder an Bord haben. Nach Bobbin mit seiner berühmten Feldsteinkirche und zum Schloss Spycker sind es 4 km. Die Entfernung zur Stubnitz mit den Kreidefelsen beträgt 12 km. Bei einem Aufenthalt in Sagard sollte man den Dobberworth besuchen, er ist mit 15 m Höhe das größte Hügelgrab Rügens.

LIETZOW

54°28,8'N 013°30,1'E

Von bewaldeten Hügeln eingerahmt liegt Lietzow an der Landenge zwischen dem Großen und dem Kleinen Jasmunder Bodden. Erst 1868 wurde mit dem Bau des Damms eine feste Verbindung hergestellt, über die auch die Eisenbahnstrecke Stralsund–Sassnitz führt.
Leider besteht vor dem Ort für Sportboote so gut wie keine Anlegemöglichkeit. Revierunkundige seien zudem gewarnt, bei Starkwind aus West bis Nord zu dicht unter dem Ufer zu segeln. Auch zum Ankern ist der Platz dann kaum noch geeignet. Die tiefe Zone über 2 m Wassertiefe ist nicht mehr als 30 m breit.

Ansteuerung

Die hohen Ufer, die die Bucht umgeben, sind schon aus großer Entfernung auszumachen. Zum Anleger führt ein kurzes, be-

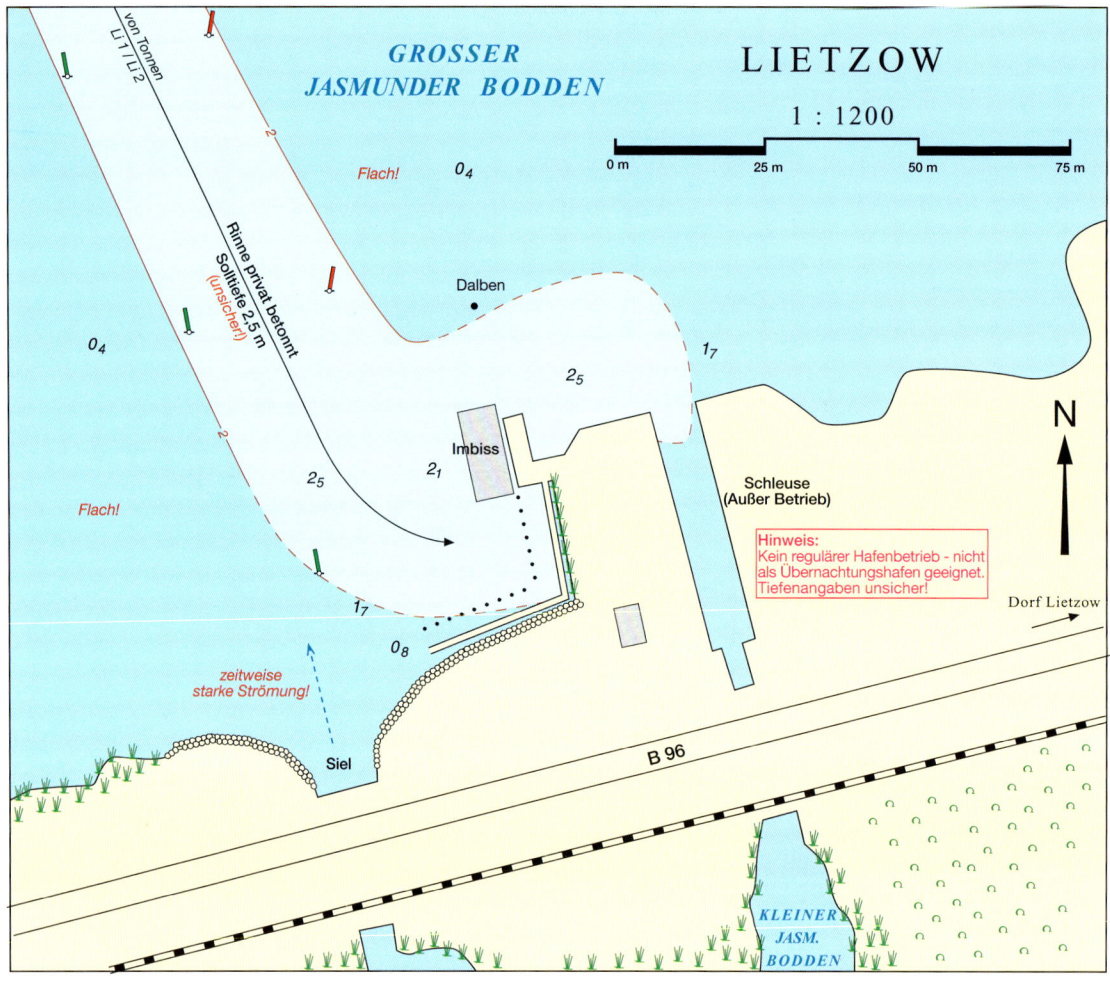

tonntes Fahrwasser. Auf beiden Seiten ist es bis zum Ufer extrem flach, eine Ansteuerung sollte nur bei sehr ruhigem Wetter gewagt werden.

Liegeplatz

Als Anleger steht nur ein miserabler Steg unweit des Siels zur Verfügung. Er ist jedoch von einem Imbissschiff belegt. Bei guter Wetterlage kann nördlich oder westlich davon auf begrenztem Raum geankert werden. Beeinträchtigt wird der Liegeplatz durch Lärm, der von dem starken Verkehr auf der Straße und der Bahnlinie verursacht wird.

Service und Versorgung

Abgesehen vom Imbissschiff und einer Bautoilette gibt es keine Versorgung. Einkaufsmöglichkeiten gibt es im Ort, ebenso Gaststätten.

Sehenswürdigkeiten

Der Kleine Jasmunder Bodden ist ein natürliches Kleinod. Er ist von ausgedehnten

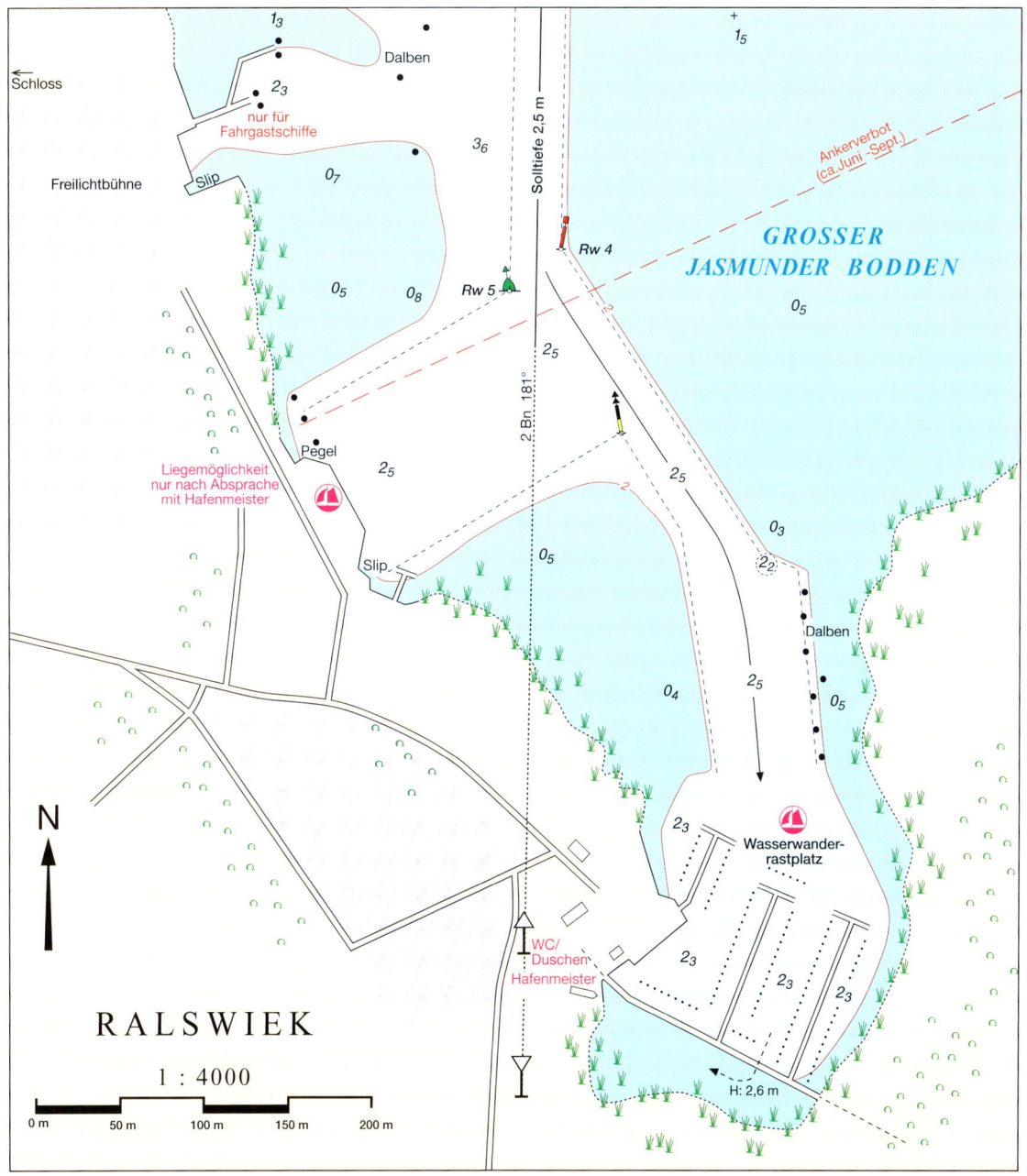

Wäldern umgeben, die buchtenreichen und hügeligen Ufer sind nicht bebaut.
Im südlichen Teil liegt das Naturschutzgebiet Insel Pulitz. Von Lietzow aus sind auch die Feuersteinfelder in der Schmalen Heide noch zu Fuß zu erreichen. Die auf einer Fläche von mehreren Hektar von der See aufgeworfenen Steinwälle sind in Europa einmalig.

Die gut geschützten Liegeplätze im Hafen von Ralswiek

RALSWIEK
54°28,4'N 013°27,1'E

Der Hafen von Ralswiek wird von fast jeder Yacht angelaufen, die in den nordrügenschen Boddengewässern segelt. Die malerische Lage des Ortes an einer von Wald umschlossenen Bucht, das bekannte Schloss mit seinem Park und die Störtebeker-Festspiele ziehen viele Wassersportler an. Sie finden im erweiterten Sportboothafen beste Anlegemöglichkeiten.

Ansteuerung
Ab der grünen Tonne RW1 gut
1 sm vor dem Hafen steuert man annähernd Südkurs, vom westlichen Ufer hält man sich wegen der Steine fern. Beim Tonnenpaar RW4/RW5 beginnt das Becken vor dem Anleger Nord, der vor allem Fahrgastschiffen dient. Zwischen diesem Becken und dem Sportboothafen ist an Steuerbord Flachwasser. Man hält sich östlich und passiert das grün/rote Tonnenpaar vor dem gebaggerten Yachthafen. Die Fahrrinne ist unbefeuert. Die Peilmarken an Land dienen nur zur Ansteuerung des Anlegers Nord.

Liegeplätze
Nach der Erweiterung stehen jetzt 50 Gastliegeplätze in Boxen an drei Stegen zur Verfügung. Die Wassertiefe beträgt 2–3 m. Größere Boote können an der Pier liegen. Die Boxen am unteren Quersteg sind von Einheimischen belegt. Boote mit großem Tiefgang sollten am Anleger Nord festmachen. Der Hafen bietet bei allen Windrichtungen guten Schutz, ist bei heftigen Nordwinden aber etwas unruhig.

Service und Versorgung
Trinkwasser- und Stromanschlüsse befinden sich auf den Stegen, Toiletten, Duschen, Waschraum im Gebäude am Quersteg. Gaststätten befinden sich im Hafenvorfeld. Für Einkäufe kann man mit dem Bus zur Kreisstadt Bergen fahren (6 km).

Sehenswürdigkeiten
Im sicheren Hafen Ralswiek kann man einige Tage liegen, es gibt viel Interessantes zu sehen. Ausgrabungen am Ortsrand belegen, dass Ralswiek im 9. bis 12. Jahrhundert ein bedeutender Handelsplatz war. Neben einer Siedlung und Kultgegenständen sind

Vor der Halbinsel Liddow gibt es ruhige Ankerplätze im Großen Jasmunder Bodden

auch drei gut erhaltene, ca. 1000 Jahre alte slawische Boote gefunden worden. Über dem Ort thront das erst 1891 für den Gutsbesitzer – den schottischen Grafen Douglas – im Stil der Neorenaissance errichtete Schloss. Es diente in den letzten Jahrzehnten als Pflegeheim und ist jetzt zum exklusiven Hotel umgebaut worden. Öffentlich zugänglich ist der umgebende Park mit vielen seltenen Bäumen. Von der ehemaligen Gutsanlage sind allerdings nur noch wenige Reste erhalten.

Eine besondere Attraktion sind die Störtebeker-Festspiele auf der Freilichtbühne, die alljährlich mehrere Hunderttausend Besucher anziehen. Die Geschichten aus der Hansezeit werden mit vielen Darstellern effektvoll inszeniert, u. a. Seeschlachten mit nachgebauten Koggen. Der Ort hat sich inzwischen auf das sechsmal in der Woche stattfindende Spektakel eingestellt und verdient kräftig mit. Besonders Crews mit Kindern sollten sich eine Aufführung ansehen. Wer es ruhiger mag, sollte Ralswiek lieber am aufführungsfreien Sonntag anlaufen. Die waldreiche Umgebung lädt zu schönen Wanderungen ein. Mit dem Fahrrad oder Bus kann man sich entferntere Ziele, wie die Städte Bergen oder Sassnitz, vornehmen.

ANKERPLÄTZE IM GROSSEN JASMUNDER BODDEN

Trotz ausgedehnter Flachwasserzonen und Steinfelder gibt es vor den ruhigen Ufern viele Ankermöglichkeiten. Nachfolgend werden zwei ausgewählt und näher vorgestellt.

Ankerplatz Großer Ort/Lebbiner Bodden

Dieser Ankerplatz liegt am Fahrwasser zum Großen Jasmunder Bodden vor der Schaabe, westlich des Kaps **Großer Ort**. Vom Tonnenpaar JB47/L2 und JB48 kann direkt bis auf 150 m Entfernung vor dem Ufer zugehalten werden. Meist sind dann schon die Anlandestellen kleinerer Boote zu sehen. Der Ankerplatz besteht aus festem Kies, der leicht mit Wasserpflanzen bedeckt ist. Weiter östlich wird der Grund steinig und gibt weniger Halt. Die Schaabe ist in diesem Bereich weitgehend unberührt und pilz- und beerenreich. Bei Wanderungen sollte man festes Schuhwerk tragen. Nächste Versorgungsmöglichkeiten bestehen in Breege (3 sm) und Ralswiek (6 sm). Der Ankerplatz bietet besten Schutz vor östlichen Winden. Bei Winddrehungen auf West oder Süd kann man sich in den gegenüberliegenden **Lebbiner Bodden** verholen. Je nach Windrichtung ankert man auf der Liddower Seite unterhalb des Waldes oder am Westufer des Lebbiner Boddens südlich des Orts Lebbin. Hier liegt man 250 m vor dem Ufer auf 2,5 m tiefem Wasser. Der Ankergrund besteht aus Sand mit Schlick. Beim Anlaufen der Ankerplätze sollte man sich die Lage der zahlreichen Reusen einprägen, das erleichtert ein eventuelles Verlassen des Platzes in der Dunkelheit.

Ankerplatz Westküste/Banzelvitzer Berge

Bei den vorherrschend westlichen Winden ist der Ankerplatz vor dem Südzipfel der bewaldeten, bis 35 m hohen Hügel sehr beliebt. Er wird von den rot-weißen Mitte-Schifffahrtsweg-Tonnen Wall mit 210° bzw. Jasmund mit 280° angesteuert. Die Banzelvitzer Berge sind auch bei schlechter Sicht gut auszumachen. Die 2-m-Tiefenlinie verläuft nur 100 m vor dem Ufer, wegen der Steine sollte man nicht dichter herangehen. Der Grund besteht aus Sand, bedeckt mit Schlick.

Von der Hügelkette hat man einen schönen Blick auf die Halbinsel Jasmund und auf das Kap Arkona. Am südlichen Steilufer liegt ein schöner Badestrand, der zum Campingplatz Rappin gehört. Falls es dort zu laut wird, kann nördlicher davon geankert werden.

Bei Winddrehungen auf Ost ist der Platz den steilen Wellen des Großen Jasmunder Boddens voll ausgesetzt, dann sollte umgehend nach Ralswiek verholt werden.

Die Banzelvitzer Berge am Steilufer des Großen Jasmunder Boddens

DIE AUSSENKÜSTE VON RÜGEN

Ein Törn Rund Rügen ist bei Regatta- und Fahrtenseglern gleichermaßen beliebt. Die Distanz von Hiddensee bis zum Greifswalder Bodden beträgt etwas mehr als 50 sm und führt aus den geschützten Boddengewässern mit ihren Fahrrinnen auf die offene Ostsee. Die stark gegliederte Küste zusammen mit den oft recht schroffen Steilküsten ist die Ursache für den Kap- und Düseneffekt des Windes sowie für die oft sehr überraschend einsetzenden Fallböen, bei denen der Skipper auch mit hohem Seegang zu rechnen hat. Die Häfen liegen insgesamt weiter auseinander als in den Boddengewässern, und geschützte Ankerplätze sind selten. Der Törn stellt also schon einige Anforderungen an Besatzung und Boot. Vor Fahrtbeginn müssen auf jeden Fall Informationen über die zu erwartende Wetterentwicklung – am besten eine 3-Tage-Vorhersage – eingeholt werden. Die Entscheidung zum Kurs – rechts oder links herum – trifft man nach der Windrichtung. Längere Kreuzkurse vor der Stubbenkammer und Kap Arkona sollte man vermeiden, hier wird es ungemütlich. Bei den vorherrschenden Westwinden wird oft der Weg im Uhrzeigersinn von West nach Ost am günstigsten sein.

Bei ausgeglichener Wetterlage eignet sich das Fahrtgebiet sehr gut für eine Nachtfahrt. Die Küste ist gut befeuert, ohne ausgedehnte Untiefen, und im Seeraum bis zu den Großschifffahrtswegen herrscht wenig Verkehr. Der Hafen Sassnitz ist selbst für Ungeübte nachts ohne Schwierigkeiten anzusteuern.

Tipp: Spät am Abend von Hiddensee auslaufen und dann nach 27 sm den Sonnenaufgang vor Stubbenkammer mit den leuchtenden Kreidefelsen erleben.

KURSBESCHREIBUNG

Vom Tonnenpaar 1/2 im Libben setzt man den Kurs ab Richtung Steilküste nördlich Dranske (Rehbergort). Die Wohnblöcke des Ortes sind auch nachts von See aus weit zu sehen. Im Küstenschutzwald auf dem

146 Küstenhandbuch Mecklenburg-Vorpommern

Hochufer am Bakenberg liegen die größten Campingplätze Rügens. Über der Steilküste von Kap Arkona künden Erdwälle, Türme und Masten von der Bedeutung dieses Platzes in Vergangenheit und Gegenwart. Gut sichtbar ist der runde, sogenannte „neue" Leuchtturm, der mit einer Tragweite seines Feuers von 22 sm zu den stärksten im Ostseeraum zählt. Er ersetzte den 1829 nach Plänen von Schinkel erbauten kleinen Turm, der restauriert wurde und besichtigt werden kann. Der dritte Turm mit Aussichtskuppel diente früher dem Militär und ist heute Infozentrum. Am östlichen Zipfel des Plateaus, schon teilweise abgestürzt, liegen die 13 m hohen Wälle des berühmten slawischen Heiligtums Jaromarsburg, das 1168 von den Dänen zerstört wurde.

Es lohnt sich, das Kap von einem nahe gelegenen Hafen zu besuchen. Mit dem Fahrrad geht das von den Boddenhäfen Breege und Wiek oder vom Hafen Glowe in der Tromper Wiek auf schönen Radwegen am besten. Zu empfehlen ist dann auch ein Zwischenstopp im winzigen denkmalgeschützten Fischerdorf Vitt mit seiner sehenswerten Rundkirche, etwa 1 km südlich des Kaps gelegen.

Das Kap Arkona ragt eindrucksvoll in die Ostsee.

Zwischen Arkona auf der Halbinsel Wittow („windiges Land") und Jasmund öffnet sich die halbkreisförmige Tromper Wiek. Die Küste im Innern der Bucht, die Schaabe, ist eine erst nach 1900 aufgeforstete Nehrung zwischen der Ostsee und den rügenschen Bodden. Zwischen den Badeorten Glowe und Juliusruh erstrecken sich 8 km bester Badestrand.

Durch die schönen Yachthäfen Glowe (6,5 sm von Arkona) und Lohme (9 sm von Arkona) wurde diese Landschaft für Wassersportler erst richtig erschlossen und sicherer.

Karten
D 162, D 1511, D 1512, D 1516
D 3006, Blatt 1, 2, 3, 4, 12, 13, 16
Delius Klasing-Sportbootkarten Satz 2, Karte 07, 07B, 10, 09, 09A, 09B

GLOWE/TROMPER WIEK
54°34,5'N 013°28,0'E

Der neue Yachthafen im Süden der Tromper Wiek wurde unterhalb Königshörn vor dem Ferienort Glowe als Wasserwanderrastplatz mit 80 Liegeplätzen eingerichtet. Zusammen mit dem ebenfalls neuen Hafen Lohme hat sich damit die Liegeplatzsituation an der Außenküste Rügens deutlich verbessert.

Ansteuerung
Bei normalen Wetterbedingungen ist der Hafen bei Tag und Nacht einfach anzulaufen. In der Tromper Wiek orientiert man sich an den weißen Gebäuden mit rotem Dach der neuen Reha-Klinik am östlichen Ortsrand Glowes (Foto s. Seite 6). Da sich außen vor beiden Molen Steinfelder erstre-

Blick in den Hafen von Glowe in der Tromper Wiek

148 Küstenhandbuch Mecklenburg-Vorpommern

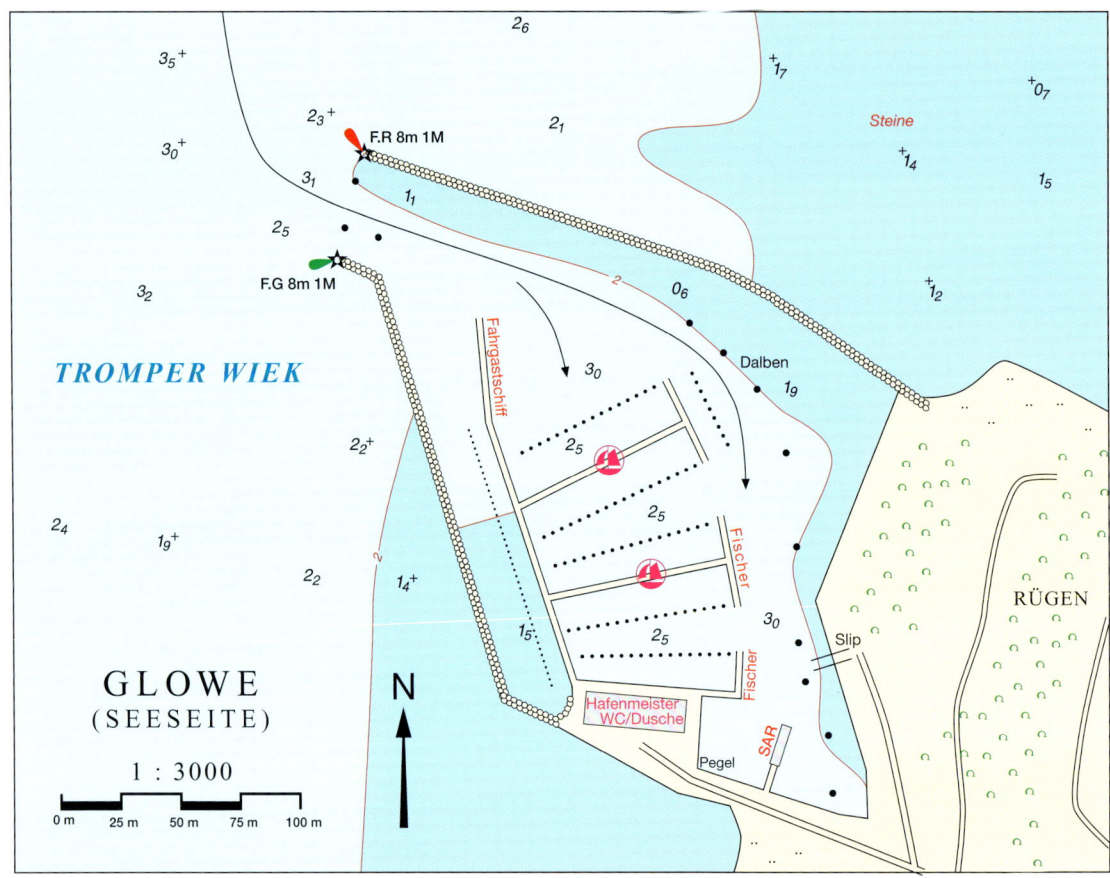

cken, sollte die Ansteuerung aus nordwestlicher Richtung erfolgen, und erst wenn die Einfahrt gut einzusehen ist, mit Kurs 113° eingesteuert werden. Die Molenköpfe tragen jeweils ein Festfeuer rot bzw. grün. Bei starken Nordwest- bis Nordostwinden steht bis ins Innere der Tromper Wiek eine hohe Welle. Das Anlaufen des Hafens auf Legerwall ist dann nicht unproblematisch.

Liegeplätze

Das geräumige Hafenbecken hat einen langen Steg mit drei Querstegen für Yachten. Die etwa 65 Gastliegeboxen mit festen Dalben sind ca. 10 bis 16 m lang. Größere Fahrzeuge machen am Kopfende oder am Hauptsteg fest. Nach Absprache kann auch an der Fahrgastpier festgemacht werden. Bei Windrichtungen aus NW bis W kann etwas Dünung auf die Stegenden stehen, die Boote sollten deshalb sorgfältig festgemacht werden. Das ehemalige Ufer an der Landseite des Hafens soll bis Ende 2018 mit Spundwänden befestigt werden. Es bleibt zu hoffen, dass dies den Schwell nicht noch verstärkt.

Service und Versorgung

Der Hafen ist mit allem modernen Komfort ausgestattet. Sanitäranlagen, Hafenmeister-

Die Außenküste von Rügen

büro, Waschmaschine, Trockner und Kiosk sind in einem hübschen Neubau untergebracht.

Sehenswürdigkeiten

Bei entsprechendem Wetter verlocken die hervorragenden Liegemöglichkeiten und die schöne Umgebung zu einem mehrtägigen Aufenthalt. Im nur wenige Schritte entfernten Ort finden sich einige Läden für den täglichen Bedarf, vor allem aber Gaststätten aller Kategorien.

Glowe war lange Zeit ein kleines Fischerdorf an der Verbindung zwischen dem Großen Jasmunder Bodden und der Ostsee, die erst mit dem Straßenbau geschlossen wurde. Die Etappen der Umwandlung in einen Ferienort sind an den Baustilen gut ablesbar. Die ehemaligen Betriebsferienheime sind oft in einfacher Bauweise errichtet. Der Ort liegt am Ostrand der bewaldeten Schaabe, durch die eine breite Asphaltstraße und ein neuer Radweg zur Halbinsel Wittow führen. Im Dünenwald vor dem schönen Badestrand befinden sich große Parkplätze.

Der idyllische Sportboothafen Lohme

Eine Radtour zum Kap Arkona über die Schaabe und, ab Ortsausgang Juliusruh, auf dem Hochufer entlang der Tromper Wiek ist ein Genuss. Sehenswert ist auch das Renaissanceschloss Spycker – 4 km östlich von Glowe gelegen. Es wurde nach dem Dreißigjährigen Krieg von einem schwedischen General bewohnt und später umgebaut. Es ist heute ein Hotel mit einer Gaststätte im Kellergeschoss.

In Glowe standen die Sendeanlagen für die jedem Seemann vertraute Küstenfunkstelle Rügen Radio. Von hier aus wurde der weltweite Funkverkehr mit der DDR-Schifffahrt und der Hochseefischerei geführt. Diese Schifffahrtsunternehmen sind untergegangen, und die neue Technik kommt mit kleineren Anlagen aus. Heute erinnern nur noch einige Gebäude am Ortsrand an die Küstenfunkstelle, das Feld der Sendemasten ist längst zurückgebaut.

LOHME

54°35,1'N 013°36,5'E

An der Ostseite der Tromper Wiek, 9 sm östlich vom Kap Arkona und eben westlich vor der Stubbenkammer, liegt etwas abseits das alte Fischerdorf Lohme auf dem Hochufer. Am Fuß der Steilküste wurde ein kleiner Fischerhafen zu einem idyllischen

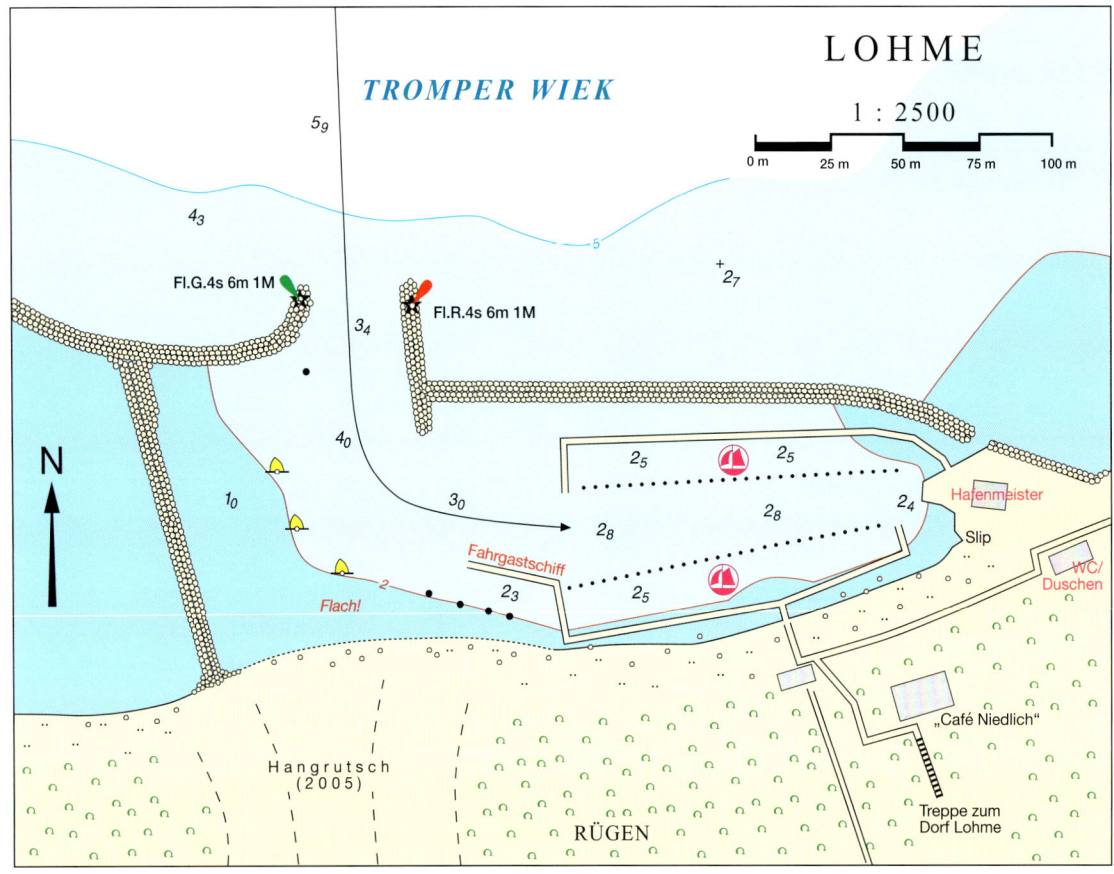

Sportboothafen ausgebaut, der bei stabilem Wetter gern angelaufen wird.

Ansteuerung
Man hält auf die weithin sichtbaren weißen Häuser des Ortes auf dem Hochplateau über dem Steilufer zu. Die Hafeneinfahrt ist die östliche Durchfahrt im Wellenbrecher und ca. 20 m breit. Nachts hält man sich an die beiden Festfeuer rot und grün der Hafeneinfahrt.
Durch die hohen Molen ist das Hafeninnere nicht einzusehen. Am besten nähert man sich aus genau nördlicher Richtung. Nach der Einfahrt wird gleich nach Backbord gedreht.
Das Ein- und Auslaufen ist bei Starkwind aus West über Nord bis Ost mit entsprechender Dünung gefährlich.

Liegeplätze
55 Gastliegeplätze sind in Boxen mit Dalben eingerichtet (lange Leinen bereit halten). Sorgfältig festmachen, in den Hafen steht öfter etwas Dünung. Die Hafenatmosphäre ist besonders ansprechend durch die Lage unterhalb des Steilufers mit Wind- und Lärmschutz.

Blick vom Hochufer herab auf den Sportboothafen Lohme

Service und Versorgung

Die modernen Anlagen entsprechen der Funktion des Hafens als Wasserwanderrastplatz. Die Sanitäranlagen befinden sich in einem hübschen Dreigiebelhaus. Der Hafenmeister sitzt neuerdings in einem kleinen Häuschen davor. WLAN in Teilen des Hafenbereiches. Der Kiosk am Hafen ist gleichzeitig ein Imbiss, und ein gutes Restaurant oberhalb wirbt mit dem schönen Blick auf Kap Arkona.

Sehenswürdigkeiten

Einziger Weg zum Ort ist eine Holztreppe mit 200 Stufen am 60 m hohen Steilufer. Trotz der abgeschiedenen Lage ist Lohme eines der ältesten Seebäder Rügens, schon 1884 kamen die ersten Gäste. Die Sonnenuntergänge mit Blick auf Kap Arkona zogen auch Maler wie Caspar David Friedrich an diesen Ort. Heute gilt Lohme als Geheimtipp, abseits vom Massentourismus. Mehrere Lokale und eine Traditionsräucherei erwarten ihre Gäste. Zu den Kreidefelsen der Stubbenkammer sind es nur 4 km. Der Weg führt durch die urwüchsigen Wälder der Stubnitz.

Mit oder ohne Aufenthalt in den Häfen der Tromper Wiek nähert man sich bei der Reise Richtung Osten den Kreidefelsen von Rügen. Wenn nicht gerade Ostwind bläst, kann man im Windschutz der Steilküste in ruhiger Fahrt die großartige Natur mit dem Farbenspiel von weißen Felsen, dunklem Grün des Waldes und blauem Meer erleben. Wegen der Schutzzone, aber auch wegen der „großen Klamotten" (Findlinge) hält man einen Abstand von 3 kbl vom Ufer. Besonders bemerkenswert ist der 162 t schwere „Schwanenstein" dicht vor dem Ufer. Die Wälder der Stubnitz sind Nationalpark. Etwas versteckt steht 1 sm weiter südöstlich der kleine, weiße runde Leuchtturm Kollicker Ort. Er ist, wenn man von Kap Arkona kommt, erst spät auszumachen. Nach weiteren 3 sm nimmt die Höhe der Küste langsam ab. Im Norden der Prorer Wiek, an der Südostküste des Kreidemassivs des Jasmunds, liegt die Stadt Sassnitz mit ihrem großen Hafen.

SASSNITZ

54°30,7'N 013°38,5'E

Sassnitz war zunächst durch die Kreideküste bekannt. Eine bedeutende Entwicklung brachte ab 1897 die Fährverbindung nach Trelleborg und nach dem Zweiten Weltkrieg die große Fischereiflotte und Fischverarbei-

Der Hafen von Sassnitz: Wasserwanderrastplatz an der Brücke 2

tung. Dazu wurde der Hafen ausgebaut und die über 1000 m lange Mole errichtet. Sassnitz wird wohl von den meisten Yachten angelaufen, die Rund Rügen segeln. Es ist auch ein guter Ausgangspunkt für Törns nach Bornholm oder Südschweden.

Ansteuerung

Der Hafen kann bei allen Wetterlagen Tag und Nacht ohne Schwierigkeiten angelaufen werden. Seitdem die Fährschiffe nach Trelleborg über den 2 sm südlich gelegenen Hafen Mukran abgefertigt werden, gibt es keine zeitweilige Einlaufsperre mehr.
Die Hafeneinfahrt öffnet sich am südwestlichen Ende der langen Ostmole. Auf ihren Kopf steht ein kleiner Leuchtturm mit starkem Sektorenfeuer (Oc.WRG.6s).
Von Norden kommend, sind Stadt und Hafen erst zu sehen, wenn man nach der letzten Huk schon fast davor ist. In der Nacht orientiert man sich am Leuchtfeuer Kollicker Ort (LFl.WR.6s) und der rot-weißen Mitte-Schifffahrtsweg-Tonne Sassnitz (Iso.4s) 3 sm östlich davon. Von den der Küste vorgelagerten Steinen hält man sich frei, indem so lange Süd gesteuert wird, bis man den weißen Sektor des Sektorenfeuers Sassnitz Mole erreicht hat und auf südwestlichen Kurs gehen kann. Bei Umrundung des Molenkopfs auf Gegenverkehr achten und sich dann an Backbord von der kleinen Westmole quer vor dem Hafenbecken freihalten. Deren Kopf ist ebenfalls befeuert (F.R + Oc(2)R.10s).
Von Süden kommend, hält man nordwestlich auf die weithin sichtbare Stadt am Fuß des Jasmunds zu. Zur näheren Orientierung kann das Hochhaus des Rügenhotels dienen. In der Nacht orientiert man sich im grünen Sektor des Ostmolenfeuers und dreht bei Ausmachen der Richtfeuer (2 x Oc(2)R.10s, 007,5°) in den Hafen.

Liegeplätze

Das geräumige Hafenbecken bietet bei jeder Windrichtung Schutz. Sportboote haben die Wahl zwischen dem sogenannten „Stadthafen" und dem Wasserwanderrastplatz. Allein in ersterem gibt es fast 100 Lie-

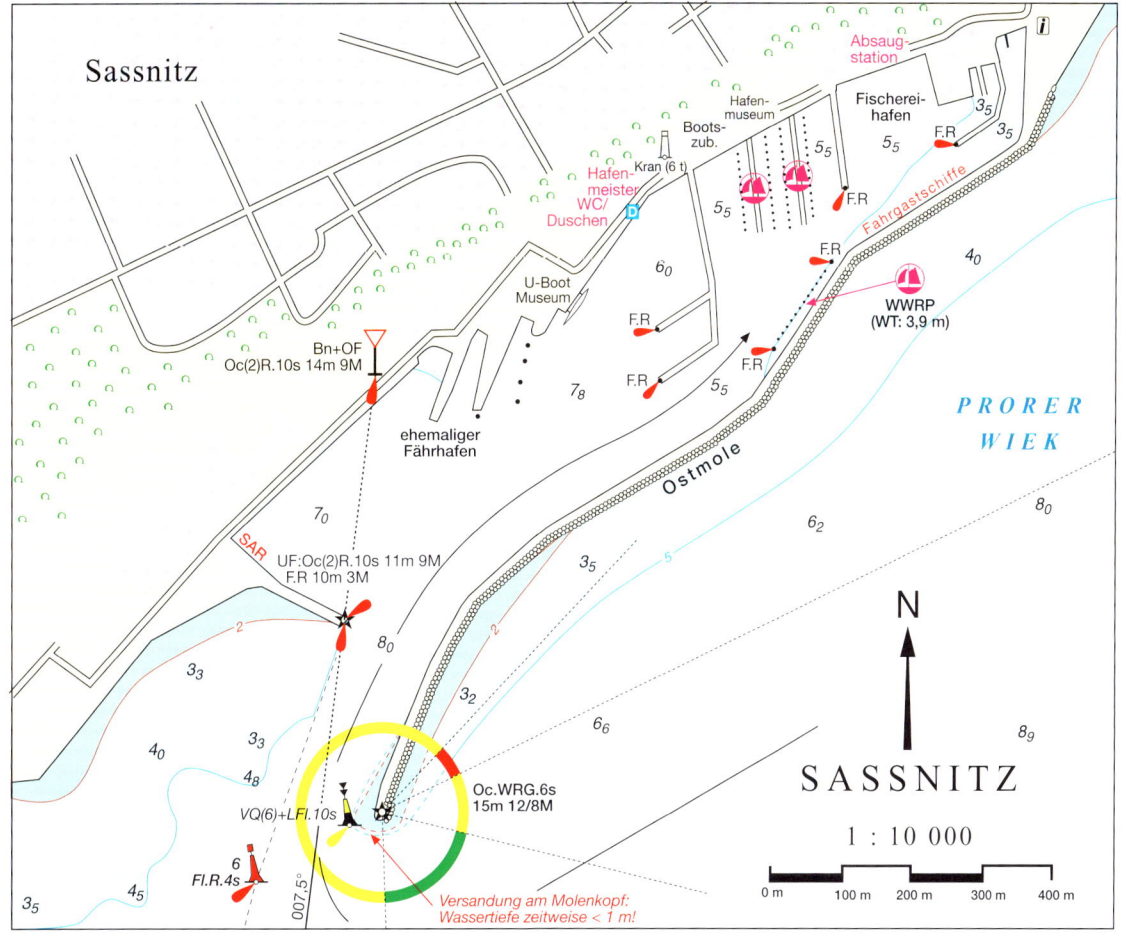

geplätze. Schwell kann das Liegen im gesamten Hafenbecken leidsam machen. Weitere Anlegemöglichkeiten bestehen an der Ostmole. Von hier ist es allerdings zu Service- und Versorgungseinrichtungen etwas weiter. An allen Liegeplätzen sind Festmachedalben gesetzt. Kleinere Boote sollten lange Leinen bereithalten. Yachten ab 20 m Länge fragen besser über Sprechfunk vor dem Einlaufen, wo ein Liegeplatz frei ist.

Service und Versorgung

Die Liegeplätze sind mit Strom und Wasser ausgestattet. Toiletten, Duschen, Läden und Gaststätten befinden sich im Servicegebäude am Kai. Im Hafengelände existieren mehrere Werkstätten für Schiffsausrüstungen. Der innere Hafenbereich wird weiterhin von den Kutterfischern eingenommen. In diesem Bereich findet man weitere Gaststätten und Imbissstände.

Die grundsätzlichen Erwartungen der Wassersportler werden in Sassnitz voll erfüllt, idyllisch ist der Hafen keineswegs, die ehemalige gewerbliche Nutzung wirkt noch nach. Über die Geschichte des Fischereihafens informiert ein vor Kurzem eingerichtetes Museum im Servicegebäude. Nach Verlegung der Schwedenfähre konnte die Hafenbahn stillgelegt werden. Für Touristen werden Ausflugsfahrten um Rügen, nach Bornholm und Swinemünde angeboten. Am Abend herrscht im Ort eine fast mediterrane, gemütliche Atmosphäre.

Sehenswürdigkeiten

Die Stadt erstreckt sich als schmales Band auf dem Küstenvorland südlich der Stubnitz. Die kurzen Nebenstraßen enden am Steilufer oder an Kreidefelsen. Sehenswert ist die in den letzten Jahren sanierte Altstadt mit vielen Häusern aus der Zeit als Badeort um die Jahrhundertwende – vom Hafen am Ufer entlang schnell zu erreichen. Dazu gehört die neue Fußgängerbrücke.

Ein „Muss" ist die Wanderung entlang der Kreideküste der Stubnitz. Der Weg verläuft auf dem Hochufer oder am Strand entlang (beschwerlich). Wer den Fußweg nach der Stubbenkammer scheut, sollte eine Strecke mit dem Bus fahren oder Fahrräder ausleihen. Bei sonnigem Wetter bieten sich von der bewaldeten Küste aus an vielen Stellen schöne Ausblicke auf die weißen Kreidefelsen und den mit großen Findlingen übersäten Strand. Die Tagesfahrten nach Bornholm und Trelleborg mit Schnellfähren können eine Alternative zum Törn auf eigenem Kiel sein.

VON SASSNITZ ZUM GREIFSWALDER BODDEN

Von Sassnitz entlang der Ostküste Rügens sind es 17 sm bis zum Osteingang des Greifswalder Boddens bei Thiessow. Bei den vorherrschenden Winden von Süd über West bis Nord ist dieser Abschnitt relativ gut geschützt. Der nächste (Not-)Hafen liegt auf der Greifswalder Oie (18 sm entfernt). Man steuert mit südlichem Kurs quer über die Prorer Wiek, die durch die Nehrung Schmale Heide im Westen begrenzt wird. Im Nordteil liegt der Fährhafen Mukran, vom 5 km langen Hafengelände ist hinter der hohen Mole nicht viel zu sehen. Hier muss man mit querlaufenden Fährschiffen rechnen. Im Scheitel der Bucht erstreckt sich der „Koloss von Prora", ein 5 km langer, fünfgeschossiger Gebäudekomplex, der Ende der 1930er-Jahre als KdF-Ferienzentrum begonnen, aber bis zum Beginn des Zweiten Weltkrieges nur in Teilen fertig gestellt wurde. In der DDR wurden einige Häuser vom Militär genutzt. In den vergangenen Jahren wurde der Komplex umfassend saniert, es entstehen luxuriöse Appartements. Die Investoren, die das „längste Gebäude der Welt" nach Kräften neu zu

Die Kreideküste der Stubnitz

Der „Koloss von Prora" – ein 5 km langer Gebäudekomplex

vermarkten versuchen, blenden die zweifelhafte Geschichte nach Möglichkeit aus. Den Modernisierungsmaßnahmen wird auch das Dokumentationszentrum weichen müssen. An der Anmutung hat sich auch durch die neuen Glasfassaden wenig geändert, der Komplex wirkt in erster Linie furchteinflößend.

Wie auf einer Perlenkette aufgereit, ziehen nun die bekannten Seebäder Binz, Baabe, Sellin und Göhren vorbei. Die alten Bädervillen aus der Zeit vor dem Ersten Weltkrieg sind inzwischen gründlich saniert worden und hoffen auf zahlungskräftiges Publikum. Die Orte haben aufwendige Seebrücken gebaut, an denen auch Fahrgastschiffe anlegen. Für Sportboote sind sie kaum nutzbar. Das große Waldgebiet östlich Binz ist die Granitz. Das hier gelegene einstige fürstliche Jagdschloss ist heute ein touristisches Highlight. Vom so genannten Schinkelturm hat man einen schönen Blick über die Insel. Vor Göhren ragt das bewaldete Steilufer fast eine 1 sm weit in die See und bildet das Nordperd.

Will man zur Insel Greifswalder Oie, kann man den Kurs weiter segeln, sonst steuert man Richtung Greifswalder Bodden mit südwestlichem Kurs auf das folgende Kap, das Südperd, südlich von Thiessow. Etwa 6 kbl südöstlich des Kaps Südperd beginnt am Leuchttonnenpaar L1/L2 (jeweils Q) das bezeichnete Fahrwasser Landtief. Wer die Prorer Wiek weit östlich umsteuert hat, orientiert sich am besten an den rot-weißen Mitte-Schifffahrtsweg-Tonnen Landtief A (Iso.4s) oder Landtief B (Oc.4s).

Achtung: In der Bucht zwischen Nordperd und Südperd liegen zahlreiche Steine und Fischnetze. Man sollte sich östlich einer gedachten Linie zwischen den beiden Kaps halten. Vor der Ortslage Thiessow ist der Grund steinfrei, ein seit alten Zeiten bekannter Ankerplatz für Winde aus Süd über West bis Nord. Nicht zu tiefgehende Boote können das Flach Thiessower Haken auch außerhalb der Baggerrinne queren. Aber Vorsicht, bei Starkwind aus Südwest kann der mittlere Wasserstand bis zu 1 m unterschritten werden.

Am Ende der Landtiefrinne, am Böttchergrund, führen Fahrwasser zu den Häfen Südrügens, zur Peenemündung und nach Greifswald sowie Stralsund. Auf beiden letztgenannten Wegen ist mit Handelsschiffen zu rechnen, denen man wegen der Untiefen ausweichen muss. Die Tonnen sind befeuert, die Untiefen gesondert gekennzeichnet mit kardinalen Seezeichen.

INSEL GREIFSWALDER OIE
54°14,6'N 013°54,6'E

Die Insel weit vor dem Greifswalder Bodden zwischen Rügen und Usedom ist schon aus großer Entfernung zu sehen. Sie ragt aus einer Flachwasserzone hervor, ehemals ein Landrücken zwischen Rügen und Usedom, der in Sturmfluten versank. Die 54 ha große Insel war jahrzehntelang, schon seit dem Zweiten Weltkrieg, militärisches Sperrgebiet und darf auch heute nur als Nothafen angelaufen werden. Wegen der in der Abgeschiedenheit entstandenen wertvollen Biotope wurde sie 1995 zum Naturschutzgebiet erklärt und so einer touristischen Nutzung ein Riegel vorgeschoben. Lediglich 50 Besucher dürfen die Insel täglich mit Ausflugsbooten ab Freest und Peenemünde betreten. Allen anderen ist das Betreten der Insel verboten, Crews sollten dies respektieren.

Ansteuerung

Der Hafen liegt an der Südwest-Küste der Insel. Südwestlich davor erstreckt sich über 2 sm das Oier Riff, dessen Steine zeitweise aus dem Wasser ragen. Der Hafen kann daher nur von Westen oder Norden angesteuert werden. Ca. 0,5 sm westnordwestlich liegt das Tonnenpaar GO1/GO2. Von dort wird mit 110° zur Einfahrt gesteuert, bei Dunkelheit orientiert man sich am Sektorenfeuer Oc.WRG.6s. Die Molenköpfe sind befeuert.

Nach dem Passieren der Mole muss gleich nach Steuerbord gedreht werden, der landseitige Hafenteil ist sehr flach. Die Öffnung am südlichen Ende der westlichen Mole kann nicht befahren werden.

Liegeplätze

Der Hafen ist geräumig, bietet aber nur wenige feste Liegeplätze. Die kurzen Kais im Südteil sind Behördenfahrzeugen und der DGzRS vorbehalten. Yachten in Not können an der Westmole oder davor an Tonnen festmachen, allerdings ohne Landanschluss. Trotzdem liegt man hier besser als

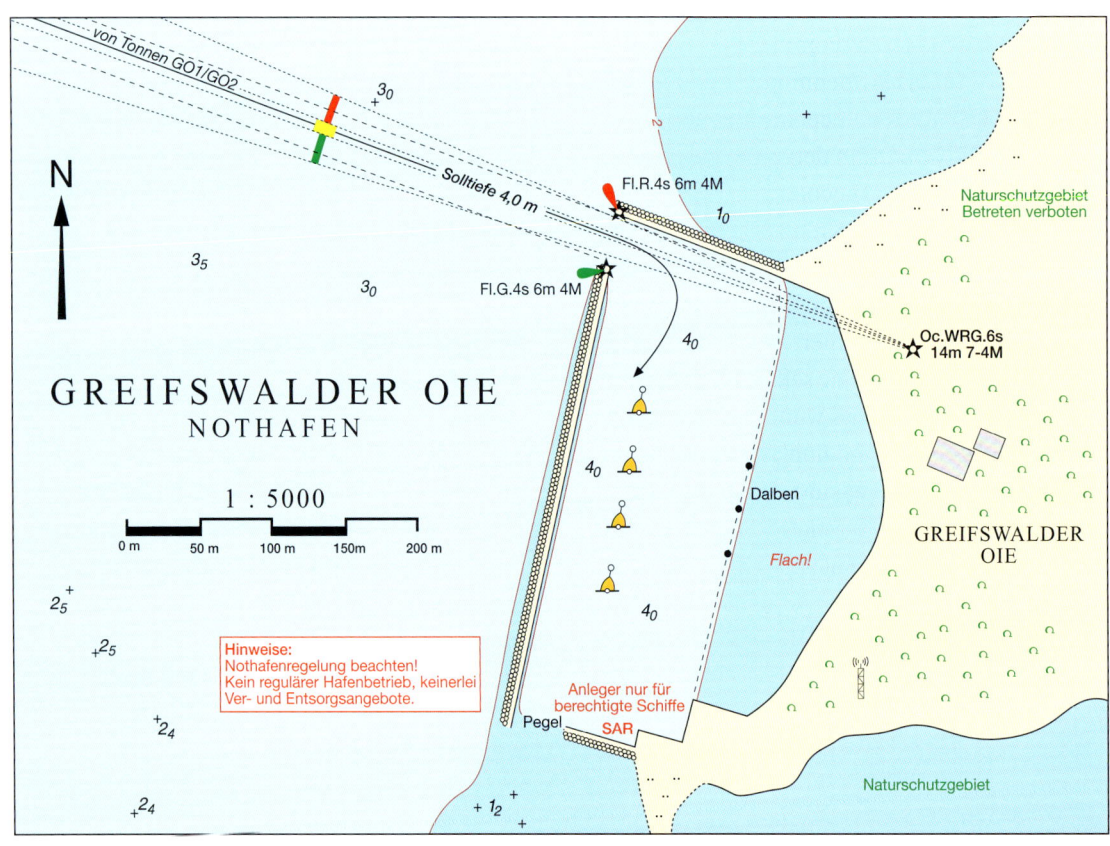

am Kai, denn oft steht ein unangenehmer Schwell in den Hafen.

Service und Versorgung
Dem Naturschutz konsequent entsprechend, ist hier nichts vorhanden, was dem Aufenthalt von Sportbooten förderlich sein könnte. Es gibt daher keinerlei Service.

Sehenswürdigkeiten
Die jeweils aktuelle Vorschrift zum Betreten der Insel sollte vorher bei den Revierzentralen über UKW oder in benachbarten Häfen erfragt werden. Vom Hafen führt ein Betonweg vorbei an kleinen Gebäuden mit ehemals militärischer Nutzung zum Leuchtturm. Das imposante Bauwerk wurde 1855 errichtet und ist 40 m hoch. Mit einer Reichweite von 26 sm ist er das wichtigste Leuchtfeuer in der Pommerschen Bucht von Rügen bis Swinemünde, und das einzige linksdrehende Feuer an der deutschen Ostseeküste. Bis auf den zeitweiligen Aufenthalt von Naturbeobachtern und den hier stationierten SAR-Kreuzer ist die Insel unbewohnt. Die seit vielen Jahren sich selbst überlassene Vegetation ist beeindruckend. An der Ostseite wuchert ein fast undurchdringlicher Wald. Die seit vielen Jahren hier wild lebenden Ponys wurden umgesiedelt. Ihren Platz nehmen nun Schafe ein. Zum Schutz vor weiterer Abtragung wurden die Ufer aufwendig befestigt. Ein Inselrundgang dauert ca. 2 Stunden.

ANKERPLÄTZE AN DER AUSSENKÜSTE RÜGENS
Gegenüber den flachen, buchtenreichen Boddengewässern ist das Ankern unter der Außenküste schwieriger. Doch mit einiger Umsicht können zumindest für den Tagesaufenthalt reizvolle Plätze aufgesucht werden. Auch kann man bei den großen Entfernungen zwischen den Außenhäfen schon mal von der Dunkelheit überrascht werden. Bei ruhiger Wetterlage kann dann Ankern eine Alternative zur Nachtfahrt sein. Und schließlich ist es ganz gut, wenn man weiß, wo man sich bei Sturm für einige Stunden verkriechen kann.

Die beschriebenen Ankerplätze bieten keinen Rundumschutz, sie sind jeweils nur bei bestimmten Windrichtungen nutzbar. Beim Übernachten sollte die Wetterentwicklung beobachtet und überlegt werden, mit welchem Kurs der Platz in der Nacht verlassen werden kann. Dies kann schon bei einem drohenden Gewitter notwendig werden. Die Ankerplätze verteilen sich auf die Reviere Libben, Tromper Wiek und die Buchten an der Ostküste. Einige traditionelle Plätze vor Hiddensee, der Halbinsel Bug und der Stubnitz dürfen wegen der Schutzzonen der Nationalparks nicht angelaufen werden.

ANKERN IM LIBBEN
In der trichterförmigen Bucht zwischen Hiddensee und Rügen stehen drei Plätze zur Verfügung. Bei westlichen Winden nutzt man den Platz südlich der Huk Enddorn auf Hiddensee. Hier bietet der Dornbusch sehr guten Schutz. Wegen der dem Enddorn vorgelagerten Steine darf man sich dem Ufer nicht mehr als 2 kbl nähern. In Höhe Bessin ist die Schutzzone 1 zu beachten. Am günstigsten ankert man in der Peilung Leuchtturm Dornbusch – Leuchttonnenpaar 1/2 des Libben-Fahrwassers.

Bei südlichen bis östlichen Winden ankert man am Südrand des Libben vor der Halbinsel **Bug** vor dem Wald – Höhe Tonnenpaar 3/4 bis 5/6. Der Grund ist rein und bis dicht unter Land recht tief. Der Ankerplatz darf wegen der Schutzzone 2 nur unter Segeln angelaufen werden.

Schon weiter außerhalb liegt der Ankerplatz **Rehbergort** unter dem Steilufer der Halbinsel Wittow nördlich Dranske. Er ist nur bei östlichen Winden geeignet, schon bei Nordost steht Schwell herein. Man ankert 1,5 kbl vom Ufer auf 3 m Tiefe.

Bei sich verschlechternden Wetterverhältnissen mit Winddrehungen nach Nordwest oder Nordost sollte man vermeiden, die engen Fahrwasser um Hiddensee in der Dunkelheit zu befahren. Sie sind nur sparsam mit Leuchttonnen versehen, Ortsunkundige können schnell Probleme bekommen. Also besser den Ankerplatz noch bei Tageslicht verlassen oder erst dann in dieses Revier einlaufen.

ANKERN IN DER TROMPER WIEK

Ein Ankerplatz liegt südlich von Kap Arkona vor dem Fischerdorf **Vitt**. Er wird von Yachten angelaufen, die, von Osten kommend, vor Arkona auf zu starken Wind gegenan und grobe See treffen. Wird der Platz aus nördlicher Richtung angesteuert, muss erst das Arkonariff umfahren werden. Dabei muss gelotet werden, damit man auf 6 m Wassertiefe bleibt. Zudem ist mit erheblicher Stromversetzung zu rechnen. Der Grund besteht aus Sand, mit kleinen Steinen versetzt, und ist im Bereich des Dorfes rein.

Bei ruhiger Wetterlage kann mit dem Beiboot eine Stippvisite im Dorf erfolgen. Der ursprünglich erhaltenene Ort steht auf der UNESCO-Denkmalschutzliste. Er war im Mittelalter ein wichtiger Fischanlandeplatz. Am Ankerplatz entsteht bei Winden aus Nordwest oder Südwest Schwell. Man kann sich dann weiter in die Wiek hinein verholen, z. B. vor **Juliusruh**. Der Grund ist hier bis dicht ans Ufer tief und ohne Steine. *Achtung:* Nördlich der Ortslage vor dem Steilufer beginnt ein breiter Steingrund.

Vor dem Strand der **Schaabe** kann bis zum Ort Glowe bei Winden aus südlichen Richtungen gut geankert werden.

Bei Schlechtwetter kann man sich schnell in den Yachthafen Glowe verholen.

ANKERPLÄTZE AN DER OSTKÜSTE RÜGENS

Die Ankerplätze zwischen Sassnitz und Thiessower Haken sind nach Osten völlig offen; für die meisten Crews ist dies etwas ungewohnt. Allerdings sind Winde aus dieser Richtung nicht so häufig, und man kann sich bei Schlechtwetter von jedem Platz auch in der Nacht in 1–2 Stunden nach Sassnitz oder in den Greifswalder Bodden verholen.

ANKERN IN DER PRORER WIEK

Es empfiehlt sich, etwas nördlich vom bekannten Seebad **Binz** zu ankern. Beim Anlaufen kann man sich an den Ansteuerungstonnen für den Fährhafen Mukran und an den Reedetonnen orientieren. Beim Näherkommen erscheint die Seebrücke. Falls östlich davon vor der Huk **Silvitzer Ort** mit be-

sonders gutem Windschutz geankert werden soll, achte man auf Steine.
Binz ist ein elegantes Seebad mit lebhaftem Kurbetrieb. Eine Sehenswürdigkeit ist das restaurierte Kurhaus aus dem Jahre 1908. Zum Jagdschloss Granitz sind es 3 km. Gern besucht werden auch die Feuersteinfelder auf der Schmalen Heide. Die bis zu 200 m breiten Aufschüttungen entstanden vor 4000 Jahren bei Sturmfluten.
Für einen Tagesausflug kann man auch 2 km südlich des Fährhafens **Mukran** ankern. Hier befindet sich das nördliche, nicht fertig gestellte Ende vom 5 km langen „Koloss von Prora".

ANKERN VOR BAABE

Der Ankerplatz liegt unmittelbar vor dem Badeort Baabe und sollte ziemlich genau aus nördlicher Richtung angesteuert werden. Vor Quitzlaser Ort und dem Nordperd liegen Steinfelder. Etwa 2 kbl vor dem Strand liegt der so genannte Buhskam, der größte Findling der deutschen Ostseeküste. Der nur wenig aus dem Wasser ragende Stein hat 40 m Umfang und soll 1600 t wiegen. Bei westlichen und südlichen Winden bietet der Ankerplatz guten Schutz. Hochdruckwetterlagen führen in diesem Küstenabschnitt im Tagesverlauf häufig zu Nordostwind. Dann muss bis zum abendlichen Abflauen seewärts verholt werden. Am Strandabschnitt vor dem Ankerplatz gibt es regen Badebetrieb. Baabe und das benachbarte Sellin waren bereits Ende des 19. Jahrhunderts bedeutende Badeorte. Wichtig: Die Orte liegen bereits im Biosphärenreservat Südost-Rügen, das sich bis zum Böttchergrund und von dort bis westlich hinter Lauterbach erstreckt. Für Fahrzeuge unter Motor gelten auf den Fahrwassern 12, außerhalb 8 kn Höchstgeschwindigkeit.

ANKERN AM THIESSOWER HAKEN

Dieser traditionelle Ankerplatz am Südperd östlich des Ortes Thiessow ist seit Segelschiffszeiten bekannt. Die Ansteuerung muss mit einiger Sorgfalt erfolgen, im Norden liegen Steinfelder und genauso direkt vor dem Hochufer des Südperds. Sicher ist man, wenn von der rot-weißen Mitte-Schifffahrtsweg-Tonne Landtief B (Oc.4s) mit südwestlichem Kurs auf den Nordrand des Ortes zugehalten wird. Von der Osthuk ist gehöriger Abstand zu halten.
Im Gegensatz zu den anderen Badeorten wird Thiessow bis heute von der Fischerei geprägt. Auf der Boddenseite am Zickersee liegt der ehemalige Fischereihafen Thiessow (siehe Eintrag) Lohnend ist ein Spaziergang auf die 35 m hohe Kuppe des Südperds. Von hier aus hat man einen schönen Blick über den Greifswalder Bodden, die Peenemündung und weit nach Usedom.

ANKERN VOR DER GREIFSWALDER OIE

Die Insel bietet keine sicheren Ankerplätze, zudem ist die Umgebung der Insel sowie das Oier Riff als Naturschutzgebiet ausgewiesen. Zum Betreten der Insel vgl. die Hafenbeschreibung Seite 155 ff.

DER STRELASUND

Die etwa 15 sm lange Verbindung zwischen den nördlichen Rügenschen Gewässern und dem Greifswalder Bodden wird von den meisten in den Küstenrevieren Mecklenburg-Vorpommerns kreuzenden Yachten durchsegelt.

Hauptanziehungspunkt ist die traditionsreiche See- und Hafenstadt Stralsund mit ihren zahlreichen Sehenswürdigkeiten. Sie hat das größte Liegeplatzangebot östlich von Rostock/Warnemünde und umfangreiche Service- und Versorgungsmöglichkeiten. Die guten Verkehrsverbindungen sind ideal für einen Crewwechsel.

Der Strelasund selbst ist ein schönes Segelrevier in einer abwechslungsreichen Landschaft, relativ geschützt, mit ausreichenden Wassertiefen. Er ist sehr gut betonnt, nachts auch für Ortsunkundige zu befahren. Die wenigen Untiefen wie z. B. der Stralsunder Steintrendel 1 sm nördlich der Stadt und der Deviner Haken im Süden sind bezeichnet. Kielyachten sollten trotzdem mit aktuellen Seekarten versorgt sein. In der Hochsaison bilden sich vor der **Ziegelgrabenbrücke** weiterhin häufig Pulks, die sich aber nach dem Brückenöffnung schnell wieder auflösen. Die Öffnungszeiten sind bei Bedarf am Tag 5.20, 8.20, 12.20, 15.20, 17.20 Uhr und 21.30 Uhr – auch bei der Verkehrszentrale über UKW-Kanal 16 und 67 sowie unter Tel. 03831-2490 zu erfragen. Die ehemals rege Fracht- und Personenschifffahrt ist deutlich zurückgegangen. Der Hafenumschlag ist teilweise auf das Gelände südlich der Brücke verlagert worden, und die Überfahrt nach Hiddensee führt nun vorwiegend über Schaprode.

Das Wasser des Strelasunds ist immer noch verunreinigt. Trotz des ständigen Wasseraustauschs mit der Ostsee und neuen Kläranlagen sollte man im Stadtbereich auf das Baden verzichten.

Neben den im Folgenden näher vorgestellten Häfen gibt es weitere, vorwiegend private Anleger, u. a. von örtlichen Wassersportvereinen, die unter Umständen auch angelaufen werden können. Dazu zählt **Anders-**

In Stralsund liegt das ehemalige Segelschulschiff „Gorch Fock (I)"

hof 2 sm südlich der Brücke (Maximaltiefe 0,8 m).

Karten

D 1511, D 1579, D 1622
D 3005, Blatt 14, 21, 23
D 3006, Blatt 8–11, 22
Delius Klasing-Sportbootkarten, Satz 2, Karte 08, 08A

DIE HÄFEN IN STRALSUND

54°19'N 013°06'N

Die geschichtsträchtige Stadt war einst eine der reichsten und mächtigsten Hansestädte. Sie besaß eine strategisch günstige Lage am Sund mit guten Verbindungen nach Skandinavien und war durch die Insellage einfacher zu verteidigen. Selbst Wallenstein belagerte die Stadt im Dreißigjährigen Krieg vergeblich. Von 1648 bis 1815 gehörte Stralsund zu Schweden. Der Rügendamm mit der klappbaren Ziegelgrabenbrücke ist die einzige feste Verbindung zur Insel. Die 1936 als Ersatz für Schiffsfähren erbaute Verbindung konnte den Verkehr schon seit Jahren nicht mehr bewältigen. Nicht nur zu den Öffnungszeiten kam es zu langen Fahrzeugstaus.

Neben dem Stadtgebiet bieten sich Barhöft, Neuhof und Stahlbrode als Übernachtungsorte an.

Die neue Rügenbrücke verläuft nur wenige Meter parallel zum alten Rügendamm. Kernstück ist eine Schrägseilbrücke mit 42 m Durchfahrtshöhe (wie bei den Brücken über Nord-Ostsee-Kanal). Der Doppelpylon wurde kurz vor der Ziegelgrabenbrücke errichtet und ist mit 126 m Höhe weithin sichtbar.

Liegeplätze

Stralsund hat, verteilt über mehrere Standorte, einige hundert Liegeplätze.

Von Osten kommend, bietet sich der Yachtclub im Becken **Dänholm Süd** an. Die Ansteuerung erfolgt von Osten ab der roten Tonne RD4 mit 320°. Die Zufahrt ist von zwei niedrigen Steinmolen geschützt. Bei hohem Wasserstand können die davor liegenden Pfahlreihen überspült sein. Das innere Becken ist relativ spät zu überblicken, 2–3 m tief, absolut geschützt und sehr ruhig. Die Liegeplätze des Yachtclubs befinden sich an zwei Stegen vor der festen

Hanseatische Kulisse: die Silhouette von Stralsund, rechts die Nordmole mit Citymarina

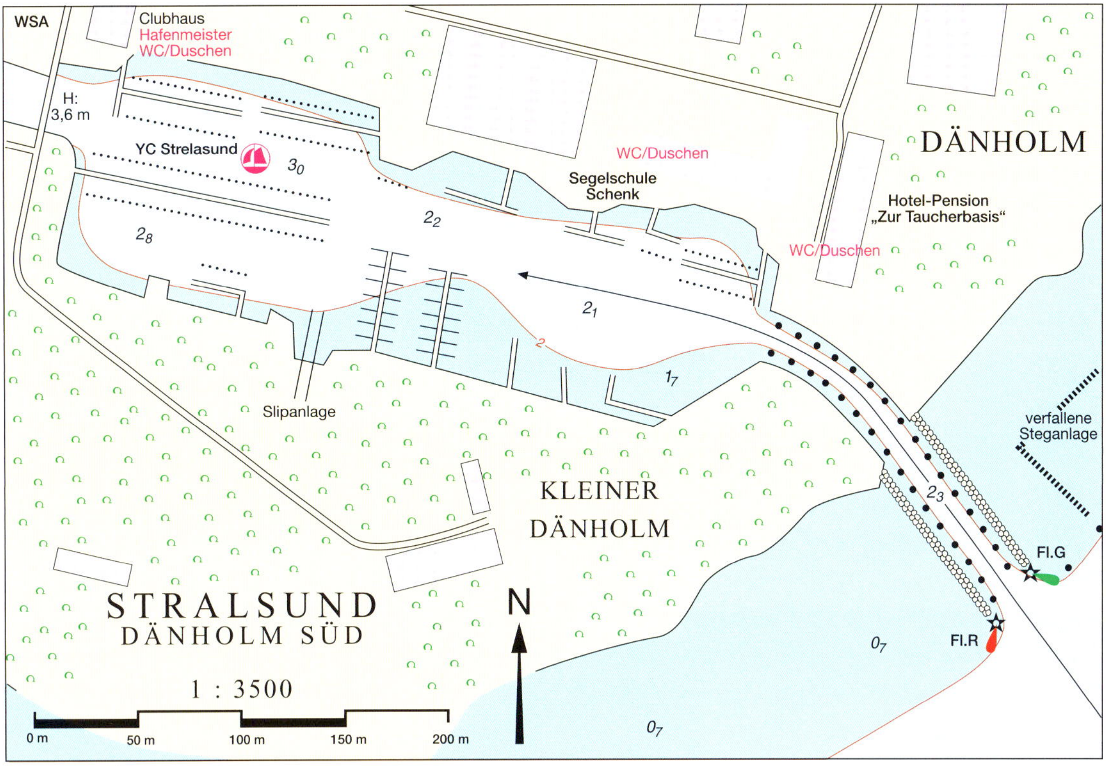

Brücke. Freie Plätze sind mit Schildern versehen. Aus Altbausubstanz ist das Vereinsgebäude mit Gaststätte und Sanitärbereich mit großem Einsatz der Clubmitglieder entstanden. Einkaufsmöglichkeiten bestehen nicht. Zur Innenstadt gelangt man per Bus (Haltestelle an der Brücke 500 m) oder mit dem Fahrrad. Der südliche Teil der Insel Dänholm mit seinem schönen Baumbestand und alten Wallanlagen hat auch eine bedeutende Marinehistorie. Die alten Kasernen und Bootshallen werden heute von Behörden, Unternehmen und Organisationen genutzt. Daneben gibt es zwei Museen – das Marinemuseum und das Nautineum. Letzteres zeigt Ausstellungen und Großexponate zur Fischerei und Meeresforschung.

Nach der Passage der Brücke nach Nordwesten findet man die nächsten Anlegemöglichkeiten im **Wassersportzentrum/Dänholm Nord** an der Ostmole.

Die Anlage wird auf rund 320 Liegeplätze ausgebaut, geplant ist ein Betrieb ab Mitte 2018. Die Stege gehören mehreren Segelvereinen, freie Liegeplätze sind grün gekennzeichnet – der äußerste Steg wird als Wasserwanderrastplatz neu eingerichtet. Es wird in Boxen mit Heckpfählen auf 1,8–3 m Wassertiefe festgemacht. Bei star-

Die Liegeplätze Dänholm Süd im Dänholm-Kanal

Liegeplätze im Wassersportzentrum Dänholm Nord (im Bau)

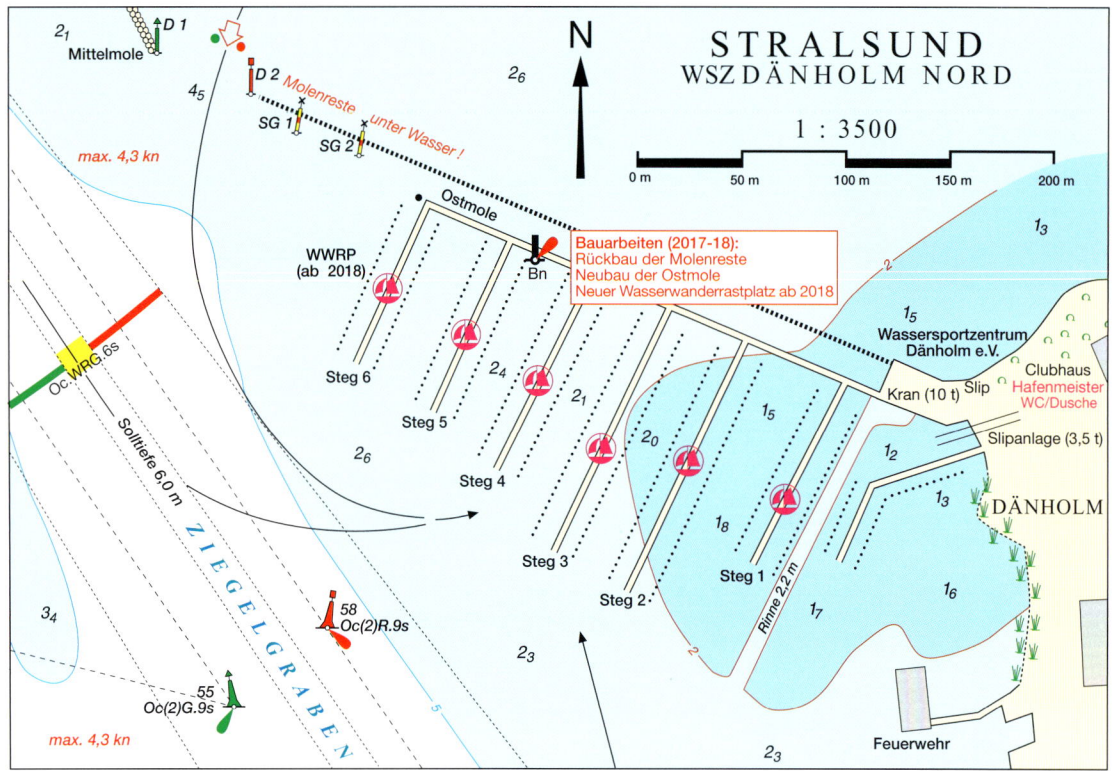

ken Winden aus Nord ist es recht unruhig. Beim Anlegen muss an den Stegköpfen zeitweise mit erheblichem Querstrom gerechnet werden.

Die Versorgung mit Trinkwasser und Strom ist gewährleistet, Sanitäranlagen sind vorhanden, ebenso ein Kran bis 10 t. Gemütliche Gaststätte und Bistro sind direkt am Hafen, dort gibt es auch WLAN.

Von der Insel Dänholm zur 4 km entfernten Innenstadt besteht eine Busverbindung.

Die Anlage **Stralsund Nordmole/Citymarina** ist mit 150 Gastplätzen für durchreisende Yachten wohl die interessanteste. Festmachen können Gäste an den Schwimmstegen 7, 8 und 9. Für Yachten über 50 Fuß/15 Meter stehen in begrenztem Umfang Längsliegeplätze zur Verfügung. Wasser und Stromanschlüsse überall, mehrere Sanitäranlagen und kostenloses WLAN an allen Stegen. Durch die Schifffahrt tritt im tiefen Hafenbecken einiger Schwell auf, der bei Ostwind recht unangenehm wird. Es gibt eine schwimmende Servicestation mit Toiletten und Hafenmeisterbüro an Steg 1. Durchreisende Boote können sich hier am günstigsten versorgen. Zu den Geschäften und Gaststätten der Altstadt sind es nur wenige Schritte. Kirchen und Museen sind zu Fuß erreichbar.

Wesentlich ruhiger geht es an den Liegeplätzen im **Querkanal** zu. Die Zufahrt erfolgt durch eine Klappbrücke am Behördenkai, die Öffnungszeiten können im Hafenamt erfragt werden (Aushang). Festgemacht wird in freien Boxen oder längsseits der Kais. Es gibt Wasser- und Stromanschlüsse, ein eigenes Sanitärgebäude fehlt jedoch. Zahlreiche kleine Geschäf-

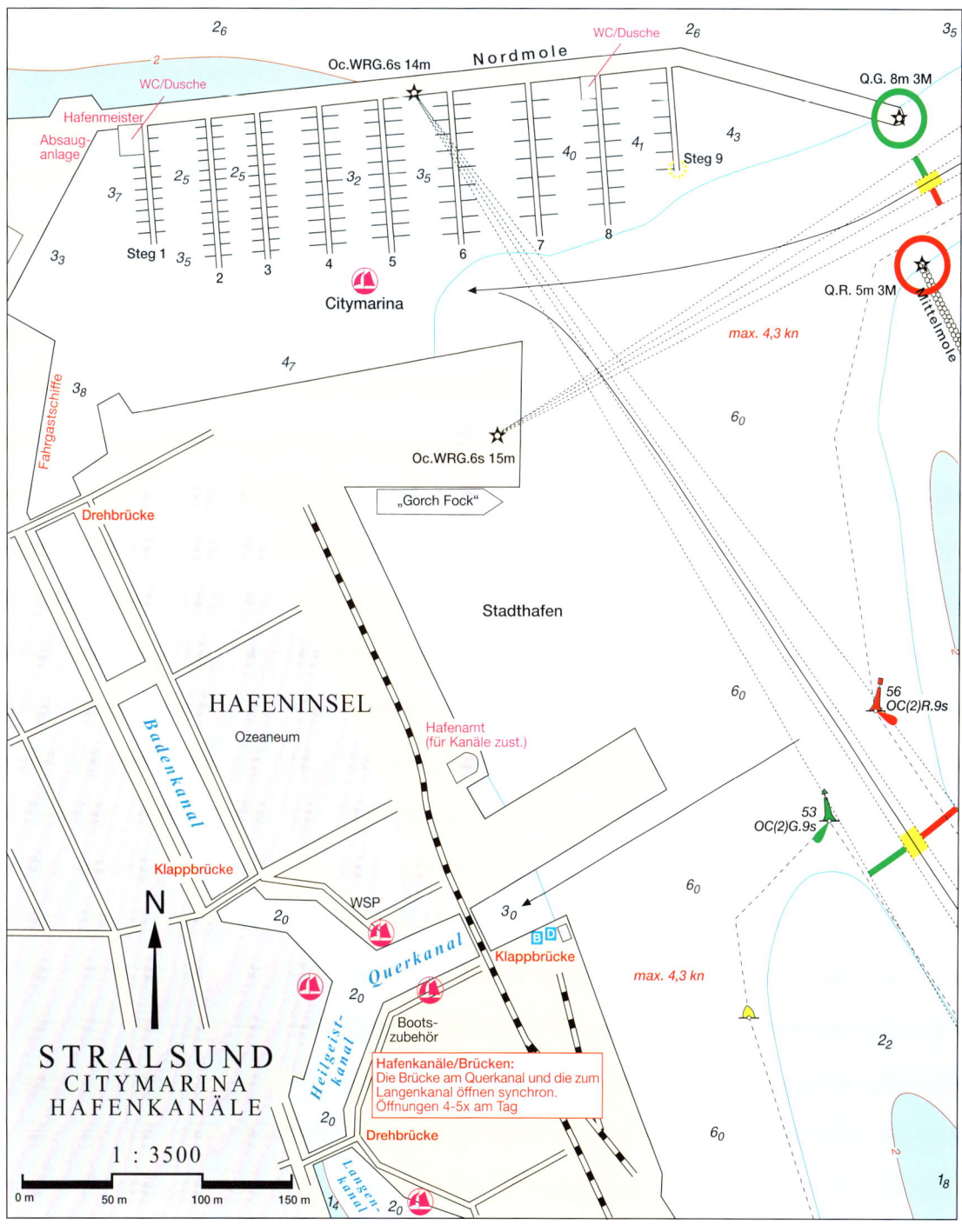

Blick auf die Liegeplätze im Querkanal (hinten) und Heiliggeistkanal (vorn)

te sind „gleich um die Ecke". Nach der Sanierung dieses Viertels ist schon ein angenehmes Flair entstanden. Östlich vor der Brücke findet man eine Bootstankstelle mit Benzin und Diesel.

Im Bereich des Stadthafens und seiner näheren Umgebung haben sich einige maritime Servicebetriebe und Geschäfte niedergelassen, so z. B. Bootsausrüster, Segelmacher, Motorenwerkstätten, Propellerservice. Vor den historischen Speichern hat am Liegeplatz Ballastkiste das Segelschulschiff „Gorch Fock (I)" festgemacht. Die Bark, die nach dem Zweiten Weltkrieg als sowjetische „Towarischtsch (II)" auch in Deutschland zu Besuch war, gehörte dann der Ukraine. Wegen fehlender Finanzen wurde es in Wilhelmshaven an die Kette gelegt. Dem Verein Tall-Ship-Friends gelang es, Eigentümer, Stadt, die Volkswerft und andere Geldgeber zur Übernahme des Schiffes durch Stralsund zu vereinen. Das 1933 bei Blohm & Voss in Hamburg gebaute Schiff gehörte zum Schiffsstammregiment Stralsund-Dänholm. Am 1. Mai 1945 wurde es von der Besatzung 2 sm südlich Stralsund vor der Halbinsel Drigge versenkt. Nach dem Krieg wurde es gehoben, instand gesetzt und als Reparationsleistung an die Sowjetunion abgeliefert.

Sehenswürdigkeiten

Von See schon aus großer Entfernung auszumachen ist die historische Silhouette der Stadt mit den großen Kirchen, dem Rathaus und Speichern, die nun von der mächtigen Schiffbauhalle der Volkswerft ergänzt wird. Ein Stadtrundgang führt vom Rathaus mit seiner prunkvollen Schauwand aus dem 14. Jahrhundert zur Nikolaikirche und zur Marienkirche auf dem Neuen Markt. Eine mühevolle Turmbesteigung lohnt wegen des schönes

Das Hafenamt mit Pegel in Stralsund

Ein Publikumsmagnet ist das neue Ozeaneum.

Ausblicks über Rügen und Hiddensee. Das Deutsche Meeresmuseum im Katharinenkloster ist mit seinen einzigartigen Sammlungen weit über die Landesgrenzen bekannt. Hier wird u. a. auch der berühmte Goldschmuck aus der Wikingerzeit aufbewahrt, der an der Küste Hiddensees gefunden wurde. Für Wassersportler besonders interessant dürfte das neue Ozeaneum auf der Hafeninsel sein, das sich bereits zum Touristenmagnet entwickelt hat. Auf 8700 m² wird die artenreiche Unterwasserwelt der Nord- und Ostsee in riesigen Aquarien mit Schwarmfischen gezeigt. Eine gesonderte Abteilung ist Modellen von Walen in Orginalgröße gewidmet.

Die historische Altstadt ist vollständig saniert worden und wirklich malerisch. Stralsunds Altstadtinsel ist folgerichtig UNESCO-Weltkulturerbe.

ALTEFÄHR
54°19,8'N 013°07,4'E

Blick auf den Hafen von Altefähr

Jahrhundertelang bestand hier die wichtigste Fährverbindung zwischen Rügen und dem Festland – bis zum Bau des Rügendamms 1936 sogar eine Eisenbahnfähre. Heute ist Altefähr ein gefragter Wohnort. Auch der Tourismus ist von Bedeutung, die Errichtung des Yachthafens ist ein wichtiger Beitrag dazu. Für durchreisende Yachten ist die Übernachtung hier eine ruhige Alternative zum sehr regen Stralsund.

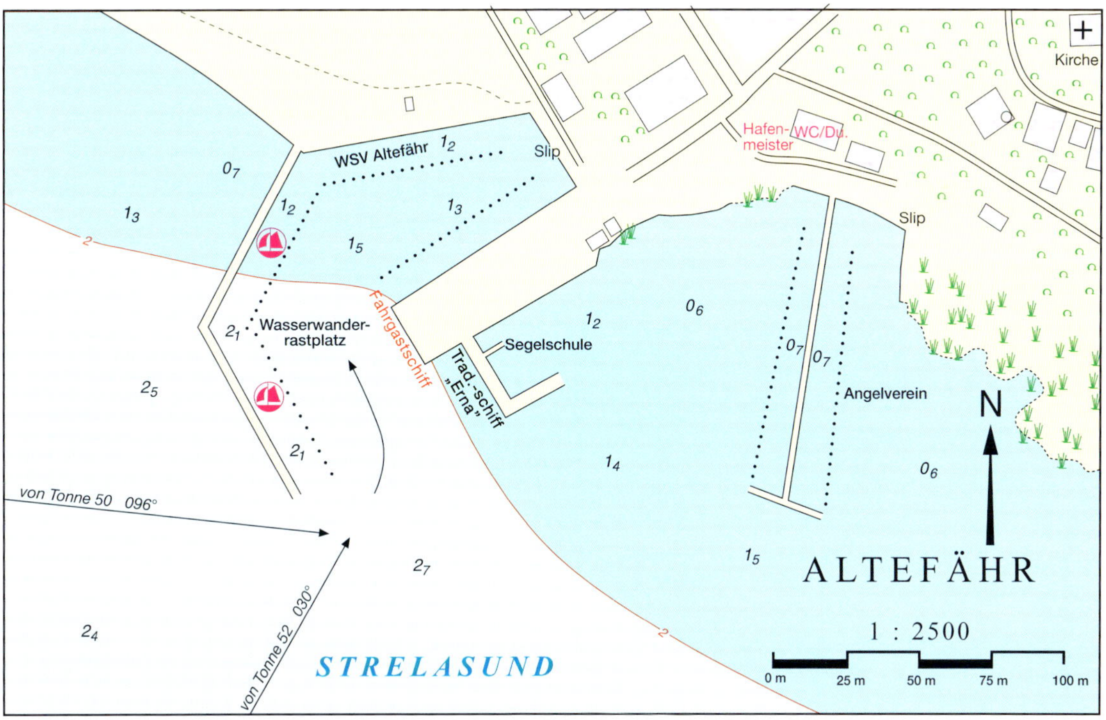

Das westliche Hafenbecken von Altefähr

Ansteuerung

Am sichersten (wegen Untiefen von 1,3 m und 1,8 m) steuert man von der grünen Leuchttonne 49 der Stadthafenansteuerung mit nordöstlichem Kurs auf den Kopf des Bollwerks zu. Der markante Kirchturm kann bei der Orientierung helfen.

Liegeplätze

Für Gastyachten stehen im westlichen Hafenbecken 20 Liegeplätze zur Verfügung. Festgemacht wird in Boxen mit Heckpfählen auf Wassertiefen von 1,5–2,5 m. Der weiter östlich gelegene Anglersteg hat Wassertiefen von weniger als 1,5 m. Der Hafen ist bei südlichen Winden weniger geschützt.

Service und Versorgung

Strom und Wasser an allen Stegen. Ein Servicegebäude mit Toiletten und Duschen, Clubraum und Hafenmeisterbüro wurde kürzlich fertig gestellt. Am Hafen befinden sich zwei Gaststätten. Im Ort gibt es zudem Versorgungsmöglichkeiten für den täglichen Bedarf.

Sehenswürdigkeiten

Der Ort mit Segelschule und Seefahrerkirche erfreut sich in letzter Zeit zunehmender Beliebtheit bei Touristen.
Die Umgebung ist Landschaftsschutzgebiet. Zu empfehlen sind Wanderungen entlang des Strelasunds in nördlicher Richtung. Mit dem stündlich verkehrenden Fährschiff zum Stadthafen können die Sehenswürdigkeiten Stralsunds schnell erreicht werden. Neben dem Hafen befindet sich ein neu angelegter, behindertengerechter Badestrand.

Die neue Marina Gustow liegt ruhig und geschützt.

Der Strelasund 169

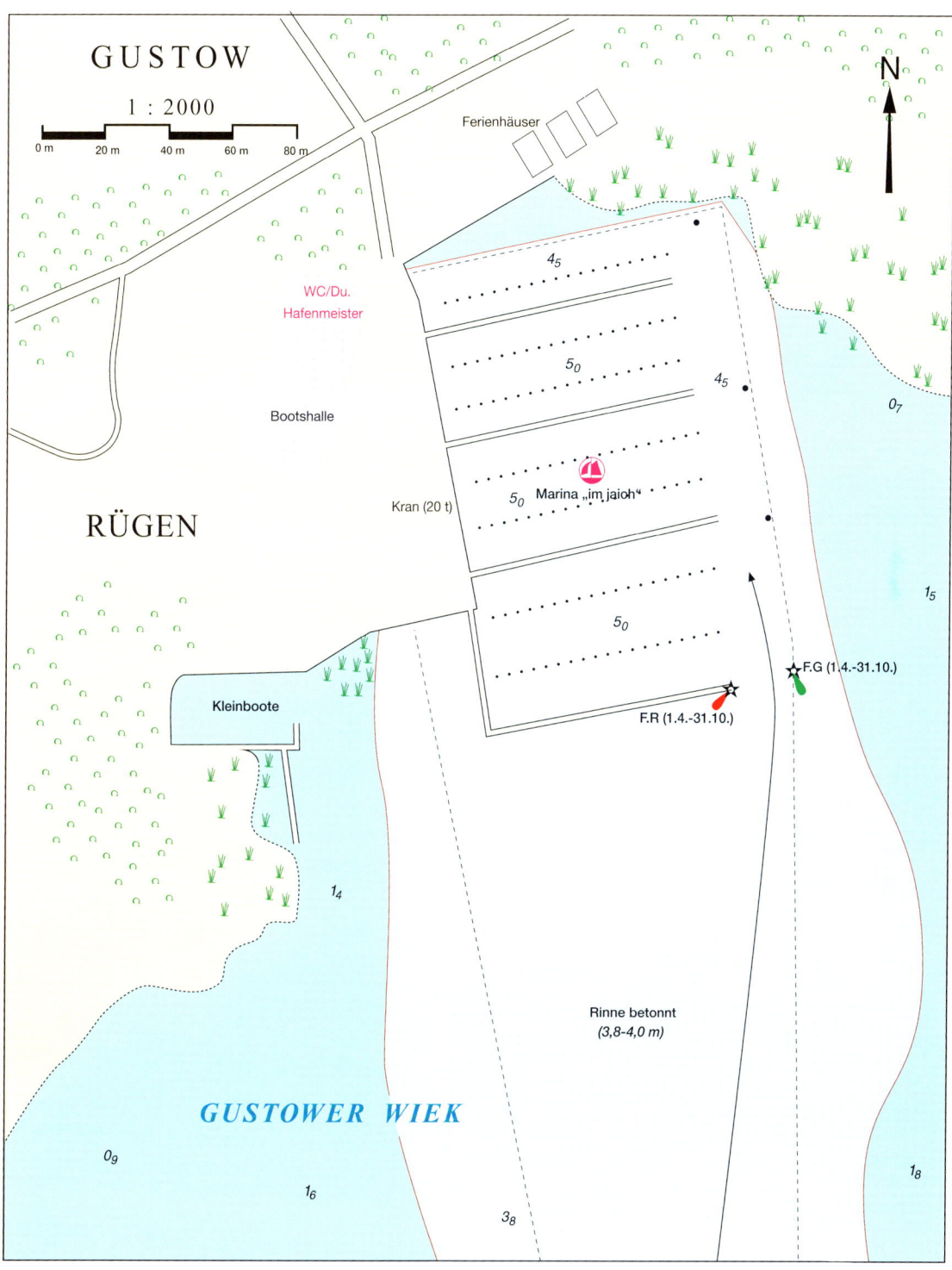

GUSTOW/MARINA „IM JAICH"
54°17,9'N 013°11,5'E

Etwas versteckt am Nordufer der Gustower Wiek, 4 sm südlich von Stralsund, liegt in einem ehemals fürs Militär angelegten Becken die edle Marina der Betreibergruppe „im jaich". Die ausgebaggerte Bucht ist 4–5 m tief und bietet sehr guten Schutz.

Ansteuerung
Die Fahrrinne zum Anleger ist mit den ausgelegten Tonnen, beginnend 0,5 sm östlich der grünen Leuchttonne 23 vor dem Deviner Haken, gekennzeichnet. Vom Tonnenpaar muss man nach den Richtbaken am Ufer 013,9° steuern. Ca. 2 kbl vor der Pier ist an Steuerbord eine sandige Untiefe von 0,9 m, auf der häufig zu weit nach Osten fahrende Boote festkommen. Der Kopf des südlichen Steges sowie eine grüne Tonne sind saisonal befeuert und markieren die Einfahrt.

Liegeplätze
Die Marina-Gruppe „im jaich" hat diese Anlage zu einem Yachthafen mit 150 Liegeplätzen für Yachten bis 16 m Lüa und modernem Service ausgebaut. Die vier Stege mit Heckpfählen und das Servicegebäude machen einen gediegenen Eindruck. In der Bucht südlich der Pier kann gut geankert werden, wenn es zu voll ist. Die Kleinbootanlage neben der Marina ist zu flach.

Service und Versorgung
Wasser- und Stromanschlüsse an den Stegen. Bootskran (20 t) und Mastkran. Hafenbistro mit Kiosk und Brötchenservice. Abwasserentsorgung. Versorgungsmöglichkeiten in Gustow (1 km) oder in Altefähr (5 km) und Stralsund. Es können Fahrräder entliehen werden.

Sehenswürdigkeiten
Der ausgesprochen ruhige Liegeplatz grenzt an das Landschaftsschutzgebiet Halbinsel Drigge mit dem Flachwassergebiet Wamper Wiek. Hügelgräber zeugen von frühzeitlicher Besiedlung des Gebietes. Ca. 4 km entfernt liegen am Strelasund die Wälle der ehemaligen Prosnitzer Schanzen, die im Dreißigjährigen Krieg und in den Kämpfen mit den napoleonischen Truppen eine Rolle spielten. Beim Hafenmeister liegt eine hervorragende Broschüre mit tollen Wanderungen zu den historischen Plätzen in der Umgebung aus.

Blick auf die Liegeplätze der Marina Neuhof

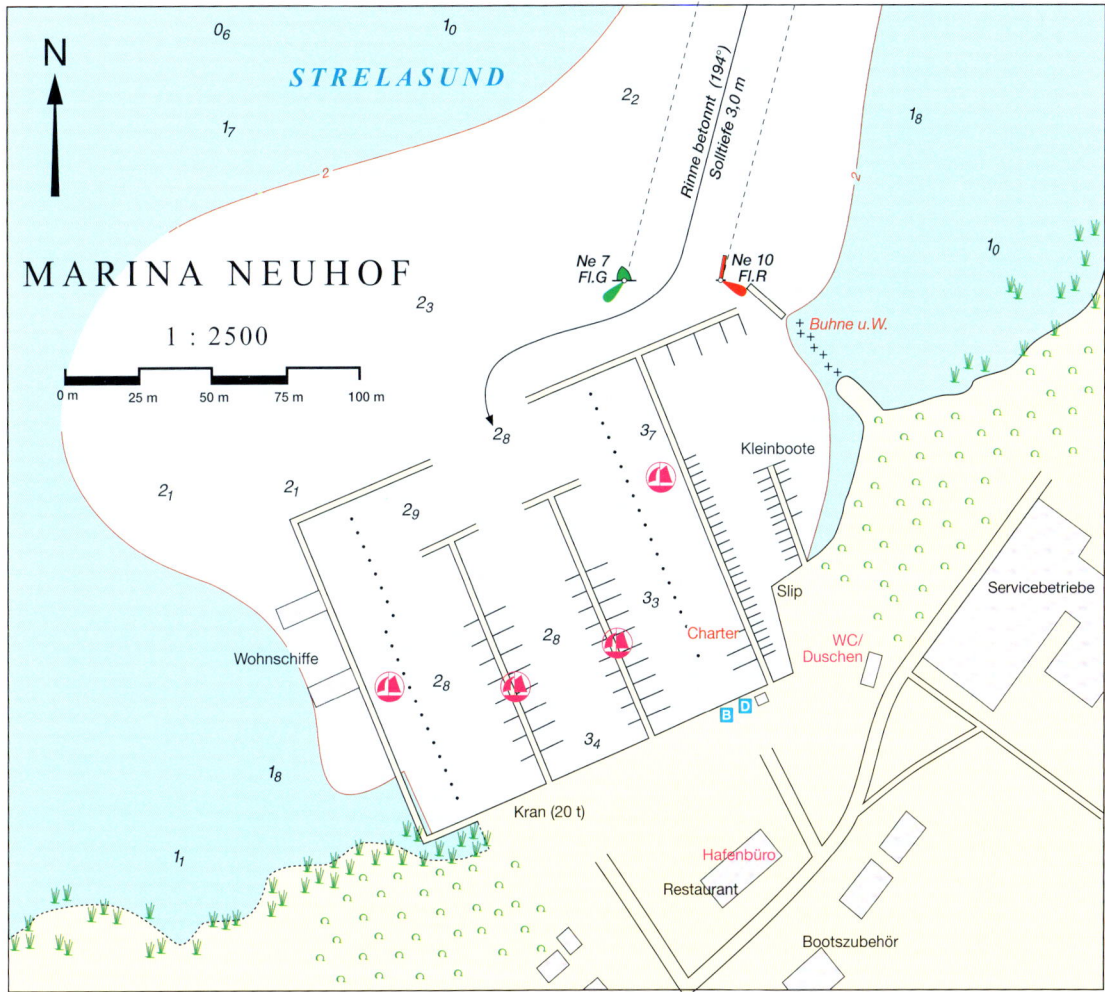

MARINA NEUHOF
54°15,9'N 013°10,8'E

Die Marina Neuhof liegt 4 sm südlich Stralsund auf der Festlandseite am Eingang zum Deviner See. Sie entstand auf dem Gelände einer ehemaligen Ziegelei, das später vom Militär genutzt wurde. Die gepflegte Anlage liegt in einer schönen Landschaft. Mit ihrem umfassenden Service für Dauerlieger und Gäste genießt sie einen guten Ruf.

Ansteuerung
Zur Anlage führt eine betonnte Rinne mit bis zu 2,1 m Tiefe. Sie beginnt bei der roten Tonne 26/Ne2 des Strelasund-Fahrwassers und führt direkt zum Kopf der Schwimmsteganlage.

Liegeplätze
Vor der Pier ist eine Schwimmsteganlage mit äußeren und inneren Pontons für insgesamt rund 160 Boote ausgelegt. Da die Marina als Dauerlieger-Hafen konzipiert ist, kann es in der Saison für Gäste schon mal eng werden. Größere Boote gehen auf der Außenseite längsseits. Bei nördlichen bis westlichen Winden kann an einigen Liegeplätzen Schwell hineinstehen.

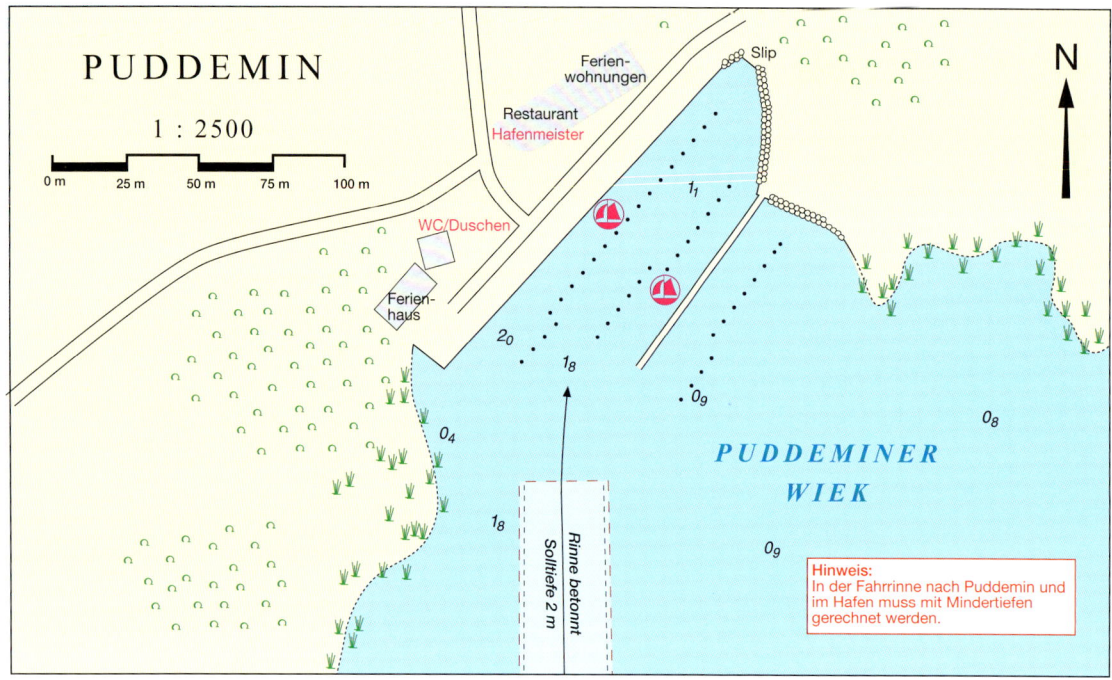

Service und Versorgung

Die Marina bietet weitreichenden Service, Wasser- und Stromanschlüsse an den Liegeplätzen. Gepflegte sanitäre Einrichtungen, Kinderspielturm, Trailerstellplätze, Restaurant, Bistro, Kiosk, Fahrradverleih und Tankstelle gehören zur Marina. Eingeschränktes WLAN im Hafenbereich. Die Ausführung von Reparaturen an Rumpf, Mast, Segel, Motor und Elektrik ist möglich, dafür vorher Kontakt aufnehmen. Ein Kran bis 17 t und eine Slipanlage sind vorhanden. Getränkemarkt, Poststelle und Discounter befinden sich im 2 km entfernten Brandshagen. Supermarkt, Apotheke und Bootsausrüstung (im Baumarkt) im 9 km entfernten Stralsund-Andershof. Die Straße dorthin besteht ab Brandshagen aus Kopfsteinpflaster. Zudem sehr eingeschränkter Busverkehr, Taxibestellungen möglich.

Sehenswürdigkeiten

Die Anlage liegt sehr ruhig. Empfehlenswert sind Ausflüge zum schön gelegenen Niederhof mit seiner großen Kormorankolonie oder zum Naturschutzgebiet auf der Halbinsel Devin, zum Beispiel mit dem Rad. Eine sehr schöne Badestelle liegt ca. 300 Meter entfernt. Es lassen sich darüber hinaus Angeltouren beim Bootsverleih und Reitausflüge beim benachbarten Reiterhof buchen.

PUDDEMIN

54°16,8'N 013°20,1'E

Der Hafen liegt am Nordufer eines 3 sm tiefen Einschnitts an der Südküste von Rügen – der miteinander verbundenen Glewitzer und Puddeminer Wiek. Beide sind Nebengewässer des Strelasunds und sehr malerisch gelegen.

Der ruhig gelegene Hafen von Puddemin bietet guten Schutz.

Ansteuerung

Die betonnte Rinne durch beide Wieken beginnt in Höhe der roten Leuchttonne 22 (Fl.R.4s) des Strelasund-Fahrwassers. Sie ist gekennzeichnet mit der roten Tonne P2 zwischen Wussitzer Haken und Glewitzer Ort. Insbesondere von Letzterem muss man sich wegen des Steinriffs deutlich freihalten. Die Puddeminer Wiek ist stark verschlammt. Die in der Seekarte angegebene Fahrwasser-Solltiefe von 2 m ist nicht mehr generell gewährleistet. Die Betonnung ist auf dem letzten Abschnitt recht spärlich. Man steuert vom Fahrwasserschwenk an der letzten grünen Tonne 7 direkten Kurs auf das Bollwerk.

Liegeplätze

Die Anlegestelle ist vor Wind und Wellenschlag bestens geschützt. An der hohen Pier liegen die Wassertiefen zwischen 2,0 und 2,5 m. Es sind Boxen für ca. 30 Boote mit Heckpfählen eingerichtet. Am östlich liegenden Steg der Angler sollte nicht festgemacht werden, es ist dort sehr flach, und die Anlage ist ständig verschlossen.

Service und Versorgung

Der freundliche Hafenmeister betreibt die Gaststätte am Hafen saisonal, von März bis November. Hier gibt es WLAN und Brötchenservice. Fahrrad- und Bootsverleih sind geplant. Strom- und Wasseranschlüsse, Sanitäranlagen in einem kleinen Gebäude neben den Ferienwohnungen. Ist die Gaststätte geschlossen, hat ein Kiosk geöffnet. Einkaufsmöglichkeiten bestehen im Ort Garz, der mit dem Rad 4 Kilometer entfernt ist. Nach Absprache mit dem Hafenmeister können Teile des Parkplatzes als Winterlager genutzt werden.

Sehenswürdigkeiten

Trotz oder gerade wegen der Abgelegenheit wird Puddemin gern von Booten angelaufen. Mit etwas Vorsorge kann man hier in Ruhe die Natur dieser noch ursprünglichen Landschaft genießen.

Bei einem Ausflug zum 2 km entfernten Groß Schoritz kann das Geburtshaus des zu Lebzeiten gefeierten Dichters Ernst Moritz Arndt besichtigt werden, der hier 1769 geboren wurde. Umfassend wird das Lebenswerk im liebevoll eingerichteten Arndt-Museum in Garz gewürdigt.

Die Stadt ist mit dem Fahrrad gut zu erreichen. Sie ist die älteste Stadt Rügens und war Sitz des Rügenfürsten. Heute erinnern noch ein großer Burgwall und die Stadtkirche aus dem 14. Jahrhundert an die ehemalige Bedeutung des Ortes. Die St. Stephanus-Kirche in Swantow gehört zu den ältesten Rügens.

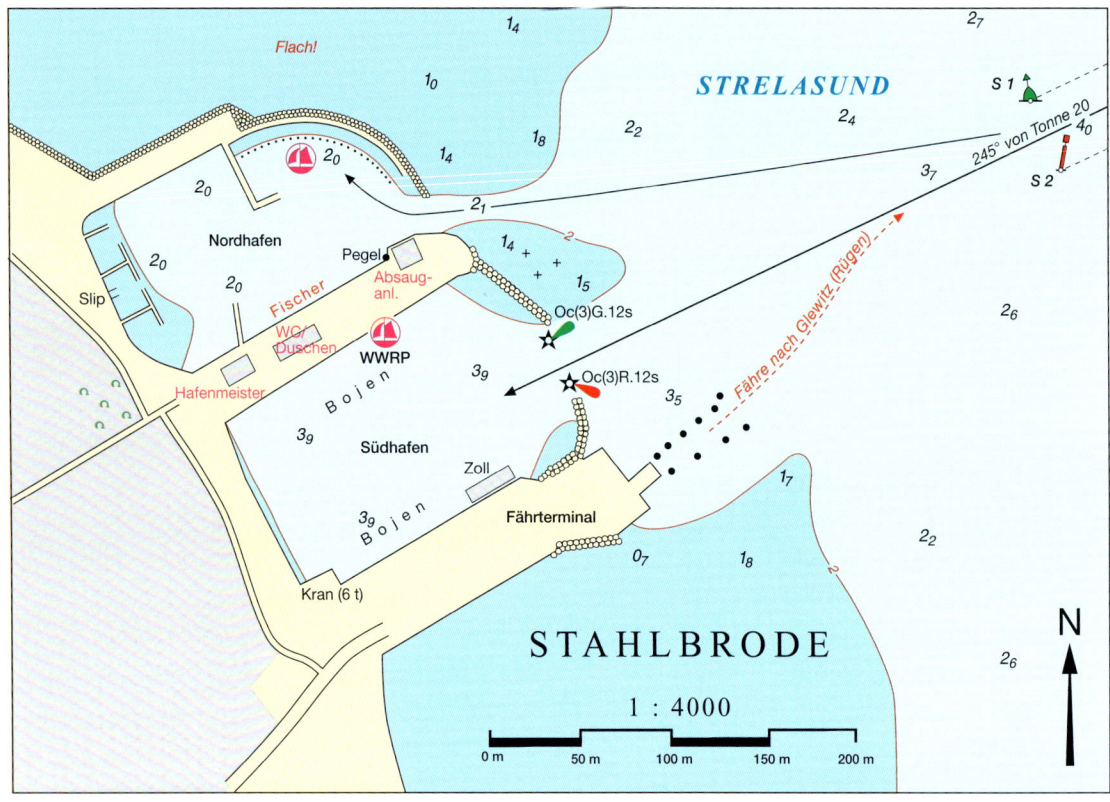

STAHLBRODE
54°14,1'N 013°17,5'E

Stahlbrode ist ein geräumiger Fischerei- und Fährhafen, der von durchreisenden Sportbooten gern zum Abend oder bei Starkwind angelaufen wird.
Der kleine Ort liegt 8 sm südöstlich von Stralsund auf dem Festland. Der Strelasund erweitert sich hier vor dem Greifswalder Bodden trichterförmig, und Stahlbrode gilt als das Tor zum Greifswalder Bodden. Der Hafen wird besonders als Schutzhafen bei Schlechtwetter seit jeher von den Wassersportlern geschätzt. Seitdem die Pachtverträge für die Hafenanlagen nicht verlängert wurden, verwahrlost die Anlage jedoch etwas. Auch durch die Autofähre nach Rügen, die die Ziegelgrabenbrücke in Stralsund entlasten sollte, ist der Ort bekannt geworden.

Ansteuerung
Das betonnte Fahrwasser zum Hafen beginnt an der roten Tonne 20 des Strelasunds. Die 2,5 m tiefe Rinne führt mit 245° (Tonnen S1/S2) in den geräumigen Südhafen. In der Dunkelheit weisen Richtfeuer in Linie 245,2° (2 x Oc.G.6s) den Weg. Bei der Ansteuerung aus westlicher Richtung muss man den Autofähren ausweichen. Es sind zwei Schiffe im Einsatz, die sich teils in der Mitte des Sunds begegnen. Die Anlegestelle

Der neue, modernisierte Hafen Glewitzer Fähre

der Fähren am Kopf der Südmole stört den Verkehr im Hafen nicht.

Die Zufahrt zum nördlichen Hafenbecken, das insbesondere von kleineren Yachten angelaufen wird, ist nicht gesondert gekennzeichnet. Man hält am besten vom Tonnenpaar S1/S2 genau auf die schmale Einfahrt zu. So bleibt man von der Untiefe vor der Mittelmole, die die beiden Hafenbecken trennt, frei.

Liegeplätze

Im Südhafen ist das Längsseitsgehen an der Nordwest-Pier die beste Option, die ausgelegten Bojen wirkten zuletzt wenig vertrauenserweckend. Bei östlichen Winden ist im 4 m tiefen Hafenbecken mit Schwell zu rechnen. Wesentlich ruhiger liegt man im kürzlich restaurierten Nordhafen, dem Fischereihafen an der Nordseite. Leider wird der zur Verfügung stehende Raum nicht effektiv genutzt. Inzwischen sind Dauerlieger hier heimisch geworden, in der Saison sind diese Plätze aber meist belegt.

Service und Versorgung

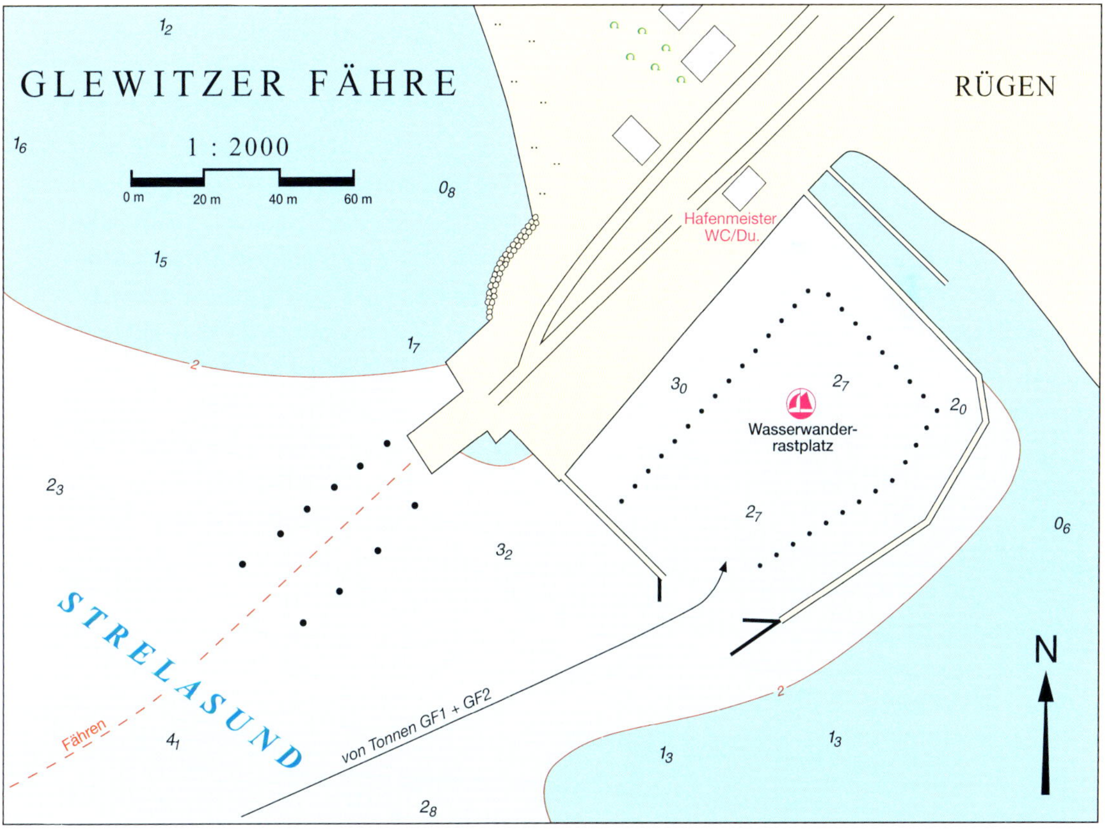

Trinkwasser- und Stromanschlüsse sind vorhanden, Sanitäranlagen auf der Mittelpier. Am Kopf steht eine Diesel-Tankstelle. Beliebt ist die von den Fischern betriebene kleine Räucherei mit Verkauf. An Kiosken bzw. aufgestellten Verkaufswagen sind Backwaren oder Imbiss-Snacks erhältlich. Hinter dem Hafen findet man eine Gaststätte mit Hotel. Die Fischer betreiben eine stabile Slipanlage. Es bleibt zu hoffen, dass sich bald Lösungen für den Weiterbetrieb finden.

Sehenswürdigkeiten

Stahlbrode ist ein gepflegtes Fischerdorf. Am westlichen Ortsrand liegt ein großer Campingplatz mit Badestelle am Ufer des Strelasunds.
Zu empfehlen ist eine Radtour mit der Fähre nach Rügen und dann über den Ort Zudar nach Groß Schoritz. Hier kann das Geburtshaus von Ernst Moritz Arndt besucht werden. Der Ort grenzt an das Naturschutzgebiet Schoritzer Wiek mit Verbindung zum Greifswalder Bodden.

GLEWITZER FÄHRE
54°14,5'N 013°19,1'E

Das Bollwerk Glewitzer Fähre liegt am Strelasund gegenüber von Stahlbrode an der Westseite der Halbinsel Zudar. Nach Unterbrechung wurde die jahrhundertealte Fährverbindung mit modernen Autofähren wieder aufgenommen. Seit Kurzem gibt einen großzügigen Wasserwanderrastplatz (WWR).

Glewitzer Fähre, links hinten im Bild Glewitzer Ort

Ansteuerung

Zum Bollwerk führt vom Strelasund ab der roten Tonne 20 ein mit zwei Fahrwassertonnen GF1/GF2 bezeichnetes Fahrwasser. In der Zufahrt beträgt die Wassertiefe 3–4 m, an den Liegeplätzen des WWR dann etwas mehr als 2,5 m.

Liegeplätze

Die neue Anlage bietet rund 40 Liegeplätze bei Boxenbreiten bis drei bis fünf Metern. Zum Ufer hin nehmen die Tiefen leicht ab, der Schutz ist an allen Plätzen gut, die Fähre stört nicht.

Service und Versorgung

Strom- und Wasserversorgung an allen Plätzen. Sanitäranlagen im kleinen Häuschen. Im Sommer Kiosk mit Eis und Imbiss mit Fischräucherei am Fähranleger. Die nächsten Einkaufsmöglichkeiten bestehen im 4 km entfernten Ort Zudar.

Sehenswürdigkeiten

Durch den Ausbau ist ein idealer Platz zum Kennenlernen der Halbinsel Zudar entstanden. Nur wenige Crews nutzen die Anlage bislang, das unmittelbare Hafenumfeld hat auch keinen Reiz. Abseits der bekannten Touristenströme gelegen gibt es hier allerdings noch wenig verbaute Naturlandschaft zu sehen, wie z. B. die Umgebung der Schoritzer Wiek. Hügelgräber weisen auf alte Be-

siedlung hin. Im Gutshaus Groß Schoritz wurde 1769 Ernst Moritz Arndt geboren. In der Gedenkstätte wird an den Dichter der Freiheitskriege und seinen mutigen Kampf gegen die Leibeigenschaft in Pommern erinnert.

ANKERPLÄTZE IM STRELASUND

Wen es nicht gerade in die große Stadt Stralsund oder in einen Yachthafen zieht, der findet im Strelasund mehrere schöne Ankerplätze, die auch bei Winddrehungen noch sicher sind.

ANKERPLATZ WAMPER WIEK

Die Zufahrt erfolgt von der Tonne RD6 des Fahrwassers der Strelasundbrücke nach Ostsüdost. (Dieses Fahrwasser führt Schiffe mit geringerer Mast- oder Aufbauhöhe östlich um die Insel Dänholm herum und weiter unter der Strelasundbrücke im Rügendamm hindurch, die eine Durchfahrtshöhe von 8 m hat.)

Die Einsteuerung in die Baggerbucht erfolgt erst, nachdem die Bucht sich geöffnet hat und gut einzusehen ist, dann mit Kurs 111°. Die Einfahrt ist nur wenige Meter breit und hat eine Tiefe von 1,8 m bei Mittelwasser. Es ist ratsam, die Bucht nur bei Tageslicht anzulaufen. Die Ankerbucht ist ca. 300 m lang und 60–70 m breit. Die bis auf 4 m Wassertiefe abfallenden Ufer bestehen aus Kies. Die Küste ist hier dicht bewaldet, Steilufer und flache Sandstrände wechseln einander ab. Die meisten Yachten machen mit dem Bug zum Ufer an Baumresten fest. Es kann auch in der Mitte auf dem mit Schlick bedeckten Kiesgrund geankert werden. Die hohen Ufer schützen den Ankerplatz bei jeder Windrichtung. Der Ankerplatz inmitten von Wäldern lädt zu ausgedehnten Wanderungen ein. Die pilzreiche Gegend ist beliebtes Ausflugsziel der Stralsunder. Durch die Stadtnähe ist die Wasserqualität nicht herausragend. Die nächsten Versorgungsmöglichkeiten findet man im 2 sm entfernten Stralsund.

ANKERPLÄTZE HALBINSEL DRIGGE UND DEVINER BUCHT

Die Ankerplätze liegen 2 sm südlich des Rügendamms im Bogen des Strelasunds unter der Südküste der Halbinsel **Drigge**. Die Ansteuerung erfolgt von der roten Leuchttonne 28 vor dem Deviner Haken mit Kurs 290° bis zur 2-m-Tiefenlinie 50 m vor dem Ufer. Von Norden kommend, ist das Flach Steinort, gekennzeichnet von der grünen Tonne 23, zu beachten. Der feste, graue Sand gibt dem Anker guten Halt. Der bewaldete Uferabschnitt schützt den Ankerplatz vor Winden aus West bis Nord. Bei Winddrehungen auf Süd kann man zur gegenüberliegenden **Deviner Bucht** verholen. Zu beachten ist, dass auch außerhalb der bis zu 16 m tiefen Rinne noch ein bis zu 3 kn starker Strom bei entsprechenden Windverhältnissen setzen kann. Der tagsüber durch die Schifffahrt erzeugte Schwell nimmt in den Abendstunden deutlich ab. Die Ankerplätze vor Drigge und Devin werden vor allem Segler bevorzugen, die auf die nächste Öffnung der Ziegelgrabenbrücke nicht im Schwell und Verkehrslärm warten wollen. Unter Maschine muss man bis zur Brücke etwa eine halbe Stunde einplanen. Zum Bunkern und Einkauf von Lebensmitteln läuft man am besten in Stralsund den Clubhafen oder die

Nordmole an, die Tankstelle liegt an der Einfahrt zum Querkanal.

ANKERPLATZ DEVINER SEE

Der Deviner See öffnet sich etwa 4 sm südöstlich Stralsunds an der Festlandsküste südlich der Halbinsel Devin. Im Schutz der hügeligen Halbinsel Devin, an der Südseite gegenüber der Marina Neuhof, kann gut geankert werden. Die Ansteuerung erfolgt aus dem Fahrwasser zur Marina Neuhof mit westlichem Kurs auf die Enge zwischen Land und Halbinsel. Dabei ist ein flacher Sandhaken östlich der Halbinsel zu umsteuern. Die meisten Yachten ankern im Schutz der Halbinsel am Nordufer. Der Deviner See gilt als ruhiger und sicherer Ankerplatz. Er ist im östlichen Teil 2–2,5 m tief, der westliche Teil ist für Kielboote nicht zu erreichen. Leider ist es auf dem Weg in den „See" nur gut 1,5m tief. Bei länger anhaltendem Nordwest-Wind und auslaufendem Strom kann der Wasserspiegel deutlich sinken. Die zum Landschaftsschutzgebiet Mittlerer Strelasund gehörende Halbinsel war lange Zeit militärisches Übungsgelände und ist heute Naturschutzgebiet. An der Landenge sind Reste eines slawischen Burgwalls zu sehen. Zur Versorgung läuft man die Häfen Stralsunds an.

ANKERPLÄTZE IN DER GLEWITZER WIEK

Die Glewitzer Wiek ist eine der für Südrügen typischen, tief in das Land reichenden Buchten. Sie ist von Schilfgürteln, Baumgruppen und Feldern umsäumt, ein landschaftliches Kleinod am Strelasund, und bietet einige sehr schöne Ankerplätze. Gemäß der freiwilligen Naturschutzvereinbarung sollte das Fahrwasser nach Puddemin jedoch aus Rücksicht auf die Vogelwelt nicht verlassen werden. Für Erkundungen der Halbinsel ist daher der neue Wasserwanderrastplatz Glewitzer Fähre besser geeignet.

ANKERPLATZ PALMER ORT

Palmer Ort ist die südlichste Spitze Rügens. Hier geht der Strelasund in den Greifswalder Bodden über. Die bewaldete Südwestküste bildet eine nach Osten geschützte Bucht, in der man dicht am Ufer ankern kann. Die Zufahrt aus dem Strelasund erfolgt vom Fahrwasserknick bei den Tonnen 14/13 mit Kurs auf das Richtfeuer Grabow (Oc.R.10s, 099,2°).

Vom Greifswalder Bodden kommend, muss der 3 kbl breite Palmer Ort Haken südlich umfahren werden. Der Ankerplatz ist vor nördlichen Winden gut geschützt. Bei Ostwind beginnt Strom um das Kap zu setzen, dann steht hier Schwell, und man sollte nördlicher dicht unter Land beim Richtfeuer ankern.

Die Palmer Ort-Rinne ist gut befeuert mit Leuchttonnen sowie den Richtfeuern Grabow und Maltzin. Mit deren Hilfe kann der Ankerplatz auch in der Dunkelheit sicher angesteuert werden.

Wegen des klaren Wassers ist der Platz sehr beliebt und eignet sich hervorragend zum Baden, Tauchen und Surfen. Die bewaldete Halbinsel Zudar ist von Wanderwegen durchzogen und hat schöne Sandstrände. Das Ostufer ist eine Steilküste. Versorgungsmöglichkeiten bestehen auf dem 7 km entfernten Campingplatz Zicker.

DER GREIFSWALDER BODDEN

Zwischen der Südküste Rügens und dem Festland erstreckt sich der Greifswalder Bodden. Die fast kreisförmige Wasserfläche misst 13–15 sm im Durchmesser und gilt als schönstes, aber anspruchsvolles Segelrevier an der mecklenburg-vorpommerschen Küste. Obwohl fast vollkommen von Land umgeben, herrschen seeähnliche Verhältnisse. Bei Starkwind entsteht eine kurze, steile See, die beim Kreuzen oder beim Auslaufen aus leeseitigen Buchten recht unangenehm sein kann. Für Jollen ist der Bodden nur im küstennahen Raum geeignet.

Im Greifswalder Bodden liegen die bekannten Inseln Riems, Koos, Vilm, Ruden und Greifswalder Oie. Sie sind alle mehr oder weniger für Besucher gesperrt, Ruden beispielsweise wegen Baufälligkeit des Hafens, Greifswalder Oie wegen eines Naturschutzgebietes. Vor den Inseln und Halbinseln erstrecken sich ausgedehnte Flachwasserzonen, z. B. Freesendorfer Haken, Thiessower Haken, Kooser Haken. Die angegebenen Wassertiefen können bei bestimmten Wetterlagen deutlich geringer sein. Besonders zu beachten ist die von Ortsunkundigen leicht zu übersehende Untiefe Großstubber fast in der Mitte des Boddens (Pos. 54°14,5'N 013°35,7'E/ Kardinaltonne W Großstubber-W) gut 1 sm NNE-lich der Mitte-Schifffahrtsweg-Tonne Ariadne (Iso.4s). Die Untiefe ist 1 sm lang und 0,5 sm breit, mit Steinen durchsetzt und fällt zeitweise trocken.

Im Bodden wird an vielen Stellen Fischfang mit Reusen betrieben. Bei Nachtfahrten hält man sich am besten davon frei, indem man sich an die befeuerten Schifffahrtswege hält. Sie führen von der Ostsee östlich Rügen nach Stralsund/Greifswald, zur Peenemündung und zu den Häfen Südrügens.

Karten
D 1511, D 1512, D 1578
D 3006, Blatt 10, 12–16
Delius Klasing-Sportbootkarten, Satz 2, Karten 08, 08A, 09, 09A, 09B

NÖRDLICHER GREIFSWALDER BODDEN

Die stark gegliederte Küste Südrügens mit ihren weit vorspringenden Halbinseln und Buchten birgt die schönsten Sportboothäfen. Bevorzugte Ziele für Sportboote sind Lauterbach, die Häfen des Mönchgutes und an der Having. Die wichtigsten Kurse führen daher vom Strelasund und von Greifswald an Palmer Ort und der Halbinsel Zudar vorbei nach Norden bzw. Nordosten. Bei normaler Sicht sind bald die Landmarken Groß Zicker und Insel Vilm zu erkennen. Je nach Zielhafen werden die Leuchttonnen Lauterbach oder Reddevitz angesteuert.

Aus der Peene und von See kommend, wird Südostrügen am sichersten über die Tonne Landtief W und dann die Tonnen Thiessow, Zicker und Reddevitz mit 315° erreicht. Bei Starkwind aus West herrscht hier eine kräftige See.

Die Landmarken vergleiche man mit der Karte, nicht selten geraten Yachten auf die Ostsee vor Thiessow, die eigentlich einen Hafen im Bodden zum Ziel haben.

LAUTERBACH
54°20,5'N 013°30,1'E

Lauterbach liegt an der südrügenschen Boddenküste und gehört zur 2 km landeinwärts gelegenen Kleinstadt Putbus. Der Ort hat den größten Hafen im Nordteil des Greifswalder Boddens, dem Rügischen Bodden; er kann sogar von Seeschiffen angelaufen werden. Die reizvolle Umgebung mit zahlreichen Buchten, Stränden, Steilküsten, der vorgelagerten Insel Vilm und viele kulturhistorische Sehenswürdigkeiten ziehen auch die Wassersportler an. Sie finden in dem geräumigen Hafen und in der benachbarten neuen Marina stets einen Liegeplatz. Dort gibt es auch eine Charterbasis mit Segelschule und Unterkünfte. Lauterbach und Putbus gehören

Steganlage des Yachtclubs im Hafen von Lauterbach

Die Steganlage der Marina „Im Jaich"

zum Biosphärenreservat Südostrügen.

Ansteuerung

Der Hafen ist über zwei gut betonnte und befeuerte Fahrwasser zu erreichen: Über Palmer Ort sowie über die Ostansteuerung von der Ostsee und der Peenemündung. Mithilfe der Leuchttonnen Reddevitz und Lauterbach 1 kann einerseits die Insel Vilm mit genügend Abstand südlich passiert werden, andererseits kann man so leicht von einem Fahrwasser zum anderen steuern.

Die Westansteuerung erfolgt von der Palmer Ort-Rinne Richtung Nordnordost über die rot-weiße Mitte-Schifffahrtsweg-Tonne Lauterbach (Iso.4s) östlich Zudar zur grünen Leuchttonne Lauterbach 1 (Fl.G.4s), an der das Fahrwasser beginnt. Leitfeuer und weitere Leuchttonnen führen vor die Einfahrten von Hafen und Marina nördlich der Insel Vilm. Sportboote wählen meist den direkten Weg.

Achtung: Bei der grünen Leuchttonne 3 (Q.G) nordwestlich von Vilm (Position 54°19,7'N 013°29,6'E) darf das Fahrwasser selbst von kleinen Booten nicht verlassen werden. Bis hierher erstreckt sich das fast 1 sm breite, tückische Steinriff im Westen vor der Insel.

Die Ostzufahrt beginnt bei der rot-weißen Mitte-Schifffahrtsweg-Tonne Reddevitz (Iso.4s) gut 1 sm südöstlich von Vilm. Von dort steuert man mit 006,5° Nordkurs westlich an der unbeleuchteten ehemaligen Marine-Plattform vorbei, bis nach 1,5 sm das betonnte Fahrwasser beginnt.

Auch Sportboote müssen wegen der Untiefen östlich Vilm und in der Stresower Bucht das Fahrwasser annähernd einhalten. Nach dem Fahrwasserknick vor Muglitz und der Passage des Steinriffs Muglitzer Ort können Sportboote direkt auf den Hafen zuhalten. In das große Becken kann unter Segeln eingelaufen werden.

Liegeplätze

Die Gastliegeplätze im Hafen Lauterbach befinden sich vor allem an den Steganlagen der Gemeinde, der Fischer und des Yachtclubs – einlaufend an Steuerbord. Festgemacht wird in Boxen mit Heckpfählen.

Sollte alles besetzt sein oder nicht der Schiffsgröße entsprechen, kann an der 230 m langen Südpier oder vor dem Parkplatz an der Querpier längsseits gegangen werden – die Berufsschifffahrt und das Fehlen von Strom und Wasser ist dabei zu beachten. Bei Winden aus Südwest bis Südost steht etwas Schwell im gut 4,5 m tiefen Hafenbecken. Ruhiger liegt man in der **Marina „Im Jaich"** im Schutz der Wellenbrecher. Die Zufahrt liegt 150 m östlich des kommunalen Hafens. Die Kapazität beträgt jetzt 400 Liegeplätze (einschließlich Dauerlieger) in 2,5 bis 5 m breiten Boxen auf gut 3 m Wassertiefe. Für Katamarane stehen gesonderte Plätze zur Verfügung.

Service und Versorgung

In der modernen Marina gibt es Wasser und Strom an den Stegen, reichlich dimensionierte sanitäre Anlagen, Waschmaschinen sowie Trockner in ausgezeichnetem Zustand. Es werden Winterlager in der Halle (kalt und warm) und auf der Freifläche, Bootsreparaturen aller Art und Schiffsreinigung angeboten. Travellift (60 t) und Mastkran stehen ebenfalls zur Verfügung. WLAN auf der gesamten Anlage.
Auch im kommunalen Hafen sind an den Stegen Strom- und Wasseranschlüsse installiert, Duschen und Toiletten befinden sich im Gebäude des Hafenamtes auf der Südmole. Da die Bewirtschaftung über die Marina erfolgt, können auch deren Einrichtungen genutzt werden. Die Bootswerft – hier wird seit Jahrzehnten der bekannte Motorsegler Vilm gebaut – betreibt auch einen Laden für Bootsbedarf. Bäcker, Fischgeschäft sowie weitere Gaststätten und Imbissstände sind in der Nähe. Ein Supermarkt befindet sich 500 m entfernt am Ortsausgang Richtung Putbus. Auf dem Marinagelände wird ein Kiosk und eine Segelschule mit Verleih betrieben.

Sehenswürdigkeiten

Lauterbach entstand erst 1820 als sogenanntes Fürstenbad, es wurde das imposante Badehaus Goor unweit des Hafens errichtet. Der relativ große Hafen entstand im 19. Jahrundert für den Umschlag regionaler Produkte und den Bäderverkehr. Für die Marine wurde er in den 1960er-Jahren auf eine Wassertiefe von 5–6 m gebracht und das westliche, stabile Bollwerk angelegt. In den letzten Jahrzehnten war der Ort von Fischerei (insbesondere Hering) und Fischverarbeitung, Bootsbau und Schifffahrt geprägt – heute setzt man vor allem auf den Fremdenverkehr. Die Umgebung ist reizvoll, mit kleinen Badestellen und Wanderwegen. Im benachbarten Vilmnitz ist die alte Dorfkirche mit der Familiengruft der Rügenfürsten sehenswert. Die Insel Vilm kann nur im Rahmen von Führungen besucht werden. Direkt am Hafen Lauterbach ist ein Haltepunkt der Bäderbahn, mit der man die Seebäder erreichen kann.
Besonders sehenswert ist die „weiße Stadt" Putbus. Sie war schon seit dem Mittelalter Sitz der Regenten von Rügen, wurde aber erst ab 1810 als Residenz ausgebaut. Obwohl das Schloss einem Brand zum Opfer fiel, bietet die Stadt heute noch ein ungewöhnlich stilreiches, geschlossenes Bild: zahlreiche Bauwerke aus dem 18. und 19. Jahrhundert, frisch saniert oder gut erhalten, wie das Theater, die Orangerie, der „Circus" ge-

nannte runde Platz mit einem Obelisken in der Mitte. Berühmt ist der 75 ha große Park mit vielen dendrologischen Seltenheiten.

SEEDORF
54°21,1'N 013°39,2'E

Der kleine Ort Seedorf liegt im nördlichen Teil der Having, der größten, tief in das Land einschneidenen Bucht an der Südostküste Rügens.
Für Segler ist Seedorf seit Jahrzehnten das Mekka am Greifswalder Bodden. Es verfügt über einen leicht anzusteuernden Hafen, der bei allen Windrichtungen geschützt ist. Die fjordartige Landschaft wird von der 50–60 m breiten und 4 m tiefen Lanckener Bek durchflossen. An den Ufern erstrecken sich steile Höhenzüge. Es ist erfreulich, dass in den letzten Jahren die Liegeplätze und der Service beträchtlich erweitert worden sind. Allerdings ist auch die Zahl der Ferienwohnungen stark gestiegen.

Seedorf liegt etwas abseits der Touristenroute.

Ansteuerung
Der Hafen liegt im nördlichen Teil der Having. Für die Ansteuerung aus dem Greifswalder Bodden ist das Reddevitzer Höft mit seinem 30 m hohen Steilufer ein weithin sichtbarer Orientierungspunkt. Weitere Navigationshilfen sind die rot-weiße Mitte-Schifffahrtsweg-Tonne Reddevitz (Iso.4s) und die feste Plattform einer ehemaligen militärischen Anlage 1 sm westlich der Havingzufahrt. Die Wassertiefen sind bis zur ersten roten Spierentonne B2 für Sportboote ausreichend, dabei sind mehrere Reusen zu beachten. Auslaufende Boote müssen hier bei starkem Westwind mit beträchtlichem Wellengang rechnen. Nach Passieren des nicht gesondert gekennzeichneten Steinriffs vor dem Gobbiner Höft in Höhe der roten Tonne B4 steuert man bis zur roten Tonne B6 und dann mit fast nördlichem Kurs auf die Kardinaltonne W Lanckener Bek unmittelbar vor der Einfahrt zu. Die gewundene Bek ist erst nördlich der Tonne voll einzusehen.
Achtung: Gegenverkehr möglich.
In der Having gilt eine modifizierte Befahrensregelung: Vom 16.05. bis 31.10. kann das Gewässer auch außerhalb der Fahrrinne bis zur 2-m-Linie mit max. 5 kn unter Segel oder/und Maschine befahren werden.

Liegeplätze
Nördlich des Einfahrtsbereichs erstrecken sich bis zur 1000 m entfernten Holzbrücke an beiden Ufern Steganlagen. Die Gastplät-

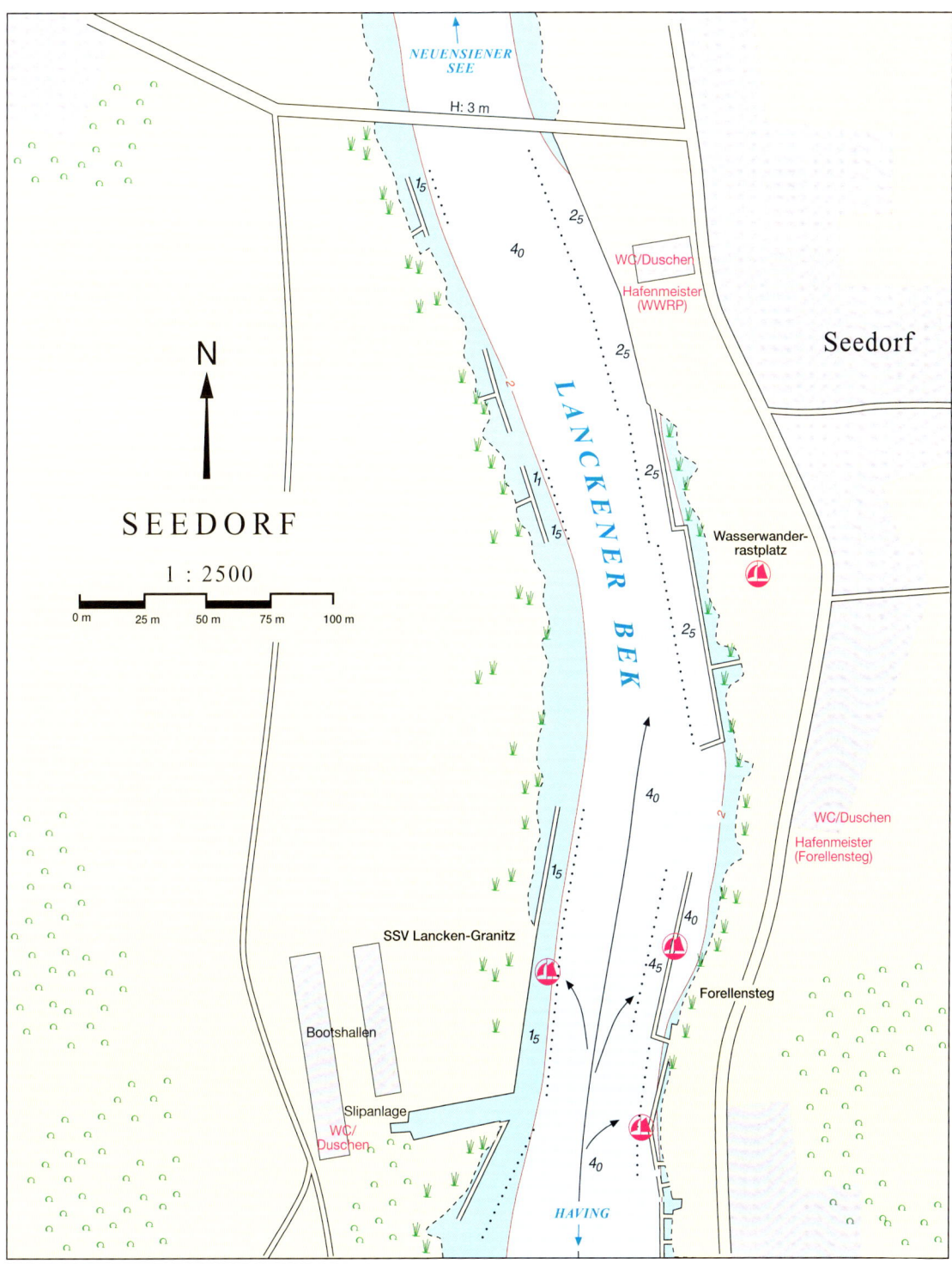

Liegeplätze in der Lanckener Bek vor Seedorf

ze liegen an der Ostseite, also einlaufend an Steuerbord. Der kleine Ort zieht sich wie ein schmales Band zwischen Hang und Uferzone entlang. An der ersten, kleineren Steganlage wird längsseits außen oder innen festgemacht. An den folgenden sind überall Boxen mit Heckpfählen eingerichtet. Sollten alle Plätze belegt sein, kann man beim gastfreundlichen Yachtclub auf der Westseite sein Glück versuchen.

Service und Versorgung

Die neuen Steganlagen sind mit zeitgemäßem Komfort ausgestattet. Sanitäranlagen befinden sich im Bereich der Holzbrücke/Feuerwehrgebäude und beim Hafenmeister hinter der kleinen Anlage. Auf der anderen Straßenseite gibt es zwei Gaststätten. Leider existiert der ehemalige Lebensmittelladen in Hafennähe nicht mehr. Daher führt der Bäcker ein kleines Sortiment, und Verkaufswagen fahren regelmäßig Seedorf an. Für sonstige Einkäufe muss man nach Sellin (4 km). Direkt am Hafen gibt es eine Bushaltestelle.

Sehenswürdigkeiten

Seedorf war im 19. Jahrhundert ein Zentrum des rügenschen Segelschiffbaus. Davon und vom bedeutenden Fischfang und dessen Verarbeitung ist im Ortsbild kaum noch etwas zu spüren, touristische Zweckbauten setzen sich zunehmend durch.
Etwas abseits der großen Touristenströme ist das ruhige Seedorf gut für einen mehrtägigen Aufenthalt geeignet. Auf schönen Wanderwegen kann man attraktive Ziele zu Fuß erreichen. In östlicher Richtung sind es 3 km bis zur Ausflugsgaststätte Moritzdorf. Sie liegt in 37 m Höhe oberhalb der Having. Nach Norden, über die sanierte Fußgängerbrücke, sollte man das Dorf Lancken-Granitz besuchen. Hier beginnt eines der schönsten Waldgebiete Rügens mit dem Jagdschloss Granitz. Der spätklassizistische Bau, nach Plänen von Steinmeyer und Schinkel errichtet, beherbergt ein Museum mit Exponaten aus der Fürstenzeit. Der etwas mühevolle Aufstieg auf den 38 m hohen Turm lohnt sich, man kann Südrügen und den Greifswalder Bodden bis zum Festland überblicken.

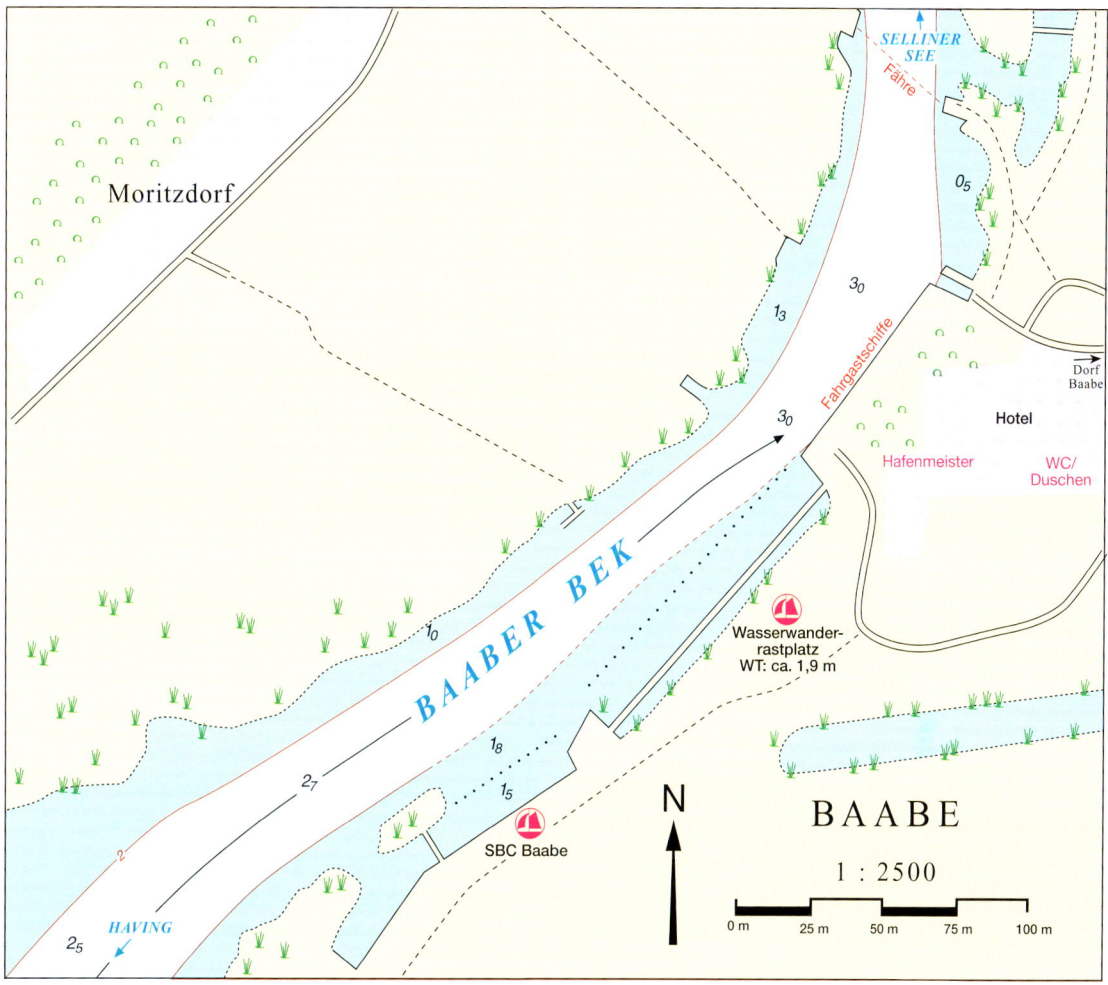

BAABE
54°21,2'N 013°41,2'E

Der Anleger von Baabe liegt am östlichen Ende der Having, in der kanalartigen Baaber Bek, die zum Selliner See führt. Weithin sichtbar ist der Endmoränenzug von Moritzdorf am Westufer. Nach Osten erstreckt sich bis zum 1 km entfernten Ostseebad Baabe flaches Wiesenland. Der Ort gehört zur Halbinsel Mönchgut, dem südlichsten Zipfel Rügens, die einst Teil des Klosters Eldena bei Greifswald war. Unter dem Einfluss des Zisterzienserordens entstanden hier Trachten und Brauchtum, die sich in der Abgeschiedenheit dieses Winkels lange erhalten haben.

Ansteuerung
Die Having ist bis an die Ufer etwa 2 m tief. Baabe steuert man mit 053° ab der roten Tonne B4 an. Die letzten 3 kbl sind eine sehr schmale Baggerrinne, die bei Gegenwind nur mit Motor zu befahren ist. An der schmalsten Stelle liegt die 100 m lange Pier. Die Baaber Bek führt nach Norden in den Selliner See, der flach, stark verschlammt und ohne Betonnung ist. Daher wird er nur

Der idyllisch gelegene Wasserwanderrastplatz Baabe

selten von kleineren Booten angelaufen. Anlegen kann man bald auch am neu gebauten WWR Sellin.

Liegeplätze in Baabe

Festgemacht wird am Wasserwanderrastplatz oder beim kleinen Club SBC am vorderen Bollwerksabschnitt längsseits. Hier stehen nur ca. 12 Liegeplätze zur Verfügung; der nördliche Teil am Bollwerk ist Fahrgastschiffen vorbehalten. Es dürfen nicht mehr als drei Boote im Päckchen liegen. Die Bek ist ausreichend tief bis ans Ufer, sodass auch am gegenüberliegenden Ufer an der Wiese festgemacht werden kann. Die Baaber Bek ist ständigem Verkehr von Sportbooten und Fahrgastschiffen ausgesetzt und daher recht unruhig.

Service und Versorgung

Das Hafenumfeld wurde in den letzten Jahren mit einem neuen Hotel- und Gaststättenkomplex ausgebaut. Hier befinden sich auch Sanitäranlagen für Liegeplatznutzer. Einkaufsmöglichkeiten bestehen in Baabe.

Sehenswürdigkeiten

Ein „Muss" und häufig der eigentliche Anlass zum Aufsuchen dieses Liegeplatzes ist der Besuch der bekannten Ausflugsstätte auf dem Berg über Moritzdorf. Von der Terrasse hat man einen weiten Blick über ganz Südostrügen. Das bekannte Seebad Baabe bietet neben dem Ostseestrand kulturelle Veranstaltungen und zahlreiche lohnenswerte Gaststätten.

Die Haltestelle der Schmalspur-Bäderbahn Putbus–Göhren ist ca. 2 km entfernt. Die Strecke führt zu den schönsten Punkten dieser Landschaft.

GAGER
54°18,8'N 013°41,1'E

Gager ist der einzige gut ausgebaute Hafen auf dem Mönchgut. Er liegt im Süden am Ostufer der Hagenschen Wiek. Die ca. 1 sm

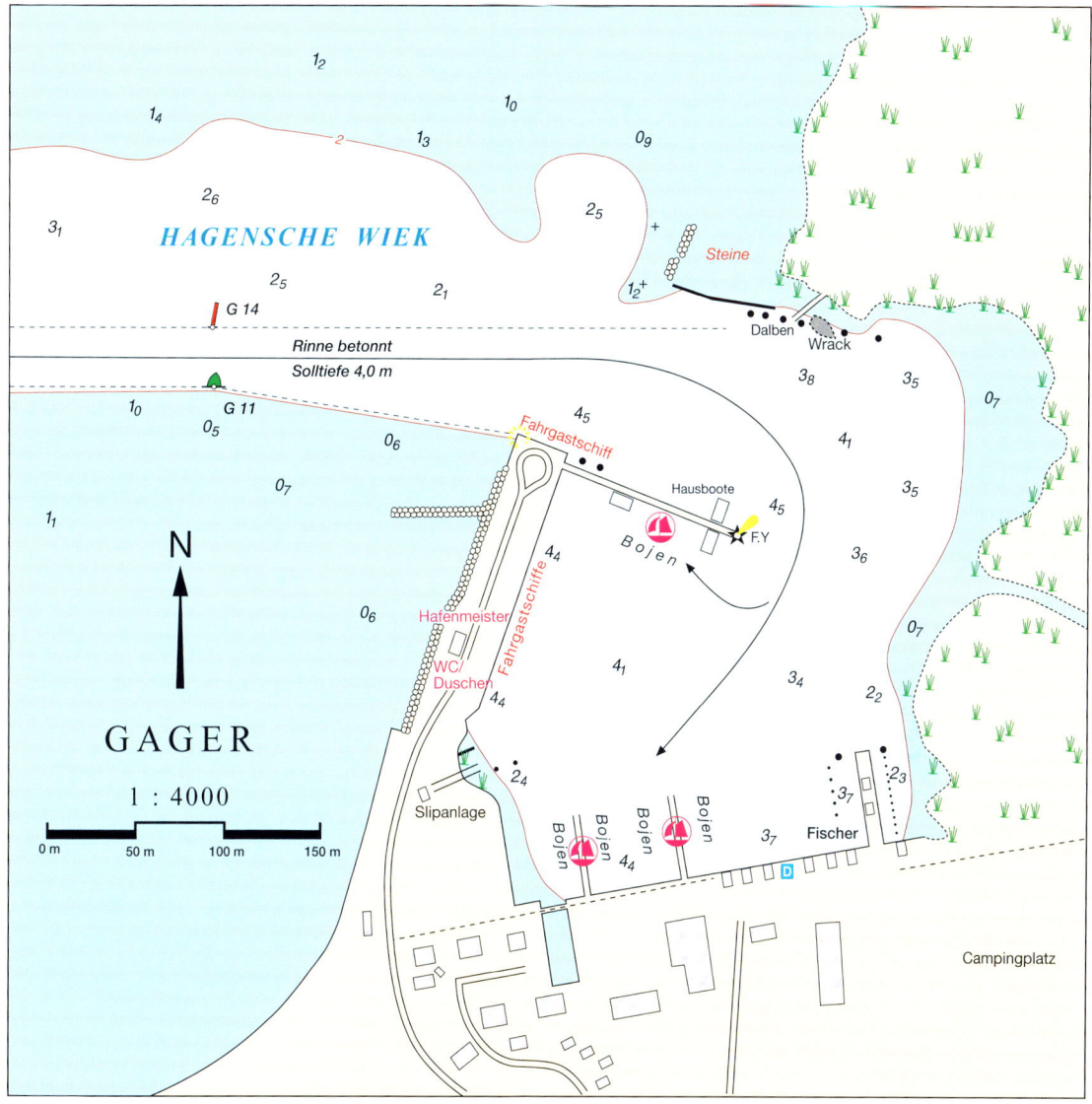

breite Bucht wird von den Halbinseln Reddevitz im Norden und Groß Zicker im Süden begrenzt. Die faszinierende Landschaft besteht aus sanft geschwungenen Hügeln mit tief eingeschnittenen Tälern. Große Teile sind offene Graslandschaften, die man auch mal abseits der Wege überqueren kann. Im westlichen Teil gibt es längere Steilküstenabschnitte. An der Wiek liegen die ältesten Orte der Halbinsel Mönchgut: Alt Reddevitz, Middelhagen und Gager.

Ansteuerung

Für die meisten Sportboote sind die Wassertiefen in der Wiek ausreichend, die 2-m-Linie beginnt erst kurz vor dem Hafen. Die Nordseite, vor Alt Reddevitz und Middelhagen, ist zu flach für Kielboote. Bei der Ansteuerung orientiert man sich im Nordwesten am Reddevitzer Höft und im Südosten an Groß Zicker. Ca. 250 m westlich davor beginnt an der roten Tonne G2 das betonnte Fahrwasser zum Hafen. Fahrwasser

Gager ist der einzige ausgebaute Hafen für Sportboote auf der Halbinsel Mönchgut.

und Hafeneinfahrt sind nicht befeuert. Wegen einiger Stellen mit Wassertiefen unter 2 m müssen es tiefgehende Boote sicherheitshalber benutzen. Die letzten 2 kbl vor dem Hafen nehmen die Tiefen auf beiden Seiten des Fahrwassers rasch ab. Nicht zu dicht an die Mole heranfahren, davor ragt ein Sandkegel ins Fahrwasser. Unmittelbar nach dem Passieren der Mole ist nach Süd ins Hafenbecken abzudrehen, in östlicher Richtung liegen Steine und ein Wrack.

Liegeplätze

Der geräumige Hafen mit Wassertiefen von 3–5 m bietet bei jedem Wetter sichere Liegeplätze. Die Pier vor den Fischerhäuschen ist Dauerliegern vorbehalten, die lange Pier vor dem Hafenmeister sollte nach Möglichkeit freigehalten werden. Für Sportboote sind weitere Bootsstege mit Heckpfählen an der westlichen und südlichen Pier an der östlichen Hafenseite eingerichtet worden. Sie sind meist belegt. Bei westlichen Winden liegt man besser im Schutz der Mole an der Stahlspundwand oder am Kai vor der stillgelegten Werft. Der Hafen bietet auch für größere Yachten gute Liegemöglichkeiten. Der ehemaligen Kutterwerft ist der Umstieg auf Yachtservice nicht gelungen, sie ist stillgelegt. Hier hat heute das Restaurant „Die alte Bootswerft" geöffnet. Ein privater Investor hat zudem Ferienwohnungen gebaut und die Liegemöglichkeiten verbessert.

Service und Versorgung

Der Service für Yachten wurde verbessert. An der westlichen Pier gibt es sanitäre Einrichtungen, Wasser- und Stromanschlüsse nur an den Stegen. Es gibt einen Laden mit Lebensmitteln sowie eine Fischräucherei, Spezialität: Lachs. Auch auf dem benachbarten Campingplatz findet man einen kleinen Laden, in dem man sich für seinen täglichen Bedarf eindecken kann. Im Ort findet man mehrere Gaststätten. Nach Göhren und Thiessow bestehen Busverbindungen.

Sehenswürdigkeiten

Gager liegt etwas abseits der üblichen Routen, dafür aber ruhiger. Die Mönchguter Landschaft ist etwas für Naturliebhaber, die sich an den vielfältigen Pflanzen auf den Salzwiesen und den Trockengrasflächen auf den Höhen erfreuen. Charakteristische Pflanzen sind Echter Ehrenpreis, Storchschnabel, Küchenschelle, Silbergras und Golddistel. Die Halbinsel Mönchgut ist Biosphärenreservat, und weite Teile stehen unter Naturschutz. Am 66 m hohen Bakenberg vorbei gelangt man zum Dorf Groß Zicker, in dem noch der ursprüngliche Charakter eines Bauern- und Fischerdorfes sichtbar ist. Sehenswert sind die Backsteinkirche und das Pfarrwitwenhaus.

Lohnenswert ist ein Besuch im 5 km entfernten Seebad Göhren. Mehrere Museen bieten Einblick in das Mönchguter Brauchtum, die Fischerei, die Schifffahrt und das Lotsenwesen. Ein an Land gesetzter Küstenfrachter stellt Zeugnisse örtlicher Schifffahrtsgeschichte aus.

In der Ostsee vor Göhren liegt der größte Findling der deutschen Küste, er ist 40 m lang und soll 1600 t wiegen. Sein slawischer Name „Buskam" bedeutet Götterstein.

THIESSOW
54°16,9'N 013°42,5'E

Der bekannte Urlaubsort liegt am südöstlichen Zipfel Rügens, an der Westseite des Südperds. Nahezu allseits von Ostsee und Bodden umgeben, ragen die „Berge" Klein Zicker und Lotsenberg aus der flachen Wiesen- und Dünenlandschaft. In Thiessow endet die rügensche Bäderstraße, an der sich Campingplätze und Ferienanlagen dicht aneinanderreihen. Die Fischerei ist immer noch ein wichtiger Erwerbszweig. Der Thiessower Fischereihafen wurde in den letzten Jahren großzügig erneuert und erweitert.

Ansteuerung

Der Hafen war früher Fischereifahrzeugen vorbehalten. Ihnen sind weiterhin Plätze freizuhalten. Die Sportschifffahrt kann die Liegeplätze im äußeren Becken nutzen. Das Fahrwasser zum Hafen darf nicht verlassen werden.

Thiessow ist nur von Westen aus dem Greifswalder Bodden über die Kaming und den Zickersee zu erreichen. Im Gegensatz zu den nörd-

Der Fischereihafen von Thiessow

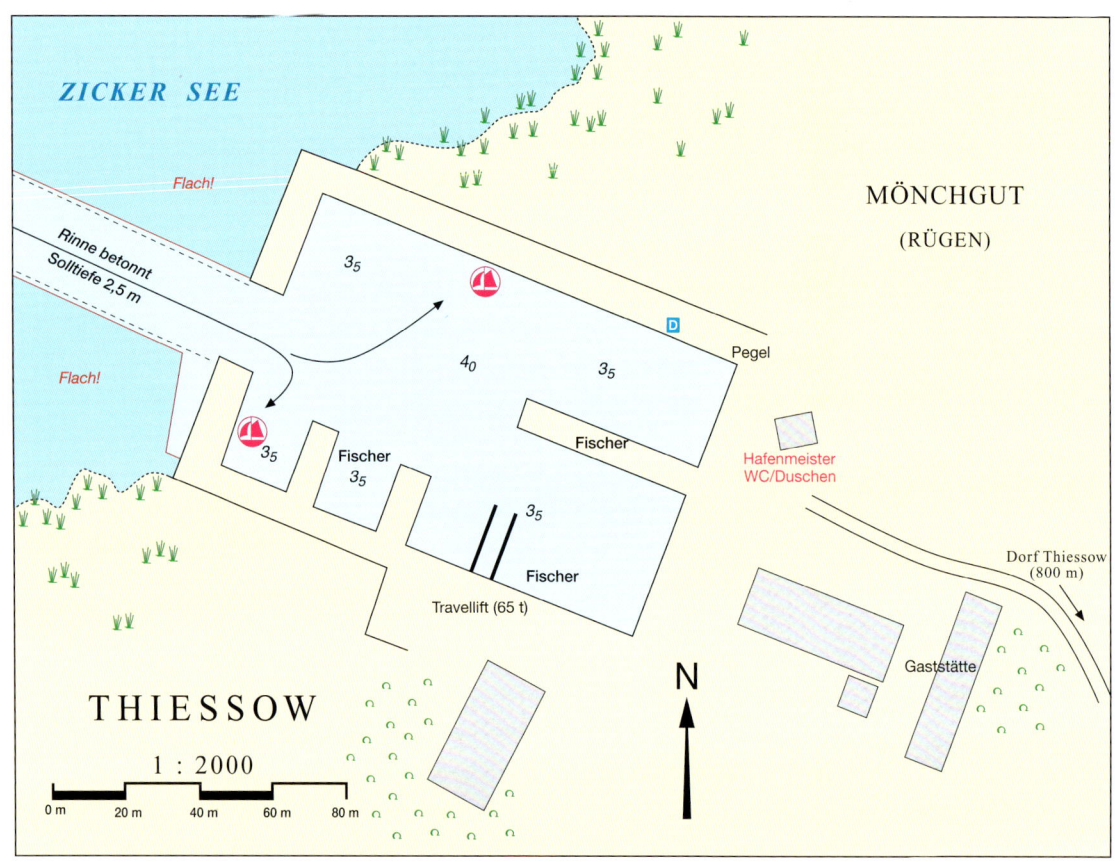

lich gelegenen Buchten sind die Thiessower Gewässer flach und gehören zur Schutzzone, man muss sich an das betonnte Fahrwasser halten. Von der rot-weißen Mitte-Schifffahrtsweg-Tonne Kaming (Iso.4s) südlich von Groß Zicker führt ein Fahrwasser ab dem Tonnenpaar T1/T2 mit 064,5° in den Zickersee. Von Tonne 8 steuert man mit 145° im Fahrwasser auf den Hafen zu. Ohne Kennzeichnung sind die kleinen Fischereistege in Groß Zicker und Klein Zicker. Sie sind nur von Booten mit geringem Tiefgang zu erreichen und bieten keinen Service. Vor dem Anlegen sollte man um Erlaubnis fragen.

Liegeplätze

Sportboote können im äußeren Becken an Steuerbord oder am Nordkai längsseits festmachen. Der Hafen ist sicher und vor Wellenschlag geschützt, bietet aber kaum Windschutz. Der Fischereibetrieb und die gut besuchte Gaststätte (Parkplätze) sind mit einiger Unruhe verbunden.

Service und Versorgung

Auf der Pier sind moderne Zapfstellen für Wasser und Strom installiert. Ein Sanitärgebäude wurde errichtet. Den Fischern steht eine kleine, manuelle Slipanlage zur Verfügung, eine Tankstelle ist vorhanden. Im Ha-

Der Fischereihafen von Thiessow

fenareal gibt es eine Fischgaststätte; die Fischer bieten darüber hinaus Frischfisch und Räucherfisch an. WLAN in Planung.

Sehenswürdigkeiten

Das ehemalige Mönchguter Fischerdorf, das über 600 Jahre alt ist und lange Zeit zum Kloster Eldena in Greifswald gehörte, ist heute ein bekannter Urlaubsort mit entsprechendem Erscheinungsbild. Es bieten sich schöne Wanderungen nach Klein Zicker oder zum Südperd an. Vom 36 m hohen Lotsenberg mit Aussichtsturm genießt man einen weiten Blick bis zur Peenemündung und zur Insel Ruden. Der Turm wurde 1909 gebaut und kürzlich nach seiner Sanierung wieder zugänglich gemacht. Im Süden führt das als Landtief bezeichnete Hauptfahrwasser bis in den Greifswalder Bodden.

Seit dem 17. Jahrhundert gibt es in Thiessow Lotsen. Eine Lotsenstation wurde 1830 eingerichtet, sie bestand mit Unterbrechungen bis zur Verlegung nach Freest im Jahre 2000. Rings um Thiessow findet man schöne Badestrände, die je nach Windrichtung Wellen oder ruhiges Wasser bieten. Der Thiessower Südstrand ist ein bekanntes Surfzentrum mit idealen Sportbedingungen und breitem Serviceangebot.

ANKERPLÄTZE ZWISCHEN LAUTERBACH UND THIESSOW

Die stark gegliederte Küste Südrügens mit ihren weit vorspringenden Halbinseln und den Buchten mit tiefem Wasser bietet hervorragende Ankerplätze. Sie sind häufig durch hohe Ufer vor Wind geschützt und ungestört. Mit der Einrichtung des Biosphärenreservats wurden leider Schutzzonengrenzen festgelegt, die auch das Ankern beeinträchtigen. In der Having, der Hagenschen Wiek, der Kaming und dem Zickersee muss man 100 m Abstand vom Ufer halten. Hier gilt die Schutzzone 1 mit Befahrensverbot für alle Wasserfahrzeuge, Sportfahrzeuge und Wassersportgeräte. Die Grenzen nach der entsprechenden Verordnung über das Befahren sind in den aktuellen Seekarten und Sportbootkarten deutlich dargestellt und sollten wegen des Naturschutzes beachtet werden, nicht nur um sich Ärger und Strafgelder im Urlaub zu erspa-

Ankerplätze zwischen Lauterbach und Thiessow
Übersichtskarte

Blick über die Having auf das Gobbiner Höft

ren. Gegenwärtig gilt für die Saison die modifizierte Regelung, wie bei Seedorf/Having beschrieben (z. B. Maximalgeschwindigkeit für Motorfahrzeuge in der Saison 5 kn).

ANKERPLÄTZE IN DER HAVING

Einlaufend in die Having liegt im Norden, geschützt von einer schmalen Landzunge, der Ankerplatz **Gobbiner Haken**. Er wird nach dem Passieren der roten Tonne B4 mit Nordkurs angesteuert, so bleibt man vom flach auslaufenden Haken frei. Die Bucht ist 2–3 m tief, der Ankergrund besteht aus Schlick und ist üppig mit Wasserpflanzen bewachsen.

Noch besseren Windschutz bietet der Ankerplatz etwa 1 sm weiter nördlich um die Landspitze herum unter dem bewaldeten Hügel. Beide Ankerplätze sind bei Südwest- bis Nordwest-Winden sehr gut geeignet. Bei Winddrehungen kann man in kurzer Zeit nach Seedorf verholen.

ANKERPLATZ REDDEVITZER HÖFT

Das Reddevitzer Höft ist der Kopf der fünf Kilometer langen Halbinsel zwischen der Having im Norden und **Hagenscher Wiek** im Süden. Hier bieten sich vor allem bei Schönwetter gute Tagesankerplätze.

Bei Ost- bis Südwind wird in Lee der Halbinsel in der Having geankert, bei Winden aus Nord bis Nordwest in der Hagenschen Wiek. Bei der Ansteuerung sind Stellnetze zu beachten. Der Ankergrund besteht aus Kies oder Sand, in Ufernähe auch mit größeren Steinen durchsetzt. Bei Wetterverschlechterung sollte der Platz sofort verlassen werden. Bei auflandigen Starkwinden kann hier beträchtlich hoher Seegang entstehen.

ANKERPLÄTZE AN DEN HALBINSELN GROSS UND KLEIN ZICKER

Die in amtlichen Seekarten ausgewiesenen Ankerplätze unter dem westlichen Steilufer der Halbinsel **Groß Zicker** taugen nur am Tag und bei schönem Wetter. Die Bucht in der **Kaming** ist besser, aber wegen der geringen Tiefe muss man weit draußen bleiben. Gleiches trifft auf den so genannten Thiessower Südstrand zu, hier muss man zudem mit vielen Surfern rechnen.

Ein beliebter Ankerplatz, der ebenfalls Rundumschutz gewährleistet, liegt am Ein-

Ankerplatz unter dem Hügel Klein Zicker

gang zum Zickersee unter dem Hügel **Klein Zicker.** In die Bucht gleich hinter der flachen Landzunge wird ab Tonnenpaar T5/T6 nach Süden gesteuert. Es kann auf 3 m Wassertiefe geankert werden – vorher die Tiefen im Schwojkreis feststellen. Kleinere Boote können auf der Landzunge den Anker eingraben. Im Gegensatz zu anderen Plätzen ist der Landgang an diesem Ankerplatz problemlos. So kann der 38 m hohe Hügel erklommen und auf der Südseite in das ursprüngliche Fischerdorf Klein Zicker abgestiegen werden.

VOM STRELASUND NACH GREIFSWALD

Aus dem Strelasund nach Greifswald navigiert man sicher, wenn der Kurs erst dann nach Süden eingeschlagen wird, nachdem man die Tonnen 1/2 der Palmer Ort-Rinne passiert hat. Nördlich der Insel Koos liegen Untiefen sowie ein Stein auf 0,9 m Tiefe. Bis zum Beginn des Fahrwassers Wiek beim Wampener Riff ist dann ausreichend Wassertiefe vorhanden.

Bei direktem Kurs bleiben die zwei ehemaligen Bohrplattformen an Backbord. Sie sind nicht befeuert.

An der Mündung des Ryck in den Greifswalder Bodden

WIECK/GREIFSWALD
54°0,60'N 013°27,6'E (Ryck-Mündung)

Greifswald ist die größte Stadt am gleichnamigen Bodden. Ihre Silhouette mit den großen Kirchen ist in der Landschaft weithin sichtbar. Ankommende Schiffe erreichen zuerst Wieck an der Mündung des Ryck, der seit altersher der Hafen der Stadt ist. Das ehemalige Fischer- und Schifferdorf mit seinem maritimen Flair steht unter Denkmalschutz. Greifswald liegt 5 km landeinwärts und ist darüber hinaus über den Ryck zu erreichen.

Greifswald/Wieck ist die Hochburg des Seesegelns an der ostdeutschen Küste. Es gibt zahlreiche Segelclubs mit schönen Anlagen, Servicebetriebe und seit einigen Jahren auch Charterunternehmen. Das Yachtzentrum mit Werft für den Bau der bekannten Hanse-Yachten und die Marina sind stetig gewachsen. Die geschützten Liegeplätze und die Sehenswürdigkeiten der alten Universitätsstadt ziehen alljährlich viele Regatta- und Fahrtensegler an. In der Saison finden traditionelle Regatten und andere maritime Veranstaltungen statt. Dann gibt es in Wieck viel Trubel, aber kaum freie Gastplätze.

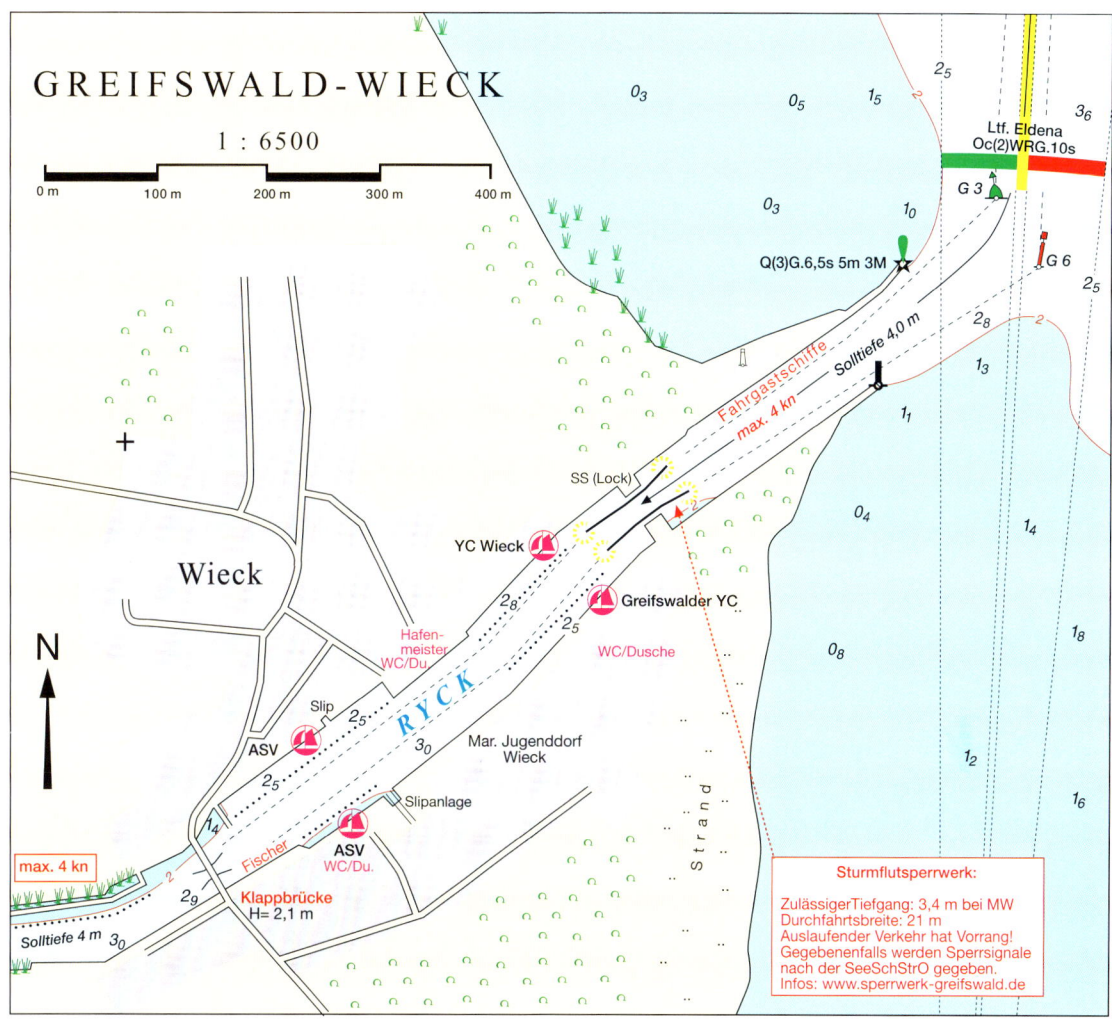

Ansteuerung

Die Zufahrt zur Ryck-Mündung ist unproblematisch, auch in der Nacht. Die Sportboote orientieren sich ab der rot-weißen Mitte-Schifffahrtsweg-Tonne Greifswald (Iso.4s) im Fahrwasser bis zur Gabelung LD7/LD8/G2; letztere Tonne ist mit Fl.(2+1)R.15 befeuert. Ab dem Tonnenpaar G1/G4 bleibt man im Fahrwasser, denn östlich davon liegt die Untiefe Mittelgrund. Das Fahrwasser zum Wirtschaftsanleger Ladebow bleibt an Steuerbord. Am Kopf der Nordmole (Q(3)G.6,5s) ändert man den Kurs auf West, erst hinter dem Sperrwerk (21 m Durchfahrtsbreite, 3,4 m Maximaltiefe) ist das Hafengebiet voll einzusehen. Auslaufenden Schiffen ist Vorfahrt zu gewähren. Im Molenbereich nehmen die Wassertiefen auf beiden Seiten schnell ab.

Liegeplätze in Wieck

Die Ryck-Mündung ist ca. 60 m breit und bis zur historischen Klappbrücke 3–4 m tief. Auf beiden Seiten des ca. 600 m langen Hafenbeckens reihen sich die Kaianlagen für Berufsschifffahrt, Fischerei und die

Liegeplätze in Wieck, rechts das Maritime Jugenddorf Wieck

Steganlagen ansässiger Yachtclubs dicht aneinander. Hier finden Gastboote traditionell freundliche Aufnahme in Boxen mit grünen Schildern. In der Saison oder bei Veranstaltungen ist der Hafen stark besucht, unter Umständen muss man im Päckchen liegen. Die Liegeplätze der Berufsschifffahrt sind freizuhalten, die Fahrgastschiffe legen meist an Steuerbord im Molenbereich vor der Gaststätte „Utkiek" an.

In Wieck ist die bekannte Schonerbrigg „Greif" (ex „Wilhelm Pieck") beheimatet. Ihr Stammliegeplatz ist im Sommer vor der Südmole, im Winter vor dem Hafenamt. Hier kann ebenfalls angelegt werden.

Service und Versorgung

An allen Steganlagen gibt es Wasser- und Stromversorgung (z.T. mit Münzeinwurf) sowie gute sanitäre Anlagen. Auf dem Westufer ist in der Nähe des Hafenamtes ein neues Sanitärgebäude, das sogenannte „Shipp in", errichtet worden. Lebensmittelgeschäfte befinden sich im Ort. Boote, die am Ostufer liegen, versorgen sich besser im benachbarten Eldena. In Wieck sind mehrere Servicewerkstätten für Rumpf, Motoren, Elektrik und ein Segelmacher ansässig. Eine Slipanlage auch für sehr große Boote besteht beim Maritimen Jugenddorf. Auf dem Westufer finden sich mehrere Gaststätten. Südlich des Hafens liegt der ausgedehnte Badestrand an der Dänischen Wiek.

Liegeplätze westlich der Brücke und in Greifswald

Wenn in Wieck kein Platz ist und der Trubel stört, gibt es weitere Anlegeplätze ryckaufwärts bis zum Stadtzentrum. Etwa 1000 m westlich der Zugbrücke – sie wird vom 01. Mai bis 8. Oktober von 9.00 bis 19.00 Uhr zu jeder vollen Stunde geöffnet – liegt die Sportbootanlage **Ladebow** (auch bekannt als Yachtservice Redmer & Wilke/Motorenservice Wunderlich) mit 60 Liegeplätzen,

Die berühmte Zugbrücke über den Ryck in Wieck

Das moderne Yachtzentrum Greifswald mit der Marina am Ryck

davon 15 für Gäste. Hier werden auch Boots- und Motorenreparaturen ausgeführt und es gibt zahlreiche Hallenstellplätze. Versorgungsmöglichkeiten bestehen in Wieck.

Schon im Stadtbereich liegt die moderne **Marina Yachtzentrum Greifswald** mit Werft und insgesamt 250 Liegeplätzen. Die Schwimmsteganlagen liegen zum Teil im Holzteich (WT: 2,5 m) aus, der vom Ryck (WT: 4 m), bis auf eine Durchfahrt durch einen Damm, getrennt ist. Die Uferzone ist mit einer großen Wohnanlage bebaut. Gastboote finden hervorragende Liegeplätze und Serviceeinrichtungen, u. a. einen 32-t-Kran, Mastkran, Landstellplätze, auf Wunsch in (beheizten) Hallen oder im Freilager, eine Tankstelle. Es können alle Bootsreparaturen ausgeführt werden, auch ein Laden für Bootsbedarf ist geöffnet. Versorgungsmöglichkeiten bestehen in der Innenstadt und sind zu Fuß erreichbar. Ansonsten können Fahrräder entliehen werden. Brötchenservice und WLAN verfügbar. Im **Stadthafen** kurz vor der Fußgängerbrücke kann zwar auf beiden Seiten am Bollwerk festgemacht werden, hier können auch große Yachten liegen, aber die Plätze sind wohl eher für einen Kurzbesuch gedacht. Dieser Bereich ist den Traditionsschiffen vorbehalten. Strom- und Wasseranschlüsse,

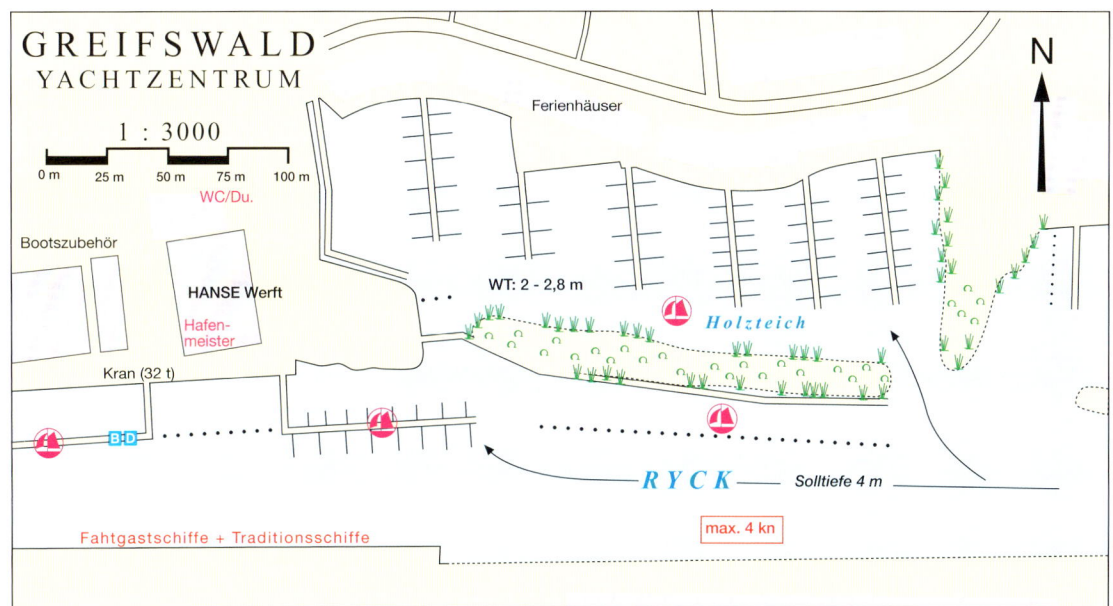

Liegeplätze im Stadthafen Greifswald

sowie ein WC-Container sind vorhanden.

Das Zentrum um den Markt herum ist auch über die Fußgängerdrehbrücke nur wenige Schritte entfernt. Im Hafenbereich gibt es nette Gaststätten. Leider stört der vorbeirauschende Verkehr auf der Bundesstraße. Die neue Umgehungsstraße hat die Situation nicht verbessert.

Sehenswürdigkeiten

Die alte Universitätsstadt Greifswald bietet viel Sehenswertes. Die Stadt blieb 1945 von Kriegszerstörungen verschont, in den letzten 10 Jahren sind viele Gebäude saniert worden. Allein im Zentrum findet der Besucher mehr als 100 historische Bauwerke von besonderem Wert sowie Denkmäler und wissenschaftliche Sammlungen. Herausragend sind der Dom St. Nikolai und das spätbarocke Hauptgebäude der Universität von 1747–50, mit Prunksaal und mittelalterlichen Kunstschätzen. Gedenktafeln weisen auf Persönlichkeiten der Stadt- und Universitätsgeschichte hin; hier waren u. a. Arndt, Billroth, Löns, Loeffler und Sauerbruch tätig. Die Universität hat umfangreiche zoologische und geologische Sammlungen. Kostbare Buchbestände beherbergt die Hauptbibliothek. Im Sommer 2005 ist nach aufwändiger Sanierung das Pommersche Landesmuseum in der Nähe des Marktplatzes eröffnet worden. Es besitzt eine gesonderte Abteilung mit Werken von Caspar David Friedrich, der 1774 in Greifswald geboren wurde und als der bedeutendste Maler der Romantik in Deutschland gilt. Bekannt sind auch seine Bilder vom Greifswalder Hafen.

Nahe des Wiecker Hafens kann man sich die Ruine des Klosters Eldena ansehen. Ihr Erhalt geht wesentlich auf den Einsatz von Caspar David Friedrich zurück. Im Sommer finden hier häufig Konzerte statt.

ÜBER DEN GREIFSWALDER BODDEN ZUR PEENEMÜNDUNG

Navigatorisch bereitet die Überquerung dieses Boddens von West nach Ost keine Probleme. Bei guter Sicht ist das abgeschaltete Atomkraftwerk Lubmin eine gute Landmarke, die Betonnung ist zwar sparsam, aber eindeutig. Seit Eröffnung der

Marina Lubmin ist auch der südliche Greifswalder Bodden für kleinere Boote und Jollenkreuzer bei unsicherer Wetterlage befahrbar. Die Anleger **Ludwigsburg** in der Dänischen Wiek und die Seebrücke **Lubmin** sind nur für den kurzfristigen Aufenthalt geeignet. Die Fingerpier am Gewerbehafen **Vierow** wird jetzt regelmäßig von Kümos mit Baustoffen angelaufen. Sie ist völlig ungeschützt und für Sportboote ungeeignet. Weiter östlich in Höhe Kernkraftwerk erstreckt sich 1,6 sm nach Norden vor der Halbinsel Struck der Freesendorfer Haken. Kielboote müssen ab hier mindestens 1 sm Abstand vom Ufer halten und vor der Halbinsel Struck noch weiter seewärts bis in Höhe der roten Leuchttonne Osttief 30 (IQ.R.13s) steuern. Dicht an der 2-m-Tiefenlinie ist der gelöschte, gemauerte Leuchtturm Freesendorfer Haken eine deutliche Orientierungshilfe.

Am Tage und in der Nacht richten Schiffe aus westlicher Richtung ihren Kurs bis zur roten Leuchttonne Osttief 30 nach dem

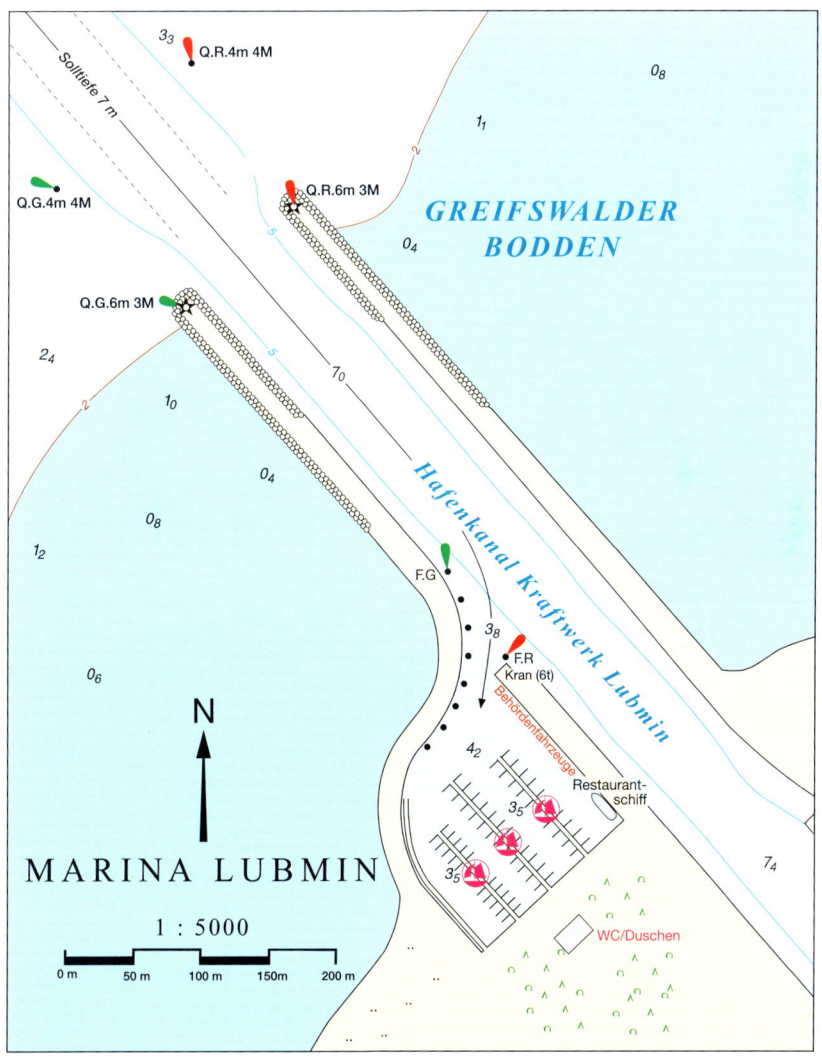

25 m hohen Turm auf der Insel Ruden mit seinem Feuer (Dir Oc.WRG.6s). Achtung: Östlich der Marina Lubmin erstreckt sich ab Tonne L48 ein Sperrgebiet.

MARINA LUBMIN
54°09,3 N 013°38,3'E

Die neue Marina liegt 3 km nordöstlich der Ortslage Lubmin am Auslaufkanal des ehemaligen Kernkraftwerkes (100 m breit,10 m tief), dessen Hafen derzeit wegen Bauarbeiten gesperrt ist. Die Einfahrt in den Hafenkanal ist mit je 2 x Q.G und Q.R bezeichnet. Der Yachthafen liegt an Steuerbord direkt am Eingang des Kanals.
Diese mittelgroße Anlage mit 180 Liegeplätzen macht den südlichen Greifswalder Bodden sicherer, insbesondere bei Dunkelheit und Starkwind.

Liegeplätze
Zwischen stabilen Steinmolen sind 3 Steganlagen mit Auslegern für 180 Boote und weitere an den Molen eingerichtet. Der Hafen dient vorwiegend Dauerliegern, Gäste finden Boxen mit grünen Schildern vor. Hier finden Boote auch bei Starkwind – und der steht oft auf Lubmin – Schutz. Zu beachten ist der rasch wechselnde Wasserstand. Die Ostmole ist in der Regel durch Berufsschifffahrt belegt.

Blick auf die neue Marina Lubmin

Service uns Versorgung
Wasser- und Stromanschlüsse befinden sich auf den Stegen, Sanitäranlagen in Containern. In einem Schiff an der Ostmole ist bis in den Spätherbst eine gemütliche Gaststätte eingerichtet, hier sollen sich Crews anmelden.

Sehenswürdigkeiten
Vor dem Hafen kann gebadet werden. Zu Fuß sind das Naturschutzgebiet Struck und der Ort Spandowerhagen erreichbar. Mit dem Fahrrad oder Bus können der Fischerort Freest und die Stadt Greifswald mit der Klosterruine Eldena besucht werden.

INSEL RUDEN
54°12,4'N 013°46,2'E

Die kleine Insel Ruden liegt an der Grenze zwischen Greifswalder Bodden und Ostsee. Sie soll der Rest eines ehemaligen Landrückens zur Insel Rügen sein, der im Jahr 1304 bei einer Sturmflut weggespült wurde. In Folge weiterer Materialabtragung wäre die Insel sicher heute nur noch ein Riff, wenn nicht umfangreicher Küstenschutz betrieben worden wäre. Heute umgibt eine Steinmole die gesamte Insel. Seit dem 17. Jahrhundert bestanden hier Zoll- und Lotsenstationen, deren Besatzungen in den noch vorhandenen Wohngebäuden lebten.

Bild aus besseren Tagen: der Hafen der Insel Ruden

Der Hafen der Insel ist seit 2016 wegen Baufälligkeit gesperrt und darf bis auf Weiteres nicht angelaufen werden. Die Insel ist als Naturschutzgebiet ausgewiesen und weist für Yachten keinerlei Service- und Versorgungsangebote auf.

Ansteuerung

Die Insel ist bei Tag und Nacht aus östlicher Richtung anzulaufen, Fahrzeuge aus westlicher oder südlicher Richtung müssen erst die Südspitze der Insel umrunden. Ortsunkundige sollten wegen des komplizierten Fahrwasserverlaufs besser das Tageslicht nutzen. Bei der Vielzahl der Feuer kann es schnell zu Verwechslungen kommen. Von Süden oder Westen kommend, muss man sich von den 1 sm breiten Untiefen Tonnenbank und Peenemünder Haken freihalten. Im Süden der Insel und auf dem Peenemünder Haken stehen Leuchttürme mit Sektorenfeuern. Das Tiefwasser ist zusätzlich mit der grünen Leuchttonne O11 und der roten Tonne O16 bezeichnet. Östlich der Insel liegt eine mit Tonnen gekennzeichnete Reede. Zum Hafen führt eine kurze Tonnenreihe, die vom Fahrwasser Osttief abzweigt. Das Hafeninnere ist erst spät einzusehen, daher auf Gegenverkehr achten.

Liegeplätze

Der Hafen ist gut ausgebaut und bietet Schutz vor allen Windrichtungen. Festgemacht wird auf der West- oder Ostseite längsseits am Bollwerk. Auch die Außenseite ist zum Anlegen vorgesehen.

Service und Versorgung

Außer zwei Trockentoiletten gibt es gegenwärtig keinerlei Versorgung, auch kein Wasser und Strom. Müll muss wieder mitgenommen werden. In der Saison kümmert sich ein Naturschutzwart um Liegeplätze und Hafengeld.
Die Insel ist von der Eigentümergemeinde zum Verkauf ausgeschrieben worden. Die weitere Zukunft ist daher noch unklar.

Sehenswürdigkeiten

Trotz fehlendem Service wird die Insel gern von Yachten besucht, die den ausgezeichneten Hafen, die Natur und die Ruhe schätzen. Allerdings sind der schmale Südteil und der ganze bewaldete Norden der Insel aus Naturschutzgründen gesperrt. Zeitweise ist auch das Hafenumfeld zugunsten freilaufender Schafe für Besucher größtenteils nicht mehr zu betreten.
Die weitere Perspektive des Hafens, der von einer Bundesbehörde verwaltet wird, ist ungeklärt. Es ist zu hoffen, dass die einzige öffentliche Anlegemöglichkeit auf den Inseln des Greifswalder Boddens erhalten bleibt.

204 Küstenhandbuch Mecklenburg-Vorpommern

PEENESTROM, ACHTERWASSER UND KLEINES HAFF

Die Gewässer südöstlich der Peenemündung werden durch die Brücken in Wolgast und bei Zecherin, die das Festland mit Usedom verbinden, in drei Abschnitte geteilt. Zwischen Greifswalder Bodden und Wolgast erstreckt sich der Unterlauf der Peene. Der Flusscharakter ist einmalig in der Boddenlandschaft. Die Ufer werden überwiegend von Weiden und Schilfgürteln gesäumt. Die umfangreichen Baggerungen zum Ausbau des Wasserweges bis zum Wolgaster Hafen haben offenbar den Charakter der Landschaft nicht verändert. Hinter Wolgast bis zur Zecheriner Brücke zweigen von der Peene nach Osten die Nebengewässer Krumminer Wiek und Achterwasser ab. Es sind besonders reizvolle Landschaften, die mit dem Wechsel von Steilufern und Schilfzonen an die rügensche Boddenküste der Halbinsel Mönchgut erinnern, aber nicht so frequentiert sind. Östlich der Zecheriner Brücke beginnt bei Karnin das Kleine Haff als Teil des Stettiner Haffs. Seit Öffnung der Haffgrenze für die Sportschifffahrt ist dieses Revier noch interessanter geworden. Booten unter 2 m Tiefgang ist es ohne Komplikationen möglich, von See kommend, über die Swinemündung und das Stettiner Haff nach Ueckermünde oder Anklam zu segeln.

Die Peene und der Peenestrom sind gut betonnt aber nicht immer befeuert, sodass Sportboote hier häufig im Schlamm steckenbleiben. Die Hauptschifffahrtswege sind meistens mit Mitte-Fahrwasser-Zeichen gekennzeichnet. In der Krumminer Wiek liegen keine Seezeichen aus, und das Achterwasser ist nur sehr sparsam betonnt. Die in den Seekarten verzeichneten Untiefen müssen umfahren werden, sie sind nur teilweise betonnt. Die Peene transportiert erhebliche Mengen von Schwebstoffen. Ablagerungszone ist vor allem der Abschnitt östlich Wolgast – die Negenmarkrinne, Moderort Rinne und die Lassaner Bucht. Hier muss teils mit Mindertiefen gegenüber den in den Seekarten verzeichneten Tiefen gerechnet werden.

Die beiden Peenebrücken (Wolgast und Zecherin) wurden durch Neubauten ersetzt und öffnen mehrmals täglich. Soweit sie nicht aus der Fachpresse oder den Bekanntmachungen für Seefahrer in den Häfen entnommen worden sind, können die Öffnungszeiten bei der Verkehrszentrale Wolgast Traffic auf UKW-Kanal 09 und 16 oder unter Tel. 03836-27330 (Peenebrücke Wolgast) erfragt werden.

Die Verkehrszentrale informiert auch über die Berufsschifffahrt in der unteren Peene zum Wolgaster Hafen. Hier verkehren Frachter von beachtlicher Größe.

Neben den im Folgenden ausführlicher dargestellten Häfen gibt es zwischen der Peenemündung und dem Haff weitere Liegemöglichkeiten, die teilweise sogar von Kielbooten erreichbar sind:

Zecherin (54°04,8'N 013°48,3'E), 2 sm nördlich Wolgast gibt es ein Becken mit etwa 0,6 m Wassertiefe eines ehemaligen Fischereihafens mit Campingplatz und Holzbootwerft, das heute sehr rege vom Anglerverband genutzt wird.

In **Koserow** (54°02,9'N 013°59,6'E) im Achterwasser wurden mehrere kleine Becken im flachen Ufer angelegt. Wegen der Wassertiefen von 0,5 m ist die Anlage nur für Jollen geeignet, bietet diesen aber hervorragenden Schutz. Alternativ kann vor dem Hafen geankert werden.

Der kleine Hafen Zecherin – ein ehemaliger Fischereihafen

Ebenfalls an der Usedomer Küste wurde in **Ückeritz** (54°00,8'N 014°02,5'E) der Hafen zwar ansprechend ausgebaut, aber nur 60 cm tief. Hier gibt es eine Segel- und Surfschule.

In **Quilitz** (53°57,3'N 013°55,2'E) gegenüber Lassan können nur Schwertboote anlegen. Der kleine Clubhafen liegt sehr schön. Mit Kielbooten ist auch das kleine Hafenbecken in **Dargen** an der nördlichen Haffküste (53°52,5'N 014°04,9'E) zu erreichen. Hier liegen vor allem Fischerboote. Bei der Ansteuerung muss die einzige steinige Untiefe des Haffs umfahren werden.

Karten
D 151, D 1511, D1512, D 1513, D 1514
D 3006, Blatt 1, 14, 16–21
Delius Klasing-Sportbootkarten, Satz 2, Karte 09, 09B, 11, 12, 13

DIE PEENEMÜNDUNG

Der trichterförmigen Mündung der Peene sind zahlreiche ausgedehnte Flachwasserzonen vor Usedom, vor der Halbinsel Struck und um die Insel Ruden vorgelagert. Baggerrinnen gewährleisten die Passage auch für mittelgroße Frachter.

Die Sperrzone vor Usedom (Peenemünder Haken) besteht weiterhin: ehemaliges Schießgebiet Peenemünde mit Wracks und Munition. Die Betonnung ist in diesem Be-

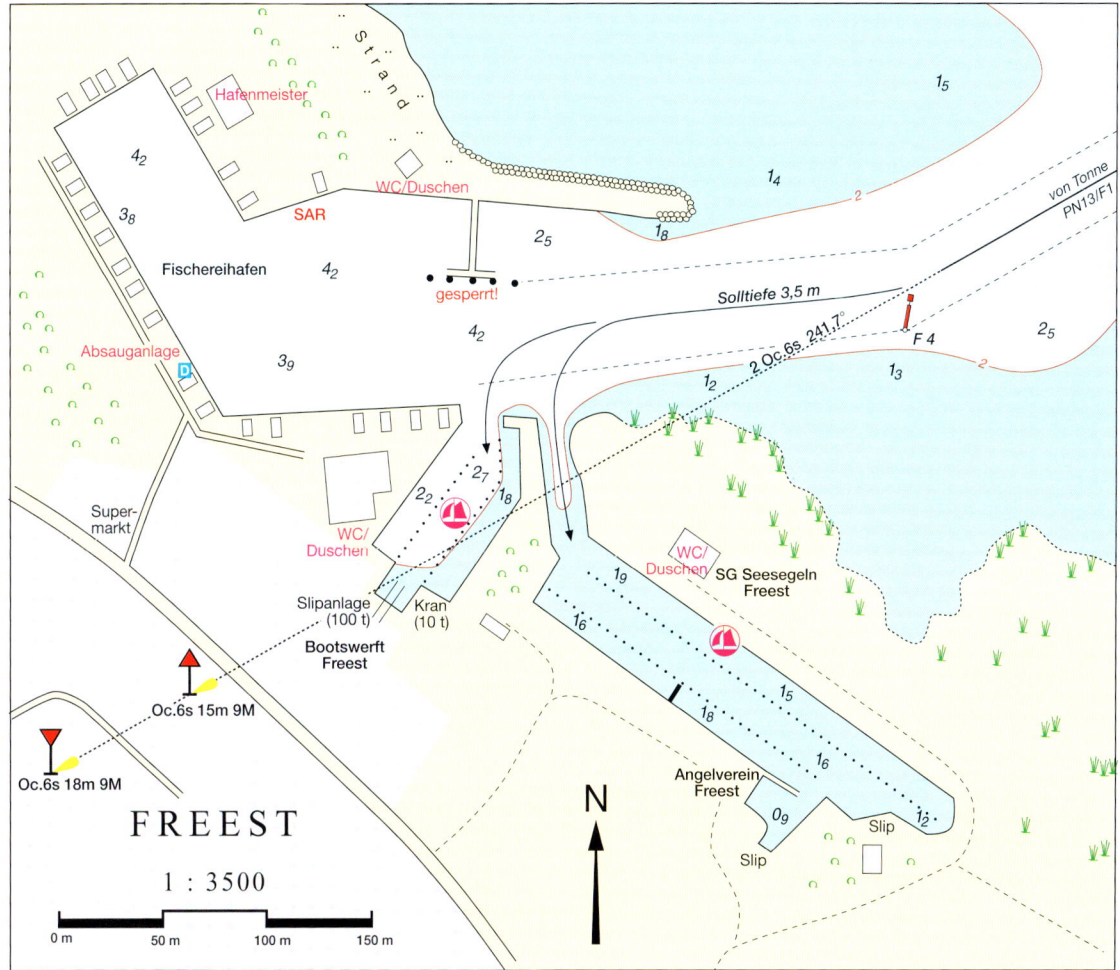

reich der Peenemündung eindeutig und auch für die Nachtfahrt ausreichend. Bei starken nördlichen Winden herrschen raue Bedingungen, kleinere Boote mit Fahrziel Greifswalder Bodden sollten ab Windstärke 5 die Wetterentwicklung in Freest abwarten.

FREEST
54°08,3'N 013°43,9'E

Freest ist ein Fischereihafen am Westufer der Peenemündung. Er liegt nur 3 sm vom Greifswalder Bodden entfernt und wird wegen der guten Liegemöglichkeiten von Yachten nicht nur bei Starkwind gern angelaufen.

Ansteuerung
Vom Peenestrom führt ab grüner Leuchttonne PN13/F1 die kurze Zufahrt direkt in den Fischereihafen. Für die Nachtfahrt bestehen Richtfeuer (2 x Oc.6s, 241,7°). Südlich des Fahrwassers wird es schnell flach.

Liegeplätze
Yachten können im Fischereihafen (meist voll), im Sportboothafen und im Becken der Bootswerft Freest anlegen. Die Plätze an Steuerbord in der Zufahrt zum Fischereihafen (vor der maroden Fahrgastpier) sind bei der Modernisierung neu geschaffen worden.

Der Fischereihafen von Freest

Der Sportboothafen wird nach Südosten über einen Stichkanal erreicht. Er ist nur für Boote bis 1,5 m Tiefgang befahrbar, die Boxen sind nicht sehr breit, Teile des Beckens werden von Anglern belegt. Das Becken der Werft, zwischen Fischerei- und Sportboothafen, ist auch für größere Boote mit 2 m Tiefgang geeignet, die Einfahrt durch querliegende Boote recht schmal.

Service und Versorgung

Strom- und Wasseranschlüsse sowie Toiletten sind außer beim Angelverein überall vorhanden. Im Hafenbereich gibt es ein Lebensmittelgeschäft, von der Fischerei wird aus eigener Räucherei verkauft. Die ehemalige Kutterwerft ist auf Holzarbeiten spezialisiert und auch einige Yachten zur Reparatur in der Halle. Im Hafenbereich und im Umfeld gibt es mehrere Gaststätten und Cafés.

Sehenswürdigkeiten

Freest ist ein gepflegtes Fischerdorf, in dem auch der Tourismus schon länger Bedeutung hat. Vor dem Hafen liegt ein ausgedehnter Badestrand, gleich hinter dem Ort beginnt ein ausgedehntes Waldgebiet. Von dessen Höhen hat man einen weiten Blick über die Peenemündung, zur Greifswalder Oie und bis nach Rügen. An die Herstellung der Freester Fischerteppiche erinnert ein kleines Museum.

DIE EHEMALIGEN MILITÄRHÄFEN VON PEENEMÜNDE

Die Häfen und das ganze Gebiet am Nordende Usedoms unterstehen einer Bundesbehörde, die keine eigene Nutzung anstrebt, sondern an Investoren mit tragfähigem Konzept verkaufen möchte. Da solche bislang nicht gefunden wurden, hat sich seit Auflösung der Militäreinheiten nach 1990 kaum etwas entwickeln können. Vor dem markanten Kraftwerk verrotten einige Seelenverkäufer vor sich hin.

Im sogenannten „Nordhafen", in Höhe der grünen Leuchttonne 11 (Fl(2)G.9s) hat sich immerhin ein Feriendorf mit Marina entwickelt.

Ansteuerung

Das große Hafenbecken (54°08'N 013°46'E) ist frei zugänglich. Von der Peenemündung kommend, dreht man nach der roten Leuchttonne 14 (Fl.R.4s) nach Ostsüdost, um nach weiteren 4 kbl in das Becken mit Nordwestkurs einzulaufen. Die Südansteu-

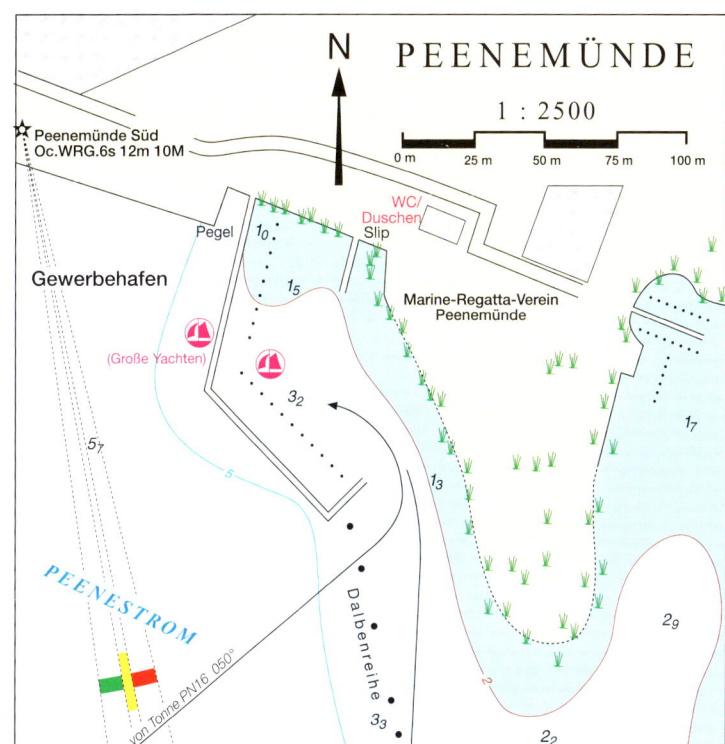

erung sollte erst kurz vor der roten Tonne 16 beginnen, von dort segelt man mit Nordkurs in den Hafen. Wer unbedingt mit dem Boot hier eine Nacht verbringen will, ist beim örtlichen Yachtclub auf maximal 3 m Wassertiefe besser aufgehoben. Dessen Liegeplätze sind etwas versteckt hinter der Mole an Steuerbord auf der Ostseite der Hafeneinfahrt zu finden. Ein großes Schild weist darauf hin.

Liegeplätze

Im großen Hafenbecken muss man an der hohen Pier festmachen. Die Wassertiefe beträgt 5 m, leider steht hier rasch Schwell herein. Die kurzen Schwimmstege bei den Museumsschiffen sind ebenfalls ungemütlich.

Service und Versorgung

Auf den Yachtsport zugeschnittene Service- und Versorgungseinrichtungen gibt es hier nicht, sieht man von den Imbissständen im unmittelbaren Hafenbereich einmal ab.

Sehenswürdigkeiten

Während der Feriensaison erlebt Peenemünde eine wahre Urlauberinvasion. Im ehemaligen Kraftwerk ist das neu gestaltete historisch-technische Informationszentrum zu Entwicklung, Bau und Einsatz der Raketenwaffen im Zweiten Weltkrieg untergebracht. Außerdem ist hier ein ehemals sowjetisches U-Boot zu besichtigen. Zum Kennenlernen der Insel Usedom und ihrer schönen Natur sind andere Häfen sicherlich besser geeignet.

MARINA KRÖSLIN
54°07,4'N 013°45,3'E

Die Marina Kröslin zählt mit 500 Liegeplätzen zu den größten und modernsten Anlagen an der ost-

Ansteuerung der Marina Kröslin

Liegeplätze in der Marina Kröslin

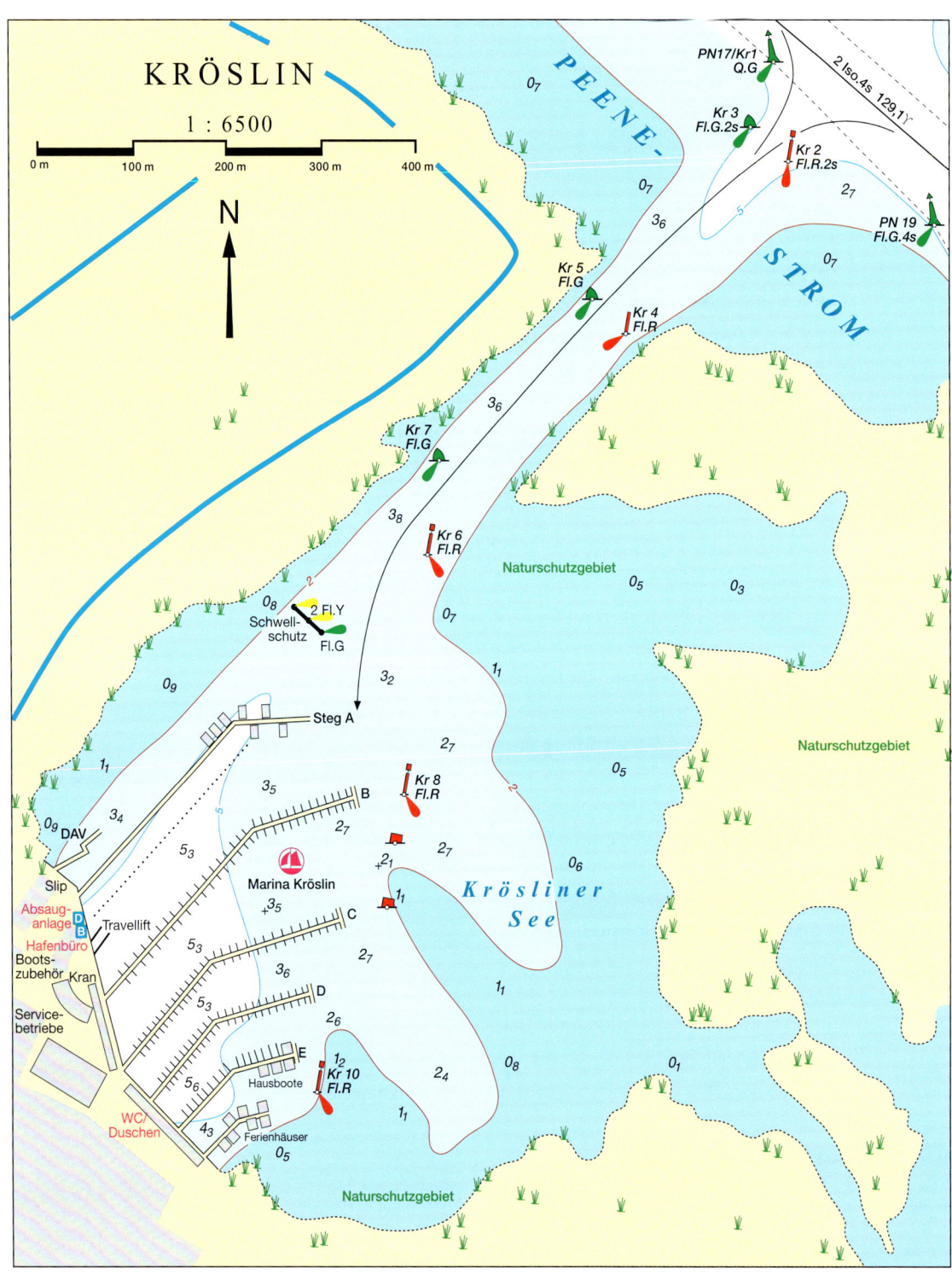

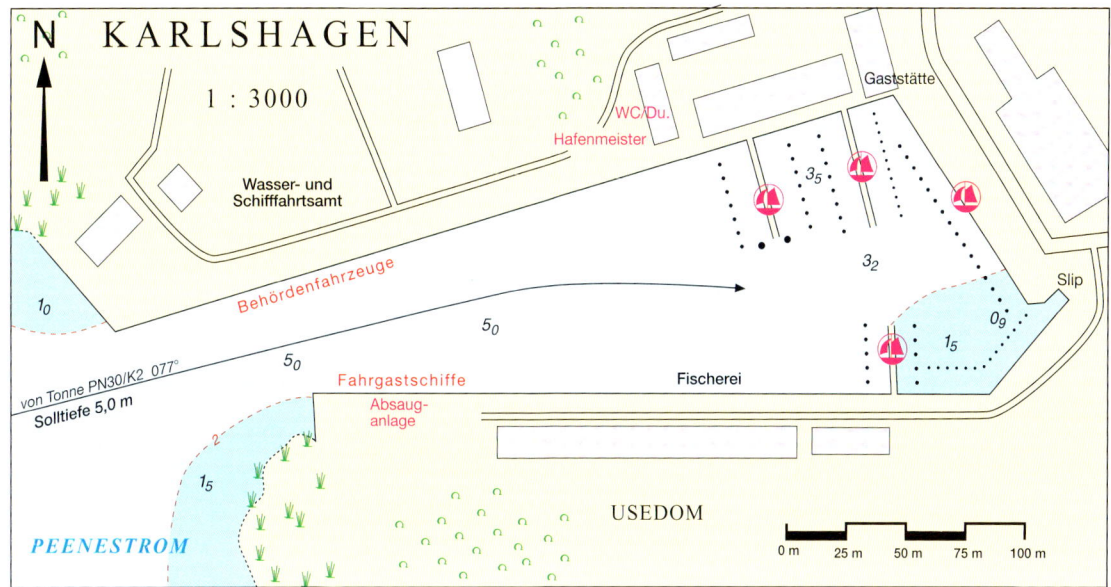

deutschen Ostseeküste. Sie entstand im ehemaligen Militärhafen Kröslin auf der Festlandseite gegenüber Peenemünde. Sie wird inzwischen von vielen durchreisenden Yachten angesteuert, die die hervorragenden Serviceeinrichtungen gern in Anspruch nehmen.

Ansteuerung

Von der Verbreiterung des Peenestroms vor Peenemünde führt zwischen den zwei grünen Leuchttonnen PN17/Kr1 und PN19 ein Fahrwasser mit 225° nach 4 kbl in das große Hafenbecken, in dem Schwimmstege ausgelegt sind. Die Wassertiefe beträgt 3 bis 6 m, der östliche Bereich der Bucht ist flach. Innerhalb der Bucht bleibe man innerhalb der Tonnen, links und rechts davon ist es sehr flach.

Liegeplätze

Es sind fünf Stege ausgelegt und mit A–E bezeichnet. Die auf den künftigen Bedarf an festen Liegeplätzen mit Winterlager und Service eingerichtete Anlage hat für durchreisende Yachten stets Platz. Bei östlichen Winden, die direkt auf die Stege stehen, kann es ungemütlich werden. Ansonsten ist der Schutz hervorragend. Dann sind die Plätze an den kürzeren Stegen im Süden vorteilhafter.

Service und Versorgung

Auch für durchreisende Yachten sind sehr gute Bedingungen gegeben. Mehrere moderne Toilettenanlagen sind vorhanden sowie Sauna, Laden, Bistro und Restaurant. Des Weiteren findet man eine Tankstelle, Service für Motoren, Segel, Elektronik und Mastkran (20 m, 2 t) und Travellift (65 t). Für Winterlager ist eine zweite große Halle errichtet worden. Neben 2 Restaurants und einer Bar gibt es auch ein Spa mit Saunen und ein eigenes Zentrum mit Frisör und Lebensmittelgeschäft.

Sehenswürdigkeiten

Der Ort selbst bietet wenig Interessantes. Naturliebhaber bevorzugen die benachbarten Naturschutzzonen Alte Peene und Gro-

Der geräumige Fischerhafen Karlshagen

ßer Wotig. Nach Wolgast besteht eine Bus- und nach Peenemünde eine Fährverbindung.

KARLSHAGEN
54°06,5'N 013°48,7'E

Karlshagen ist ein geräumiger Fischereihafen und Tonnenhof auf Usedom, etwa 3 sm nördlich Wolgast. Seit dem Rückgang der Fischerei wurde Platz für ein bedeutendes Angebot an Sportbootliegeplätzen. Das Dorf liegt 1,5 km vom Hafen entfernt.

Ansteuerung
Auch ohne spezielle Betonnung ist die Einfahrt unkompliziert (s. S. 211). Zwischen den beiden roten Tonnen 30 und 32 des Peene-Fahrwassers dreht man nach Ost und steuert dann direkt auf die Hafeneinfahrt zu. In der Nacht richtet man sich nach dem Richtfeuer Hollendorfer Rack (2 x Oc(4)15s) und den grünen Leuchttonnen PN31 (Fl.G) und PN33 (Q.G).

Liegeplätze
Im inneren Hafenteil liegen die neuen Stege mit Heckpfählen und insgesamt 100 Liegeplätzen, davon 60 für Gäste. Sehr große Yachten können auch direkt an der Nordpier des Tonnenhofs oder an der Südpier der Fischer festmachen (nach Absprache). Bei starkem Westwind sind die Plätze in den hinteren Boxen besser vor Schwell geschützt.

Service und Versorgung
Trinkwasser- und Stromversorgung sind vorhanden, die Toiletten befinden sich beim Hafenmeisterbüro. Eine Gaststätte und ein kleiner Laden befinden sich im Hauptgebäude des Hafens. An der Fischerpier besteht eine gute Fischverkaufsstelle. Weitere Versorgungsmöglichkeiten und Gaststätten liegen im Ort an der Seeseite. Im ganzen Hafenbecken WLAN.

Sehenswürdigkeiten
Der Ort liegt in einem ausgedehnten Waldgebiet und erstreckt sich bis an die See. In Karlshagen wohnten viele Beschäftigte des Militärstandorts Peenemünde, aber auch als Badeort ist er schon seit 1900 bekannt. Mit der Usedombahn kann man Peenemünde und die anderen Sehenswürdigkeiten der Insel bequem erreichen.

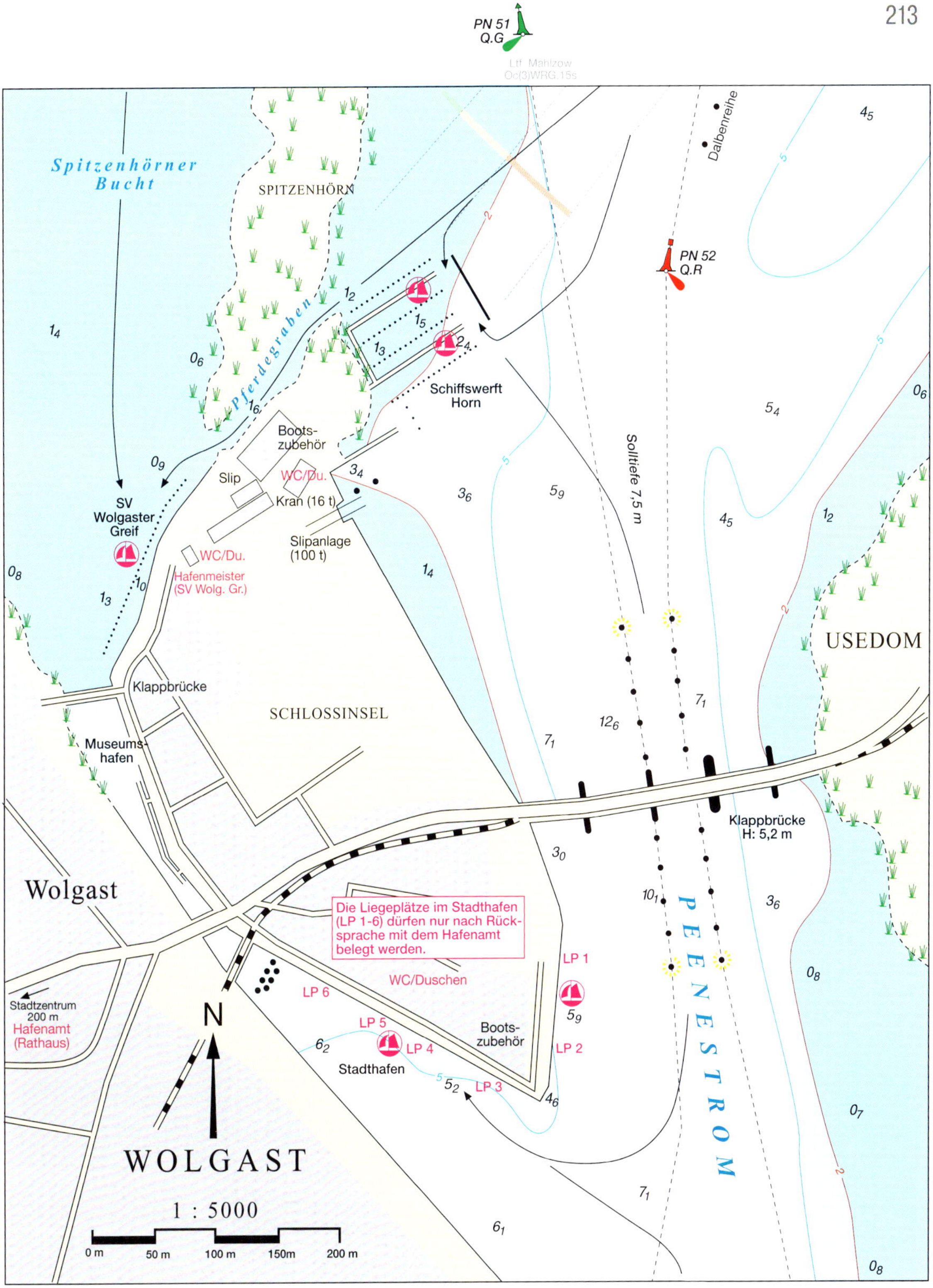

PN 51
Q.G
Ltf. Mahlzow
Oc(3)WRG.15s
Spitzenhörner Bucht
SPITZENHÖRN
Pferdegraben
Dalbenreihe
PN 52
Q.R
Schiffswerft Horn
Boots-zubehör
Slip
WC/Du.
Kran (16 t)
Slipanlage (100 t)
SV Wolgaster Greif
WC/Du.
Hafenmeister (SV Wolg. Gr.)
Solltiefe 7,5 m
USEDOM
Klappbrücke
SCHLOSSINSEL
Museums-hafen
Klappbrücke H: 5,2 m
Wolgast
Die Liegeplätze im Stadthafen (LP 1-6) dürfen nur nach Rücksprache mit dem Hafenamt belegt werden.
PEENESTROM
LP 1
LP 6
WC/Duschen
Stadtzentrum 200 m
Hafenamt (Rathaus)
N
LP 5
LP 4
Boots-zubehör
LP 2
Stadthafen
LP 3
WOLGAST
1 : 5000
0 m
50 m
100 m
150m
200 m

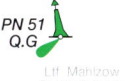

Liegeplätze bei der Schiffswerft Horn auf der Schlossinsel vor Wolgast

WOLGAST

54°03,3'N 013°47,4' E (Stadthafen)

Die kleine alte Hansestadt am Westufer der Peene gilt als Tor zur Insel Usedom. Die **Peenebrücke**, eine moderne Straßen- und Eisenbahnbrücke, überquert mittlerweile den Fluss.
Im Mittelalter residierten hier die Herzöge von Pommern-Wolgast. Das Schloss wurde im Dreißigjährigen Krieg zerstört, heute erinnert nur der Name „Schlossinsel" noch an seine Existenz.
Eine Blütezeit erlebte die Stadt im 19. Jahrhundert mit Schiffbau, Schifffahrt und Getreidehandel. Heute ist die Peenewerft der wichtigste Arbeitgeber der Region. Der Umschlag von Massengütern ist deutlich gestiegen. Von durchreisenden Yachten sowie Fluss-Kreuzfahrtschiffen wird die Stadt gern zur Ergänzung der Vorräte oder zur Übernachtung angelaufen.

Ansteuerung

Die Peene ist bis in Höhe des Südrandes der Stadt tief. Sportboote haben drei Anlegemöglichkeiten am Westufer der Peene.
Im **Stadthafen** südlich der Brücke kann bis zur Brückenöffnung festgemacht werden. Hier liegt man günstig zum Einkaufen und Flanieren. Das Becken wird aus der Peene direkt angelaufen.
Der **Segelclub Wolgast** liegt 0,5 sm nördlich vor der Brücke. Die Zufahrt ist ab Tonne PN52 gesondert ausgetonnt, recht schmal und nur für die Tagfahrt geeignet.
Ebenfalls auf der nördlichen Seite, nur 2 kbl von der Brücke entfernt, findet man die

Steganlage im Segelclub Wolgast

Die Klappbrücke in Wolgast

Steganlage der **Schiffswerft Horn** mit 40 Liegeplätzen. Entlang der Werft führt eine schmale Zufahrt zu den Liegeplätzen des Segelclubs **Schlossinsel**, die allerdings nur für kleinere Boote mit geringem Tiefgang geeignet sind.

Liegeplätze, Service und Versorgung

Im **Stadthafen** wird längsseits an der Pier festgemacht, der Hafenmeister weist die Plätze je nach Belegung durch die Berufsschifffahrt an. Trinkwasser und Strom auf der Pier, einfache Toiletten in Containern. In einem Haus an den Liegeplätzen hat ein Yachtausrüster mit breitem Sortiment sein Geschäft. Das Stadtzentrum liegt nur wenige Schritte entfernt. Zum Lebensmittelgeschäft sind es ca. 15 Minuten zu Fuß.
Die Manöver der Frachter und die Löscharbeiten bringen auch nachts einige Unruhe mit sich, hinzu kommt Straßenlärm – für eine Übernachtung ist der Stadthafen nur bedingt zu empfehlen.
Der **Segelclub Wolgast** bietet beste Liegeplätze und Ruhe. Die Wassertiefe ist nur für Boote bis 1,8 m Tiefgang geeignet. Es gibt Strom- und Wasseranschlüsse an den Stegen, gute Sanitäreinrichtungen mit Duschen, Slip und Werkstatt. Der Club ist für seine Gastfreundschaft bekannt, ein guter Platz zum Übernachten. Zur Stadt sind es zu Fuß 15 Minuten.

Bei der **Schiffswerft Horn** wird in ausreichend dimensionierten Boxen mit Heckpfählen festgemacht. Die Wassertiefe beträgt 1,5 bis 2,5 m, hier steht gelegentlich Schwell durch vorbeifahrende Schiffe. Wasser- und Stromanschlüsse sind an den Liegeplätzen. Es bestehen gute sanitäre Anlagen mit Duschen und Waschmaschine. Eine Gaststätte steht auf dem Gelände. Die Werft bietet guten Reparaturservice auch für Sportboote und betreibt einen Lagerverkauf maritimer Waren. Das Stadtzentrum ist schnell erreichbar.

Sehenswürdigkeiten

In der Innenstadt fallen einige städtebauliche Sanierungen auf. Bei einem Bummel sollte die dreischiffige Basilika St. Petri (erbaut 1250–1350) besucht werden, in der Gruft stehen die Särge der Pommernherzöge, und vom Turm bietet sich ein schöner Blick über Usedom, das Achterwasser und die Peenemündung. Im Geburtshaus von Philipp Otto Runge, dem Maler der Frühromantik, ist eine Gedenkstätte eingerichtet. Auf der Schlossinsel ist ein maritimer Museumsbereich im Aufbau, größtes Ausstellungsstück ist die dampfgetriebene Eisenbahnfähre, die viele Jahrzehnte hier im Einsatz war.

ZIEMITZ
54°01,2'N 013°46,8'E

Ziemitz liegt knapp 3 sm südlich Wolgast auf Usedom. In einer Bucht des Peenestroms wurde ein kleiner Fischerhafen zu einem Sportboothafen mit immerhin 40 Gastplätzen ausgebaut. Er eignet sich insbesondere für Boote aus südlicher Richtung, die wegen der Brückenöffnungszeiten übernachten müssen und den lauten Stadthafen in Wolgast meiden möchten.

Ansteuerung

Der kleine Sportboothafen Ziemitz

Von der Negenmarkrinne aus ist die Anlage gut zu erkennen. Die Zufahrt zwischen dem Tonnenpaar 66/65 und 68/57 ist etwas ungewöhnlich mit zwei dicht nebeneinander stehenden Untiefentonnen gekennzeichnet. Die Kardinaltonne S bleibt dabei an Steuerbord.

Liegeplätze

An einer L-förmigen Steganlage findet man Boxen mit Heckpfählen auf gut 2 m Wassertiefe. Davor ist ein Schwimmsteg verankert. Bei starkem Wind aus südlichen Richtungen kann hier Schwell stehen.

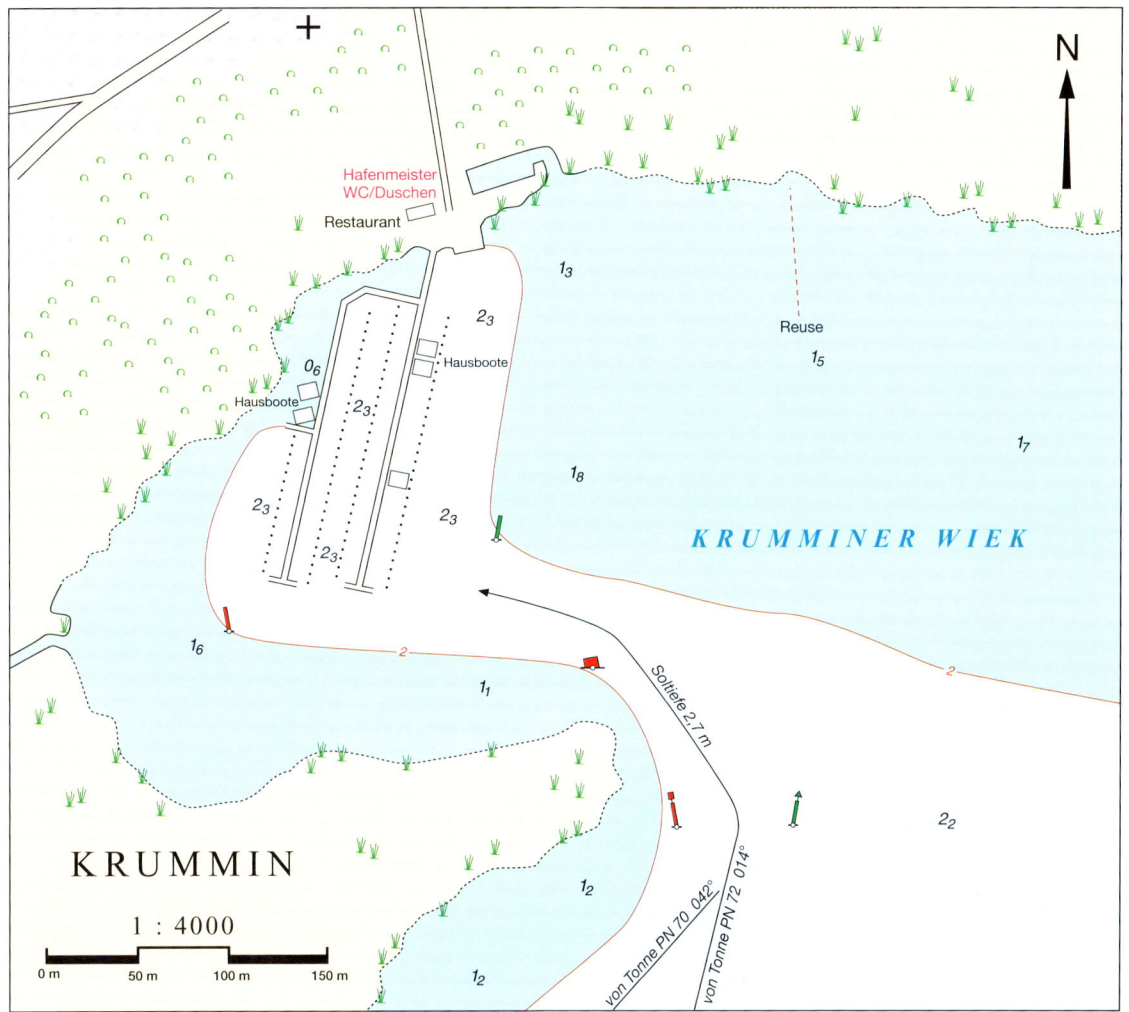

Service und Versorgung

Die Anlage ist mit modernen Anschlüssen für Wasser und Strom ausgestattet und bietet besondere Angebote für Dauerlieger. Im weißen Häuschen befinden sich ausgezeichnete Sanitäranlagen. Eine Gaststätte findet man im Hafenvorfeld. Es besteht eine Busverbindung nach Wolgast.

KRUMMIN

54°02,8'N 013°50,9'E

Das Dorf und der Yachthafen liegen am Nordufer der Krumminer Wiek hinter einer ausgedehnten Schilfzone. Für die vorzüglich in die Landschaft eingepasste Anlage wird mit der Bezeichnung „Naturhafen" geworben.

Ansteuerung

Aus dem Peenestrom kommend, kann direkter Kurs auf den Nordteil der Wiek genommen werden. Die 3 sm nach Norden ausgedehnte Bucht ist überall 2,5–3,3 m tief und ohne Betonnung. NW-lich von PN72 befindet sich ein kleines Flach in 1,9 m Tiefe. Beste Landmarke ist der Krumminer Kirchturm. Die unmittelbare

Im Hafen von Krummin

Hafenzufahrt führt östlich um die Schilfzone herum und ist mit Tonnen markiert.

Liegeplätze

Der Yachthafen bietet etwa 150 Liegeplätze für Dauerlieger und Gäste in Boxen an zwei Stegen. Die Wassertiefe beträgt 1,5–3,0 m. Das Hafenbecken ist fast vollständig von Schilf eingeschlossen, und die Liegeplätze sind daher vor allen Windrichtungen und Wellenschlag geschützt. Der Hafen zeichnet sich durch seine Ruhe und Naturnähe aus, er eignet sich besonders für einen mehrtägigen Urlaubsaufenthalt.

Service und Versorgung

Im schilfgedeckten Hafenhaus findet man gute sanitäre Einrichtungen einschließlich Waschmaschine und ein Restaurant. Die Stege sind mit Trinkwasser und Stromanschlüssen ausgerüstet.

Auf Anfrage steht ein Kran zur Verfügung. Es werden auch Winterlagerplätze angeboten. Einkäufe müssen in den Nachbarorten erledigt werden.

Sehenswürdigkeiten

Im beschaulichen Dorf ist die restaurierte Kirche sehenswert, hier finden im Sommer Konzerte statt. Zum Ort führt eine 1,5 km lange Allee mit 300-jährigen Linden (die längste Europas). Am Dorfrand sind Reste eines Rittergutes aus dem 18. Jahrhundert zu sehen.

NETZELKOW
54°01,6'N 013°54,7'E

Am Ostufer der Usedomer Halbinsel Gnitz liegt nördlich von Netzelkow, im Osten von der Halbinsel Görmitz geschützt, eine stabile, 200 m lange Brücke für Sportboote. Die ehemalige Industrieanlage wird heute

Peenestrom, Achterwasser und Kleines Haff 219

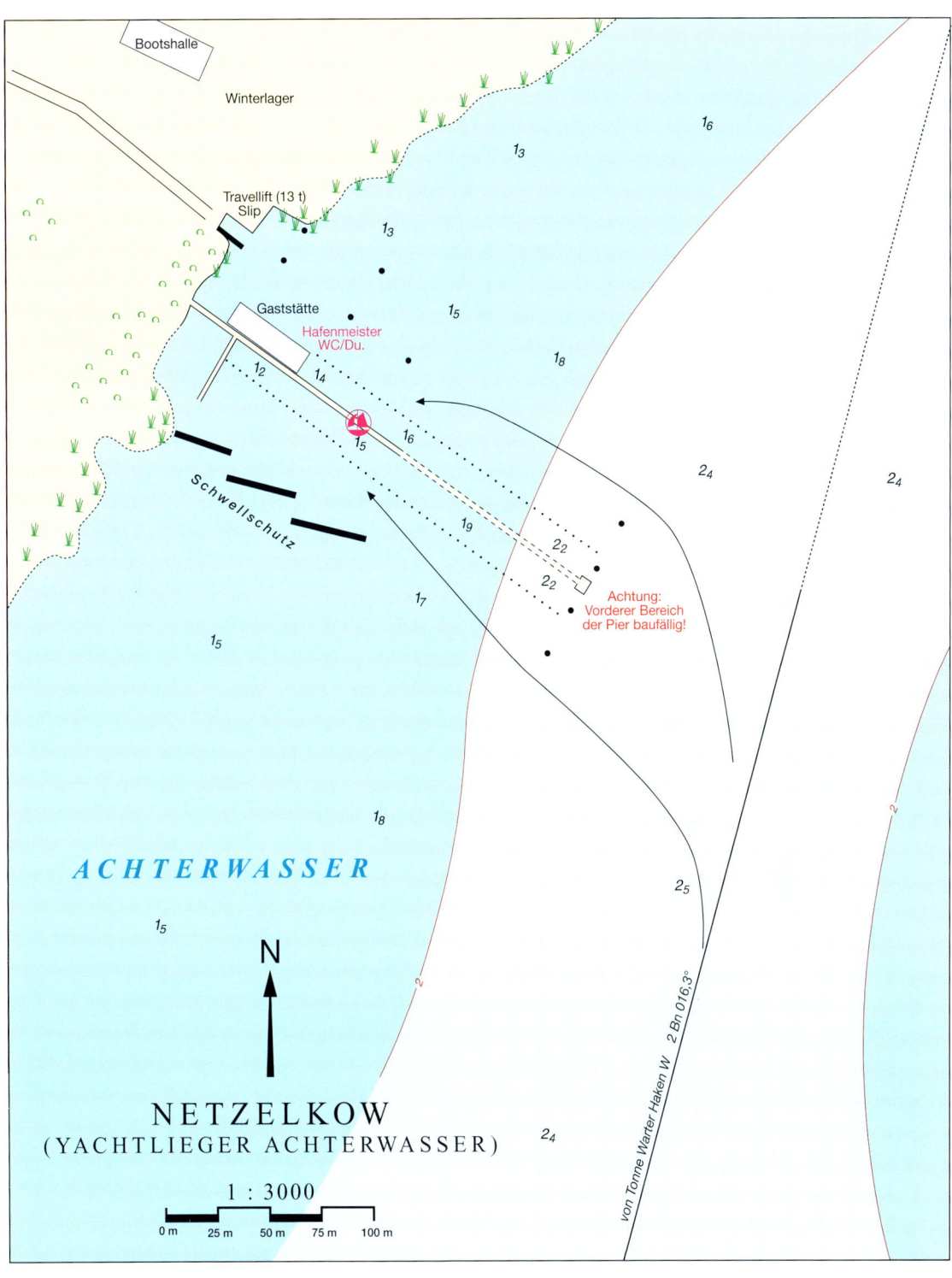

Das ehemalige Clubschiff im Hafen von Netzelkow

privat betrieben. Leider sind Teile des Anlegers in keinem guten Erhaltungszustand.

Ansteuerung

Wegen der steinigen Untiefen am Eingang des Achterwassers ist sehr sorgfältig zu navigieren. Man steuert von der Tonne 76 des Peenestroms in nordöstlicher Richtung auf den Kopf des Anlegers zu. Dieser Kurs führt sicher zwischen den bezeichneten Untiefen Hohe Schar und Warther Haken hindurch. So bleibt man auch von den zahlreichen ausgebrachten Stellnetzen frei.

Mit der Peilung Tonne Warther Haken achteraus hält man auf den gut sichtbaren Kopf der Steganlage zu (Kurs 016,5°, Richtbaken Netzelkow). Von der Innenansteuerung westlich Görmitz dicht unter dem Ufer ist Ortsunkundigen abzuraten.

Liegeplätze

Es stehen 100 Liegeplätze für Dauerlieger und Gäste in Boxen bis 15 m zur Verfügung. Bei Winden aus südlichen Richtungen liegt man an der Nordseite des Steges besser. Ruhiger sind die Liegeplätze in Ufernähe.

Service und Versorgung

Wasser und Strom gibt es an jeder Box. Sanitäranlagen mit Duschen und Sauna befinden sich am Steg. Auf dem Wohnschiff hat eine Gaststätte geöffnet, das dortige Hafenmeisterpärchen betreibt sie seit Jahrzehnten voller Leidenschaft. Ein Lebensmittelgeschäft befindet sich im Ort. Es werden Winterlager (Freilager) einschließlich Überholungsservice angeboten.

Sehenswürdigkeiten

Die hügelige Halbinsel Gnitz mit ihren Wäldern und Wiesen sowie die buchtenreichen Ufer können auf schönen Wander- und Radwegen erkundet werden.

Die gegenüberliegende Insel Görmitz wurde zum Naturschutzgebiet erklärt und ist durch einen Damm mit Usedom verbunden. Sie befindet sich in Privatbesitz und darf ohne Erlaubnis nicht betreten werden.

ZINNOWITZ

54°03,9'N 013°55,1'E

Zinnowitz ist eines der bekanntesten Seebäder Usedoms. Der Hafen im Nordwesten des Achterwassers liegt am südlichen Ortsrand, 2 km vom Zentrum entfernt. Das Vorhaben einer neuen Marina mit mehr als 100 Plätzen wurde 2011 umgesetzt.

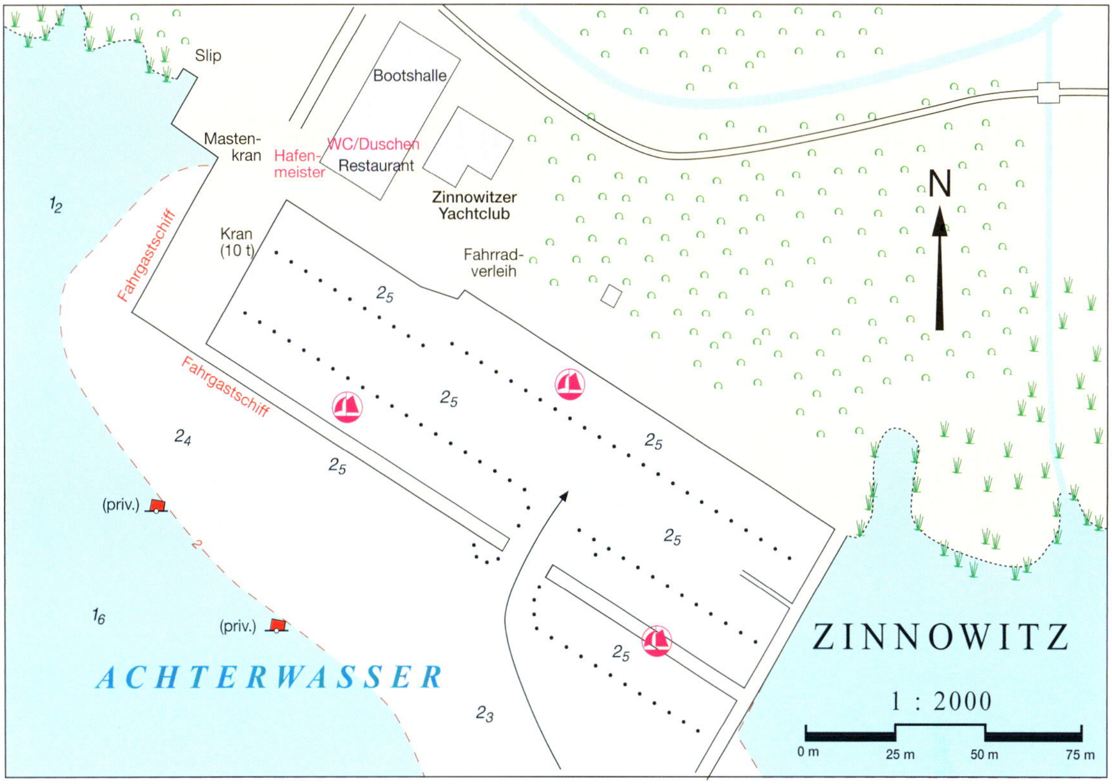

Ansteuerung

Die Ansteuerung aus dem Peenestrom erfolgt ab Tonne PN76 nach Nordnordost. Dabei sind die Kardinaltonnen Hohe Schar S, Warther Haken W und Trockenort N zu beachten. Wegen der dicht unter Wasser liegenden Steine dürfen die Tonnen nicht östlich umfahren werden. Nordnordwestlich der Kardinaltonne Trockenort N dreht man auf Nordkurs (Richtung Zempin), lässt Görmitz an Backbord, um nach ca. 1,8 sm nach Nordwest auf Zinnowitz zu steuern. Landmarke ist die hohe Baumgruppe am Hafen. Von der Insel Görmitz und dem Anschlussdamm halte man mindestens 0,5 sm Abstand. Bei schlechter Sicht ist die Navigation auf-

Im Hafen Zinnowitz

grund der wenigen Tonnen nicht einfach, besser Kompass und Log nutzen. Zeitweise setzt Strom.

Liegeplätze

Das Hafenbecken ist durch die neue Pier sehr gut geschlossen, beheimatet im östlichen Teil einen Segelclub und im Rest den Kommunalhafen. Es bietet 2,5 m Wassertiefe. Bei Überfüllung wird auch an der Außenseite festgemacht, wo manchmal größere Yachten anlegen.
Für Gäste ist der erste Steg an der Einfahrt vorgesehen. Der Hafen ist bestens geschützt vor Wind und Schwell.

Service und Versorgung

Zinnowitz bietet jeglichen Komfort einer modernen Marina: Strom, Wasser, Sanitäranlagen und einen 10-t-Kran. Es gibt eine Gaststätte. Tankstelle, Supermarkt und Propangasstation sind 500 m entfernt an der Durchgangsstraße zu finden.

Sehenswürdigkeiten

Vom Hafen geht man ca. 30 Minuten zum Ostseestrand, der hier besonders breit und ohne Steine ist. An der Strandpromenade herrscht reger Kurbetrieb, Anziehungspunkt ist die Seebrücke. Wer es lieber ruhiger mag, kann eine Radtour über die Halbinsel Gnitz

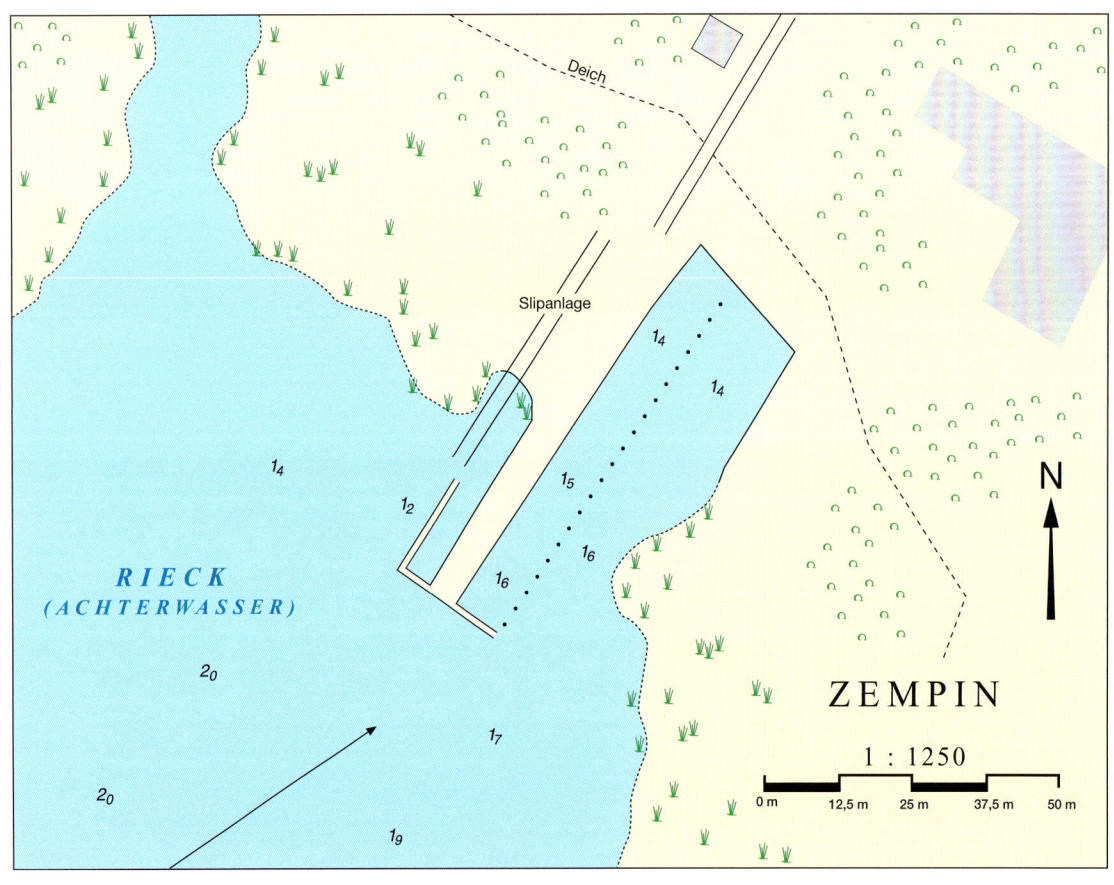

Im Hafen von Zempin gibt es nur wenige Gastplätze.

mit ihrer abwechslungsreichen Landschaft unternehmen. Ein Besuch in der ehemaligen Wirkungsstätte des Malers Otto Niemeyer-Holstein im benachbarten Zempin ist empfehlenswert.

ZEMPIN

54°03,8'N 013°58,7'E

Der Naturhafen im Rieck, einer Bucht im Nordteil des Achterwassers, liegt an der schmalsten Stelle der Insel Usedom. Früher mündete hier ein Arm der Peene in die Ostsee. Heute schützen hohe Deiche vor hohem Wasserstand in der Ostsee. Der Rieck ist nur für Boote mit einem Tiefgang unter 1,5 m zu erreichen.

Ansteuerung

Die Zufahrt ist nicht bezeichnet. Man läuft mit Nordkurs bis 5 kbl vor den Ort Zempin und steuert erst dann auf die Einfahrt zu, nachdem sie 030° peilt. Die flache Schwelle vor der Einfahrt ist nördlich etwas tiefer. Im Innern ist der Rieck tief, allerdings stark verschlammt.

Liegeplätze

Das Hafenbecken am Nordufer wird vom einheimischen Sportclub genutzt. Freie Plätze sind selten, zudem ist der Club nicht auf Gäste eingestellt. Zufahrt und Tor sind in der Regel verschlossen. In den Boxen liegt die Wassertiefe zwischen 1,0 und 1,5 m. Gäste ankern daher am besten dicht vor dem Hafen. Der Rieck bietet Schutz vor allen Winden.

Service und Versorgung

Die Versorgung mit Wasser und Strom ist möglich, ansonsten gibt es keinerlei Service. Versorgungsmöglichkeiten bestehen in Zempin (1 km) und Koserow (2 km).

Sehenswürdigkeiten

Der Rieck bietet Natur pur. Die Ostsee ist nur wenige Schritte entfernt über Deich und Straße zu erreichen. Das Anwesen am Hafenbecken war von 1933 bis zu seinem Tod 1984 Wirkungsstätte des Malers Otto Niemeyer-Holstein. Das Haus wurde kürzlich um eine Galerie erweitert, die eine Sammlung seiner Werke, insbesondere von Landschaften, beherbergt.

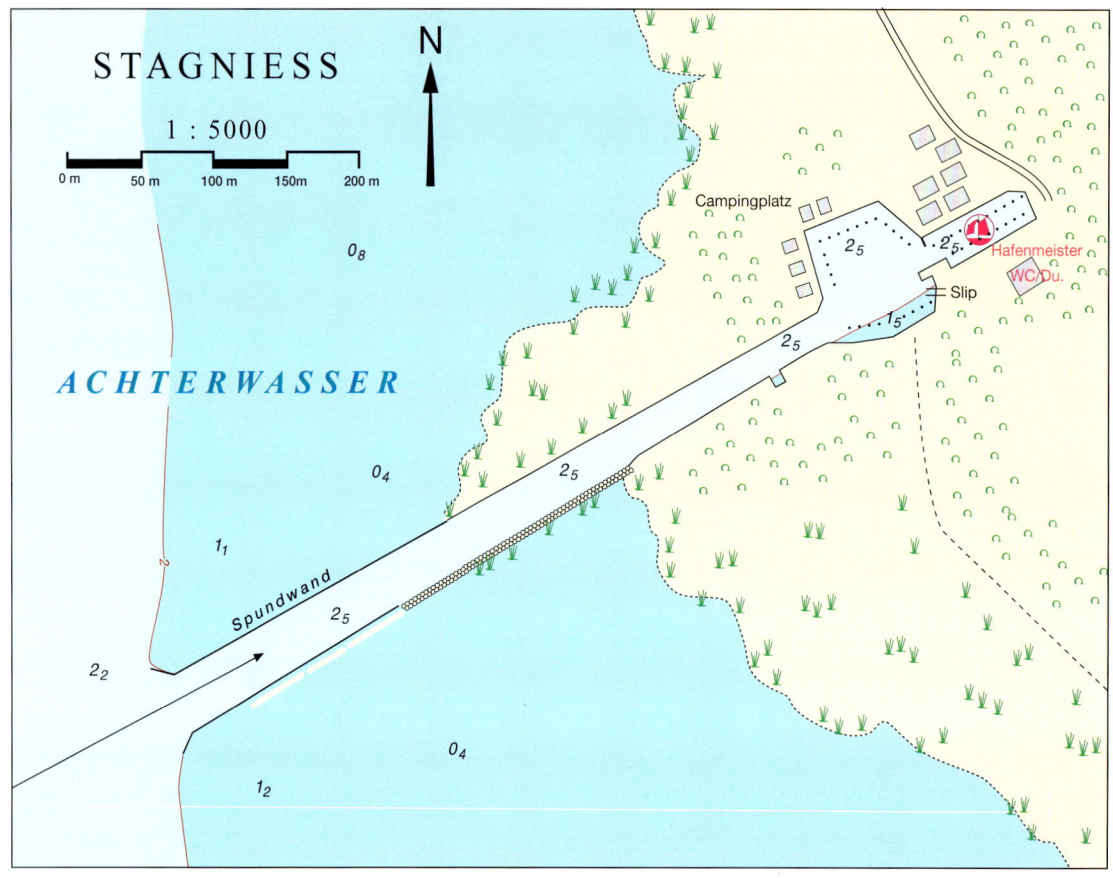

STAGNIESS

54°00,0'N 014°02,4'E

Der Hafen liegt an der Nordostküste des Achterwassers, knapp 1 sm südlich von Ückeritz. Er wurde bis in die 1980er-Jahre von der Berufsschifffahrt genutzt und später mit EU-Fördermitteln zum Wasserwanderrastplatz mit 102 Liegeplätzen ausgebaut. Jetzt betreibt ein Pächter den Campingplatz mit Ferienhäusern und ein anderer das Hafenbecken mit Plätzen für Dauerlieger und Gäste.

Ansteuerung

Das Hafenbecken liegt am Ende eines ca. 400 m langen Kanals. Von der Kardinaltonne Wussow W steuert man mit 097° auf die 2 sm entfernte enge Hafeneinfahrt zu. Die Mole an Steuerbord besteht aus drei auf Grund gesetzte Schuten, die Steinschüttung an Backbord ist meistens überspült. Die Einfahrt sollte erst dann erfolgen, wenn man den Kanal auf seiner gesamten Länge einsehen kann. Vor den Molenköpfen haben sich Sandbänke gebildet. Vor einigen Jahren wurde der Kanal gebaggert und die Mündung neu befestigt. Daher wird der Hafen nun häufiger angelaufen.

Stagnieß bietet selbst bei extremen Wetterlagen Schutz.

Liegeplätze

Der Kanal ist durchweg über 2 m tief. An der Pier und in den Boxen können 20–30 Gastyachten anlegen. Der Hafen ist idyllisch gelegen, auch wenn die Ferienanlage diesen Eindruck zunächst konterkariert. Stagnieß bietet selbst bei extremen Wetterbedingungen Schutz.

Service und Versorgung

Die Wasser- und Stromanschlüsse sowie die Toiletten wurden vom Campingplatz getrennt und stehen nun allein Yachten zur Verfügung.

Sehenswürdigkeiten

Der Hafen liegt etwas abseits, zum nächsten Ort (Ückeritz) sind es 2 km. Zur Ostseeküste sind es 3 km, der Weg führt entlang des Naturschutzgebietes Wockninsee.

LASSAN

53°57,1'N 013°51,3'E

Die kleine Stadt Lassan liegt ca. 8,1 sm südlich Wolgast am Festland in einer Bucht des Peenestroms. Der ehemals durch Fischerei bekannte Hafen ist zum Wasserwanderrastplatz ausgebaut worden.

Ansteuerung

Bereits 1 sm nordöstlich vor dem Hafen liegt die rot-weiße Mitte-Schifffahrtsweg-Tonne Lassan, von der eine betonnte Baggerrinne bis unmittelbar vor den Hafen führt.

Lassan ist ein ruhiger Hafen und zum Übernachten gut geeignet.

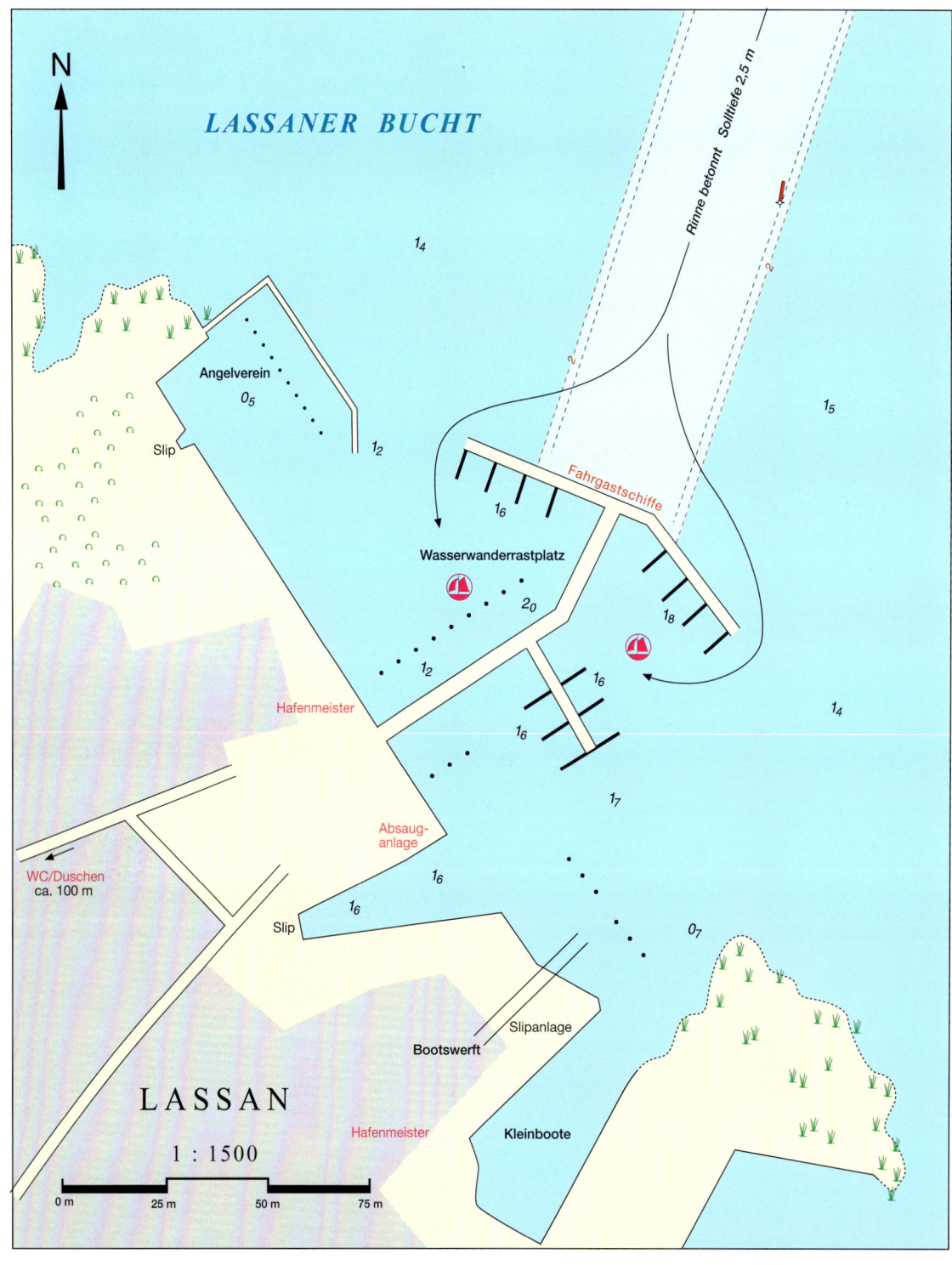

Das 2 m tiefe Fahrwasser sollte nicht verlassen werden, die Bucht ist bekannt für rapide Versandungen. Orientierung bietet die weithin sichtbare Kirche des St. Johannis.

Liegeplätze

An einem breiten Mittelsteg sind auf beiden Seiten Schwimmstege für ca. 50 Gastyachten ausgelegt. Bei Winden aus nördlichen Richtungen ist es ratsam, weiter innen, eventuell im Hafenbecken festzumachen.

Service und Versorgung

Die Sanitäranlagen finden sich 100 m entfernt in der Nebenstraße, Strom- und Wasseranschlüsse liegen am Kai und auf dem Mittelsteg, nicht jedoch an den Seitenstegen. Am 300 m entfernten Marktplatz gibt es zwei größere Lebensmittelläden und weitere Geschäfte. Ein Kran kann bestellt werden.

Sehenswürdigkeiten

Der Ort wirkt trotz einiger Sanierungen wenig anziehend. Sehenswert ist die unter Denkmalschutz stehende Wassermühle mit einem kleinen Museum. Lassan ist ein ruhiger Hafen, gut geeignet zum Übernachten und zum Einkaufen.

RANKWITZ

53°56,1'N 013°56,1'E

Rankwitz liegt im Lieper Winkel, einem etwas einsamen Landstrich der Insel Usedom

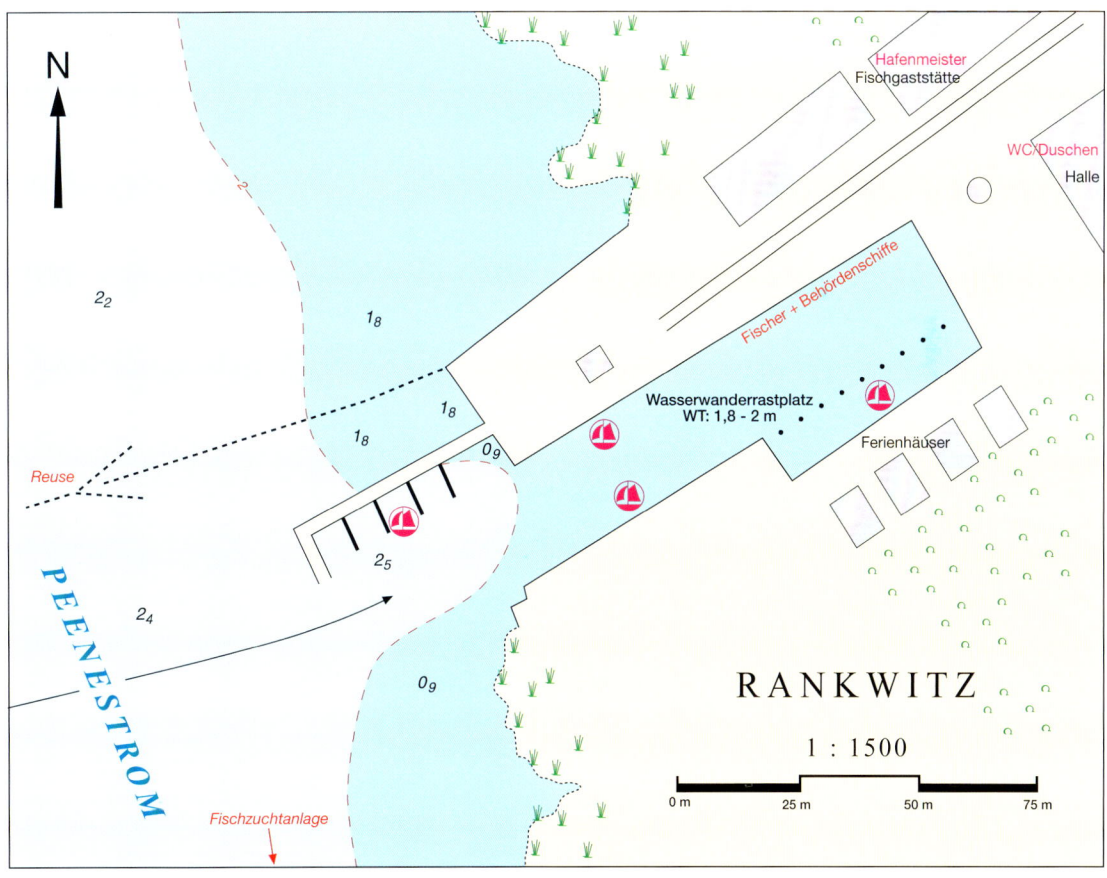

Rankwitz im Lieper Winkel auf der Insel Usedom zwischen Achterwasser und Peenestrom. Seit dem Rückgang der Fischerei versucht man, den Hafen touristisch zu nutzen – als Wasserwanderrastplatz, nicht für Dauerlieger.

Ansteuerung

Die Zufahrt ist einfach. Zwei Kabellängen südlich der roten Tonne PN80 kann man auf die Einfahrt mit 141° zuhalten. Sie ist nicht gesondert gekennzeichnet. Die Reusen und die Schwimmkäfige der Forellenzuchtanlage sind zu beachten. Der Hafen kann auch nachts mithilfe der Richtfeuer Rankwitz S (2 x Oc(4)15s) oder Rankwitz N (2x Oc 6s) gut angelaufen werden.

Liegeplätze

Angelegt wird an der Pier oder in Boxen, einlaufend an Steuerbord (für Boote bis 10 m). Sie liegen vor den Ferienwohnungen. Der Hafen ist gut geschützt.

Service und Versorgung

Strom- und Wasserversorgung sowie Toiletten sind vorhanden. Von der Räucherei wird eine Fischgaststätte mit Verkauf betrieben, die weithin einen guten Ruf genießt. Demzufolge herrscht tagsüber ziemlicher Betrieb von Bussen und Pkw auf dem Hafengelände. Ein Besuch zum Fischessen ist trotzdem zu empfehlen.

Sehenswürdigkeiten

Das Umfeld lädt nicht zu einem längeren Aufenthalt ein. Bei Zwangspausen kann ein Ausflug in die ursprünglich erhaltene Landschaft des Lieper Winkels ganz interessant sein. Das Waldgebiet um Krienke ist sehr pilzreich. Ein Heimatmuseum und schöne Radwege durch die Natur verleihen Rankwitz seinen Charme.

ANKERPLÄTZE IN DER KRUMMINER WIEK UND AM WEISSEN BERG

In der weitgehend von Flachs und Steinen freien **Krumminer Wiek** können je nach Windrichtung geschützte Ankerplätze im Norden, Westen und unter dem Ostufer aufgesucht werden. Besonders interessant ist der Platz im Norden, der auch noch vor West- und Ostwinden geschützt ist. Mit 1,50 m Tiefgang kommt man bis auf 20 m an die Schilfkante heran. Der Grund besteht aus festem Sand. Bei aufziehendem Schlechtwetter kann man sich in den nahe gelegenen Yachthafen Krummin verholen. Beliebt sind die Ankerplätze westlich wie östlich des **Weißen Berges**, dem Südzipfel

Peenestrom, Achterwasser und Kleines Haff

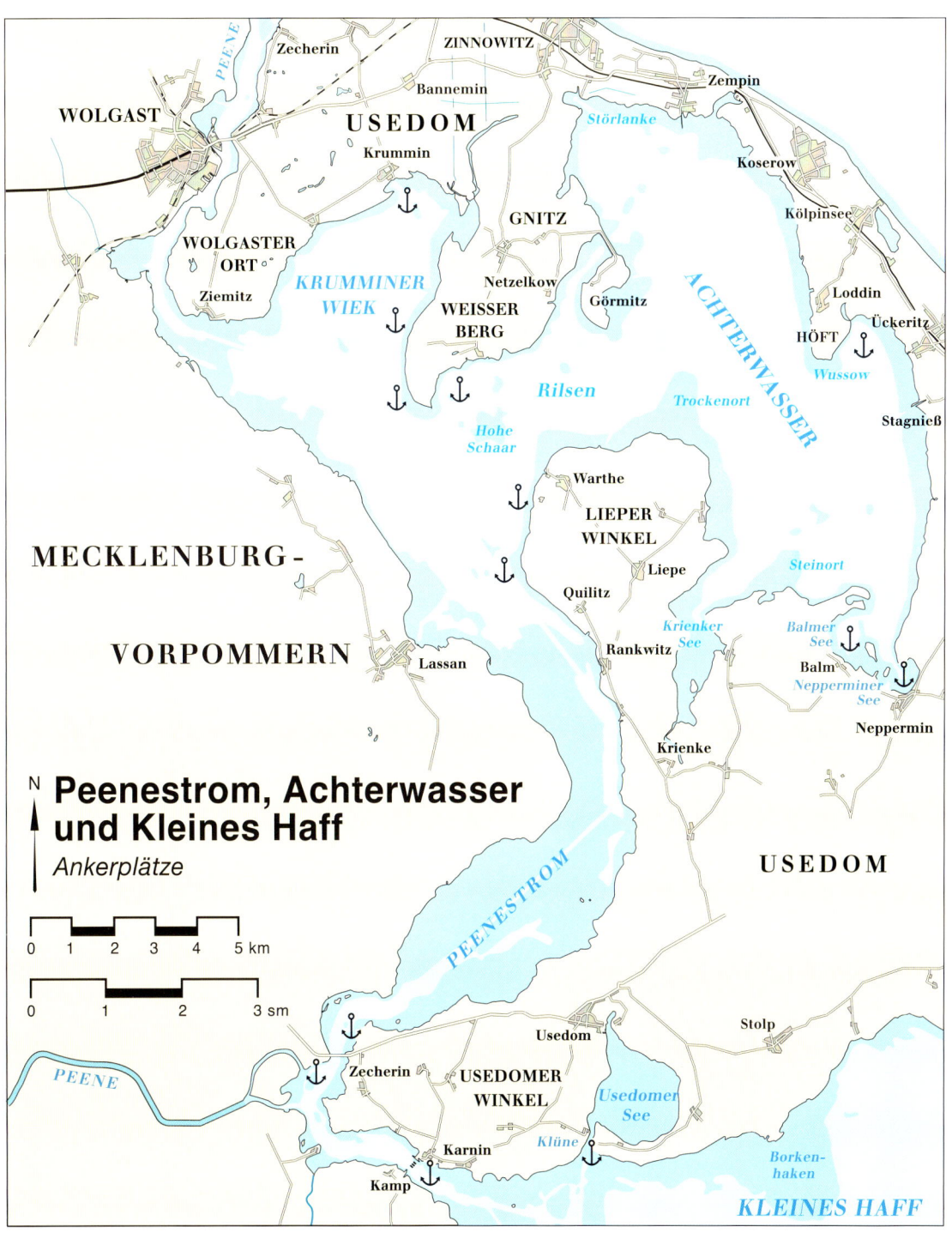

Blick über den Balmer See. Hier findet man ruhige Ankerplätze.

der **Halbinsel Gnitz**. Bei Ostwind sollte man in der **Krumminer Wiek** unter dem 30 m hohen Steilufer ankern. Weil der Sandgrund mit Steinen durchsetzt ist, sollte der Anker bereits 150 m vom Ufer auf 2–3 m Wasser fallen. Bei westlichen und nördlichen Winden läuft man um die Südspitze herum in die Bucht ein. Die Zufahrt ist nicht ganz einfach. Um den Möwenort stehen mehrere Reusen, und etwas weiter östlich muss man auf die Kardinaltonne Hohe Schar W achten. Im südlichen Teil der Ankerbucht liegt noch ein unbezeichnetes Steinfeld auf 1,6 m Tiefe. Der Ankerplatz ist bestens geschützt. Der Weiße Berg erhielt seinen Namen nach dem hell schimmernden Sand des Steilufers. Der Südteil der Gnitz ist Naturschutzgebiet.

ANKERPLÄTZE IM ACHTERWASSER

Die buchtenreichen Gewässer südlich Wolgast mit geringer Berufsschifffahrt sind sehr gut zum Ankern geeignet – eine interessante Alternative zum Aufenthalt in den wenigen, in der Saison meist überfüllten Häfen, die der wachsenden Zahl an Sportbooten nicht gerecht werden. Mit den modernen Navigationsinstrumenten kann man sich von den Untiefen sicher freihalten, die Seekarte an Bord zu haben ist natürlich Voraussetzung.

ANKERPLATZ MELLE BEI LODDIN

Nordöstlich, etwas versteckt hinter dem weithin sichtbaren Loddiner Höft, öffnet sich eine schmale Bucht mit einem engen, schilfumsäumten Zugang. Nach Passieren der Kardinaltonne Wussow W wird 060° gesteuert, bis nach ca. 1,5 sm an Backbord die Einfahrt zur Bucht auszumachen ist. Landmarke ist ein rötliches Gebäude in der Bucht. Die Melle verschlammt ständig, Boote über 1,5 m Tiefgang müssen sich in der Einfahrt durch eine Schlammbank zwängen. Im oberen Teil der Bucht liegt das Wrack eines Lastkahns, von dem bei Normalwasserstand nur das Deckshaus zu sehen ist. Wer nicht ankern will, kann an der kleinen Steganlage vor der Bootshalle gegen Gebühr festmachen. Die Melle ist vor allen Winden und Wellenschlag geschützt. An Land bieten sich Wanderungen abseits der Touristenströme an. Das Loddiner Höft gilt als eines der schönsten Gebiete Usedoms.

ANKERPLÄTZE IM BALMER UND NEPPERMINER SEE

Der südliche Teil des Achterwassers ist besonders reizvoll, gut geschützt, aber nicht ganz einfach zu erreichen. Da keine Häfen existieren, bleibt nur das Ankern. Ausgangspunkt ist wieder die einzige Tonne für das südliche Achterwasser – die Kardinaltonne Wussow W: Man steuert 2,5 sm mit 140° auf das Ostufer bei Pudagla zu, lässt die Halbinsel Cosim im Westen und läuft nach Rundung dieser Halbinsel mit Westkurs in den **Balmer See** ein. Geankert wird im nordwestlichen Teil des Sees unter den Hügeln. Die Anleger weiter südlich sind privat.

Der **Nepperminer See** liegt ebenfalls wieder im Naturschutzgebiet. Es bleibt nur das Ankern recht weit vor Neppermin, denn die Halbinsel Cosim steht auch unter Schutz, was das Befahren des Balmer Sees so gut wie unmöglich macht.

In den Orten bestehen nur bescheidene Versorgungsmöglichkeiten. Die touristische Erschließung hat auch hier begonnen. In Balm wurden ein großer Golfplatz angelegt und eine Hotelanlage errichtet. Vielleicht entsteht in Zukunft auch einmal ein Sportboothafen. Die Inseln Böhmke und Werder sind Wasservogelschutzgebiete, sie bieten besonders im Frühsommer eine beeindruckende Szenerie.

Trotz der Abgeschiedenheit findet sich historisch Interessantes. Pudagla war bis zur Säkularisation im 16. Jahrhundert Sitz eines Prämonstratenserklosters, dem weite Teile Usedoms gehörten. Später wurde hier ein Schloss errichtet. Die zugehörigen Ländereien wurden 1930 aufgeteilt und an Siedler verkauft. Sehenswert ist auch das alte Renaissanceschloss der Pommernherzöge in Mellenthin.

ANKLAM
53°51,7'N 013°41,6'E

Der kleine Anklamer Sportboothafen liegt 4 sm stromauf von der Mündung der Peene in den Peenestrom. Die Peene durchfließt hier eine sumpfige Schilflandschaft, in der

In Anklam an der Peene

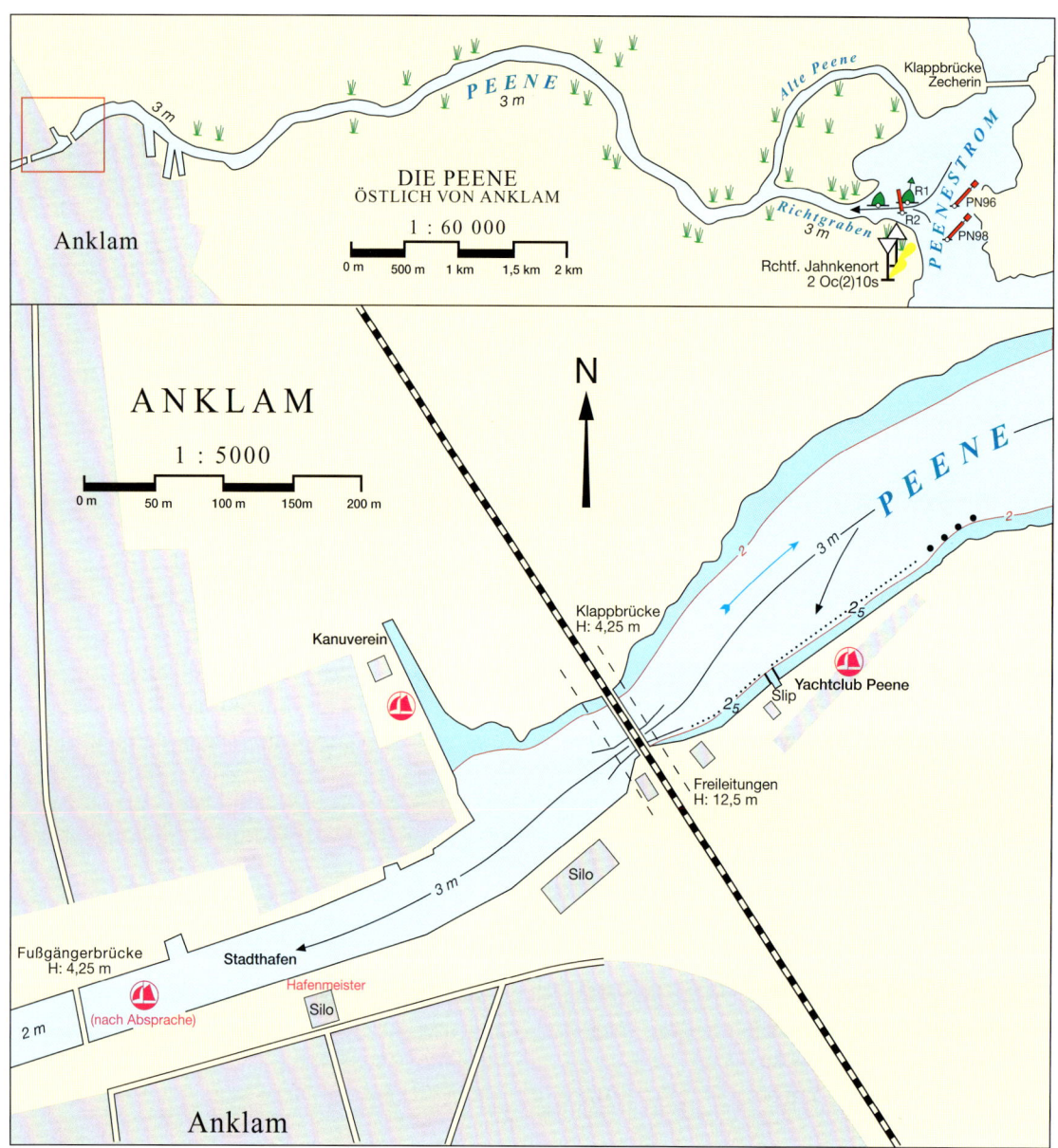

seltene Tier- und Pflanzenarten zu beobachten sind. Wer Glück hat, kann noch Fischotter und Biber sehen.

Ansteuerung
Die Ansteuerung beginnt in Höhe der roten Toppzeichentonnen 96 bzw. 98 des Hauptfahrwassers Peenestrom, südlich der Zecheriner Brücke. Der Beginn des Fahrwassers Richtgraben ist mit einem Tonnenpaar gekennzeichnet. Neben dem 3 m tiefen Fahrwasser beträgt der Wasserstand nur noch 1,2–1,6 m. Die amtlichen Seekarten reichen nicht bis an die Stadt heran, dieser Ab-

Der Zollhafen Karnin

schnitt bereitet jedoch keine Probleme. In der Regel beträgt die Wassertiefe in der Peene 3–4 m, an flachen Stellen sind Tonnen ausgelegt. In den letzten Jahren hat die Berufsschifffahrt wieder zugenommen, und man begegnet vielen Motorbooten auf der Peene.

Liegeplätze

Festgemacht werden kann am südlichen Flussufer in den Boxen des ansässigen Yachtclubs. Gästen wird ein Liegeplatz zugewiesen. Der Abstand zwischen den Heckdalben beträgt selten mehr als 3 m. Beim An- und Ablegen muss man die leicht auslaufende Strömung der Peene beachten. Westlich der Eisenbahnbrücke liegt der Stadthafen für Binnenfrachtschiffe. Auslaufende Fahrzeuge fahren sehr dicht an der Steganlage vorbei. Die Durchfahrtshöhe der Eisenbahnklappbrücke beträgt unter den Freileitungen 12,5 m bei geöffneter Brücke.

Service und Versorgung

Trinkwasser, Strom und sanitäre Anlagen befinden sich auf dem Gelände des Yachtclubs. Die seit Jahrzehnten bekannte Werft für Holzyachten wird unter einem neuen Inhaber weitergeführt. Sie bietet Bootsreparaturen, Bootsausrüstungen, Liegeplätze und Winterlager an. Zum Stadtzentrum mit seinen guten Einkaufsmöglichkeiten sind es ca. 10 Minuten zu Fuß. Die Tankstelle steht am Ortsausgang.

Sehenswürdigkeiten

Die Stadt wurde Ende des Zweiten Weltkriegs stark zerstört. Sehenswert ist die gotische Backsteinkirche St. Marien mit spätgotischen Wandmalereien. Anklam ist die Geburtsstadt des Flugpioniers Otto Lilienthal. Eine Ausstellung im Heimatmuseum informiert über sein Leben und zeigt viele Fluggeräte. Vom Flugplatz werden Rundflüge über das Achterwasser und die Insel Usedom angeboten.

KARNIN

53°50,7'N 013°51,6'E

Der Hafen liegt am Südufer des Usedomer Winkels, dem südlichsten Zipfel Usedoms. Er ist bekannt

Die Brückenruine ist weithin sichtbar.

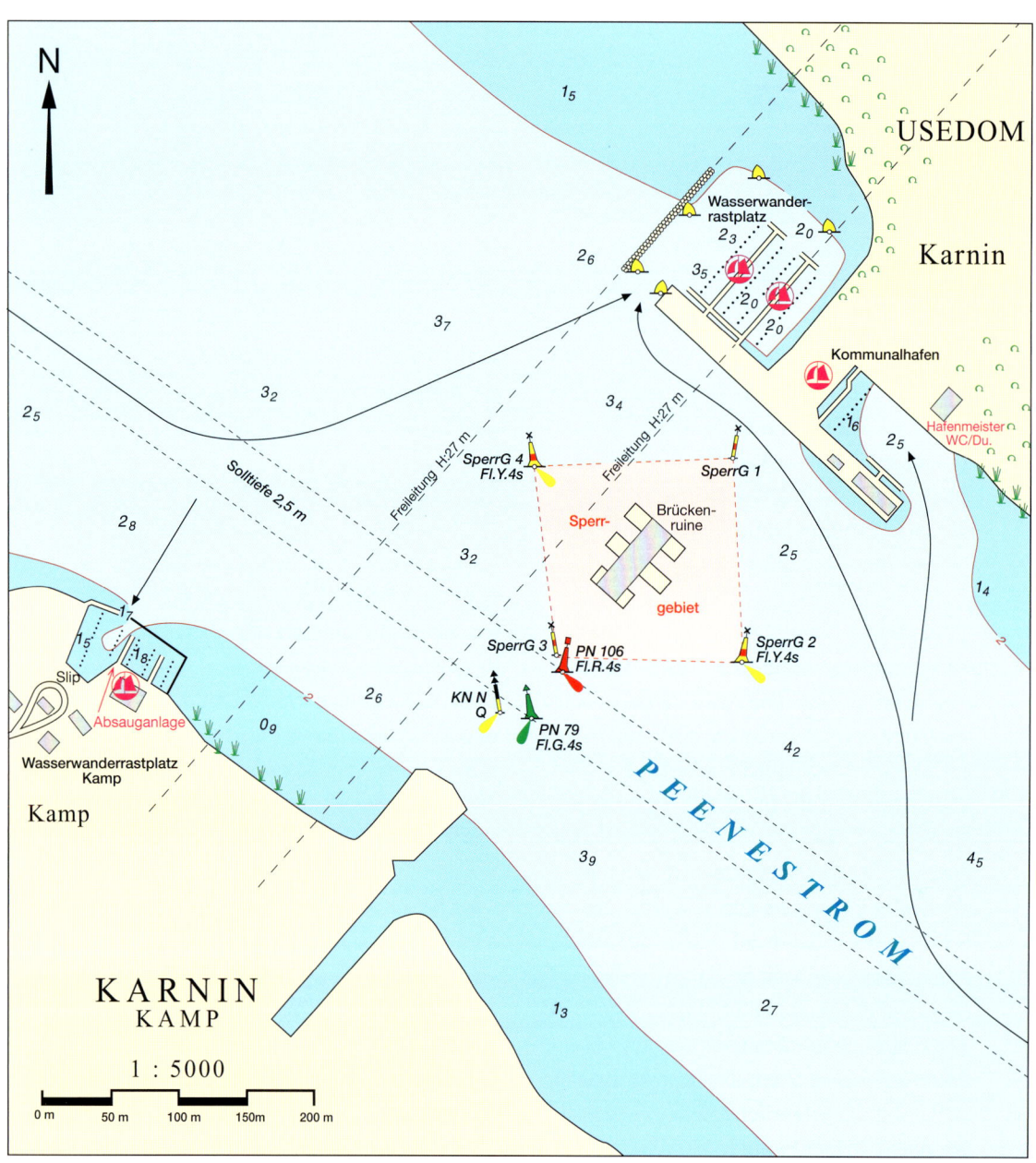

durch die ehemalige Eisenbahnhubbrücke der Strecke Berlin–Swinemünde, deren Ruine heute noch beeindruckend aus dem gesamten Haff herausragt. Es gibt mehrere Anlegemöglichkeiten.

Ansteuerung

Von Osten kommende Yachten durchsteuern mit Kurs 283° die Bockkamprinne [Richtfeuer Kamp (2 x Oc(3)15s)]. Im Bereich der Schilfinsel können Kielboote die

Wasserwanderrastplatz bei Karnin

3 m tiefe Rinne nicht verlassen. Etwa 400 m östlich vor der Brücke liegt an Steuerbord der Gasthafen der Gaststätte **Vadder Gentz**. Er ist zurzeit nur für rund 10 Kleinboote unter 1,2 m Tiefgang zu erreichen. Als Ansteuerungshilfe dient der Turm der ehemaligen Lotsenstation.

Der offizielle Hafen liegt am Usedomer Ufer – der sogenannte **Zollhafen** in Höhe der Brückenruine. Die Ansteuerung erfolgt vor Erreichen der roten Leuchttonne PN106 (Fl.R.4s) östlich der Brücke mit direktem Nordkurs in das Hafenbecken.

Passage der Brückenruine

Die erst 1932 erbaute Eisenbahnbrücke war 600 m lang. Sie ruhte auf Pfeilern, die im Tiefwasserbereich ein hochfahrbares Brückenteil trugen. Die Brücke wurde 1945 gesprengt, nur das Stahlgerüst mit dem Hubteil blieb erhalten. Die gesprengten Pfeiler bilden gefährliche Unterwasserhindernisse. Hier muss auf jeden Fall das Fahrwasser eingehalten werden, auch von Schwertbooten.

Vom Haff wie aus West kommend, ist die Ruine südlich zu passieren – zwischen der roten Leuchttonne PN106 und der grünen Leuchttonne PN79. Bei Nacht brennen zwei weiße Feuer auf den insgesamt drei das Sperrgebiet markierenden Bojen.

Liegeplätze

Im ehemaligen **Zollhafen**, heute Kommunalhafen, gibt es an den Liegeplätzen Wassertiefen um 1,6 m. Die Steganlage wurde erneuert. An der Südseite im Becken machen Fahrzeuge der Bundespolizei und des Zolls fest.

Westlich des Bahndamms liegt die **Marina Karnin**, eigentlich ein Wasserwanderplatz. Hier findet man Wassertiefen von 3,5 bis 2 m, sehr ruhig und geschützt. Auch diese Anlage sollte aus Süd bzw. West angesteuert werden. Hier gibt es viele freie Plätze, die Anlage liegt ausgesprochen idyllisch.

Service und Versorgung

Bei **Vadder Gentz** gibt es Trinkwasser und Toiletten. Auf den Stegen der **Marina Karnin** liegen Strom- und Wasseranschlüsse. Sanitäre Anlagen sind im Hafenmeistergebäude im **Zollhafen** vorhanden.

Sehenswürdigkeiten

Karnin spielte in der Vergangenheit eine wichtige Rolle in der Schifffahrt auf dem Oderhaff und der Peene. Hier gab es eine Fähre, eine Lotsen- und eine Zollstation.

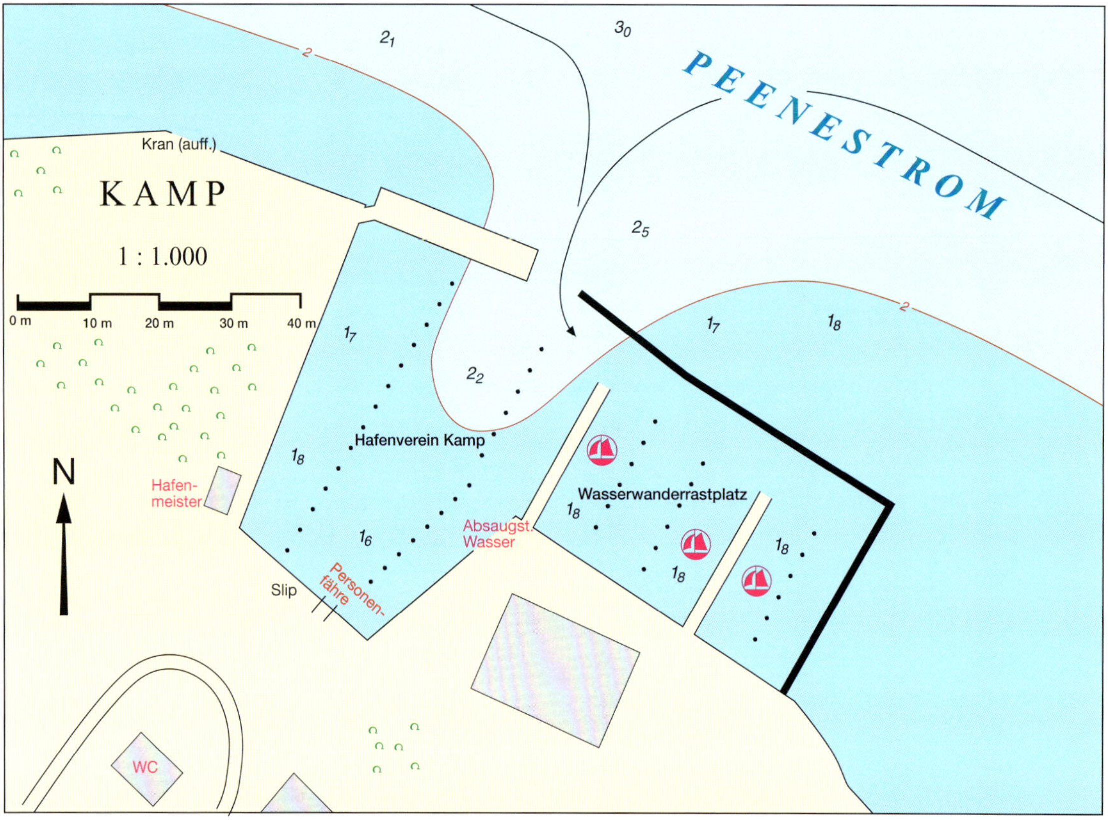

Die erste Eisenbahnbrücke wurde schon im 19. Jahrhundert errichtet. Die spätere Hubbrücke hatte eine Durchfahrtshöhe von 28 m für Haffkähne mit Mast, sie wurde nur bei Zugpassagen abgesenkt.

KAMP
53°50,5'N 013°51'E

Auf der Festlandseite eben westlich der Brückenruine wurde vor einiger Zeit der kleine Hafen Kamp zum Wasserwanderrastplatz ausgebaut. Dadurch wurde die Liegeplatzsituation in Karnin etwas entspannt. Die Zufahrt erfolgt ohne gesonderte Kennzeichnung im rechten Winkel aus dem Fahrwasser. Eine stabile Spundwand trennt das Hafenbecken vom Strom. Es entstanden zusätzlich zu den Plätzen für Dauerlieger 15 Plätze für Gastyachten. Die Einfahrt durch die Spundwand ist sehr schmal, wie auch das freie Wasser zwischen den Boxen sehr eng ist. Boote über 10 m Länge haben Pro-

Ansteuerung des Hafens von Kamp

Im Hafen von Kamp, im Hintergrund die Brückenruine

bleme. Zu den Gästeplätzen dreht man gleich nach der Einfahrt nach Backbord. Bei ruhigem Wetter kann auch an der Außenseite angelegt werden. Es wurden neue Sanitäranlagen gebaut.

Auf der Pier gibt es einen Fischhändler und ein Café.

Der Hafen ist sehr ruhig und vor allen Winden und Schwell geschützt. Für Spaziergänger ist vielleicht das große Naturschutzgebiet Anklamer Stadtbruch von Interesse. Die Siedlung liegt sehr abgeschieden in einer sumpfigen Landschaft und nennt sich voller Stolz „das schönste Ende der Welt".

USEDOM

53°52,3'N 013°55,8'E (Stadthafen)

Usedom heißt auch die einzige Stadt auf der Insel. Sie liegt etwas abseits auf dem südöstlichen Zipfel. Der Stadthafen war in den letzten Jahren insbesondere für die Fischerei von Bedeutung. Er liegt am östlichen Stadtrand im Norden des Usedomer Sees, der durch eine schmale Rinne mit dem Haff verbunden ist. Nun ist die Anlage bis mindestens Mitte 2019 aufgrund von Bauarbeiten gesperrt.

Ansteuerung

Zum Hafen führt ein Fahrwasser, das an der rot-grün-roten Tonne PN114/U1 der Bockkamprinne beginnt. Es ist zunächst nur 2 m tief, in der Klüne, der Enge zwischen Haff und Usedomer See, danach sinkt die Solltiefe auf 1,5 m. Während der Bauarbeiten kann der Hafen nicht angelaufen werden.

Liegeplätze

Derzeit ist der Hafen komplett geräumt. Es sollen rund 65 neue Liegeplätze entstehen.

Stadttor von Usedom

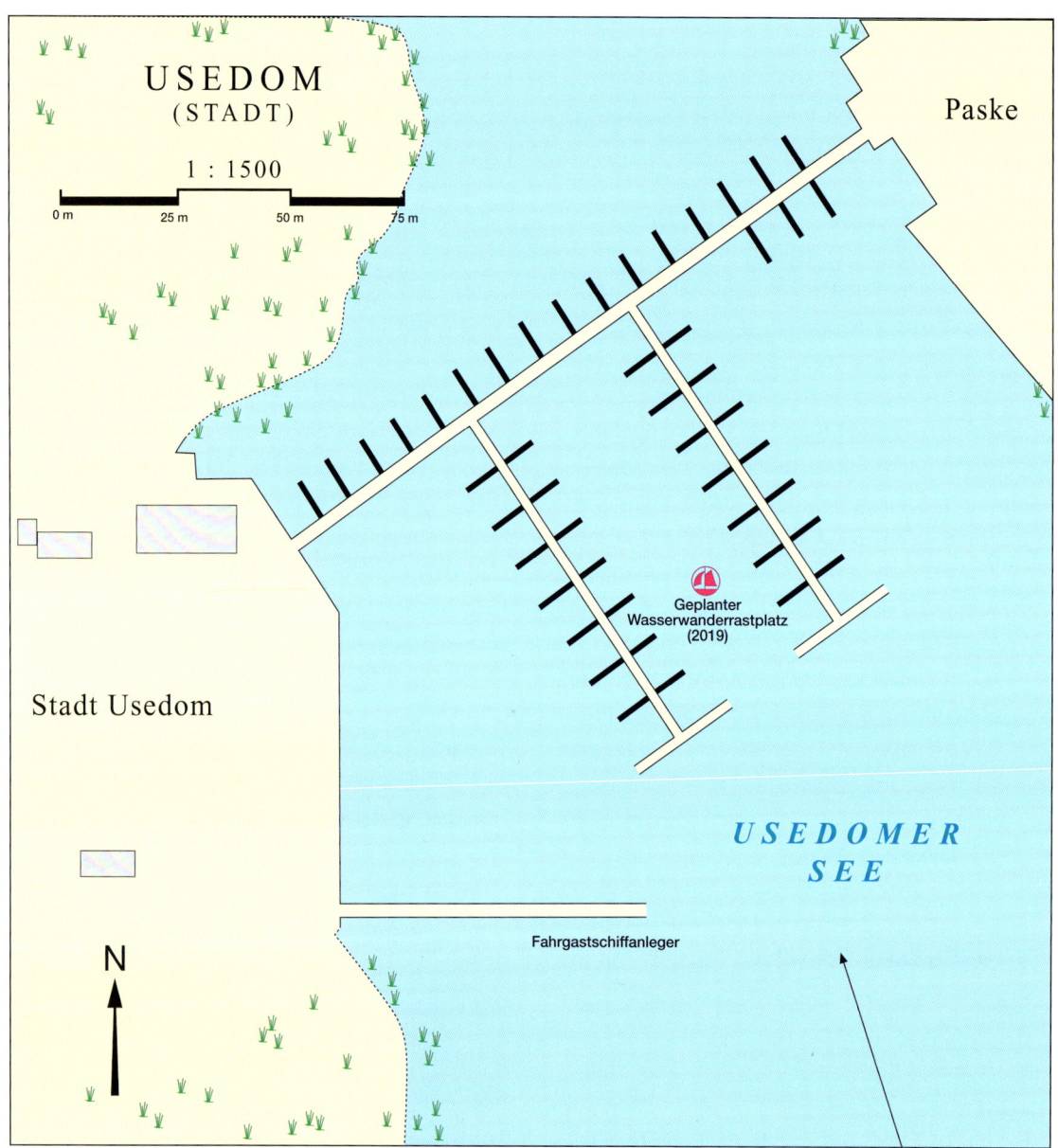

Service und Versorgung
Einkaufsmöglichkeiten findet man in der Hauptstraße, die 10 Minuten entfernt ist.

Sehenswürdigkeiten
Dank vieler städtebaulichen Sanierungen bietet das Städtchen ein recht freundliches Bild. Die hoch aufragende, mächtige Kirche und das Rathaus erinnern daran, dass die Stadt bis ins 18. Jahrhundert hinein wirtschaftliches und politisches Zentrum Usedoms war. Heute hat man auch im Tourismus einen bedeutenden Wirtschaftsfaktor erkannt.

Liegemöglichkeiten in der Klüne

Die Ufer im engen Sund zwischen Usedomer See und Haff werden als Ost- und Westklüne bezeichnet. Die Gehöfte auf der Westseite bilden den Ort Wilhelmshof. Da der Sund bis zum Schilf tief ist, kann man ankern, ohne den Bootsverkehr zu beeinträchtigen. Die Klüne ist ein beliebter Liegeplatz bei Seglern des Reviers. Leider mehren sich jetzt die Verbotsschilder auf den Grundstücken, sodass kaum noch am Ufer festgemacht werden kann. An den wenigen öffentlich zugänglichen Stellen liegen häufig Dauerlieger. Falls kein Landzugang frei ist, kann je nach Windrichtung am südlichen oder nördlichen Sundeingang geankert werden. Der Ankergrund besteht aus zähem Schlamm. Die Uferzonen des Usedomer Sees sind weitgehend von Bebauung frei und naturbelassen – ein Paradies für Wasservögel.

MÖNKEBUDE
53°46,3'N 013°58,2'E

Das ehemalige Fischerdorf Mönkebude liegt am Südufer des Kleinen Haffs und ist in der Saison stets gut besucht. Der gepflegte Ort ist mit seinem Badestrand und der waldreichen Umgebung seit Jahrzehnten ein bekannter Ferienort. Der großzügig angelegte Yachthafen ist ebenfalls schon viele Jahre bei Wassersportlern sehr beliebt und wird sehr gern angelaufen.

Ansteuerung

Die von Westen und Osten kommenden Yachten steuern am besten die grüne Tonne M1 ca. 1 sm nordnordöstlich vor dem Hafen an. Die betonnte Rinne führt ab hier mit 2,5 m Solltiefe in 213,6°. Beim Einlaufen in das geräumige Hafenbecken halte man an Backbord gehörigen Abstand vom Molenkopf, da dieser schnell versandet. Die Zufahrt ist nicht befeuert, was die Ansteuerung bei Nacht schwierig macht.

Liegeplätze

Der Hafen bietet 80 Yachten an der langen Ostpier und an der Südpier Platz, etwa 15 Plätze werden für Gäste freigehalten. Leider ist die Zahl der ursprünglichen Gastliegeplätze zugunsten von Festliegern bis auf ei-

Liegeplätze im geschützten Hafen Mönkebude

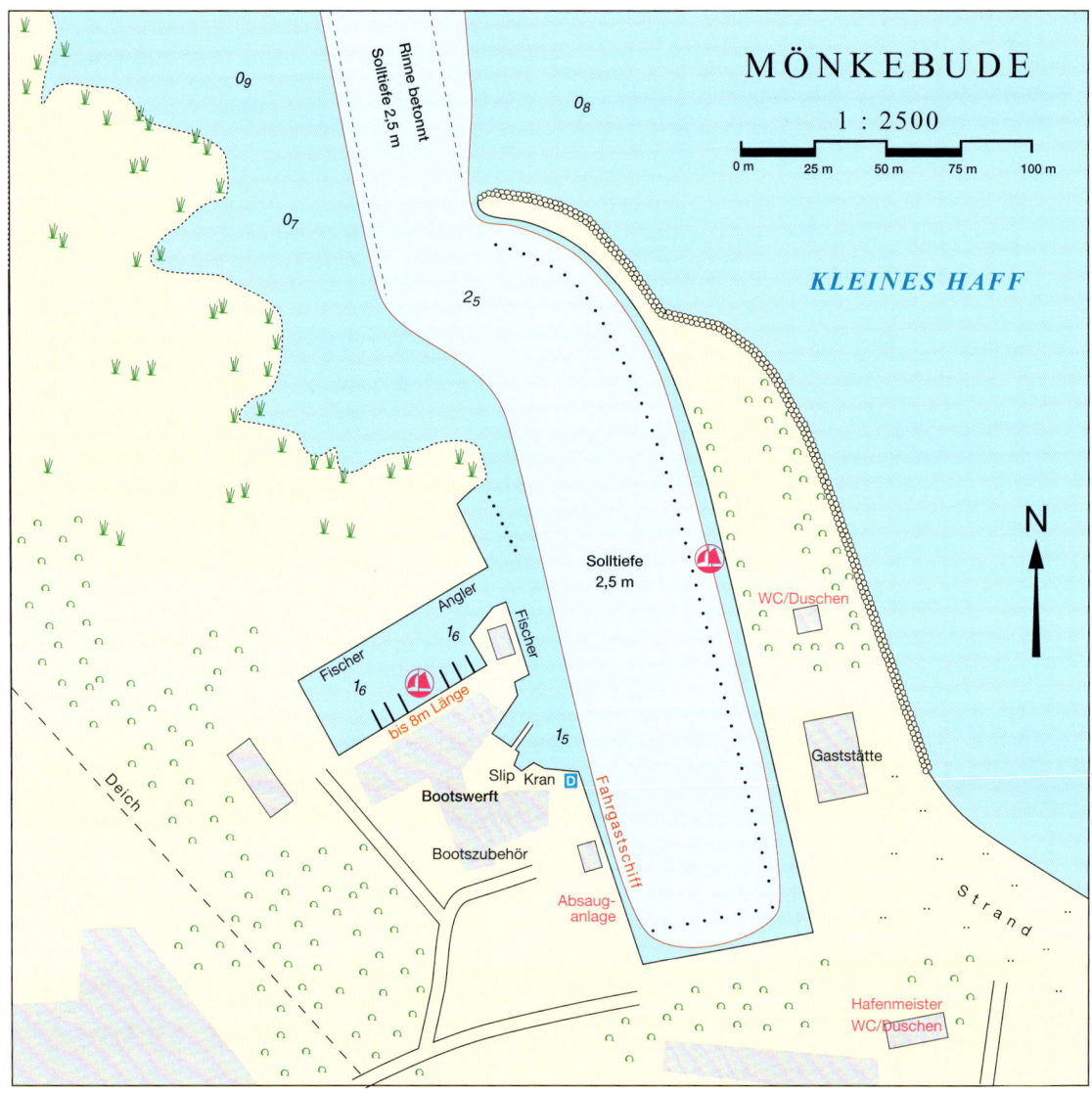

nen kleinen Rest überall im Hafenbecken verteilt. Bei Belegung bleibt nur die Hoffnung auf die freie Box eines Einheimischen. Die Liegeplätze an Steuerbord sind freizuhalten. Das Hafenbecken hat gut 2 m Tiefe. Es bietet guten Schutz bei allen Windrichtungen, ist aber bei Nordwind anfällig für Schwell.

Service und Versorgung

An den Liegeplätzen gibt es Strom- und Wasseranschlüsse. Toiletten und Duschen befinden sich an der Ostpier. Die ansässige Bootswerft führt auch Motorenreparaturen aus und betreibt eine Dieseltankstelle sowie Gasflaschenservice. Im Werftgebäude wurde ein kleines Versorgungszentrum mit

Bootsbedarf, Imbiss und Lebensmittelverkauf eingerichtet. Gaststätten findet man im Hafenumfeld.

Sehenswürdigkeiten
Mönkebude ist ein geschützter und idyllischer Hafen mit Badestrand und gutem Service. Viele Boote bleiben hier einige Tage liegen. Ueckermünde ist 7 km entfernt, die Straße führt am Haff entlang über Grambin.

UECKERMÜNDE
53°45,2'N 014°04,4'E

Die Ueckermündung

Ueckermünde ist die einzige Stadt am Südufer des Kleinen Haffs. Sie liegt 1,5 sm von der Küste entfernt am Ufer der Uecker. Von Yachten wird die Stadt gern angelaufen. Es gibt gute Liegeplätze, und man kann sich gut versorgen. Auch die alljährlichen maritimen Veranstaltungen finden ihre zahlreichen Interessenten.

Ansteuerung
Die rot-weiße Mitte-Schifffahrtsweg-Tonne UE (Iso.4s) für die Berufsschifffahrt liegt ca. 1,5 sm nordöstlich vor dem Ueckerkopf. Yachten, die südlicher davon in das betonnte Fahrwasser einbiegen, müssen auf den flachen Kamighaken und die vielen Reusen achten. Beim Tonnenpaar UE3 und UE4/B2 zweigt vom Hauptfahrwasser zum Wirtschaftshafen das Fahrwasser zur Stadt ab. Nach der Tonnenreihe ist die Mündung der Uecker, der sogenannte Ueckerkanal, zu passieren. Er ist beiderseitig befestigt und von hohen Bäumen umgeben, gesegelt werden kann nur bei achterlichem Wind. Es ist auf entgegenkommende Fahrgastschiffe zu achten, deren Sogwirkung ist beträchtlich. Bis zur Stadt ist die Uecker 3 m bis ans Ufer tief und ohne Hindernisse, daher auch nicht weiter betonnt.

Liegeplätze
Die Anlagen verschiedener Clubs, der Stadthafen und die Marina Lagunenstadt bieten insgesamt

Im Hafen von Ueckermünde

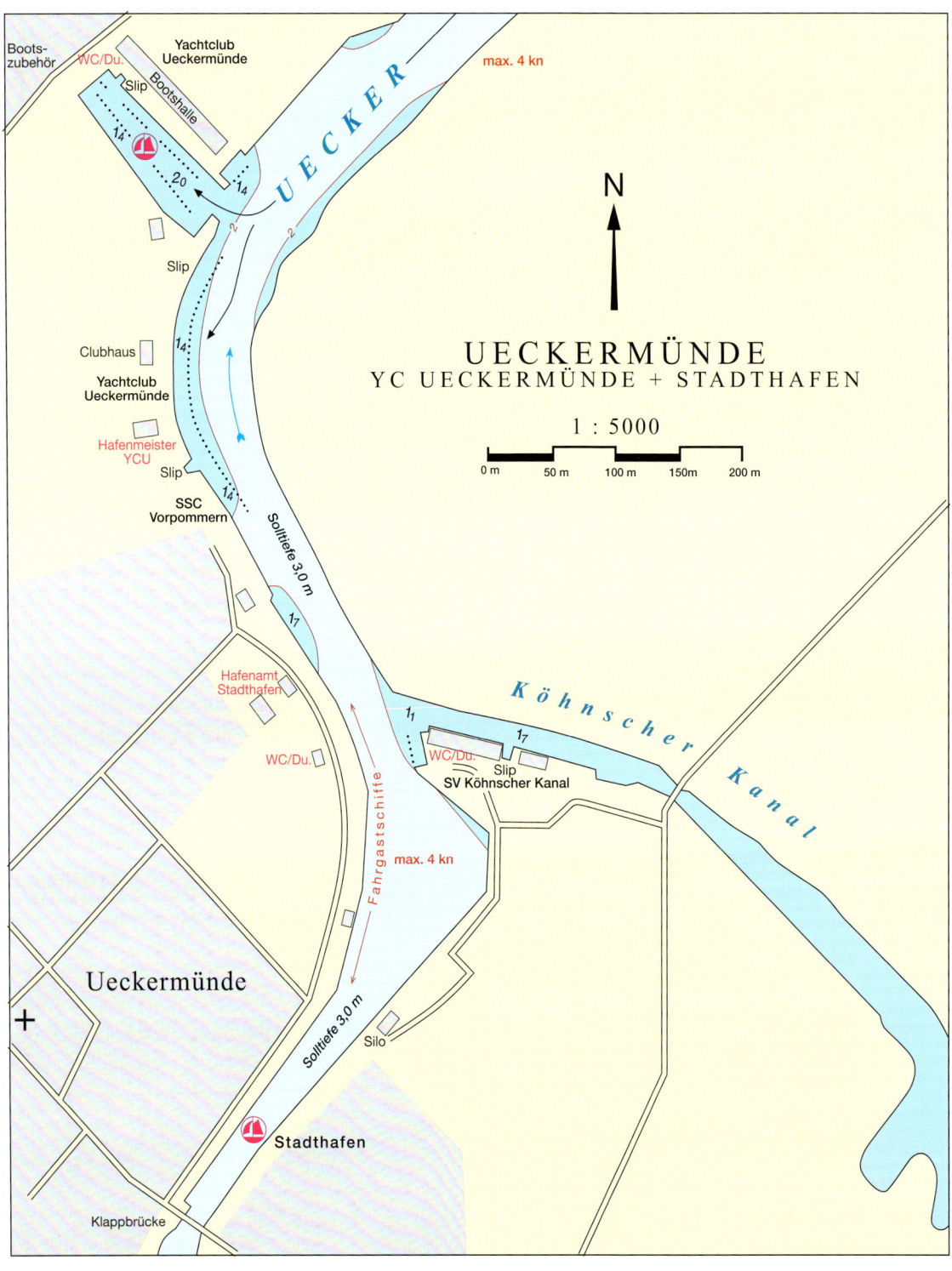

Die Marina Lagunenstadt Ueckermünde bietet Liegeplätze für alle Bootsgrößen.

mehreren hundert Yachten Platz. Es gibt zahlreiche Anlegemöglichkeiten für Gäste. Nach Passieren des Mündungskanals liegt am Westufer das kleine Hafenbecken eines **Segelvereins** für Boote bis 1,5 m Tiefgang. Sie ist gepflegt und sehr schön gelegen, aber etwas weit zur Stadt. Gegenüber am Ostufer ist die große, sogenannte **Marina Lagunenstadt** mit 375 Liegeplätzen für alle Bootsgrößen mit bis zu 2,5 m Wassertiefe. Die zwei Becken sind von dreigeschossigen Häusern mit Ferienwohnungen dicht umbaut. Die Anlage verfügt über modernen Service: Wasser- und Stromanschlüsse an den Boxen sowie mehrere Sanitäranlagen. Ein Badestrand ist in der Nähe, die nächste Gaststätte ist 300 m und Einkaufsmöglichkeiten befinden sich 1 km entfernt.

Am meisten frequentiert ist der **Vereinshafen** kurz vor der Stadt am Westufer, nicht nur wegen seiner guten Liegeplätze, sondern auch wegen seiner besonderen Gastfreundschaft. Moderne Sanitäranlagen sind vorhanden. In der Nähe hat sich ein Yachtausrüster niedergelassen.

Große Yachten fahren durch bis zum **Stadthafen** dicht am Zentrum und machen dort am Alten Bollwerk (Westufer) oder am Neuen Bollwerk (Ostufer) vor der Brücke fest. Sanitäranlagen bestehen im Gebäude des Hafenmeisters.

In der Stadt gibt es mehrere Werften, die Reparaturen ausführen. Die Grenzübergangsstelle ist jetzt im Stadthafen angesiedelt, wo auch die nach Polen verkehrenden Fahrgastschiffe abgefertigt werden.

Sehenswürdigkeiten

Die Kleinstadt erlebte im 18. und 19. Jahrhundert ihren Aufschwung, als hier Schiffbau, Schifffahrt, Ziegel- und Eisenindustrie blühten. In dieser Zeit entstanden schöne Bürgerhäuser, die heute teilweise saniert sind. Nach 1990 wurden mehrere Betriebe geschlossen, der Fremdenverkehr verspricht jedoch neue

Der Hafen am Ueckerkopf

Erwebsmöglichkeiten. Im Stadtzentrum sind die Kirche sowie das im ehemaligen Schloss untergebrachte Haffmuseum sehenswert. Es hat eine Spezialabteilung für Schifffahrtsgeschichte. Über die Stadt hinaus bekannt ist der Ueckermünder Heimattiergarten.

KAMMINKE
53°52,1'N 014°12,5'E

Kamminke ist der einzige Hafen am Nordufer des Kleinen Haffs und liegt malerisch auf Usedom am Abhang zur Swinemündung dicht an der Grenze zu Polen. Die ursprüngliche Bedeutung als Fischerort ist noch an den vielen schilfgedeckten Häusern zu erkennen. Heute spielt der Tourismus eine größere Rolle; dazu trägt auch der regelmäßige Verkehr von Ausflugsdampfern nach Polen bei. Ein Ausbau der baufälligen Anlage ist schon lange geplant.

Ansteuerung
Von der rot-weißen Mitte-Schifffahrtsweg-Tonne H6 (53°49,45'N 014°11,81'E, Oc.4s) segelt man mit 008,2° zur 2,5 sm entfernten roten Tonne Ka2. Von dort führt ein sparsam betonntes Fahrwasser in den Hafen.

Liegeplätze
Leider ist der geräumige Hafen immer noch in einem desolaten Zustand. Daran haben auch die Ausflugsdampfer nichts geändert. Sportboote liegen gleich an Backbord an der ehemaligen Fischereipier. Vorsicht wegen der herausragenden Bolzen. An der nördlichen Seite legen die Fahrgastschiffe an, sie drehen im Hafen und erzeugen dabei Schwell. Also die Boote gut festmachen.

Service und Versorgung
Es gibt weder Strom noch Wasser und, von denen der Imbisse abgesehen, keinerlei Sanitäranlagen. Mehrere Imbissstände bieten

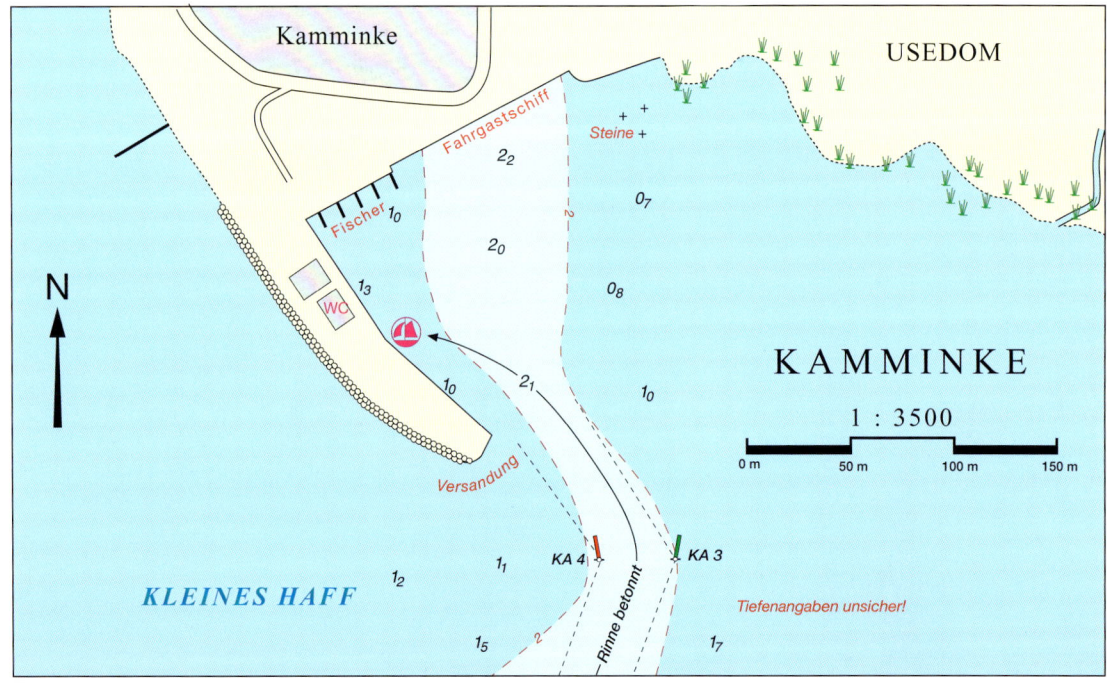

Der Hafen von Kamminke

u. a. frische Räucherware an. Im Ort gibt es Einkaufsmöglichkeiten und mehrere Gaststätten.

Sehenswürdigkeiten

Kamminke erstreckt sich im Schutz bewaldeter Moränenzüge. Östlich des Ortes in einer Niederung verläuft die polnische Grenze. Nach Swinemünde besteht ein Grenzübergang für Fußgänger, Radfahrer und Autos.

Zwei Kilometer nördlich liegt der 69 m hohe Hügel Golm. Hier befindet sich eine eindrucksvolle Gedenkstätte für 28 000 Kriegsopfer, die bei Bombenangriffen auf Swinemünde oder in Lazaretten ums Leben kamen. Die Gedenkstätte ist parkartig gestaltet, und in einem Pavillon ist eine Informationsstelle eingerichtet.

Der Hafen von Altwarp ist gut geschützt.

ALTWARP
53°44,4'N 014°16,4'E

Altwarp liegt an der Südküste des Kleinen Haffs, im Schutz ausgedehnter Wälder. Das Fischerdorf besitzt den östlichsten Hafen Deutschlands an der Zufahrt zum Neuwarper See. Die Grenze verläuft unmittelbar östlich vor dem Hafen.

Ansteuerung

Im Prinzip erfolgt die Ansteuerung westlich parallel zur Grenze, die exkt dem Fahrwasser folgt.

Als erster Ansteuerungspunkt dient die große rot-weiße Mitte-Schifffahrtsweg-Tonne Haff (53°47,21'N 014°16,24'E, Iso.4s) an der Grenze.

Der Kurs nach Altwarp führt in südsüdöstlicher Richtung entlang den Grenztonnen

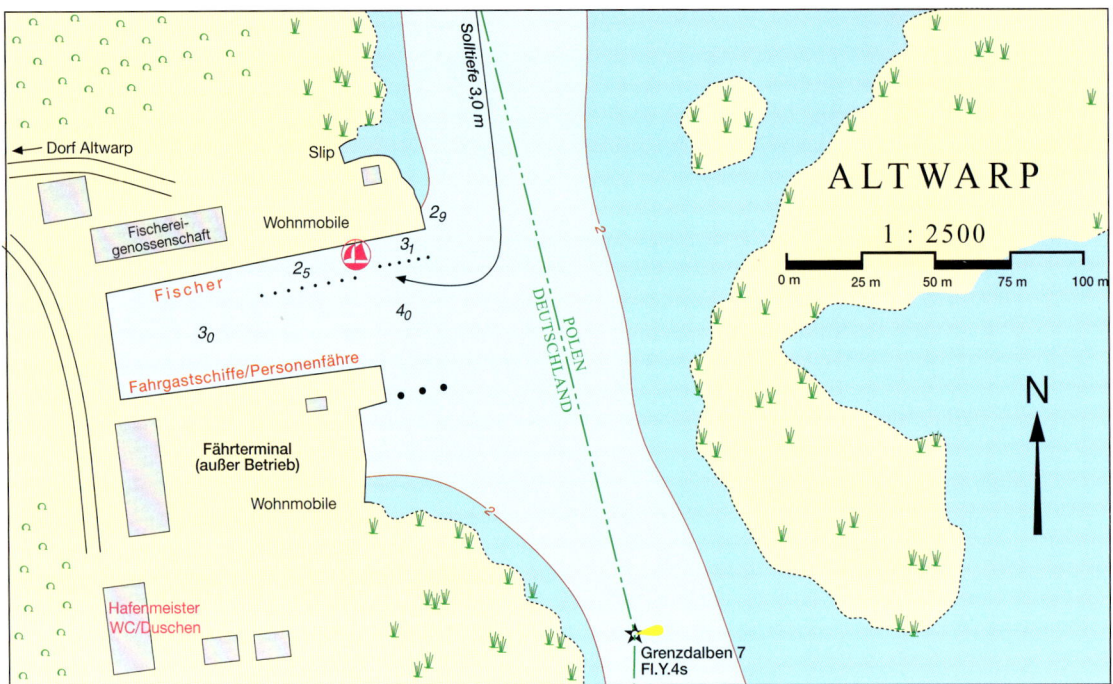

über die gelbe Leuchttonne 14 (Fl.Y.4s), an der der Kurs nach Südsüdwest schwenkt, bis das beiderseits mit Fahrwassertonnen gekennzeichnete Fahrwasser 1 sm vor dem Hafen beginnt.

Liegeplätze

Das Hafenbecken wurde vor einigen Jahren ausgebaut und hat Wassertiefen von 2,5– 4 m. Es ist gut geschützt, allerdings steht bei nördlichen Winden unangenehmer Schwell herein. Für 15 Sportboote sind an der Nordpier Boxen mit Heckpfählen eingerichtet, die meisten sind durch Dauerlieger belegt. Die Südpier ist Fahrgastschiffen vorbehalten. Nach dem EU-Beitritt Polens haben die Abfahrten der von hier nach Polen verkehrenden Passagierschiffe rapide abgenommen.

Service und Versorgung

Strom- und Wasseranschlüsse sowie Toiletten (nur mit Schlüssel) befinden sich auf der Pier. Im Dorf gibt es ein Lebensmittelgeschäft – 15 Minuten zu Fuß.
Die Fischer betreiben einen schönen Laden mit frischem Fisch.

Sehenswürdigkeiten

Das 800 Einwohner zählende Dorf hat eine wechselvolle Geschichte hinter sich. Im 19. Jahrhundert war es ein Fischer- und Schifferdorf. Die Umgebung ist reich an naturbelassenen Flächen, wie zum Beispiel um die Altwarper Binnendünen im Süden des Ortes. Der Neuwarper See ist nur bis 1,4 m tief; seine Ufer sind bis auf den Grenzort Rieth im Südosten nicht besiedelt. Wer das polnische Neuwarp (Nowe Warpno) besuchen will, findet auch dort einige

Das polnische Nowe Warpno (Neuwarp) gegenüber von Altwarp

wenige Plätze für Yachten vor. Hier gibt es eine kleine private Marina und eine Kommunalpier, beide werden nur halbherzig gepflegt. Die ausgebrachten Bojen sind oft nur wenig vertrauenserweckend. An der Kommunalpier beträgt die Wassertiefe etwa 2,5 Meter, an beiden Anlagen gibt es allerdings Strom und Wasser.

POLNISCHE HÄFEN AM STETTINER HAFF

Sportboote aus der Bundesrepublik und anderen EU-Staaten können das Stettiner Haff (Zalew Szczecinski) – mit 900 km^2 so groß wie die Insel Rügen – ungehindert befahren. Das Einklarieren ist entfallen. Die Kanäle Mielinski und Piastowski (Kaiserfahrt) dürfen nur unter Maschine befahren werden.

Ein weiterer Weg für die internationale Sportschifffahrt führt im Nordosten in das Stettiner Haff. Östlich der Insel Wollin (Wolin) kann auf der Dievenow (Dziwna) stromauf das Haff erreicht werden. Dieser Mündungsarm der Oder ist allerdings nur bis zu einem Tiefgang von 1,6 m schiffbar.

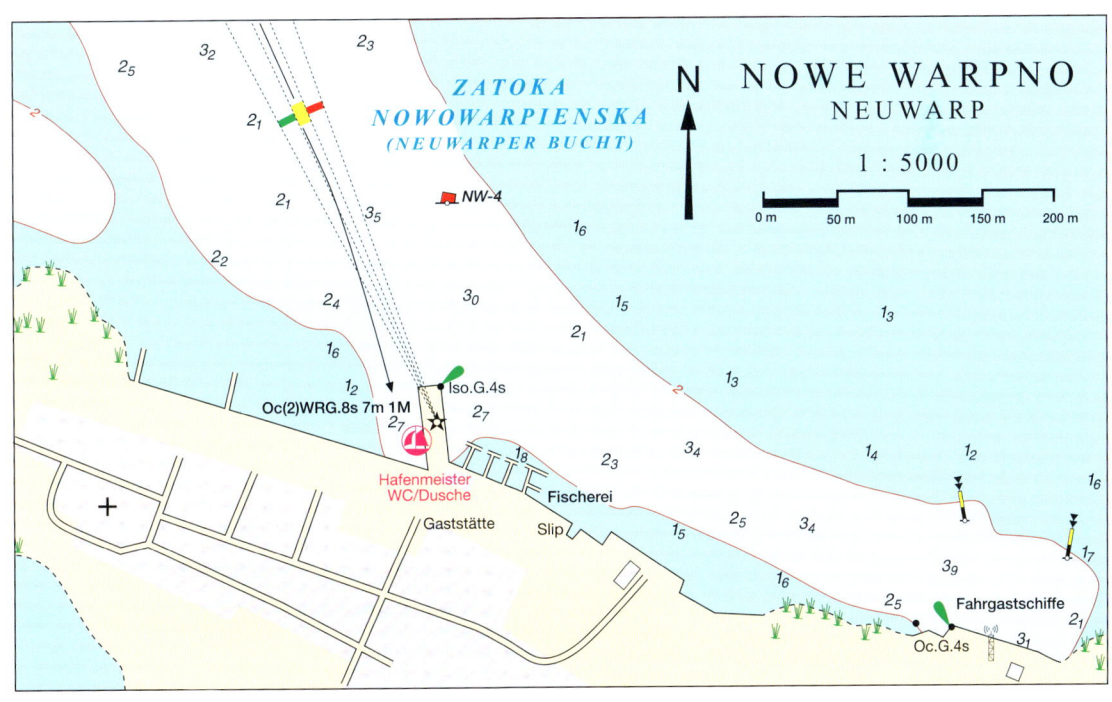

Ein weiteres Hindernis ist die Wolliner Eisenbahnbrücke mit nur 12,54 m Durchfahrtshöhe.

Yachten, die über die Binnenwasserwege nach Stettin wollen, benutzen ab Schleuse Hohensaaten die Ostoder und klarieren in Hohensaaten (Osinow Dolny), Fiddichow (Widuchowa) oder Mescherin (Gryfino) ein. Der Mast kann in einer der Marinas am Dammschen See (Jezioro Dabie), im Interster-Yachthafen Stettin-Nord oder in Ziegenort (Trzebiez) gestellt werden. Bei der Einreise wird gegenwärtig nur der Personalausweis verlangt sowie die Angabe der an Bord befindlichen Personenzahl. Bordkontrollen sind selten. Gefragt wird stets nach Schusswaffen und Drogen.

Angesichts der wechselvollen Beziehungen zwischen Deutschland und Polen sollte sich jede Bootsbesatzung um ein Auftreten bemühen, das sie auch von den jeweiligen Behörden erwartet.

Lebensmittel sind nahe den Grenzübergängen zu moderaten Preisen (bis auf Alkohol) erhältlich. Es gelten die üblichen internationalen Zollbestimmungen für Zigaretten und Alkohol. Die Ein- und Ausfuhr fremder Währungen ist unbegrenzt möglich. In grenznahen Geschäften und als Hafengebühr ist meist die Bezahlung in Euro möglich (sicherheitshalber vorher erfragen). Abseits der Großschifffahrtswege sollte sorgfältig navigiert werden. Auf dem Haff wird eine umfangreiche Reusen- und Stellnetzfischerei betrieben.

Die wichtigsten Häfen sind Swinemünde, Ziegenort und Stettin. Bei längerem Aufenthalt sind die Kleinstadt Wollin an der Dievenow und die Häfen Kalkofen (Wapnica) oder Lebbin (Lubin) mit Zugang zum Wolliner Nationalpark und das Ostseebad Misdroy (Miedzyzdroje) zu empfehlen.

SWINEMÜNDE (SWINOUJSCIE)
53°56,0'N 014°17,0'E

Die Grenzstadt wird von einem Mündungsarm der Oder (Swine/Swina), der in die Ostsee führt, durchzogen. Sie wird von den Schiffen nach Stettin passiert und ist selbst ein bedeutender Fähr- und Frachtschiffhafen. Auch Yachten laufen die Stadt mit der guten Marina zunehmend an, z. B. die „Berlinfahrer" auf dem Weg von der Oder nach Rügen oder nach Bornholm. Bei gutem Wetter ist die Seestrecke eine interessante Alternative zu den engen Bodden-Fahrwassern mit zwei

Marina Swinemünde

Peenestrom, Achterwasser und Kleines Haff 249

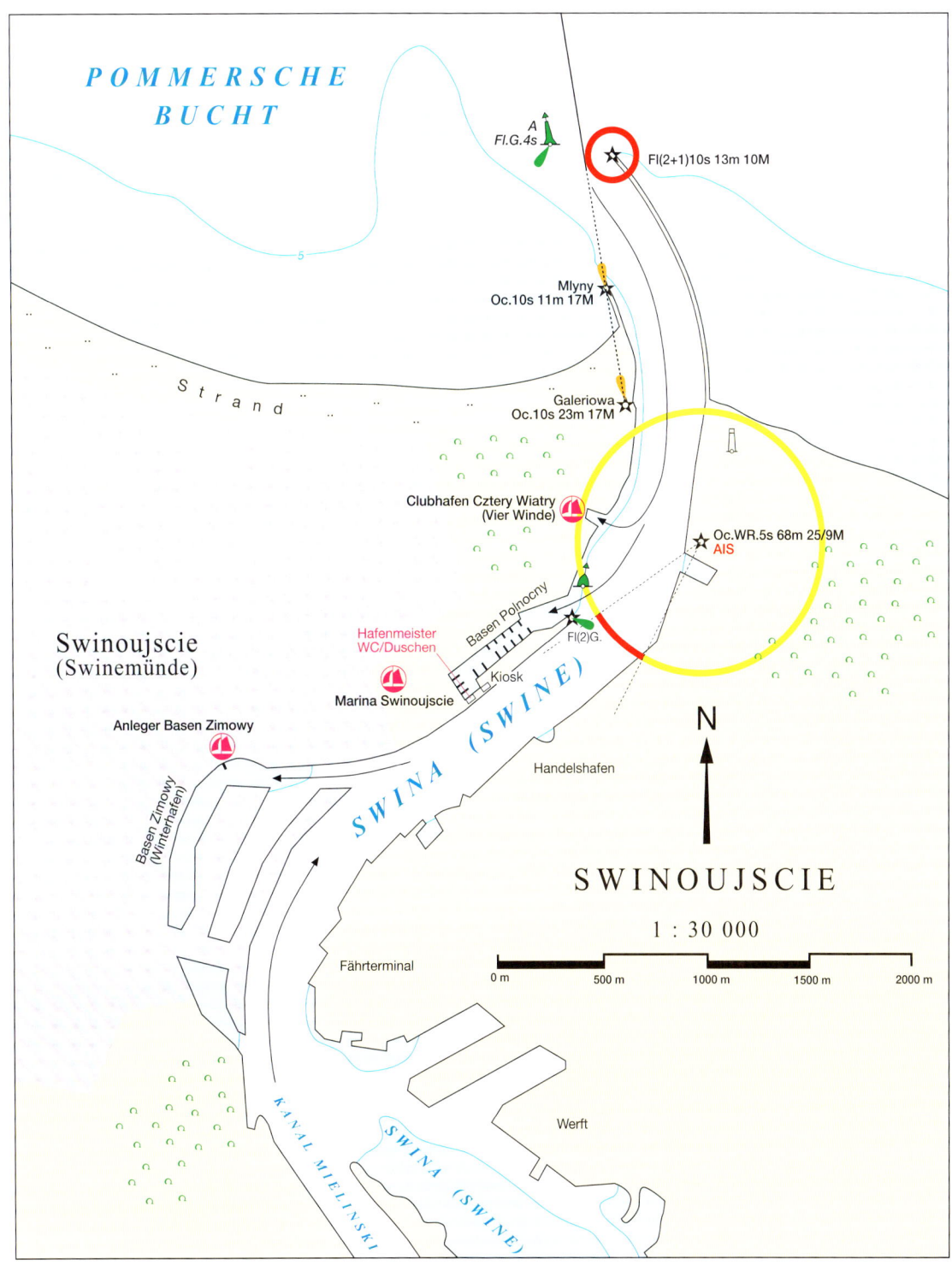

250 Küstenhandbuch Mecklenburg-Vorpommern

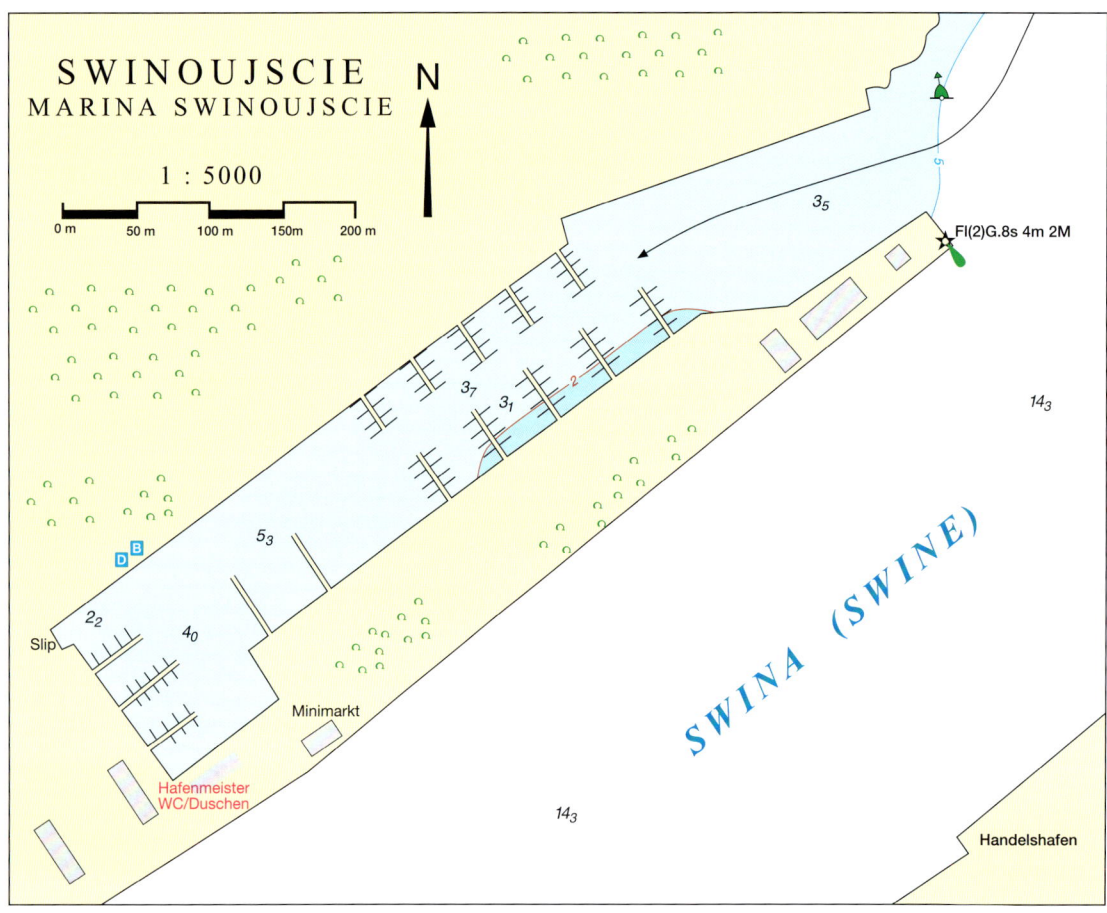

Brückenpassagen. Beliebt geworden ist auch ein Törn rund Usedom mit einer Seestrecke und einer Boddenfahrt.

Ansteuerung

Von See kommend, hält man sich wegen des regen Schiffsverkehrs knapp außerhalb des Fahrwassers. Die kurze Westmole ist mit dem bekannten „Windmühlenfeuer" (Oc.10s) bezeichnet. Die lange, geschwungene Ostmole trägt orangefarbene Festfeuer, am Kopf Oc.R.4s. In der Swinemündung setzt leicht auslaufenden Strom, bei Westwinden entsteht eine unangenehme Kabbelsee mit starkem Versatz. Eine sehr gute Orientierungshilfe ist der 68 m hohe Leuchtturm Swinoujscie (Oc.WR.5s), der am Ostufer schon im Hafenbereich steht. Vom Stettiner Haff kommende Boote passieren die 7 km lange Kanalstrecke an bewaldeten Ufern entlang bis zu den Umschlagsanlagen und dem Fährhafen.

Liegeplätze

Crews von Sportbooten begrüßen die Einrichtung der Marina Swinoujscie (Port Jachtowy Swinoujscie) nahe dem Zentrum, der ausgezeichnete Liegeplätze und exzel-

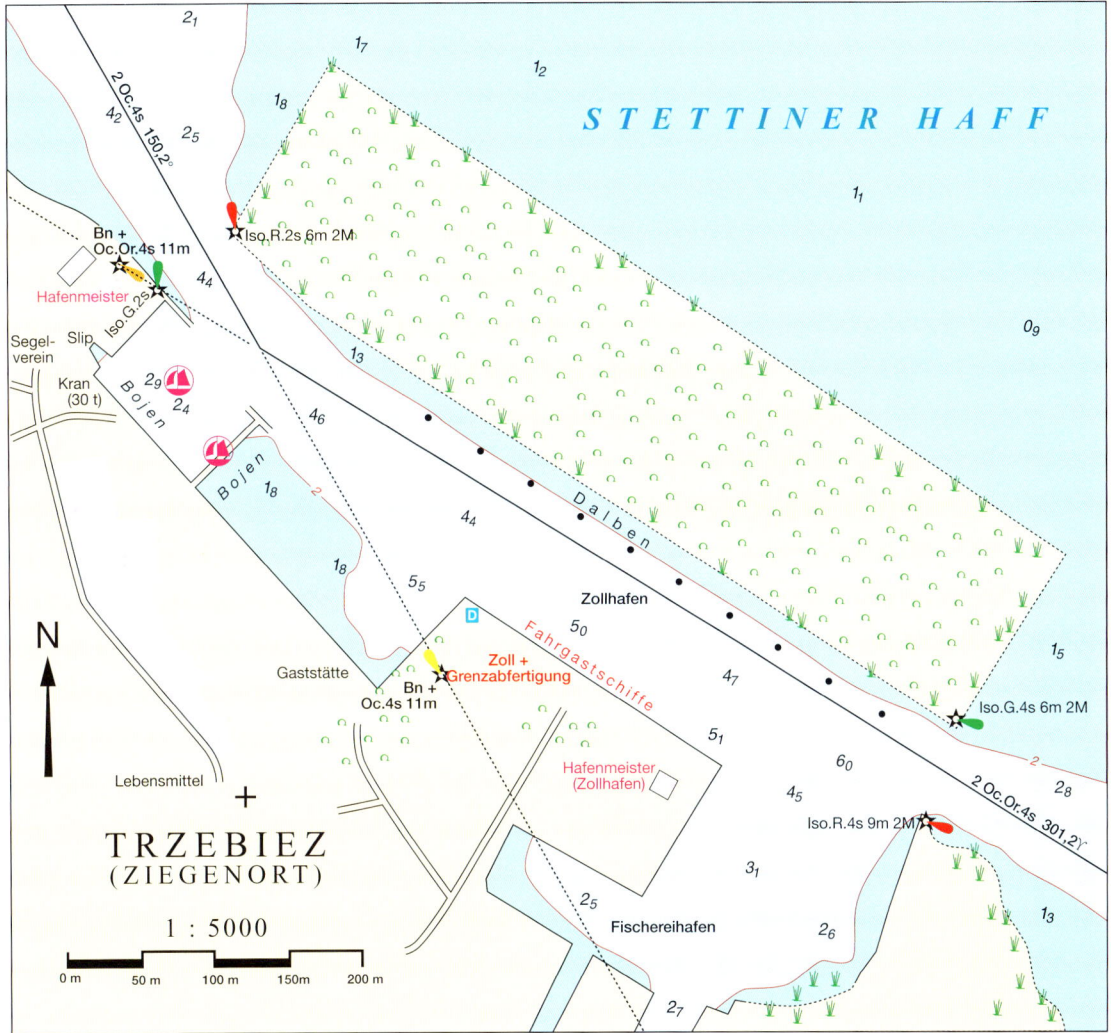

lenten Service bietet. Die Zufahrt zum ca. 600 m langen und etwa 100 m breiten Hafenbecken erfolgt von Norden aus dem Hauptstrom kommend.

Am Kopf wurde eine neue Seenotrettungsstation errichtet. Im Innern des Beckens wurden 3 große Schwimmstege mit Heckbojen installiert. Auch an den Piers kann festgemacht werden. Hier liegen auch häufig clubeigene große Yachten polnischer Segelclubs zum Besatzungstausch.

Seit Einrichtung dieser komfortablen Marina sind die Anlegestellen Winterhafen und der kleine Hafen „Vier Winde" von ausländischen Booten nicht mehr so gefragt. Einziger Nachteil ist leichter Schwell, der durch den regen Schiffsverkehr hineinstehen kann.

Service und Versorgung

In den letzten Jahren wurde ein größeres Servicegebäude mit Hafenmeisterbüro und Sanitäranlagen gebaut. Das Personal spricht auch Englisch. Strom- und Wasseranschlüsse an allen Stegen. Vor den Liegeplätzen gibt es mehrere Cafés. Am Westkai wurde eine Bootstankstelle eröffnet. Damit er-

Exzellenter Hafen vor Sonnenuntergang: Swinemünde

füllt die Marina alle Anforderungen.

Sehenswürdigkeiten

Swinemünde ist eines der bedeutendsten Ostseebäder Polens. Nach dem Zweiten Weltkrieg war nicht mehr viel Historisches erhalten geblieben. Heute sieht man an der Promenade noch einige Jugendstilvillen. Auch der Kurpark hat seine ursprüngliche Gestalt zum Glück wieder gewonnen.
Von Ahlbeck (Deutschland) verkehrt jetzt die verlängerte Usedomer Bäderbahn, die bis ins Zentrum von Swinemünde führt. Ausflüge ins Swinemünder Umland sind reizvoll.

ZIEGENORT (TRZEBIEZ)
53°39,7'N 014°31,1'E

Ziegenort, am Westufer der Odermündung in das Stettiner Haff, ist ein geräumiger Hafen für Fischer- und Sportboote. Die Hafenbecken sind durch eine aufgespülte und inzwischen bewaldete Insel schön geschützt. Unter Wassersportlern war der Hafen seit jeher bekannt; hier wurden nach der Oderfahrt die Masten gesetzt, und es wurde auf günstigen Wind zum Überqueren des Haffs gewartet.

Ansteuerung

Der Hafen kann von Norden und Süden her angelaufen werden. Vom Haff kommend, erreicht man vom Tor 3 der Kaiserfahrt mit Kurs 150° die Ansteuerungstonne ca. 1,3 sm vor Ziegenort, hier beginnt das betonnte Fahrwasser.
Nachts orientiert man sich an den Richtfeuern in Linie 150° (2 x Oc.4s). Die Hafeneinfahrt ist mit roten und grünen Festfeuern bezeichnet.
Von Süden kommend, dreht man aus der Oder erst dann nach Ziegenort, wenn der Hafen gut einzusehen ist. Nachts hält man sich an die Richtfeuer in Linie 301,2° (2 x Oc.Or.4s). Vor den Zufahrten ist es beiderseits flach. Die Hafeneinfahrt ist mit roten und grünen Gleichtaktfeuern ausgestattet.

Liegeplätze

Es bestehen zwei Hafenbecken. Das nördliche ist der eigentliche Yachthafen des örtlichen Clubs mit Gastplätzen. Bei Starkwind aus Richtung Haff steht hier starker Schwell, dann ist es ratsam, im sogenannten Zollhafen zu liegen. Die Plätze in diesem Hafen werden vom Hafenmeister (Bosman) zugewiesen. Er spricht ein wenig Deutsch und residiert in einem Pavillon auf der Pier. Dieses Hafenbecken ist bei jedem Wind ruhig und vor Schwell geschützt.

Service und Versorgung

Im Yachthafen gibt es Stromanschluss an den Liegeplätzen, Trinkwasser ist erhältlich. Sanitäranlagen und Duschen befinden sich im Clubgebäude. Auf der Pier steht ein 30-t-Kran. Am Hafenbecken gibt es eine Gaststätte mit Hotel; ein Lebensmittelgeschäft findet man in der Nähe der Kirche. Die Tankstelle ist am westlichen Ende der Fahrgastpier gelegen und von Anfang Mai bis Ende September in Betrieb. Toiletten gibt es auch im Zollhafengelände.

Sehenswürdigkeiten

Ziegenort gehörte einst zu den herausragenden Zentren des polnischen Segelsports. Der Glanz ist jedoch verblaßt und der Ort selbst bietet nicht viel Interessantes außer der sanierten Kirche. Die Haffküste westlich des Ortes ist sehr dünn besiedelt.

Swinemünde ist ein beliebtes Seebad.

REGISTER

* Grenzübergangsstelle
** Grenzübergangsstelle befristet zugelassen bzw. nicht durchgehend geöffnet

Achterwasser 205, 230
Ahrenshoop 100
Altefähr 167
Alter Hafen/Wismar 36
Alter Strom*/Warnemünde 50
Althagen 100
Altwarp** 245
Andershof 162
Anklam* 231

Baabe 159, 187
Baggerbucht 177
Balmer See 231
Banzelvitzer Berge 144
Barhöft 76, 78, 81, 82
Barth 81–85
- Vogelsang, Bootswerft 85
Barther Strom 84
Binz 158
Bliesenrade 95
Bock** 78
Bodstedt 92
Bodstedter Bodden 90, 95
Boiensdorfer Werder 45
Boltenhagen 28, 45
Boltenhagenbucht 45
Born 96
Borner Bülten 99
Bramow, Rostock- 60
Breege 133
Brunkowkai/Wismar 36

Bülten 97
Bug 158

Citymarina Stralsund 165
Clubhafen an der Werft/Wismar 33
Clubhafen Gehlsdorf Nord/Rostock 64

Dabitz 82
Dänholm Nord, Wassersportzentrum/Stralsund 163
Dänholm Süd/Stralsund 162
Dalben 28, Marina/Rostock 59
Damgarten 108
Dargen 206
Darß 79
Darßer Ort 73, 76
Deviner Bucht 177
Deviner See 178
Dierhagen 100, 104
Dranske 128
Drigge 177

Enddorn 1 57

Fährhaus, Yachthafen am/Rostock 57
Fahrenkamp 82
Fischland 79
Forellenhof/Kirchdorf 42
Freest 207
Fuhlendorf 95

Gänsewerder 122
Gager 189
Gehlsdorf, Rostock- 60–66
Glewitzer Fähre 175
Glewitzer Wiek 178
Glowe/Großer Jasmunder Bodden 136
Glowe/Tromper Wiek 147
Gnitz 230
Gobbiner Haken 195
Grabow 82
Greifswald* 196–200
- Ladebow*, Sportbootanlage 198
- Marina am Ryck 199
- Stadthafen 199
- Wieck 196
- Yachtzentrum Greifswald 199
Greifswalder Bodden 154, 179, 200
Greifswalder Oie 155, 159
Groß Klützhoved 45
Groß Zicker 195
Großer Jasmunder Bodden 135, 143
Großer Ort 143
Grubnow 135
Gustow 170

Haedgehafen 68
Hagensche Wiek 195
Having 195
Hiddensee 76, 110, 115–124
Hohe Düne/Warnemünde 53
Hohen Wieschendorf 30

Horn, Schiffswerft/Wolgast 214, 215

Juliusruh 158

Kaming 195
Kamminke** 244
Kamp 236
Kap Arkona 128
Karlshagen 211
Karnin** 233–236
- Marina Karnin 235
- Vadder Gentz 235
- Zollhafen* 235
Kirchdorf 40
- Forellenhof 42
Kirchsee/Insel Poel 45
Klein Zicker 195
Kleine Wiek 82
Kleines Haff 205
Klimphores Bucht 122
Kloster 120, 122
Klüne 239
Koserow 206
Kröslin, Marina 209
Krummin 217
Krumminer Wiek 228
Kühlungsborn 45
Kuhle 127

Ladebow*/Greifswald 198
Lagunenstadt, Marina/Ueckermünde 243
Langenort, Rostock- 59
Langeort, Yachthafen/Hiddensee 119
Lassan 225
Lauterbach** 181, 193
Lebbiner Bodden 143, 144

Libben** 157
Lietzow 139
Loddin 230
Lohme 149
Lubmin 201
Ludwigsburg 201

Marina Boltenhagen 28, 45
Marina Bramow/Rostock 60
Marina Dalben 28/Rostock 59
Marina „Im Jaich"/Gustow 168
Marina „Im Jaich"/Lauterbach 183
Marina Karnin 235
Marina Kröslin 209
Marina Lagunenstadt/Ueckermünde 243
Marina Lubmin 201, 202
Marina Neuhof 171
Marina am Ryck/Greifswald 199
Martinshafen 138
Meiningenbrücke 88
Melle 230
Mönkebude 239
Mukran* 159

Nepperminer See 231
Neptun-Marina/Rostock 63
Netzelkow 218
Neuendorf/Hiddensee 115, 122
Neuendorf/Saaler Bodden 99
Neuendorfer Bülten 99
Neuhof, Marina 171

Palmer Ort 178
Peenebrücke/Wolgast 214
Peenemünde 208

Peenemündung 200, 206
Peenestrom 205
Poel 38–42, 45
Prerow 89
Prorer Wiek 158
Pruchten 85
Puddemin 172
Pütnitz 100

Querkanal/Stralsund 164
Quilitz 206

Ralswiek 141
Rankwitz 227
Reddevitzer Höft 195
Rehbergort 158
Rerik 42
Ribnitz-Damgarten 106
Rostock 49, 55–71
- Bramow, SAB-Marina 60
- Clubhafen Nord 64
- Gehlsdorf 60, 64, 65
- Neptun-Marina 63
- Haedgehafen 68
- Langenort, Marina Dalben 28, 59
- Schmarl, Yachthafen am Fährhaus 57
- Schnatermann 55
- Stadthafen Ost 70
- Stadthafen West 66
- Süd 65
- Yachthafen Sportpark Gehlsdorf 60
Ruden** 202
Rügen 72, 108, 145, 157, 158
Ryck, Marina am/Greifswald 199

Saaler Bodden 95–100
SAB-Marina/Rostock 60
Salzhaff 27, 45
Sassnitz* 151, 154
Schaabe 158
Schaprode 113, 122
Schiffswerft Horn/Wolgast 214, 215
Schlossinsel/Wolgast 214
Schmarl, Rostock- 57
Schnatermann, Rostock- 55
Schwarzer Peter 122
Seedorf 184
Silvitzer Ort 158
Stadthafen/Wismar 35
Stadthafen/Wolgast 214
Stadthafen Ost/Rostock 69
Stadthafen West/Rostock 66
Stagnieß 224
Stahlbrode 174
Stettiner Haff 247
Stralsund* 72, 162–166
- Dänholm Nord, Wassersportzentrum 163
- Dänholm Süd 162
- Nordmole, Citymarina 164
- Querkanal 164
Strelasund 110, 161, 176, 196
Swinemünde 248
Swinoujscie 248

Thiessow 191, 193
Thiessower Haken 159
Timmendorf*/Insel Poel 38
Travemünde 25
Tromper Wiek 158
Trzebiez 251

Überseehafen/Brunkowkai (Wismar) 36
Ückeritz 206
Ueckermünde* 241–244
- Marina Lagunenstadt 243
- Segelverein 243
- Stadthafen 243
- Vereinshafen 243
Usedom 237

Vadder Gentz/Karnin 234, 235
Vieregge 132
Vierendehlgrund 122
Vierow* 201
Vitt 158
Vitte 117
Vitte-Süd 119
Vogelsang, Bootswerft/Barth 85

Waase 111
Warnemünde* 49–55, 56, 72
- Alter Strom* 50
- Yachthafen 50
- Yachhafen Hohe Düne 53
Weißer Berg 228
Wendisch Langendorf 82
Wendorf, Wismar- 32
Werft, Clubhafen an der/Wismar 33
Westhafen/Wismar 35
Wieck/Darß 90
Wieck, Greifswald- 196
Wiek/Rügen 124
Wismar* 25, 32–38
- Alter Hafen 36
- Clubhafen an der Werft 33
- Stadthafen 35

- Überseehafen/Brunkowkai 36
- Wendorf 32
- Westhafen, Sportbootservice 36
Wismarbucht 27, 44
Wittower Fähre 130
Wohlenberg 29
Wohlenberger Wiek 45
Wolgast** 213–215
- Peenebrücke 214
- Schiffswerft Horn 214, 215
- Schlossinsel 214
- Segelclub Wolgast 214, 215
- Stadthafen 214
Wustrow 100, 103

Yachthafen/Warnemünde 50
Yachthafen am Fährhaus/Rostock 57
Yachthafen Hohe Düne/Warnemünde 53
Yachthafen Sportpark Gehlsdorf/Rostock 60
Yachtzentrum Greifswald 199

Zecherin 206
Zempin 223
Ziegelgrabenbrücke 161
Ziegenort 251
Ziemitz 215
Zingst 79, 81, 86
Zinnowitz 220
Zollhafen/Karnin 234, 235